长满书的大树

本书系全国教育科学规划国家一般项目“小学立德树人成志育人模式实践研究”课题（课题编号：BHA180231）研究成果。

首届基础教育国家级教学成果一等奖项目深化研究与持续辐射推广成果。

小学语文主题教学论

理论重塑与实践创新

窦桂梅◎著

教育科学出版社
·北京·

出 版 人　郑豪杰
责任编辑　何　艺　沈倩倩
版式设计　思瑞博　杨玲玲
责任校对　张晓雯
责任印制　叶小峰

图书在版编目（CIP）数据

小学语文主题教学论：理论重塑与实践创新 / 窦桂梅著. -- 北京：教育科学出版社，2024. 11（2025.7 重印）. -- ISBN 978-7-5191-4157-8

Ⅰ. G623.202

中国国家版本馆 CIP 数据核字第 2024DU4692 号

小学语文主题教学论——理论重塑与实践创新
XIAOXUE YUWEN ZHUTI JIAOXUELUN——LILUN CHONGSU YU SHIJIAN CHUANGXIN

出版发行	教育科学出版社		
社　　址	北京·朝阳区安慧北里安园甲9号	邮　　编	100101
总编室电话	010-64981290	编辑部电话	010-64989529
出版部电话	010-64989487	市场部电话	010-64989009
传　　真	010-64891796	网　　址	http://www.esph.com.cn

经　　销	各地新华书店		
制　　作	北京思瑞博企业策划有限公司		
印　　刷	中煤（北京）印务有限公司		
开　　本	720毫米×1020毫米　1/16	版　　次	2024年11月第1版
印　　张	20.5	印　　次	2025年7月第4次印刷
字　　数	306千	定　　价	118.00元

序一

《小学语文主题教学论——理论重塑与实践创新》一书即将付梓，索序于我。我一边摩挲，一边慨叹，欣而允之。

窦桂梅是我的博士研究生，作为指导老师，再无有比见证学生斩获斐然成果更令我欣悦之事。熟悉她的人都知道，在语文教学领域面临攻坚挑战与改革创新的关键节点，她总是勇担重任，带领团队冲锋陷阵，体现出“有我”之境；而她一旦站上讲台或耕耘于文字中，就进入“无我”之境，完全把自己融入教书育人的实践与求索中。有学者说窦桂梅是为语文而生的，更是为语文教学而绽放的。的确如此，她几十年积淀小学语文主题教学（简称“主题教学”）实践所形成的思想和方法论，就是与国家需求、文化使命、教育改革同频共振，与课程、课堂、学生共生共长的结果。我想，“小学语文主题教学论”这一丰硕成果是国家语文教改的生动实践，是新时代中国基础教育百花园里一支璀璨绽放的玫瑰。

她对自己有着清晰的定位，第一身份是教师。这很重要，有了这个前提，就能保持纯粹，就能专心致志。同她交流，可感知其周身洋溢着基础教育工作者的鲜明特质——对教育事业的热忱真挚、行事风格的爽朗豁达，以及难能可贵的教育童心。这在深耕学术与实践的教育工作者群体中尤为珍贵。

20世纪90年代初，作为语文教师兼班主任，窦桂梅凭着对教育事业的激情和思考，与孩子们进行着爱与爱的交流，探索语文教育民族化与现代化实验研究，当时其教学成果引发了基础教育界的高度关注。继而，她立足民族化母语教育的“文以载道”属性，开创了“语文教育要关注人”的教改实验，建立了“积淀—感悟—创新”的教改新模式。为表彰其卓越贡献，吉林省教育厅于2000年召开了窦桂梅语文教改成果展示会。教育部于2001年邀请她走进人民大会堂进行专题报告，并作为更新教育观念报告团主讲人之一在全国进行了一个月的巡回演讲。她从生命教育的哲学高度，提出了“基于教材，超越教材；立足课堂，超越课堂；尊重教师，超越教师”的“三个超越”大语文教育观，为学生的生命奠基，为民族的创造力奠基，让儿童学习充满成长的动力，让语文教学充满智慧的力量。这成为当时助推国家第八次课程改革的号角，窦桂梅的课改影响力也从吉林省走向全国。可以说，“三个超越”是她不断超越自我的过程，并为其后主题教学论的思想创新埋下了厚重的伏笔。

1999年，窦桂梅在《语文教学要着眼于人的发展》一文中提出“文道统一”的主题教学文化观；2004年，又于《“主题教学”的思考与实践》中进一步提出“文化主题”的范畴。此阶段的主题教学旨在从生命维度，以动态生成的教育理念重新审视课堂教学的整体性建构，通过课程主题的意义建构实现开放性教学范式的创新。这一理论突破，将语文教材中零散甚至单一的内容进行系统性统整，形成了结构化的知识体系。可以说，正是在“三个超越”首创理念的基础上，窦桂梅持续探索语文教学与儿童生命成长的内在关联，最终提出了“语文立人”的主题教学核心理念。此后她继续追问：怎样立体建构“三个超越”，让学生在较短的时间内，有效地积累智慧和情感？在“专注一间教室，坚守三尺讲台”的教学实践中，其理论构想逐步清晰，最终凝聚成《窦桂梅与主题教学》这本书。这部著作标志着“主题教学”理论雏形的形成——该理论将教材内容、儿童发展与社会议题有机融合，构建了单元式教学模式，目前已被全国多所小学广泛采用，成为主题教学理论体系构建的基础性研究成果。

教育改革之路向来布满荆棘，尤其是在探索核心目标与内容的过程中，更需要坚定执着的学术追求与实践定力。窦桂梅始终以儿童发展为核心，永葆专业成长的自觉，立足“课程”的宏观视角，成为课程的建构者、践行者、创造者。这一过程既要突破传统教学理念的桎梏，又要革新习以为常的课堂教学行为；既要扎根教学实践，又要保持敏锐的问题意识与学术洞察力。基于此，窦桂梅把研究成果当成基点，带领团队持续探索，在攻读博士学位的过程中更将理论研究与教学实践深度融合，逐步构建起系统化的主题教学理论体系。又一个十年磨一剑，她的博士论文获评优秀博士论文，随即学术专著《小学语文主题教学研究》出版，标志着主题教学原创理论的正式创立，为语文教育研究与实践开辟了新的理路。

这期间，主题教学以“语文立人”为核心思想，立足教学内容特质与儿童身心发展规律，从文化传承的高度、培养完整人的哲学视角出发，始终坚守儿童生命价值导向。在综合思维指引下，该理论系统整合多元教育资源，挖掘教学内容的原生价值，生发教学价值。语文主题教学课程体系，以“原则、目标、内容、实施、评价”五位一体为架构，形成逻辑严密、层次分明的理论与实践框架。尤其原创提出“三个一”质量目标（一手好汉字、一副好口才、一篇好文章），并研发制定贯穿小学六年的《小学语文质量目标手册》，为提升儿童核心素养、塑造正确价值观提供了极具示范性的实践样本。

可以说，积二十余年持续性创新实践之功，2014 年窦桂梅荣获首届基础教育国家级教学成果一等奖，足见其在基础教育领域的宝贵学术价值与实践影响力。

值得说明的是，窦桂梅始终保持着教育实践者与研究者的双重身份。作为一线教师，她坚持在教学中学习、在实践中研究；担任校长职务后，更以教育管理者的视野持续深化实践探索。从“三个超越”到“儿童站立语文教育正中央”，从主题到主题教学，她不断推进主题教学理论的迭代升级。依托所在学校从百年前的成志学校穿越历史沧桑走来的丰厚积淀，她将主题教学从学科育人层面拓展至学校整体育人体系，实现了教育理念与实践模式的重大突破，成功构建了独具特色的“成志教育”立德树人路径，并于 2018 年获得第二届基础教育国家级教学成果一等奖。

三年后，即 2021 年，窦桂梅的论文《让儿童站立在学校正中央——从“三个超越”到“成志教育”的升华之路》获得第六届全国教育科学研究优秀成果二等奖，她也作为基础教育领域代表在颁奖大会上作了专题发言。从“三个超越”理念到语文主题教学体系的建构，从“成志教育”引领的学校整体育人模式探索，到论文中关于主题教学重塑理论的实施路径，其理论演进始终依托于一系列典型性研究课例的实践积淀。我曾多次观摩窦桂梅教授的课堂，每逢她赴东北师大授课，我必前往现场听课，全程参与评课。犹记得 2013 年 10 月，我受邀参加由海淀区委教育工委与教委联合主办的“超越·主题·整合，为聪慧与高尚的人生奠基——窦桂梅教育教学实践研讨会”，听了她所执教的《皇帝的新装》一课。课上，窦桂梅与学生共同构建的中英文对比品析和课文人物角色思辨性教学场景，至今让我印象深刻。事实上，主题教学始终在回应“回归儿童本体、回归语文本质、回归教育本真”这三大哲学命题，而这一教学范式的探索本身，正是对教育价值理性的深度追寻。

荣获首届基础教育国家级教学成果一等奖后的十年间，窦桂梅以“文以何载道—文如何载道”为理论逻辑主线，带领研究团队秉持价值论、实践论、方法论相统一的原则，进一步推动主题教学从“构想空间”到“现实空间”的落地转化。2019 年，窦桂梅作为核心成员参与义务教育语文课程标准修订工作。在此过程中，她致力于让新课标、新理念、新变化进入真实学校场域，聚焦“完整人”发展，拓展“文以载道”中“文”的表现形式。她深入思考儿童成长的全过程、全要素及其与育人各环节的融通，通过将多元媒介、数字技术和其他校内外教育资源纳入教学体系，组织多元主体协同构建“内外双循环”的成长课程链，挖掘“文以载道”中“道”的内涵。她尤其强调对中华优秀传统文化的创造性转化与创新性发展，对革命文化与社会主义先进文化的坚定传承，对世界优秀文明成果的辩证吸收，关注科技进步、日常生活及儿童生命成长等主题，充分彰显了主题教学作为动态发展的教育哲学的特质。

三十而立。自 1994 年主题教学雏形酝酿，到 2004 年《“主题教学”的思考与实践》初步构建理论框架，再到 2014 年博士论文《小学语文主题教学研究》的深化探索，窦桂梅结合在国内率先提出并开展主题教学实践研究的经验，持续思考怎样将“个体经验”转化为“普遍原理”，怎样将主题教学的理论重塑与实践创新转化为语文教学论。直至 2024 年《小学语文主题教学论——理论重塑与实践创新》出版，窦桂梅系统构建了“主题—学习主题—特定学习主题”关联概念连续体，完成了语文“主题教学论”的理论体系建构，为中国基础教育课程改革提供了极具价值的本土化实践方案。

从价值论的角度看，主题教学从一开始就在不断叩问语文教育的本质与规律，致力于阐释“主题教学是什么”。遵循学科本质属性与“儿童站立语文教育正中央”的学习属性，1999 年窦桂梅就提出“文道统一”。三十年来，她一直沿着“文以载道”这一中国式语文教育现代化的文化根脉，追求“文”与“道”的新质融合。这种融合力求以丰富的语言文字形态（“文”）承载基于中华文化价值的“道”，从而揭示“教文”与“育人”相统一，“启智”与“弘道”相统一，立体化与贯通性相统一的教学之道。而后，2015 年她又指出主题教学强调“以文化人”，深化课标对语文教学提出的“文以载道、以文化人”育人要求，这也是主题教学始终不变的初心和研究核心。

从实践论的角度看，主题教学论的前端，是教与学意义上的儿童成长逻辑以及背后的教师成长逻辑。近年来主题教学立足课标、教材与课堂，一直在探索学“文”与载“道”的紧密结合。2004 年窦桂梅就提出“主题”及“特定主题”，2015 年提出“学习主题”。新课标出台后，她又围绕新课标第四部分“课程内容”，以学科逻辑、生活逻辑融通以学习者为中心的学习逻辑，探索教学的情境性、实践性、综合性；通过分析主题教学与新课标的关联，厘清“主题、学习主题、特定学习主题”的内在联系；不断优化学习主题引领的 学习任务设计与实施，诠释新课标中的“内容组织与呈现方式”，在实践中探索以学习者为中心，回到教材、课堂、教师本身的教育教学形态重塑。

从方法论的角度看，主题教学设计了以特定学习主题为引领的学习任务实践框架，建构了以特定学习主题统摄学习目标、学习内容、学习活动、学习资源与支架、学习评价量规的学习任务“六步法”，在课堂关键节点上，创造性阐释了教与学关系、教学目标、教学方式和教学手段的新进阶。由这些成果凝结而成的近五十节翔实、生动的课例，体现了“四动力”系统驱动下的课堂样态，产生了全国性的影响，能够帮助教育研究者和一线教师准确把握主题教学的核心要义及应用方法。

一路走来，从《窦桂梅与主题教学》《小学语文主题教学研究》到《小学语文主题教学论——理论重塑与实践创新》，它们是三个十年的见证，带给我很多的思考。窦桂梅带领团队研究、实践的主题教学，我们究竟应该如何去认知？应该如何去理解？

首先是文化历史的视角。我觉得应该把主题教学论放到中国的教育思想历史长河当中去考察和审视。看似多了一个“论”字，我觉得主题教学论能够成为中国教育思想历史长河当中重要的一章。而当我们将其置于中华优秀传统文化、革命文化、社会主义先进文化，以及窦桂梅所在的清华附小一百多年深厚办学历史文化的语境下，主题教学论则展现出多元文化融合的特质，既是对清华附小先进课堂教学文化与教师专业成长文化的传承创新，更是在新时代背景下，实现文化育人与教育创新有机统一的生动实践。

其次是中国语文教育改革发展历程的视角。其实窦桂梅从教近四十年，其实践研究历程一直伴随着时代在回应中国语文教育的思想改革。这也是在构建具有中国特色的语文自主知识体系。窦桂梅始终如一的研究根脉，就深埋在中国教育思想的历史长河中。主题教学论汲取古代“文以载道”的教育精髓，承继先贤智慧，成为中国教育思想发展进程中的重要篇章。在中国语文教育改革发展史上，主题教学论始终紧扣时代脉搏，积极回应语文教育思想变革，为构建具有中国特色的语文自主知识体系贡献原创性理论与实践经验。

最后，应该把主题教学论与窦桂梅及其团队的专业成长历程放到一起加以认识。她的主题教学，其实往前追问是“三个一”质量目标提出，再往前是“三个超越”的提出，回过头来，到而今的主题教学论迭代跃升，是窦桂梅身先士卒，一直把课堂当作生命，把站立课堂当作为师的操守和尊严，带动并感染了学校教师以及全国更多有志研究语文立人的教师群体，培养了一大批优秀的高素养语文教师和更多有激情有思想的教师。窦桂梅曾在一篇文章中说，在她的心里住着两个人。如果说为聪慧与高尚的人生奠基是成志教育的使命，那么从教育学角度，一个人就是儿童，让儿童站立语文教育正中央；从管理学角度，另一个人就是教师，让教师站立课堂正中央。这是她不断从个体到群体追求人格塑造、描绘精神图景的升华。从中也能看出，主题教学作为窦桂梅深耕小学语文学科教学与学校整体育人领域的里程碑式成果，更是具有多维学术价值与时代意义的教育智慧结晶。窦桂梅提出过“时间育人”。是的，在时间长河中得到培育和淬炼的不仅仅是学生、教师，也包括主题教学的理念与思想。

新时代呼唤着新教改，新教改为新时代注入新动能。顾明远先生评价：“窦桂梅老师秉持‘文以载道、以文化人’的理念，扎根中国大地，几十年来在实践中开展了民族性、创新性的小学语文主题教学实践研究，探讨了中国语文教育的本质特征和规律，创建了一套语文主题教学理论体系，为实现中国教育现代化做出了贡献！”当前执着于教育研究、儿童成长的不仅仅是窦桂梅个人及其团队研究形成的主题教学流派，还有千千万万像他们一样扎根教育一线、矢志推动教育教学改革发展的教育工作者。他们把教育研究升华到生存方式、生活状态、生命教育的高度，沉淀富有民族性、本土性、独特性和创新性的理论与语文自主知识体系，推动中国特色教育教学理论体系的建设与变革，同时也示范了如何以中国式教研成就教师的专业发展。他们正在与所有有志于振兴中国教育事业的人一道，书写为党育人、为国育才的锦绣华章。

东北师范大学　柳海民

2024 年 6 月于长春

序二 小学语文主题教学的三个“十年”

窦桂梅

工作千头万绪，内心鲜少安宁，常常感慨“坐不住板凳”。所幸，总有一个声音在耳畔回响：你需要一些“隐匿于小楼之中”的时刻。小学语文主题教学恰似我的“小楼”，让我得以沉静且炽热地前行。

进入新时代，作为教育者，我重新考量：在瞬息万变的时代浪潮中，如何守住教育教学基本盘的确定性火种？在多重诉求与张力的变革共赢中，如何寻找大教学论“谨慎的平衡”？

如今，距离主题教学发轫已过去三十年。2014年《小学语文主题教学实践研究》荣获首届基础教育国家级教学成果一等奖，而今刚好十年，这也是深化研究与推广成果的十年。三十年里这“十年”的不断深耕，在迎接未来挑战的过程中，我也在思量：如何在遵循语文学习传统和基本规律的同时与时俱进，以理性、开放且审慎的视角，重新考量人工智能（AI）赋能变革课堂以及带动教师高素养专业发展，真正高质量地践行新时代“文以载道、以文化人”的育人使命？

还得回到那些犹如昨日繁星般闪烁在眼前的一节节课，那条一步步走过来的课堂探索之路。虽然随着时间“进度条”的推进，这些课中有的已如轻烟般恍惚飘荡，但正是这一个个日积月累、久久为功的“新增量”，交织成了主题教学最美好的过往。

一、主题教学发轫阶段：从语文教育民族化与现代化研究开始

1986年，我从吉林师范学校毕业，成为吉林市第一实验小学的一名“替补老师”。在工作初始阶段，我“跑龙套”一般在数学教师、音乐教师等角色中间转换，但最喜欢的还是教语文。原因很简单，我这个爱读小说的文艺小青年觉得教语文可以多涉猎文学经典，滋养和浸润自己。还有一点，我总

是不安分地问自己：语文就是逐字逐句地学、逐篇逐章地教吗？语文究竟在教什么？学生是被“教出来”的吗？学习语文的目的究竟是什么？

经过了近五年的多学科教学历练，1991 年，我正式成为一名语文教师，走上语文学科探索之路。感谢“打杂”的这五年，让我开阔眼界、积累经验，让我可以自然而然地把音乐、美术、信息技术等学科的观念和知识整合进语文教学中，也许那时我就已经在心中种下了“跨学科学习”的种子。可以说，这五年就像命运馈赠的一份人生礼物，让我积累了在主题教学中进行“资源整合”的最初经验。回看那时的我，或许就是在寻找今天我们所说的大观念即“学习主题”吧。

1994—2000 年，我第一次“完整地”带班，从一年级到六年级。六年里，我和孩子们一起成长，有了“问题意识”。那些敢于向教材“发难”的孩子，好像一直围绕在我身边，他们仰着小脸问我：“窦老师，《灰雀》结尾的‘这些天’不准确啊！因为灰雀从失踪到回来共计才两天。《太阳》中的第四自然段和最后一段都写花、草、树、木，内容不是重复了吗？叶圣陶爷爷的《荷花》写的顺序对不对呢？要不就先写没开的，再写才开的，最后写全开的荷花；要不就先写全开的，再写……”

我被孩子们对语文的热情所感染，为他们的“思维能力”倍感惊喜。也正是循着他们提出的这些问题，我开始思考：汉语言文字作为中华民族的母语，承载着博大精深的中华传统文化，蕴含着儿童现实生活中接触的核心价值，应该如何从中提炼出帮助他们进一步深化学习的专题？当文学经典中的语言文字与儿童生命相遇时，如何才能让经典彰显出“现实意义”？这种对语文教育民族化与现代化比较粗浅的认识，让我对作为文化母题的“主题”有了最初的感知，触摸到这些主题的生命质感。从此，从民族化的母语出发，将其与现代“儿童”相结合，于是学科和学生两个“学”开始在我的心坎上扎根、生长。因为教语文，因为学生“敢于质疑”，因为他们的语言、思维在文化积累传承中不断跃升，我开始企盼未来社会所需要的人才“长大后的模样”。可以说，这六年的深耕，为我后来在博士论文中提出教学论断——“儿童深度思辨是小学语文主题教学的特征之一”——提供了重要支撑。

1998 年，我在《人民教育》上发表了《礼物》一文。“审美、融情、育能、创新”是当时《人民教育》的编辑对我的教学特色的概括。现在想来，这一个个语词，就像是主题教学在民族化与现代化研究中孕育出的一粒粒种子。后来在《人民教育》“新星舞台”专栏里，我提出了“积累—感悟—创新”的教学研究模式。当时我以“文以载道”为理念引领，通过《植物妈妈有办法》《初冬》《山居秋暝》等课例教学，开展了一系列亲近中华语言文字的“文化根性”研究，并撰写了相关文章，进行了研讨分享。我最朴素的语文“初念”就是，唯有“积累与传承”中华优秀文化，方能促进学生“感悟与创新”。2000年，吉林省教育厅召开“窦桂梅语文教改成果展示会”，学生们现场展示了近六年来积累的三百多首诗词、阅读的近百本书，并通过《将相和》现场教学，展示了一副好口才以及深度质疑与思辨的思维品质。学生们还进行了抽签背诵诗词、即兴演讲、现场写作与答辩等，赢得了与会代表的称赞。“语文教学民族化与现代化研究”在文化积累中传承中华优秀文化的一个个主题，最终获得了吉林省首届教改成果评比小学唯一的一等奖。

1999年，在师父张翼健先生的指导下，我发表了《语文教学要着眼于人的发展》。主题教学的主题指向“文道统一”中的“道”，语文学科的“道”是课堂教学的“魂”。正是怀着对课堂的敬畏与责任感，我坚定了立足民族化与现代化研究改进课堂教学的决心。基于文化立意，我将“语文立人”从语文教学上升为“语文教育”，并由此确定了自己的语文教育座右铭：“我是教语文的，我是教人学语文的，我是用语文教人的。”

2001年，我有幸成为教育部第八次课改更新教育观念报告团的主讲人之一，走进人民大会堂作“三个超越”主旨报告：“为生命奠基——语文教改的‘三个超越’”（基于教材，超越教材；立足课堂，超越课堂；尊重教师，超越教师）。几十年来，我始终坚持立于课堂方寸之间，沉潜于课堂主阵地，在尊重儿童认知规律以及语文学习基本规律的基础上，摆脱陈旧观念和落后方法的束缚，从文字到文学再到文化层面，使学生的语文学习从一条线丰富为一张“网”，从而超越因循、超越固陋、超越自我，建立文化自信。

今天看来，当初进行语文教育民族化探索、提出“三个超越”的意义，或许是让我意识到：用好教材，要基于儿童的学习逻辑与生活逻辑，进行学科育人；用好课堂，要从课堂小天地走向天地大课堂，开展学科实践；当好教师，要让儿童在离开老师后也能够形成自己的学科理解。具体而言，在教与学中要围绕语言理解，经由一节节语文课，打通课内外，在同构或异构中挖掘出与主题相关的词句，将其融入儿童的生命成长，涵养出一个整体组织的“意义群”，最终描绘出儿童需要的精神图景，铺陈师生“为聪慧与高尚的人生奠基”的生命底色，努力体现教学的方向性、动态性、教育性。主题教学的萌芽和雏形，也就在积累传承中华优秀文化的一个个母题中应运而生。

二、主题教学正式提出阶段：从发表《“主题教学”的思考与实践》提出“特定主题”开始

带着“为生命奠基的三个超越”，我走进清华附小。随着2001年《全日制义务教育语文课程标准（实验稿）》颁布，“语文素养”取代了“语文能力”，成为语文课程与教学的核心理念。当时，语文课堂教学中工具性与人文性割裂、单篇教学内容支离破碎、课堂上“涛声依旧”以及“模模糊糊一大片”等现象，促使我持续反思、努力前瞻。一次次思想的洗礼，一次次理念的碰撞，一次次实践的研讨，引领我不断探索如何从学科知识本位的课文教学转向文化立意下的整体育人，着重于“人”的启蒙与发展，构建提升儿童语文素养和核心价值观的语文课程体系，更好地让“儿童站立语文教育正中央”。

这种站立，努力实现儿童学习、生活、精神的自主，努力延展育人理念的跨度和高度，促使我在“三个超越”的基础上再启程。超越不是无限制的超越，而是根植于国家通用语言文字所承载的文化母题，探索并凝练出与儿童生命成长相契合的价值主题。2004年，我在《“主题教学”的思考与实践》中正式提出，我们所说的主题教学之“主题”，不是思想主题，不是知识主题，也不是写作主题，而是文化主题。

“主题”之发现与提出，说起来简单，但实施起来千难万难。那时我们使用的是北师大版小学语文教材，按“主题·情境”的方式组织教材单元。翻阅中国古代经典文论时，我发现从先秦开始，中国古代的文论、文学创作以及文化教育中就有“文以明道，文以寓道，文以载道”的传统，文字、文章、文学等所载之“道”，便是语言文字所蕴含的精神、思想和价值，是主旨大意、核心立意、微言大义等。主题教学所倡导和聚焦的“主题”，正是要挖掘国家通用语言文字所蕴含的精神、思想和价值等主要内容，凸显汉语丰富的表意功能和独特的文化意涵。而主题教学也正是师生共同探寻文化主

题、体认人生意义和生命价值的过程。这体现了主题教学对“人之为人”之本质的追求。

如何借助意蕴如此丰富的主题，在课标、教材、教学三者之间架起桥梁，将传统的“文以载道”“文道统一”理念应用于育人实践，这是我在教学中不断思量的问题。我在《“主题教学”的思考与实践》中这样写道：“围绕特定主题进行的教学，就像一曲优美的充满了人文性的旋律，而与之交融一体的工具性，也不再是脆弱的断续的音符，人文与工具，将共同演奏出富有生命激情的语文教育交响乐。”北师大版小学语文教材“主题·情境”的组元方式，所提供的符合儿童母语学习规律的语言实践背景、结构化载体，以及学科逻辑与生活逻辑融通的类迁移“情境”，让我寻到了“文以载道”所载的中华文化主题。我开始思考如何将主题转化为一个个具体、真实的“特定主题”，在充分挖掘教材，统整学科核心知识、方法、思维、情感等的过程中，以学科情境撬动语言实践，促进课程内容、学生生活、语文实践之间的融通，将静态的教材原生主题价值转化为课堂中“教育学意义的教学价值”。想要牵“主题”一发而动语文学习全身，其难度就仿佛是要缩短嘴和脚之间的距离。

同年，我以《圆明园的毁灭》一课展开探索，以题目中的“毁灭”为“课眼”，统筹全文，引导学生不断咀嚼、推敲语言文字和描写特点，展开追问：“看得见的毁灭是什么？”之后，由“看见毁灭”连续追问：“看不见的毁灭究竟是什么？永远也毁不掉的又是什么？”三层追问不仅让学生理解了课文内容以及作者是怎么写的，更帮助学生避免滑向偏激与“仇恨”。如此平静的叙述笔调不仅把事实与理性思考留给学生，更把直面历史的勇气与担当留给学生。对这样的文本，还它这样的灵魂追问，升华了课文“毁灭”的原生价值，揭示了中华民族自强不息的精神，并以此照亮学生的当下与未来。敬爱的商友敬先生在《突破，突破，再突破——小学语文〈圆明园的毁灭〉教后谈》中评价道，“语言形式本来离不开所承载的内容，所谓‘皮之不存，毛将焉附’”。文道统一，以文明道，是主题教学“立人”之所在，使学生在这个世界上站立起来。现在看来，那时的我或许就是在围绕“特定主题”展开语文实践活动，通过知识、方法、思想、情感的融通，在语言文字的积累与运用中培养站立的儿童。

同样在2004年，我带着学生学习《晏子使楚》，基于对事件发生的历史背景的丰富与补充，结合课文最后一句“楚王不敢不尊重晏子了”中的“尊重”一词，进行了陈述句、感叹句、疑问句三种句式辨析。同时结合学生学过的《狼和小羊》寓言，引导他们展开焦点思辨：“楚王到底尊重的是晏子个人，还是晏子所在的齐国?”一石激起千层浪，学生通过角色扮演跨越时空，开始思考个人与国家的关系，并联系《过秦论》得出“大到国家，小到个人，不管从哪个角度，要想赢得尊重，就要做一个真正有实力的人”等结论。教学围绕“尊重”这一“特定主题”，引导学生在“特定”的时代背景下，思考“特定”国家与个人的关系。最终，“文以载道”在“特定主题”牵引下“以道统文”，凸显“儿童立场”与“意义建构”，指向儿童完整生命成长，实在很有现实意义。也难怪二十年前的这节课在后来很长一段时间内引发了教育教学领域的大讨论。

研究仍在继续。2005 年，我在讲授《秋天的怀念》时，抓住文中两次出现的母亲的祈愿和“我”的生活态度——“好好儿活”，和学生们揣摩文字，从文字蕴含的沉甸甸的“生命果实”中感悟。

当时我受邀到苏州市盲聋学校讲课，怀着最迫切的心情，准备和那些被命运“狠狠吻过”的孩子交流：好好儿活，在秋天里站成春天…… 那一天，所有的孩子都认真地“看”着我，他们不知道我长什么样，不知道课堂长什么样，也不知道世界长什么样，他们平和而自然地用“手”阅读着文字。偶有能发言的学生，他们的话让我几度哽咽。课后，一位 19 岁的盲人姑娘送了我一本盲文版的《秋天的怀念》，她温柔地告诉我：“其实世界上有看得见的残疾，也有看不见的残疾，关键看我们自己该怎样‘好好儿活’啊。”那一刻，我变成了学生。我深深知道，“好好儿活”这四个字，早已经不属于作者，而是生长在世间，长在了人们心里，转化为学生在学校或进入社会后，无论面对怎样的挫折与打击都要“好好儿活”的人生态度。这次经历让我更加坚定，主题教学之“主题”就是在体验与感悟中，指向一个个鲜活的、独一无二的儿童，朝着生命本身的精神健全，生成个性化的“特定主题”，促进“特定”人格发展。这将会弥补一个个生命的缺憾。

写到这里，想起曾经执教的一系列案例，虽不能一一列举，但我特别想说，这种文化主题对儿童的语言、思维、精神产生了综合影响。这里的主题已经包含了今天语文课程标准在“主题与载体形式”中提及的中华优秀传统文化、革命文化、社会主义先进文化、世界文明优秀成果等。二十年前我提出围绕“特定主题”开展主题教学，正是为了破解语文教育中人文性与工具性割裂的问题，基于文本联结生成语文实践活动，促进学生有依据地思辨，最终指向语文素养的综合提升。当前，语文课程标准在“内容组织与呈现方式”中专门提出，“设计语文学习任务，要围绕特定学习主题”，真是令人感慨啊！

担任清华附小副校长期间，我国第八次基础教育课程改革深入推进。我带领语文团队在“双基”基础上，结合课程标准提出的“三维目标”，进一步破解当时存在的强调“怎么教”而忽略“教什么”的问题。围绕小学语文12册教材，我们研制了“三个一”质量目标，包括“一手好汉字”（正确、规范、美观）、“一副好口才”（倾听、表达、应对）、“一篇好文章”（读懂一篇好文章，理解、统整、评鉴；能写一篇好文章，积累、观察、运用），并在此基础上推出了《小学语文质量目标手册》和《小学语文质量目标指南》。可以说，这也契合了当前以质量标准为中心建立的“关键要素—典型表现—水平等级”学科育人评价体系。我带着团队研发探索，久久为功，追求课程标准细化、教材整合深化、课程内容明晰化、认知体系序列化，为核心素养理念落地提供了可衡量、可评判、可描述的支持，让教学目标变“隐”为“明”。在此基础上，我们瞄准助学、促学，突围了“教”，对教学行为予以必要的规约和指导，保证教学内容、教学要求、教学策略与课程目标的统一，为“以学定教”提供了坚实的实践依据。我们以终为始，超越了“分”，以评促学，重构了“备”，促进了教与学生态再造，建构了“预期结果—体验学习—量规评估”的主题教学流程。

正是基于这个关键事件，我们凝练出了具有示范和推广意义的教学成果，荣获2012—2013学年度北京市基础教育课程建设优秀成果奖，2013年又荣获第四届北京市基础教育教学成果一等奖。崔峦老师曾评价“三个一”质量目标是教师教学的依据，是学校领导评估教与学的参照，是学校进行质量检测的凭借。时任北师大版小学语文教材主编郑国民教授认为，这一目标体系使得语文的教学和学习变得更加清晰、明了。经过时间的淘洗，现在的“三个一”质量目标仍将持续为主题教学基于新课标实现“教什么”“怎么教”“教到什么程度”三者的统一提供有力保障，为“文化自信、语言运用、思维能力、审美创造”的语文核心素养发展奠定坚实基础。

2010年，我担任清华附小第16任校长，转变的不仅仅是职位，更是看待教育的视角、看待课程的方式、看待儿童的目光、看待教师的立场。如何依托国家基础教育课程教材改革实验，通过主题引领，进一步突破学科课程藩篱，形成跨学科整合育人效应，将学科与儿童现实生活、生命成长紧密联结起来……这一系列问题最终都落在了“学科”这一关键点上。于是，“主题·整合”思维从语文学科研究迁移到了学校整体的课程改革探索中。通过构建“1+X 课程”，进行学科内渗透式整合、学科间融合式整合、跨学科消弭式整合的课堂重组，“儿童站立学校正中央”已然成为我们坚定不移的教育哲学。

当然，这背后的一条“暗线”，就是坚守三尺讲台，磨炼站好讲台的内功。即便不能天天上课，我仍会挤出时间和老师们一起备课、磨课、评课，争取每学期上一节旨在探讨可能性的“研究课”，在“主题教学”的整合思维下，基于教材、超越教材，实现学科大整合。随着研究的深入，凸显问题驱动、情境调动、工具撬动、平台互动“四动力”系统，体现学习任务雏形的经典课例不断涌现。

“主题教学”围绕儿童身心发展特点，从文化高度、哲学角度着眼，基于语文学科，穿越学科边界，在各学科间寻求融通，发挥育人集群效应。而这也成为学生开展语文“跨学科”主题课程群的学习，乃至超越语文学科开展小课题研究、项目化学习等“综合性学习”的前期探索。

三、主题教学深化研究阶段：从发表《朝向“伟大事物”——“主题教学”的新思考》正式提出“学习主题”开始

就儿童发展而言，如何将主题所承载的文化立意加以提炼、转化、融合，真正凸显儿童主体的学习逻辑，并将其与学生的兴趣、需求和成长等紧密联结起来，经由教师创生统整，转化为学生可吸收的丰富养分，在“滋养”和“润泽”中积淀学生文化底蕴、提升学生文化素养、培育学生价值观，成为主题教学在深化研究阶段所要破解的重要课题。

（一）主题教学“意义群”视域下的主题内容依据及归因

2010 年，我成为校园里年龄最长的博士生之一，又一次进入边实践边研究的“学生”时代。我开始在教育学视域下，研究主题教学中一节节课的主

题“种子”所形成的“意义群”，探求主题的内容依据及归因。当研究上升至理论层面时，我愈发认识到，主题教学的确需要在“文以载道”的“道”中寻找不变的文化主题和与时俱进的现代主题，以避免“天马行空”导致的“野马脱缰”、学习负担过重以及主题不聚焦等风险。于是，我以社会主义核心价值观为引领，结合当时高中语文课改的实际需求，进行基于单篇或整本书等不同类型的语文课堂研究，将演绎推理与归纳推理结合，寻求主题教学的主题原点。

一边研究一边记录，这一年我在《人民教育》上发表了《朝向“伟大事物”——“主题教学”的新思考》，提出主题是一种有“文化意味”的形式。主题是“文”“道”统一的载体，其出发点是人之为人的“道”，正如刘勰在《文心雕龙》中所言：“心生而言立，言立而文明，自然之道也。”在教学实践中，我以《珍珠鸟》的“信赖”、《三打白骨精》人性的“向善”、《牛郎织女》“美满的爱情”、《宋定伯捉鬼》的“大善”、《清平乐·村居》的“居安思危”、《游园不值》的“不遇中有遇”、《魅力》的“长大的儿童”等为例，充分利用教材、生活等教育载体和资源，更加自觉地思考。结合不同的文本主题与载体形式，我开展了同构或异构主题的群文互文对比阅读教学。通过这种方式，文化主题被嵌入反映真实情境、有意义且有挑战性的语文实践活动中，转化为学生在学习逻辑下可表现、可操作的“学习主题”。在此基础上，我进一步提出兴趣值、方法值、容量值、意义值“四增值”(指向价值感和效能感)，将古诗词、文言文与其他古典文学作品对照起来开展教与学，进一步丰富了主题教学的内容。

这一时期，主题教学的“主题”所蕴含的抽象之“道”，进一步与学生活泼泼的发展产生了互动、建立了联结，从而使易于学生理解、内化的“学习主题”逐步浮现出来。“学习主题”的提出，让教学实践从聚焦“教什么”进一步跃升到关注“学什么”，及至关注如何学习和如何学会学习。“学习主题”是一个以学习者为中心的中位概念，是超越“特定学习主题”的具体实践操作、体现文化母题“最大公约数”的规律性表达。其中以学习者为中心是前提，离开了这个前提，真正的学习就不会发生，遑论“文以载道”，更无“以文化人”。

随着课改步入深水区，主题教学之“学习主题”的挖掘，从理念认识到知行合一，进一步推动了学校全方位的变革。随着“1+X 课程”结构和内容不断完善，主题教学建构了“学科内、学科间、超学科”三种整合方式，经过数年发展，学习主题整合逐渐成为主题教学的内在逻辑。如2013年我带领语文、科学和数学团队共同备课，设计了《两小儿辩日》的“辩与不辩”以及《葡萄沟》的“家乡好风景推荐卡”等学习主题，正是着眼于科学课中的现代科学常识与文言文特殊表达之间的关系，让课堂在与生活联结、与多学科知识联结的过程中，实现“课程—课堂—课业”的跨学科有机统一。

再如，我和学生阅读葛瑞米·贝斯的《来喝水吧》，没有拘泥于语文阅读教学，而是通过“人类命运共同体的环境观”这一学习主题，探索出了阅读与科学、艺术、地理等学科相融合的跨学科学习新模式。回过头来看，当年探索和打磨的这几十节体现学习任务雏形的典型课例，已成为主题教学的经典烙印，为我系统地总结主题教学的五种典型实践样态提供了实践依据和鲜活样本。因此，在面对语文课程标准中所说的1个基础型、3个发展型、2个拓展型学习任务群时，作为学习任务雏形的主题教学实践样态并不会让人感到违和，反而让人有一种特别的亲近感。

终于，在几十年“磨一剑”的实践研究后，2014年，《小学语文主题教学实践研究》获得了首届基础教育国家级教学成果一等奖。这也成为我们扎根课堂，努力审思，把不确定性当预设，以复杂关系为前提，始终保持自我超越的行动自觉，不断传承与迭代的“历史印证”。而后，我们将主题教学的系列成果加以提炼，形成了《小学语文主题教学指导纲要》，并以此作为行动指南。2015年，《小学语文主题教学研究》一书由人民教育出版社正式出版，2018年又推出了修订版。

成果已成序曲。回看主题教学获奖这十年，特别值得一提的是，语文教学从单篇走向群文，走向整本书，进而向跨学科学习拓展，建构了多维度、多形态的“动态立体”系统，这便是基于年度人物的校本主题课程群。为了更好地实施校本年度主题课程群，主题教学以语文教材单元的六种学习任务类型为基础，整合跨学科主题学习、综合实践活动、项目化学习等，形成了包容性强、体现五育融合理念的综合课程形态。

而在这背后，我尤其关注人的连续性、阶段性成长，这也呼应了语文课程标准的主要变化之一——加强幼小衔接、小初衔接，即九年一贯的学段衔接。因此，我走进幼儿园上课，进一步思考如何通过阅读等载体（如绘本《我爸爸》）找到幼小衔接的逻辑，尤其关注幼儿直接经验的获得，注重活动化、游戏化、生活化的学习体验过程。而当孩子进入小学，不断成长，六年后，他们在离开母校的时候，将带着什么出发？将来又会成为什么样的人？于是，每年毕业典礼上，我给六年级学生上苏联作家阿尔卡基·布霍夫的《魅力》，将它化作致青春的第一课。我还走进北京一零一中学，与初一学生一起探讨“童心”学习主题……如果说，小学语文主题教学所开展的理论与实践研究，为语文课程标准修订及其落实提供了一点鲜活的实践佐证或支撑，那么主题课程群则体现了主题教学在五育融合的课程育人观层面的跨越。

可以说，主题教学所指向的“学习主题”，不仅仅是寻求教学方法的突破，更是秉持“儿童站立语文教育正中央”的理念，围绕“学什么更有价值感、怎么学更有效能感”推动课堂重构与深度统整。而主题教学以学习者为中心的四个本质特征——“意义建构、儿童立场、深度思辨、资源整合”也日臻鲜明。

（二）形成主题教学论：基于“主题—学习主题—特定学习主题”关联概念连续体进行理论重塑

2019 年，我成为义务教育语文课程标准修订组核心成员，跟随专家学者学习，深入领会党和国家的育人要求。我认识到，义务教育课程方案和课程标准（2022 年版）的发布，不仅为义务教育阶段的课程改革指明了方向，也重新激活了每一位教师对新时代教育使命的自觉追问。我更加要求我们的老师“左手课标，右手教材，心有儿童，学出精彩”，只有真正做到了这一点，才能谈高水平、高质量育人。

主题教学一直致力于变革教与学方式，从学科知识逻辑转向真实生活运用逻辑，凸显儿童立场。当我们再次聚焦义务教育课程方案和课程标准（2022 年版），努力打通学科逻辑、生活逻辑、学习逻辑，帮助学生学会在生活中、在实际运用中解决问题时，我们会发现，主题教学真正契合了课程标准理念，体现了“文以载道、以文化人”的时代价值。载“道”是主题教学的使命；而“文以载道、以文化人”的“文”，不仅包括过去的文字、文学、文章，还有今天的非连续性文本、人工智能时代的跨媒介等；“化”则从“教化”演变成今天的“化育”。如何去转化，如何去融化，如何去一点一点地变化，这些仍然是主题教学持续优化与迭代的行动指南针。

回顾主题教学三十年发展历程，基于“主题”内容，我沿着语文教育民族化与现代化方向，开展中华优秀传统文化研究，而后围绕革命文化、社会主义先进文化以及我在《小学语文主题教学研究（修订版）》一书中提出的基于社会主义核心价值观的五种典型实践样态（单篇经典主题教学、群文主题教学、整本书主题教学、主题实践活动、主题课题研究）持续探索，相继提出“特定主题”“学习主题”等概念。当看到语文新课标里程碑式地填补了“课程内容”中的主题、学习主题、特定学习主题的时候，激动之情无法言表，不禁感慨事业如命业。

语文新课标里的“课程内容”包含两个部分：一是“主题与载体形式”，二是“内容组织与呈现方式”。更重要的是，这里提到了“主题”“学习主题”“特定学习主题”。而今我将这三个概念构成了一个“关联概念连续体”。回首过去多年的研究，以中华优秀传统文化为例，主题教学对内容主题及其呈现载体，包括学段要求和教学提示，都描述得很清楚。主题是课程标准规定的具有统一性的“三种文化”内涵与载体形式；要将静态的主题变成学习内容，就要运用学生可理解、可接受的内容组织与呈现方式，将其转化为学习主题；特定学习主题则更强调学习主题具化，运用多样化的教学行动和策略，帮助学生在特定的实践运用中形成典型语言经验。接下来，我们要从课标里主题的内在逻辑出发，重构主题教学之“主题”“文以载道”，发掘其时代新质。

现在，将这些年的主题教学实践研究放到课标逻辑下考量，一路上有专家引领、学生相伴，主题教学紧跟课程改革步伐，如果说在第九次课程改革中展现了所积累的典型经验的“国家贡献”。那么这几十年带领团队钻研主题教学取得的进阶是什么，我想可以这样来总结：坚持素养为纲、实践为本、真实学习为线的理念，提炼指向儿童生命成长的核心语词，以此作为“主题”，提领而顿，众毛皆顺；专注于意义建构，强调深度思辨和资源整合，确定学习主题，帮助学生建构属于自己的“学科理解”；构建任务驱动的特定学习主题，形成原则、目标、内容、策略、评价“五位一体”的主题教学模式。主题教学努力培养全面发展的时代新人，使教育实践与人的发展成为有机整体，为立德树人这一根本任务在语文学科的落地、为培育和践行社会主义核心价值观找到了一条切实可行的实施路径。

“主题—学习主题—特定学习主题”，形塑了“课标—教材—教学”逐层转化的行动指南，回答了如何将课程标准由构想层面落实到校本行动层面的路径问题，为学校培育学生核心素养、促进学生全面发展提供了高质量的实践方案。

2022年，在跟进课程标准修订的过程中，我越来越强烈地体会到对历史的尊重，对文化的自信。和很多专家学者一样，我也在思考如何突破教材单元里人文主题和语文要素的二元结构，研究能否把国际上流行的大观念、大概念、核心知识提纯化用，但我发现，我们中华民族的母语无法用西方的知识体系提炼（也许将来会有新解）。语文新课程标准也没有这样表述，而是运用了“主题”。当下，我们进一步确认了要将中华优秀传统文化、革命文化、社会主义先进文化以及世界文明优秀成果等，变成儿童的学习主题甚或特定学习主题。正如前文提到的，“特定主题”一词笔者早在2004年发表的文章中提出。而今，像年度主题课程群“博学于文，修己以敬——走近伟大圣人孔子”中的整本书阅读任务类型课《孔门十弟子》“撰写‘三人行’推荐书”的特定学习主题，学生在整个学习过程中已不再是为了学习阅读而阅读，而是要通过阅读来解决自己生活与成长的真实需求。

2023年，结合新课程标准又回到教材单元，继续聚焦特定学习主题引领的学习任务设计。如六年级上册第六单元，围绕“保护环境”这一体现社会主义先进文化的主题，我们提炼了“发布社区环保倡议”的特定学习主题，这是包含特定学习任务设计的“闭环”设计……

写到这里，复盘2014年获得基础教育国家级教学成果一等奖后的这十年，主题教学依靠理论与实践研究跃升为主题教学论，这中间有前两个十年做注脚，更离不开学生、团队以及专家的集体智慧。无论是最初在语言文字理解与运用中找寻“意义群”，还是着眼内容组织与呈现方式转变构建“学习任务群”，抑或朝向五育融合探索集约与松散相互支撑、体现综合课程形态的“主题课程群”，主题教学所追求的不仅是重置教学内容，更是形成了一片呵护生命成长的教育生态。主题教学力求通过从教学逻辑到学科育人逻辑、从课堂实践逻辑到学校课程逻辑的纵深跨越，营造促进学生全面发展的学习生态，实现从“立人”之道向“成人”之道的跃迁。

在新时代、新课程、新理念、新变化的基本盘下，我们继续溯源主题教学，研制《小学语文主题教学发展纲要（2025—2035年）》，从理论创新、实践丰富、教师发展以及示范引领等方面持续推进研究。面对充满挑战和不确定性的未来，主题教学在创造性革新中“变与不变”的究竟是什么？我想，不变的是，主题教学理论体系几十年来一直沿着“文以载道”这一中国式语文教育现代化的文化根脉，遵循学科本质属性与“儿童站立语文教育正中央”的学习属性，追求“文”与“道”的新质融合。

改变的，首先是理论经过重塑后的深化：怎样将语文课程标准规定的“主题与载体形式”（体现统一性、方向性），更好地落实为学习主题的“内容组织与呈现方式”（体现层次性、适宜性），进而落实为特定学习主题的“典型教学实践形态”（体现高水平统整和操作性）。高质量实现核心素养培养目标，要求在“课标—教材—教学”三层转化中，在学习主体、知识形态、学习方式三位一体中，重塑课堂教学形态。

其次是主题教学论前端教与学意义上的儿童成长逻辑以及背后的教师成长逻辑。教师才是课改的关键。想起2020年，面临突如其来的“危急时刻”，清华附小200多名教师把国家的需要当作使命，把学生的成长当作责任，“冒着生命危险”毅然决然地走进了中国教育电视台，承担起了全国小学生全学科直播课的任务。每个人身上都承受着千斤重担，尤其语文教师参与人数及课时最多。近4个月的时间，完成直播课816节，直播及点播量累计达6.54亿次。我们咬紧牙关，没有辜负国家的嘱托，没有辜负时代的期望，创造了“史无前例”“世无前例”的线上教学里程碑事件！我们有底气、有信心去探索“把看电视变为用电视教学”。现在回头反思“文以载道”这一古老的命题，我想，道不远人，鲜活的“道”还是要在“人”身上显现与光大。

教育部表扬信中写道：“清华附小以高度的政治责任感和历史使命感，圆满完成了国家平台课程直播、录播任务，为全国中小学生实施‘停课不停学’工作作出了重要贡献。”

行文至此，想到清华附小“集体人格”画像中的自己，无论什么时候，我都不能忘记自己身为教师，尤其是语文教师这一职业身份。职业即命业。之所以几十年有所长进，是因为托举我的人给予了无限包容与无尽厚爱，是因为关键事件让我不断历练。我经常自问，何德何能如此幸运？一路上照亮我的有师父张翼建、长者商友敬、前辈霍懋征、导师朱小曼等教育大家，当然更有新时代引领我的柳海民、柳夕浪、成尚荣、郑国民、王荣生等专家学者，以及跟我一起奋斗的成志教师团队。一个人被大家看到的进步，正是这些逝去的、远方的、身边的所有人共同托举的“综合”体现。面对即将对我们的认知、生活乃至生命展开重构的新时代，我怎么能躺平、自满？唯有更加精进，反哺老师和学生。特别是学校里各种挑战纷至沓来，课堂生活辛苦、琐碎、复杂，关于课堂教学的讨论像暴风骤雨般不断冲刷着教师的体认。如何带领教师以研究的方式，克服工作与生活、家长与社会等各方面挑战带来的“倦怠感”，永葆激情与希望，坚守学科之道、育人之道、为师之道？我想，“文以载道、以文化人”，承载着语文教育深邃哲学内涵与崇高使命的主题教学思想，能够为教师成长提供肥沃的土壤，我们“主题教学人”也一定能从中获得前行的动能。

于漪老师讲过一段意义深刻的话：“学语文就是学做人，伴随语言文字读写听说训练渗透认知教育、情感教育和人格教育。语言文字不是单纯的符号系统，而是一个民族认识世界、阐释世界的意义体系和价值体系，她与深厚的民族文化是联系在一起的。”小辈的我们，一方面，要永葆坚守三尺讲台的定力，始终不渝教育初心。不忘学科教师是自己的“第一身份”，更不忘儿童研究是教师的“第一专业”，克服惯性，自我超越，防止经验主义的陷阱，做一个始终学习和反思的行动者。跨越知识的疆界，多环节打通、多领域盘活，深度融入学校整体的教育肌理之中，筑起培根铸魂、启智增慧的坚固基石。另一方面，要探索AI主题教学智能体，发挥主题教学带动教师专业发展的“雁阵”效应。专注一间间教室的方寸乾坤，构建由“我”到“我们”的共同体，始终用激情的力量、理性的修行、潜心的研究化解冲突、破解难题。还有，做一个精神上气象万千的教师，扎根一所学校，找到一个希望为之奋斗的志业，从价值逻辑到行动转化，持续践行教育家精神。在精神砥砺与生命抵达中永葆语文立人的弘道追求，由“文”得“道”，因“文”化“人”，“则其功德，当不在禹下”。

文到结尾处，想起十年前在专题片《行走的玫瑰（1）》中，有人问我究竟在做什么，我说：“我是教语文的，我是教人学语文的，我是用语文教人的。”十年后，在《行走的玫瑰（2）》中，我想加上一个“们”字：“我们是教语文的，我们是教人学语文的，我们是用语文教人的。”（两部专题片参见二维码）我所崇敬的“大先生”于漪老师曾说过：“这三十多年来，小学语文主题教

行走的玫瑰（1）　行走的玫瑰（2）

学理论的提出和实践的深入，是基础教育改革浪潮中的一件了不起的大事，不仅在北京，甚至在全国都产生了很大的影响……”我想，这份荣誉不仅仅是属于我的，也是属于我们的。

“玫瑰”继续行走。小学语文主题教学是持续改进的实践哲学，如今，已然走过了“而立之年”，正昂首迈进第四个十年。教育强国背景下，展望未来，期待第五个十年亦将一路繁花……

目录

【第一篇】

儿童站立语文教育正中央

——文何以载道：小学语文主题教学的文化溯源与价值旨归

【第二篇】

我是教语文的，我是教人学语文的，我是用语文教人的

——文以何载道：小学语文主题教学的认知跃升与理性深化

典型课例

◎“介绍一种事物”　◎“四时景物皆成趣”　◎《纸的发明》

【第三篇】
做有专业尊严的语文教师
——文如何载道：小学语文主题教学的实践探索与样态重构

典型课例

◎《雨点儿》　◎“跟着作家撰写《xx 生长记》”

第一篇

儿童站立语文教育正中央

——文何以载道：小学语文主题教学的文化溯源与价值旨归

一座庄严的日晷伫立在笔者从教的校园正中央，寓意简明悠远——与时俱进。母语教育在数千年中华文明“苟日新，日日新”的持守与自新中，见证了“文以载道”的积淀与传承，也呼唤着新时代“以文化人”的“又日新”脚步。

三十多年来，笔者始终秉承“文以载道、以文化人”的理念，提出让儿童站立语文教育正中央，和学生一同在自我生命成长的精神家园里，弘扬博大精深的中华语言文字文化。主题教学就是借助“主题”将“文”与“道”有机结合起来，建立起价值理念与教育实践之间的桥梁。从二十多年前指向“文化母题”的主题，到后来沿着教育学逻辑，探索、提取、凝练出指向儿童成长的细化的主题，逐渐就有了后来笔者在《小学语文主题教学研究》一书中鲜明提出的“学习主题”这一核心概念。继而，基于学习主题理念的五种典型实践样态应运而生，这正是学习主题引领的学习任务的雏形。再后来，主题教学持续围绕儿童发展特点及生活经验、中华优秀文化等，打破以往割裂的学习范式，统整知识、方法、思维等方面，将学习主题转化为特定真实情境撬动的言语实践，为设计和实施具有情境性、实践性、综合性的学习任务群奠定了基础。

《义务教育语文课程标准（2022年版）》（简称“新课标”）第四部分里程碑式地填补了“课程内容”，小学语文主题教学关于“主题—学习主题—特定学习主题”的探索也从个体经验跃升为群体共识。笔者结合在国内率先提出并开展主题教学实践研究的经验，持续思考主题教学如何创生指向核心素养发展的关键理路，为在校本行动层面落实国家政策精神提供具体的实操方略。

本篇导览

1999 年，笔者提出“文道统一”的主题教学文化观；2004 年，提出“主题”及“特定主题”；2015 年，提出“学习主题”，强调“以文化人”。在这样的经年积累下，本篇聚焦主题教学的实践与理论探索，尝试构建“主题—学习主题—特定学习主题”关联概念连续体；聚焦新课标“文以载道、以文化人”的理念，结合典型课例，阐述“主题与载体形式”的转化落地、“内容组织与呈现方式”的实践深化，重塑主题教学教育形态。通过系统建模，构架主题教学论的理论谱系与实践图景。

问题索引

- 新课标在“课程性质”部分明确提出，工具性与人文性的统一，是语文课程的基本特点。作为中华文化传统的核心理念之一，“文以载道”从先秦传承至今，“文”有哪些多样的形态？“道”又有哪些丰富的内涵？应如何理解和阐释新时代“文以载道”的价值意涵？

- 新课标在“课程内容”部分提及主题、学习主题、特定学习主题三个关键词，这三个概念的核心要义是什么？它们的底层逻辑是怎样的？它们之间存在怎样的深层关系？学习主题的引领作用体现在哪些方面？如何确定引领性学习主题及特定学习主题？

- 新课标在“课程理念”部分明确提出，以学习主题为引领，设计语文学习任务群。如何挖掘学习主题并体现以学习者为中心的特定学习主题引领的任务学习理念？如何在尊重学科事实的基础上，凸显在特定学习主题引领下的学科实践和学科理解，实现学科育人？

阅读提纲

关键词	主题、学习主题、特定学习主题
课标链接	对照新课标“课程性质”部分、“课程理念”的第二部分
课例解析	•《林冲棒打洪教头》等课例侧重呈现主题教学中的小说、民间故事、古诗等丰富的主题载体形式，《三打白骨精》等课例侧重呈现中华优秀传统文化的主题内容维度 •《游园不值》等课例侧重呈现学习主题的作用与构成要素等 •《黄继光》等课例侧重呈现特定学习主题的内涵
观点聚焦	• 主题：统一的内涵与载体形式 • 学习主题：统整的内容组织与呈现方式 • 特定学习主题：典型的教与学实践形态 • 特定学习主题引领的学习任务设计与实施

主题教学的核心概念

关键词	主题教学、学习任务
课标链接	对照新课标“课程内容”部分的“主题与载体形式”和“内容组织与呈现方式”
课例解析	•《书戴嵩画牛》侧重思辨性阅读与表达的学习任务雏形 •《神笔马良》侧重整本书阅读的学习任务雏形 •《阿长与〈山海经〉》侧重文学阅读与创意表达的学习任务雏形
观点聚焦	• 从“基于教材，超越教材”到学科育人 • 从“立足课堂，超越课堂”到学科实践 • 从“尊重教师，超越教师”到学科理解

主题教学的教育新形态

第一章

主题教学的关联概念连续体

综观语文课程改革和发展的历史脉络，过去三十年中，笔者研究的小学语文主题教学（简称“主题教学”），根植于母语教育与文化传承的课堂实践，在经验与理性、研究与实践、个人与集体、理想与现实的碰撞互渗中不断探索深耕与创新发展，一直践行“语文教育是人的教育，语文教学要着眼于人的发展”[1]的育人理念。从语文教育民族化与现代化教改实验，到为生命奠基的“三个超越”理念，从《小学语文主题教学实践研究》荣获首届基础教育国家级教学成果一等奖，到“文以载道、以文化人”的主题教学论的深层探寻，主题教学始终秉持儿童立场，专注于意义建构，强调深度思辨和资源整合，构建“主题—学习主题—特定学习主题”关联概念连续体，努力为课程标准提供基础经验，形塑“课标—教材—教学”逐层转化的行动指南，操作路径、实践逻辑与结构化系统。

这个关联概念连续体，与新课标“课程内容”中“主题与载体形式”部分提到的“主题”，以及“内容组织与呈现方式”部分提到的“学习主题”“特定学习主题”等概念不谋而合，整体描述了主题教学的不同阶段和分解形态，提供了将课程标准由构想层面落实到校本行动层面的具体实操方略。本章将围绕主题、学习主题、特定学习主题这三个关键概念展开阐述。

一、主题：统一的内涵与载体形式

（一）认识主题

1. 关于主题

主题属于上位概念，对主题的关注，萌芽于笔者早期的课堂教学实践。读书若没有主题，就没有了魂魄，这是笔者一直在思考的命题。在 1996 年执教的《放风筝》[2]、1998 年全国第二届青年教师阅读教学观摩活动中执教

[1] 窦桂梅．语文教学要着眼于人的发展 [J]. 人民教育，1999（3）：34-36.

[2] 王平，窦桂梅．《放风筝》教案 [J]. 小学语文教学，1996（10）：34-35.

的《初冬》[1]等课例中，笔者就开始引导学生关注课文题目破题、开课揭示课题以及切中课文题眼等内容，开展“积累—感悟—创新”的教学模式探索。这样的一节节常态课或研究课，在“审美、融情、育能、创新”中形成了主题教学最初始的实践基础，在文化传承与积累中播下了“主题”教学的种子。随着教学实践和研究的深入，2004年笔者在《“主题教学”的思考与实践》中提到，我们所说的“主题”，不是思想主题，不是知识主题，也不是写作主题，而是文化主题。[2]语文教学要引领学生关注文化、亲近母语，在他们熟悉的生活世界中寻找语言和文化的根源，汲取语言和文化的养分。同年，笔者在《激情与思想：我永远的追求——特级教师专业成长研究》中强调，主题教学既包括母语文化和世界文化这个巨大的“场”，也包括母语文化的承继、世界文化的吸纳，还包括每个学生成长的精神环境等。[3]2006年出版的《窦桂梅与主题教学》明确了文化立意的主题意蕴，在充分体现母语教育的文化性与哲学性的同时，为学生的生命和精神成长奠基，并着重阐述了文与人、语言与精神的同构。[4]此后，笔者持续深入研究，回应时代要求，又进一步在《小学语文主题教学研究（修订版）》中阐述主题的内涵：主题指向社会主义核心价值观，包括国家与世界共同价值观、民族与社会核心价值观以及个体成长价值观。[5]相应的，主题教学之主题，凝练的是蕴藏在中华民族语言文字中的丰厚文化底蕴，指向的是儿童对中华文化的认同与自信，进而更好地继承和弘扬中华文化。如果说主题教学是一张地图，那么主题就如指南针，带领学生从一堂堂基于文本的生动的课里，看到文化、生命、思维的“整片森林”。

主题本身是由语言文字承载的，是对语言文字中蕴含的价值元素的提取与凝练。主题既是语言的表达，又蕴含着哲学、美学与文化的深层意义；既是沟通交流的意义核心，更是塑造人格、启迪思想的载体，是实现“立人”目标的“符号”。《义务教育课程方案（2022年版）》强调学科实践，学科教学要发挥育人价值，而主题教学恰恰体现了精神价值内核与语言、思维、策

---

❶ 窦桂梅．初冬 [J]. 小学语文教学，1998（1）：43-45.

❷ 窦桂梅．“主题教学”的思考与实践 [J]. 人民教育，2004（12）：32-34.

❸ 窦桂梅．激情与思想：我永远的追求：特级教师专业成长研究 [J]. 课程·教材·教法，2004，24（5）：3-13.

❹ 窦桂梅．窦桂梅与主题教学 [M]. 北京：北京师范大学出版社，2006.

❺ 窦桂梅．小学语文主题教学研究（修订版）[M]. 2 版．北京：人民教育出版社，2018：77.

略的实践形式的统一，与语文学科的本质要求高度契合。

主题是一种有“文化意味”的形式，是“文”“道”统一的载体，蕴含着价值立场和价值尺度。主题是一种将分类引导放置到整体结构中的思想方法。围绕主题，教师可以更加清晰、明确、有重点地设计“文”的学习、创作及传诵等活动，从文化性和社会性两个方面思考教学。主题还是一种实践方式，帮助教师将教学的目标、过程、评价等联结起来、统一起来，以实现课堂中“教—学—评”一致性。同时，这个过程指向教育的根本问题——培养全面发展的时代新人，在这个意义上，正是主题内涵和主题教学让教育实践与人的发展成为有机的整体。

可见，笔者在主题教学中所倡导和聚焦的主题，从本义来看，是国家通用语言文字中所蕴含的精神、思想和价值等主要内容，凸显汉语丰富的表意功能和独特的文化意涵。从引申义来看，主题还拓展为对世界的一种宏观理解和认知。这种“有意味”的主题可以涉及人类文明的重要成就、社会发展的优秀成果以及儿童日常生活等内容。依据教育部系列重大主题进课程教材指南和指导纲要的要求，《义务教育课程方案（2022 年版）》指出，主题涵盖中华优秀传统文化、革命文化、社会主义先进文化，国家安全、生命安全与健康等重大主题；新课标也指出，主题范畴聚焦中华优秀传统文化、革命文化、社会主义先进文化，以及世界文明优秀成果、科技进步、日常生活特别是儿童生活等方面。

当这些主题成为学习者的学习内容，落实到每一个与儿童生命发生联系的鲜活场景中时，它们就是整个物质世界和精神世界在学生面前的展开；当它们继续落细、落小、落准到每一册教材、每一个单元、每一节课中时，它们就很好地统整了语文的“工具性”和“人文性”。几十年的主题教学探索，就是基于以学习者为中心的学习逻辑，将这些自然形态的主题内容串联成各类链条式学习任务，就好比将一颗颗珍珠串联起来，而这些“珍珠”所关涉的丰富内容则组合成立体的、真实的“教育学意义群”，其核心合于“道”。通过日积月累，每个儿童在这些主题的涵养下形成个性化的语言经验，并发展出独特的素养，活出生命该有的样子。

综上所述，主题是挖掘中华文化内涵而提炼的关键语词表达，承载于语言文字表意符号中，具有统一性、方向性。中华文化主要指向中华优秀传统文化、革命文化和社会主义先进文化，“三种文化”等构成了语文课程的核心内容。

2. 主题与文以载道

早在1999年，笔者就在《语文教学要着眼于人的发展》中提出了“文道统一”的主题教学文化观。[1]主题教学的主题指向“文道统一”中的“道”，语文学科的“道”是课堂教学的“魂”。2004年，商友敬先生听了笔者的课后，在《突破，突破，再突破——小学语文〈圆明园的毁灭〉教后谈》中提到，“语言形式本来离不开所承载的内容”，所谓“皮之不存，毛将焉附”[2]，主题教学体现了这一特点。文道统一，使学生透过思想与情感的交流，在语言文字的环境中站立起来。这样，对于“文以载道”，我们就不会狭隘地理解为道德教训，从而小看了语文学习的意义——情感思想的真实就是“道”。[3]而后，笔者又在《朝向“伟大事物”——“主题教学”的新思考》中强调，主题教学的“主题”根基，在于刘勰在《文心雕龙》中所言“心生而言立，言立而文明，自然之道也”。[4]中华优秀传统文化中蕴藏着中国教育学学科体系构建的思想基因和价值基因[5]，文以载道可以说是小学语文主题教学的文化根脉，是主题教学的思想基因和价值基因，是最为持久、深沉的文化力量。

主题教学的主题，同中华文化源远流长的“文以载道”“文道统一”的传统有着深层的互动。在古代文学批评中，“文以载道”“文以明道”等观点一直占据着重要地位，成为文学创作和文学批评的重要原则。“文”的本义是“纹理”，“道”的本义是“道路”。唐代李汉说，文者，贯道之器也。宋代朱熹说，道者，日用事物当行之理。“文以载道”强调文学作品不仅要言之有物，更要传达正确的思想内容，传递积极的情感态度，具有启发性和教育意义。“文以载道”也暗含了“文道统一”的要求，即“文”与“道”密不可分，“道”并非独立于“文”而存在，而是从“文”的土壤中自然生长、发展而来的。几十年前于漪老师就强调：“语言文字是表情达意的工具，……‘诗言志’，‘文载道’，这就决定了语文课的基本特点：工具性和思想性。教

[1] 窦桂梅．语文教学要着眼于人的发展[J]. 人民教育，1999（3）：34-36.

[2] 窦桂梅．商友敬．突破，突破，再突破：小学语文《圆明园的毁灭》教后谈[J]. 教师之友，2004（12）：42.

[3] 窦桂梅．窦桂梅与主题教学[M]. 北京：北京师范大学出版社，2006：22.

[4] 窦桂梅．朝向“伟大事物”：“主题教学”的新思考[J]. 人民教育，2010（5）：42.

[5] 孙杰远．中国教育学“三大体系”构建的文化根脉[J]. 山西大学学报（哲学社会科学版），2024，47（1）：97-109.

学中必须既授文又传道，二者要有机结合，辩证地统一起来。”[1]这样才能把语言文字教活，才能充分发挥工具作用。因此，语文教学要认真坚持文道统一的原则。

也可以这样说，既然主题作为有文化意味的形式，在价值与内容统一、理念与实践统一、教学与育人统一的意义上，构成了对“文以载道”“文道统一”传统的新阐释，那么主题教学依托主题，就在价值理念与教育实践之间架起了一座桥梁，形成了教学与育人的统一场。

早在先秦时期，孔子在《论语·雍也》中就提出“质胜文则野，文胜质则史，文质彬彬，然后君子”，强调“文”与“质”的平衡和统一。荀子在此基础上进一步提出，“圣人也者，道之管也。天下之道管是矣，百王之道一是矣，故《诗》《书》《礼》《乐》之归是矣”，将“文质”的概念发展为“文道”的范畴。魏晋南北朝时期，刘勰在《文心雕龙》中提出“山川焕绮，以铺理地之形，此盖道之文也”。这一时期，文道关系的发展趋向于“文道并重”，不偏废任何一方。进入唐代，韩愈、柳宗元等文学大家提出“文以贯道”“文以明道”。北宋理学家周敦颐更是明确提出“文，所以载道也”，从而确立了文学作品的育人功能，彰显了文学的现实关怀。关于“文道统一”“文以载道”“文以明道”，在历史发展源流中有丰富的解释（图 1.1），笔者不再详细展开。这些观点不仅对文学创作带来了深远的影响，也对文化传承和语文教育产生了积极的推动作用。

文以载道这一传统理念在历史的长河中传承不息，在人类的伟大实践中不断得到验证，在不同文明的交流互鉴中焕发出新的生命力。今天，站在历史发展的重要节点上，我们重新审视“文以载道”，积极主动地担负起历史与时代赋予的重任，必须坚持以马克思主义世界观和方法论为指导，深深植根于中华文化“以文化人”的传统，深耕语文课堂的实践与理论探究，朝着马克思主义中国化、中华优秀传统文化现代化的方向前行不辍。

（二）主题新阐释

1. 以文载道，观照国家通用语言文字新形态

在主题教学语境中，“文”所蕴含的“道”具有深刻的文化内涵，其表

---

[1] 于漪．渗透与滋润 [J]. 语文学习，1985（2）：27-31.

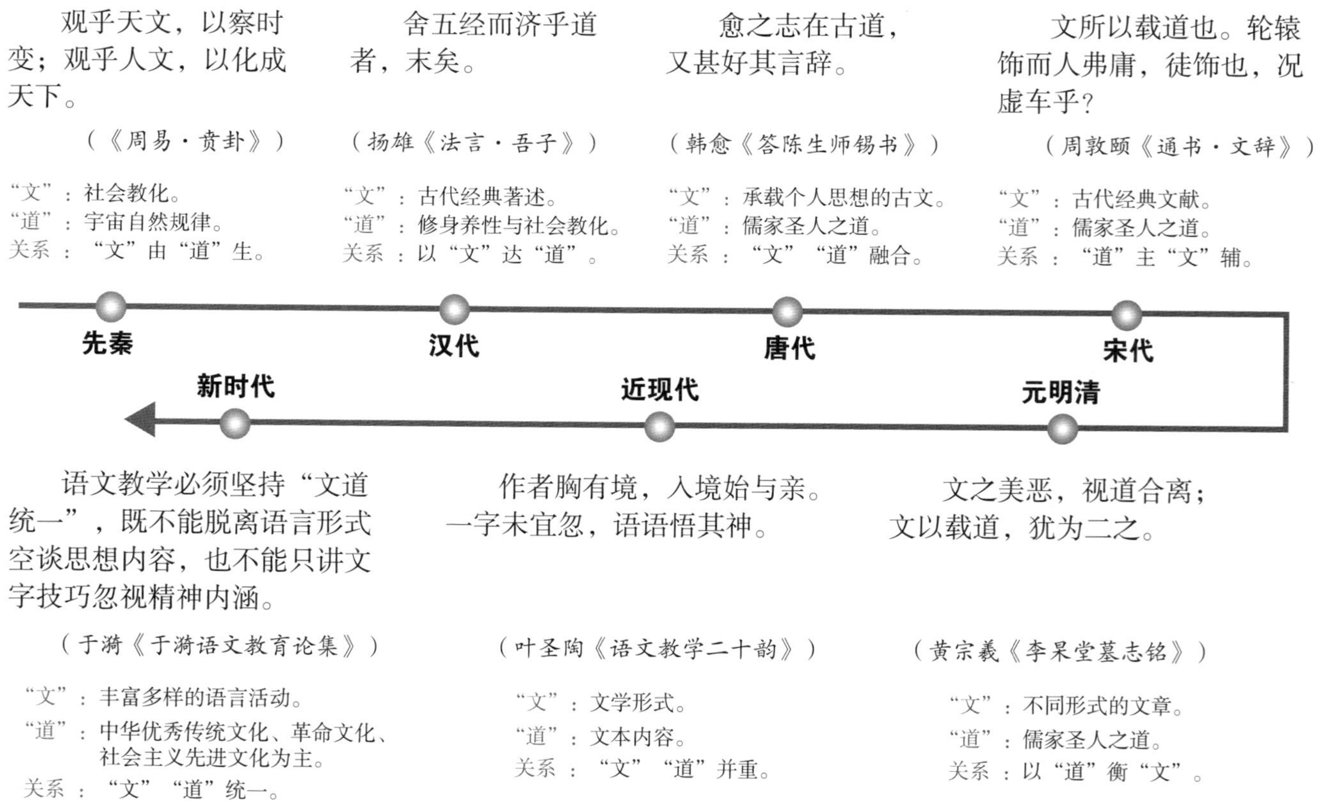

图 1.1 “文以载道”论述撷英

现形式极为丰富多样。“文”不仅展现了国家通用语言文字独特的文化魅力和历史底蕴，还通过诗歌、散文、小说、戏剧等文学形式，细腻地表达了人们的情感和精神世界。千百年来，“文以载道”中的“文”往往意指文学、文章、文字。同时，“文”在实践活动中也呈现出动态的表现形式，如口语交际、非连续性文本，以及文化仪式、戏剧展演等。今天，随着网络技术的发展，网络语言、信息符号等应运而生，成为“文”在现代社会中的数字表现形态。“文”的这些形式共同构成了人们丰富多彩的文化生活的载体。由此可见，“文”的内容和形式不断丰富，彰显了中国语言文字的深厚底蕴和无限可能。

由此，以文载道体现的不是静止的“载道观”，而是要求我们根据“文”的特点，发掘并传递相应的“道”。用通俗的话来讲，就是“什么样的文本，还它什么样的味道”。不同的文学形式，如新闻报道、神话、寓言、民间故事、童话等，虽体式各异，但它们共同的目标是传递思想或情感，揭示体现自然法则和社会规律的“道”。而这个“还”，更是意味着教师需要基于儿童的真实需求，挖掘隐含在文本与生活中的教育价值，经过精心筛选、整合、提炼，将“文”的原生价值转化为教学价值。在课堂上，如何由文“还”道，既展现语言文字的独特魅力，又巧妙地传达其深层的时代意蕴？这需要我们广积累、深挖潜、巧思量、有新解。

2. 以道统文，涵括中华文化价值新意蕴

“以道统文”强调的是从语言文字丰富多样的表现形式中，挖掘其所蕴含的深刻文化价值。新时代背景下，语言文字所载的“道”是与时俱进的时代之道。“道”作为一个博大精深的概念，不仅涵盖了自然之道、社会之道以及圣贤之道等传统范畴，更包括对中华优秀传统文化的创造性转化和创新性发展，对革命文化的传承和弘扬，对社会主义先进文化的笃信和坚守，以及对世界文明优秀成果、科技进步、日常生活等方面主题的深入思考和辩证理解。

当然，这个“道”也是今日儿童的学习之道，继而化为儿童未来的成长之道。当儿童沐浴在充满文化立意的“道”的河流中时，先辈的智慧和千年的中华优秀传统文化母题，便在他们的亲身体验与感悟、传承与创造中，不断明晰、显现、合构，成为他们的生命主题。这些生命主题不仅传承了古老的中华文化之道，更照亮了儿童的学习成长之道。儿童对这种文化价值的理

解与传承、守正与拓新本身，就体现了主题教学所具有的价值论的底色。

笔者执教《林冲棒打洪教头》[1]时，研究了如何将古典章回体小说的评书味儿融入教学，让学生体认中华文化独特的韵味。该课采用了评书开课和赋赞收课的方式，学生特别感兴趣。更重要的是，这节课不是只树立林冲的形象，忽略对洪教头这位小人物的描绘与解读，而是让课文所载之“道”丰满起来。课文通过“背面铺粉法”，生动地再现了林冲“一横”“一退”“一扫”的动作。这种惜墨如金的动作描写，与描写洪教头“打”时泼墨如雨的写法形成鲜明对比。在洪教头挑衅式的“来！来！来！”与林冲“不敢，不敢”“请教了”的对比中，塑造了一个有礼有节的林冲形象——既有“把得牢、忍得住、稳得准”的坚定与从容，又有谦虚退让的优秀品质，同时还带有一丝懦弱的悲剧色彩。这种形象在与莽撞的、虚张声势的洪教头的反差对比中，愈发立体而丰满。在课堂上用评书方式朗读，涵咏语言文字，笔者与学生持续聚焦“何为好汉”这一主题展开追问，对洪教头最后“满面羞愧”的描写予以人性的理解——知错就改，愿赌服输，也算是个汉子！透过小说情节的发展，学生逐渐领悟到，人物的性格史就是人物的命运史，读懂了林冲和洪教头，就可以由这个故事扩展到《水浒传》整本书的人物群像。这节课将中华古典文法和艺术手法巧妙地融入课堂，建构了一个充满活力的文化语境，不仅激发了学生的好奇心、想象力、求知欲，还引导学生对自我和人性进行反观，进而读懂《水浒传》中的人生之道，形成具有时代精神的人性关照。

（三）主题的内容构成

归根结底，“文”与“道”的真正融合，必须基于教材内容，尊重学生的学习规律和知识经验。当下，我们重视语言文字的典范性和教育性，考虑儿童学习的主体性和适宜性，努力实现“文”与“道”的和谐统一。在这一前提下，主题教学依据新课标，从人与自我和他人、人与自然、人与社会三个核心维度来理解“主题”。在主题教学中，主题的内容主要集中在以下几个方面（图 1.2）。

---

[1] 窦桂梅．朗读就是理解，朗读更是发现：以《林冲棒打洪教头》教学为例 [J]. 语文教学通讯，2010（5）：9–17.

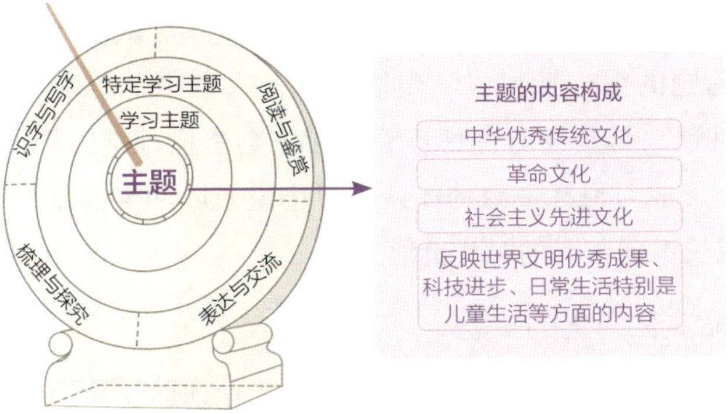

图 1.2　新课标中主题的内容构成

1. 以中华优秀传统文化为主的主题

主题教学中以中华优秀传统文化为主的主题，涵盖中华五千多年历史、哲学、科技、艺术和文学等领域的智慧结晶与文化传统。这些主题是中华民族历经千百年所凝聚成的“价值共识”，有着广泛而深厚的民族心理积淀。大量中华优秀传统文化通过教材和课堂传递给一代又一代人。小学阶段是人生重要的启蒙阶段，主题教学承载着重要的文化传承与创新使命，要在语言形式的精准把握中铸就学生中华民族的精神根基，弘扬中华传统文化中蕴含着的思想理念和传统美德。

鉴于以中华优秀传统文化为主的文章内容与学生现阶段的生活存在一定的时代差异，教师在挖掘主题内容时需要引导学生在阅读中积极思考、不断追问，并与现实链接。例如，笔者执教的《西游记》整本书阅读系列课例中，导读课的任务是学习古典文法，以《三打白骨精》为切入点，引导学生深入感受《西游记》一书的反复叙事结构，体会人物的不同特点。在对“三变”“三打”“三责”“三挑唆”的反复咀嚼中，师生通过分类、比较、联结，形成了放射性思维问题串：

- 白骨精“三变”的目的是什么？唐僧为什么要“三责”？
- 唐僧要去西天取的是什么经？
- 如果是一本向善的经，那么孙悟空“三打”中的“一波三折”意味着什么？
- 孙悟空一个筋斗云能行十万八千里，金箍棒重达一万三千五百斤，打个白骨精本应很轻松，为何会有“三打”的波折，为何这样费劲？
- 猪八戒的“三挑唆”又是为何？作者这样写的妙处是什么？

这些问题指向“文学语言”“文学形象”“文体常识”等不同维度。通过对这些基本问题的深入探讨，学生体悟到，人群中，每个人是不同的，取经并非一帆风顺，需要经历种种考验。在体会唐僧师徒经历的“一波三折”中，学生逐渐形成对目标一致的体认，对小说矛盾冲突的张力感知，进而认识到“人的成长本向善”的时代价值。

2. 以革命文化为主的主题

以革命文化为主的主题，涵盖新民主主义革命时期所形成的伟大革命精神、英雄事迹和崇高理想等。主题教学要在对这一宏阔历史背景的展现中，实现儿童成长与民族革命历史和文化心理的同构。在当今和平时代，儿童通过革命文化主题的熏陶，能够真切地感受革命人物的鲜明形象，走近那个充满革命激情的年代，深刻体会革命精神的内涵。

以《七律·长征》一课为例，通过深度理解“不怕难”“只等闲”的内涵，学生能够感受到诗歌所体现的诗人坚强不屈的革命意志、大无畏精神和革命乐观主义精神。这些学习主题（关于“学习主题”可参见本章第二部分）不仅引导学生沉浸于革命年代的具体场景，更将长征历史作为最深沉的教育，帮助学生深入体味革命文化的丰富内涵。

生：为什么毛主席不写“更喜千里大草地”？是不是因为在过草地之后，红军还有漫长的革命道路要走，还要面对艰难险阻？难道过了岷山之后，就没有什么困难了，所以毛主席才写了“更喜岷山千里雪”？

生：通过查阅资料和分析，我知道这首诗正是对红军形象的光辉写照和热情歌颂，它集中表现了红军勇往直前、不怕艰难险阻的英雄气概，同时也生动描写了长征的壮阔和惊险的场面。它是一首不朽的好诗、史诗，是革命浪漫主义和现实主义相结合的典范。

生：我明白了，毛主席用这首诗说明了长征是宣言书，长征是宣传队，长征是播种机。

学生通过思考与提问，查阅历史资料，了解诗歌创作的历史背景，在对话与交流中深化对文本文化内涵的理解。同时，笔者还引导学生结合课文探索“新长征”的主题价值。

3. 以社会主义先进文化为主的主题

以社会主义先进文化为主的主题，涵盖社会主义革命和建设时期、改革开放和社会主义现代化建设新时期、中国特色社会主义新时代所反映的社会主义核心价值观，以及与之紧密相连的道德观念、科学精神和人文精神等内容。主题教学要把这些主题与学生的个人生活体验相结合，将社会主义建设事业中的新农村、新城市发展，人民幸福生活的图景，以及模范人物的先进事迹等，转化为学生易于理解和接受的学习内容，从而帮助他们深刻感受其中蕴含的时代精神和榜样力量，培养他们的社会责任感和民族复兴的使命感，引领他们成长为祖国期待的模样。

笔者先后两次执教《葡萄沟》，中间间隔十年之久。第二次执教时，笔者让学生分别扮演葡萄沟的老乡和游客，并结合课文展开讨论：如何运用书中语言来夸赞葡萄沟这个“好”地方。这一活动不仅让学生仿佛置身于葡萄沟之中，更与单元主题“家乡”相呼应，引导学生从爱国情怀出发，首先学会热爱自己的家乡。《葡萄沟》所在的单元，从鹳雀楼到庐山瀑布，从黄山奇石到日月潭，内容涵盖祖国东西南北，跨越海峡，让学生在阅读中领略祖国河山的美好。这一单元的教学从为葡萄沟点赞引申开去，激发学生结合切身感受为自己家乡点赞的热情，从点到面形成对家乡、对祖国的整体认识。

4. 其他主题

除了以上三个主要方面的主题内容，主题教学还涉及新课标中强调的世界文明优秀成果、科技进步、日常生活等方面内容。以笔者执教童话故事为例，总体上从“童话即人生”的哲学主题出发，深入探讨童话故事中所蕴含的人生智慧和深刻寓意。例如，教学《丑小鸭》[1]时，通过对比原文与教材中改编的课文，引导学生挖掘出“苦难中追求梦想，幸福中心怀谦卑”的学习主题。教学《卖火柴的小女孩》时，采取逐字逐句细读批注的方式，引导学生品味出“幸福与隐忍”的学习主题。这些课例从儿童视角出发，围绕主人公的内心成长和自我认知，或强调坚持梦想和奋斗的重要性，或强调自我接纳和自我认同。教学注重发掘故事背后深刻的主题，引导儿童探索内心世界、理解人性、感受人的精神的伟大之处。

---

[1] 窦桂梅 . 童话与人生：《丑小鸭》教学实录 [J]. 人民教育，2008（23）：40–46.

画重点

儿童视角是一种富有隐喻意味的独特叙述方式，蕴含着丰富的文化密码，能够直抵儿童的心灵世界，体现了显性的儿童话语与隐性的教育意图的交织融合。儿童视角要求充分尊重不同类型的儿童，比如：擅长凭借直接经验提升学习力的儿童，能够从多个角度进行观察和探究的儿童，能够快速找到观点实际用途的儿童，擅长运用逻辑推理进行信息分析的儿童，等等。教师在教学过程中要有意识地关注不同类型的儿童，引导他们联系自身实际，进行个性化解读，完成深层次的情感表达。

儿童视角的运用，得益于主题教学始终坚持的以学习者为中心的“儿童站立语文教育正中央”理念，其根本旨归在于“立人”“成人”，充分尊重儿童的主体性，激发他们的可塑性和适应性，引导他们在实践和体验中进行深刻反思和领悟。

在《大脚丫跳芭蕾》整本书阅读教学[1]中，笔者带领学生一起探讨芭蕾舞演员的“三长一小”（长手臂、长脖子、长腿，脚小）标准是否绝对。学生一边阅读一边追问：“贝琳达的一双大脚，如何能够实现腾空、转弯、脚尖站立？克服这些障碍需要付出多大的代价？这双大脚究竟是她的绊脚石还是垫脚石？”“贝琳达的态度从在乎变为不在乎，是谁或者什么改变了她？”“联系现实生活，贝琳达代表什么人？厨师、乐团指挥、评委们又代表什么人？我们应以怎样的心态去面对这些角色？”等到书读完了，我们回过头来继续追问：“作者为什么写大脚丫跳芭蕾？”……在一连串聚焦主题的追问中，从故事层面延伸到生活层面，又从哲学层面触及价值层面，“大脚丫”已不仅仅是一个形象，更成为一种象征、一种力量，一种能够激发学生追求梦想、坚持梦想的力量，引发学生生成丰富的学习主题——“梦想中的坚持”。此外，笔者结合这本绘本的特点，在教学中还特别关注色彩对人物情绪的影响和图画在审美创造中的作用，侧重从图画的构图、色彩等细节入手，引导学生联系个人生命成长，体验故事中人物命运的变化和价值选择的冲突，进行深度追问和思辨，形成自我认同的价值观。

主题不同，是由于其文本在“文质”上也不一样，各具独特性。这些文本从历史、社会、儿童等不同角度阐释了“道”的内涵。如何依据“文”的外显形态及功能特点，判断所要选择的“道”的时代价值，这也许是实现“文”与“道”的和谐统一的关键所在。这也恰恰印证了主题就是文以载道的统一体，是内涵和形式的统一。

---

[1] 窦桂梅. 让儿童在自我发现中获得价值观：以图画书《大脚丫跳芭蕾》为例 [J]. 人民教育，2014（19）：51-54.

二、学习主题：统整的内容组织与呈现方式

（一）认识学习主题

1. 关于学习主题的认识

“载道”的主题通过文章或活动反映重大话题，传递重要思想。但只有把看似抽象、宏观的主题转化为适合儿童接受的具体的“学习主题”，才能串联起易于儿童理解、操作、交互的学习内容和学习任务。那么，究竟什么是学习主题?

笔者在关于主题教学的第一本专著《窦桂梅与主题教学》中指出：“当一个主题愈具有意义，愈深入或精致地处理，愈能置于情境脉络，愈根植于文化、背景、认知及个人的知识中，学生便愈容易学习、记忆和生成。”[1]主题教学始终强调以学习者为中心的儿童立场，主题的意义建构也是在儿童深度学习的过程中完成的。获奖成果《小学语文主题教学实践研究》一文进一步强调“儿童立场”：“主题由儿童生成，儿童质疑贯串课堂，儿童反馈作为实践检验标准。尊重儿童的独特感受，张扬个性，激发创造力，提高参与意识，真正成为课堂的主人。”[2]而后，笔者在《小学语文主题教学研究（修订版）》中鲜明提出“学习主题”这一核心概念，认为深度学习是学生围绕着具有挑战性的学习主题，全身心积极参与、体验成功、获得发展的有意义的学习过程。[3]这里的“学习主题”是围绕儿童发展特点及生活经验、语言习得规律等确定的核心语词，以及由此表现出的相互联系、动态的意义群。[4]“意义群”强调的是经由一节节语文课，围绕主题的内涵与形式而建构起立体的关联，学生在语言的理解与运用中生成自己可理解的“意义群”。

关于学习主题，目前学术界比较有代表性的观点主要有以下几种。一是王荣生的“人文主题说”[5]。学习主题即人文主题，体现了语文课程的文化导向与育人功能。在设计学习任务时，所围绕的学习主题指的就是人文主

❶ 窦桂梅．窦桂梅与主题教学 [M]. 北京：北京师范大学出版社，2006：20–21.

❷ 窦桂梅．小学语文主题教学实践研究 [J]. 课程・教材・教法，2014，34（8）：45.

❸ 窦桂梅．小学语文主题教学研究（修订版）[M]. 2 版．北京：人民教育出版社，2018：78.

❹ 同❸：65.

❺ 王荣生．语文课程“学习主题”辨析：语文课程标准文本中的关键词 [J]. 课程・教材・教法，2023，43（3）：71–80.

题。二是徐鹏的“关键概念说”[1]。学习主题等同于学科大概念统摄之下的“关键概念”，可以说是主题的子概念，也可以说是语文学科知识体系中的核心知识，体现了语文学科的本质属性。三是陆志平的“主题说”[2]。学习主题中的“主题”一词指向新课标中呈现的中华优秀文化，着眼于语文课程的学习内容及题材取向，是实施学习任务群的关键之一。这些观点既相互联系又有所区别，为我们理解学习主题提供了不同视角。“人文主题说”强调课程育人的价值导向，“关键概念说”侧重于语文实践活动中素养的培养，“主题说”关注学习主题在组织学习任务中的作用。

在已有研究的基础上，笔者重新审视新课标，立足多年的实践研究，发现在“课程内容”部分，“主题”前面增添了“学习”这一限定词，并且“主题”在新课标中共出现了31次，同时“实践”一词共出现了45次，“情境”一词则出现了46次。这些语词的高频使用，反映了新课标的落脚点，即：“谁在学习？学习什么？怎么学习？为何学习？”例如，在“课程性质”部分，语文课程被明确定义为“学习国家通用语言文字运用的综合性、实践性课程”，强调“在真实的语言运用情境中，通过积极的语言实践，积累语言经验”；“课程理念”部分提出，通过“增强课程实施的情境性和实践性，促进学习方式变革”；“课程目标”部分将“发展交流、合作、探究等实践能力，增强社会责任意识”列入课程的总目标；等等。

综上所述，学习主题作为一种学习形态表达，是围绕学科本质属性与儿童成长规律，将主题转化为儿童可理解、可接受的学习内容与形式。学习主题一般由词语或短语组成相互关联的意义群，具有层次性、适宜性。

2. 学习主题与以文化人

笔者执教《圆明园的毁灭》《秋天的怀念》等课例，立足文本，帮助学生从文字蕴含的沉甸甸的“生命果实”中感悟，在语言文字的咀嚼中长成一个个鲜活的、独一无二的个体。主题教学“以文化人”之“立人”宗旨，使学生在这个世界上站立起来，这也正是主题教学对“人之为人”的本质追求。

笔者在《小学语文主题教学研究（修订版）》中强调主题教学“以文化人”的理念，主题教学是在动态的语言学习中挖掘教学内容的原生价值并生

---

[1] 徐鹏．基于语文学科大概念的教学转化 [J]. 中学语文教学，2020（3）：4–10.

[2] 陆志平．语文学习任务群的五个关键词 [J]. 语文建设，2022（11）：13–15.

成教学价值的[1]。新课标强调以学习者为中心，“主题”一旦转化为“学习主题”，就从静态内容变成驱动学习的动态内容。也就是说，主题一旦被教育学化，成为学习主题，就具有了“动词”性质，即强调谁来完成学习主题，答案是学生。因此，学习主题既保留了“主题”的基本含义（载“化”人之道），又强调以儿童认知为前提设定学习的目标、内容、方式、手段。笔者认为这是一种旗帜鲜明的教学立场，遵循语文学科的本质规律。如将新课标中“文以载道”所包含的讲仁爱、重民本、守诚信、崇正义、尚和合、求大同的中华优秀传统文化，在学习主题中加以提炼、转化、融合，使之成为培育学生价值观的丰富养分，在“滋养”“润泽”中积淀学生文化底蕴，提升学生文化素养。换言之，如果说传统的文道统一理论更侧重于“教化”和“论世”，那么主题教学对主题的理解与运用则更侧重于“育人”和“实践”。由“教化”到“育人”、由“论世”到“实践”就是化育，即以“文”来潜移默化，使学生发生变化与转化，形成文化自觉与文化自信，进而实现“以文化人”。这段路十分漫长，需要通过不断创新理论和实践才能抵达终点。

“文以载道”的“载”是一个充满活力的“动作”，它表明“道”的传递是一个动态的、不断发展的过程。在这个过程中，学习主题扮演着至关重要的角色，它与学生的兴趣、需求和成长等紧密相连，经由师生创生统整，既包含了人文主题，也融合了活动主题等。这种融合使学习内容、工具和价值得到高度概括与凝练，从而让学生能够更好地体验、体会、体悟蕴含在其中的“道”。

学习主题一旦从儿童的真实需求与生命律动出发，就可以将语文实践活动转化为一个综合、连贯的整体。教师可以充分利用教材、生活等教育载体和资源，在教与学的互动创生中，将学习主题嵌入反映真实情境的、有意义且相互关联的、具有挑战性的学习任务中，发挥其对学习任务的引领作用，使学习任务成为可操作、可表现、可评价的内容组织与呈现方式。这就是学习主题的价值和意义所在。多年来，笔者结合具体课文，运用主题开展教学，促进学生学习、吸收、迁移、转化，让学生在参与和体验中感悟“道”的真谛。所执教的多个课例，注重教师在课堂上与学生互动生成学习主题（表 1.1 至表 1.3）。

---

[1] 窦桂梅．小学语文主题教学研究（修订版）[M]. 2 版．北京：人民教育出版社，2018：68.

表 1.1 中华优秀传统文化主题课例（部分）

课名	主题来源	学习主题
《清平乐·村居》	课文题目	居安思危
《游园不值》	课文题目	不遇中有遇
《牛郎织女》	文本词句	美满的爱情
《三打白骨精》	文本词句	向善
《宋定伯捉鬼》	文本词句	大善
《林冲棒打洪教头》	互动生成	何谓好汉
《晏子使楚》	文本词句	尊重
《书戴嵩画牛》	文本词句	耕当问奴，织当问婢
《孔门十弟子》	文本词句	三人行必有我师

表 1.2 革命文化主题课例（部分）

课名	主题来源	学习主题
《王二小》	互动生成	机智勇敢、不怕牺牲
《七律·长征》	文本词句	“不怕难”与“只等闲”的革命乐观主义精神
《难忘的一课》	文本词句	我是中国人，我爱中国
《再见了，亲人》	课文题目	伟大的友谊

表 1.3 社会主义先进文化主题课例（部分）

课名	主题来源	学习主题
《朋友》	课文题目	何谓真正的朋友
《秋天的怀念》	文本词句	好好儿活
《珍珠鸟》	文本词句	信赖创造美好世界
《葡萄沟》	文本词句	葡萄沟真是个好地方
《神笔马良》	互动生成	惩恶扬善

如笔者教学《游园不值》[1]，为了更好地引导学生体会作者在游园不值（不遇）中反而获得意外之遇，首先向学生介绍中国古代诗歌创作中一系列以“不遇”为主题的古典诗歌，如《寻隐者不遇》《寻陆鸿渐不遇》《寻西山隐者不遇》《访戴天山道士不遇》等。这些诗歌虽然表面上描述了诗人寻访不遇的经历，但实际上共同构建了一个关于“不遇中有遇”的学习主题，有助

[1] 孙绍振.《游园不值》教学评点 [J]. 福建论坛（社科教育版），2006（6）：19–21.

于学生深化对这一哲学命题的理解和思考。

学习主题牵引着学习内容的组织和学习任务的设计与实施，能够基于学习者的学习情况，精准定位目标，重组教材内容，安排任务顺序，整体规划活动。主题教学从关注碎片化知识技能的习得，到关注复杂的、不确定的现实问题的解决，从关注对他人知识的理解和反应，到关注综合运用和主动创造，体现了对“道”的深度挖掘与外在彰显。主题教学所指向的学习内容和学习任务，成为教学活动中落实“文以载道”理念的载体。借助这样的载体，经由学科逻辑到生活逻辑的语言实践转化，概念化的“道”与学生生动活泼的发展产生了互动、建立了联结，原本抽象的“载道”主题变得更加生动、具体，易于理解、易于内化。

（二）学习主题的构成要素

笔者曾构建了一张“立体结构图”[1]，在图中，学习主题以精神价值为引领，追求语言、思维、策略的协同发展。语文学习主题是根据学生的生活经验、学习兴趣及汉语丰富的表义功能和独特的文化内涵来确定的[2]，这样的学习主题包含了语文学科本质属性所指向的核心知识、思想方法或原理等，符合语文学习的基本规律和特点，有助于教师在教学中落实、落细新课标强调的“三大文化”等“主题”，将其转化为学生可以理解、可以接受的学习内容。

学习主题是由哪些关键要素构成的？主题教学如何从学习者的视角全面把握学生在学习过程中所要接触的精神价值、核心知识和语言运用这三个基本要素？（图 1.3）

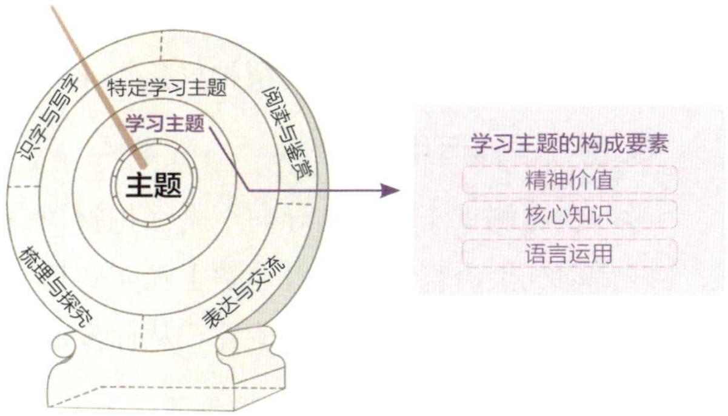

图 1.3　学习主题的构成要素

❶ 关于主题的“立体结构图”，可参见《小学语文主题教学研究（修订版）》（人民教育出版社 2018 年版）。

❷ 郑国民，陈晓波．新世纪语文教科书编排方式的探索 [J]. 课程·教材·教法，2009，29（5）：37-41.

1. 凸显精神价值

不同于话题或专题，学习主题与学生的生命成长紧密相连。教师在钻研教材与备课的过程中，根据学生的生活经历、认知水平以及语言经验，通过理解与联结、筛选与重构、甄别与整合，提炼出必备的价值要素，包括精神价值、思想精髓与生活态度等。在语言运用与积累过程中挖掘出的学习主题，能够引导学生去不断追寻和内化这些价值要素，自觉地建立起个体价值与社会价值有机统一的价值坐标系。

2. 蕴含核心知识

学习主题实现了学科知识（包含事实性知识、概念性知识、程序性知识、反思性知识）、关键能力和思维方法的统整。例如，当核心知识如静水深流般融入学习主题时，学生作为学习主体，便能有效地规避传统知识教学中常见的碎片化、僵化和机械训练等问题，从而在学思结合、学用结合的过程中，构建起个体自适应的知识学习系统。学习主题所包含的核心知识，与“大概念”或“大观念”有相通之处。大概念可以被界定为代表学科领域的概念、观念或论题，通常是学生可以学习到的高通路、可迁移的知识。同样，学习主题中的核心知识并非惰性知识，而是具有终身价值、可迁移的知识，即运用知识的“知识”，能够灵活运用于实际生活。现在常被提及的大概念、大观念（区别于大单元教学之类），与笔者提倡的学习主题，都有助于学生对所学知识进行深度理解和迁移。但这里需要特别说明的是，学习主题的“主题”概念，其意义不仅在于方法论层面，更指向语文教育的民族文化以及学生的精神气象等丰富内容。

3. 重在语言运用

学习主题侧重于在问题导向下全面把握语言运用的原理和精妙之处，通过实践活动统摄语言情境，引导学生在实践体验中内化吸收、探索创新，深刻理解语言运用的规律性和创造性，从而发展感受力、理解力、判断力、鉴赏力和批判力等多方面能力。

基于精神价值、核心知识、语言运用这三个要素，我们可以遵循学习渐进性与阶段性的规律，进一步强化学习主题与学生生命体验和生活经历之间的联系。同时，更要注意引导学生在亲身参与和多感官体验中真实地运用语言，加深对知识的理解，从而在教与学的过程中实现对学习主题的重构。

（三）学习主题的整合作用

笔者在主题教学的研究与实践中，一贯倡导通过学习主题的“提领而顿”来带动整个教学过程，发挥其“牵一发而动全身”的关键作用。在整个学习任务的实施过程中，通过知识价值化、内容结构化和方式实践化等策略，将学习目标、内容、情境、活动、方法、资源及评价等各个要素有机地整合起来，形成一个完整、连贯且高效的系统。

1. 价值统领——人文性与工具性的有机统一

学习主题对人文性与工具性的统领，体现为人文主题为学习提供丰富的内容和深远的意义维度，而语文要素则构成理解和表达主题内容的基础知识和能力支撑。这反映了语文学习一体两面、不可分割的特性。这种统领是一种深度整合的加工策略，超越了简单的线性叠加，实现了人文主题与语文要素的双线组元、深度融通。在学习情境中，教师可以围绕一个确定的学习主题，以精神价值为指引，以语文要素为支撑，指导学生综合运用多种学习策略与方法，以实现知识与能力、过程与方法、情感态度与价值观的协同发展。

2. 结构统整——学习内容与学习活动的适切匹配

学习主题本质上要求对语文核心知识、关键能力进行提取，并对学习内容进行结构化设计，将学习任务的各个要素紧密联结起来，从而确保学习活动的有序安排和学习目标的有效达成。通过建立不同内容与活动之间的联系，学习主题引导学生沿着连贯、有序的学习路径，自然而然地将知识内容转化为实践活动。由此，知识学习的连续性和关联性、互动性和实践性得到增强，促进学生从单纯的学科事实记忆转向对学科知识的深入理解和应用。

3. 实践统摄——原生价值与教学价值的互动关联

儿童在学习语言的过程中，逐渐形成属于自己的价值理解，并随着时间推移反复验证这些高级思维与情感。新课标“教学建议”部分第三条“创设真实而富有意义的学习情境，凸显语文学习的实践性”提到，创设“真实”的学习情境，应在语文学习、社会生活和学生个体经验之间建立起关联。而有意义的学习主题能够引导学生认识生活中的典型问题，掌握解决问题的基本能力。动态生成的学习主题所创设的真实而有意义的情境，包含问题解决情境、生活需求情境等多种形式，是语言文字原生价值与教学价值互动关联的结果，也是语文学科本质的体现。

在低学段，我们设计了“认识成语中的苏轼”学习主题，以与苏轼有关的成语为媒介，将成语学习与学生的日常生活紧密联系起来，从真实问题出发，指向学科内重要且可迁移的观点。由此，我们引导学生思考：苏轼诗词中的成语体现了怎样的文学语言特点？从文学形象中，从苏轼笔下人物形象中，你读到了怎样的苏轼？教学创设真实情境，撬动学生思考，促进他们对成语的理解、积累与运用，从而为学习苏轼的人格奠定基础。在中学段，我们设计了“感受苏轼的生活与画作”学习主题，这一主题源于学生的真实生活需求。通过引导学生深入了解苏轼，激发他们以多样的方法去想象和还原苏轼怎么做东坡肉等，探索如何描绘一个未曾谋面的历史人物，从而拓展视野、丰富体验和知识。在高学段，我们设计了“感悟逆境中的苏轼”学习主题，通过诗词开展苏轼被贬路线图的分析研究，体会苏轼一生的心路历程。我们通过捕捉学生思辨过程中的冲突点，引导他们的思维在螺旋上升的过程中不断深化。同时，引入真实可感、实操性强的工具，实现语言、思维与精神的共振。

基于上述阐释与课例分析可以发现，抽象的主题之“道”（主题中蕴含的价值和目的），经由凸显儿童立场、坚持儿童在场的学习主题，在具体的教学实践中得到彰显和实现。

三、特定学习主题：典型的教与学实践形态

（一）认识特定学习主题

1. 什么是特定学习主题

对于特定主题笔者并不陌生，早在撰写博士论文时笔者就关注到了特定性。前文提到笔者发表于 2004 年的《“主题教学”的思考与实践》一文中有这样一段描述：“围绕特定主题进行的教学，就像一曲优美的充满了人文性的旋律，而与之交融一体的工具性，也不再是脆弱的断续的音符，人文与

工具，将共同演奏出富有生命激情的语文教育交响乐。”[1]就是说，对特定主题的理解与建构进一步明确化、具体化，有助于语文的人文性与工具性相统一。在《窦桂梅与主题教学》中笔者尤其强调，主题教学要围绕特定的语文情境与实践活动具体展开，“在特定的主题情境中，可以在一定时间内，围绕语文实践活动来展开。主题抓好了，就更好地抓住了‘言语’，而绝对不会否定和淡化知识体系”[2]。笔者在《小学语文主题教学研究（修订版）》中进一步强调，主题教学是由相互联系、相互作用，具有特定结构的若干要素组成的系统。[3]作家的写作常常是在特定的情境下进行的，包括特定的民族文化心理、特定的历史时代、特定的创作环境、特定的写作机缘、特定的心情等[4]，因此理解、阐释、运用文本也需考虑特定情境下的教育目的和教育功能。2023 年，笔者又深化构建了学习主题引领下的学习任务设计与实施，创造性地提出了课标、教材、教学三者的实践转化路径。[5]

当特定学习主题出现在课程标准中，首先，从新课标的课程内容变化以及追求与学生生活、语文实践之间的融通等方面来看，要求改变知识点、能力点的线性排列，改变逐点解析和逐项训练的路径依赖，而这恰恰是主题教学聚焦特定学习主题并进一步研究探索的要义所在。其次，从笔者这些年的主题教学实践来看，识字写字、阅读、习作等语文实践活动是教学实践的基础，指向语文学习任务和学生的核心素养发展，发挥着“脚踏板”的作用，需要打牢与夯实。为此，笔者在原来基于学习主题进行教与学互动，达成学生对精神价值理解的基础上，更加强调语言输出。

其实学习主题的理解一旦具有特定性，就具有了可传递和可移植的特点，学生只有亲身实践、亲自体验、真实完成一项具体学习任务，才能获得对学习主题的理解，并体味其独特的语言运用意义。

而这，就需要特定学习主题作为解决语言运用问题的关键引擎。“特定”一词，蕴含了高度的针对性和独特性，表现出明确的目标指向性、条件或环境的独特性、内容的专一性和情境的相关性。新课标指出：“设计语文学习

---

[1] 窦桂梅．“主题教学”的思考与实践 [J]. 人民教育，2004（12）：34.
[2] 窦桂梅．窦桂梅与主题教学 [M]. 北京：北京师范大学出版社，2006:49.
[3] 窦桂梅．小学语文主题教学研究（修订版）[M]. 2 版．北京：人民教育出版社，2018：52.
[4] 同[3]：212.
[5] 窦桂梅．学习主题引领下的学习任务设计与实施：依据新课程标准，用好现行统编小学语文教材 [J]. 课程·教材·教法，2023，43（10）：74–81.

任务，要围绕特定学习主题，确定具有内在逻辑关联的语文实践活动。”在主题教学的语境中，更要自觉强调特定的场合、特定的时空、特定的任务、特定的内容以及特定的人际关系等。

因此，研究学习主题的“特定性”，就是要引导学生在素养立意下，学会运用语言“做具体的事情”，解决具体问题，进而形成独特的语言经验。一句话，特定学习主题要求学生在特定语文情境下，参与特定的实践活动，完成特定的学习任务，形成自己独特的语言经验，发展核心素养。

综上所述，特定学习主题是统整教材内容和学习要素，将学习主题具化为符合儿童认知规律的典型语言实践表达。以特定学习主题为引领，设计结构化的学习任务，确定具有内在关联的语文实践活动，能够促进儿童个性化语言经验重构，在序列化具身体验过程中发展核心素养。特定学习主题具有操作性、典型性。

2. 把握特定学习主题的特定性

特定学习主题需要依据教材单元内容或具体课文等载体提炼（关于特定学习主题的提炼方法可参见第四章及第三篇相关内容），其精髓在于“语言运用”的特定性。当特定学习主题指向特定的语言运用时，教师设计具有内在逻辑关联的语文实践活动就有了明确的方向。根据新课标对“语言运用”的阐述，我们可以将特定学习主题的“特定性”理解为：学生在特定学习主题引领的语言实践中，通过主动积累、梳理和整合，形成良好的语感和特定的语言经验，能在特定的语言情境中有效交流沟通，感受语言文字特定的内涵，对国家通用语言文字产生特定的感情。

对特定性的强调表明，这些活动不仅要基于通用的语言规则，而且要深深植根于特定的文本内容、文化背景、交流目的及受众反应之中。在特定场景、目标或关系中，行为、策略及意义的差异化，凸显了对目标和情境的深入理解及精准应对的重要性。这要求教师在设计语文实践活动时，必须具备高度的情境意识和对特定文化语境的敏感性，帮助学生在面对具体学习材料和环境时，能够在多样化的语言环境中，自主、深入地理解复杂的思想和文化现象，真诚地表达和行动。

例如，学习李白的诗时，我们以“跟着李白游山川大河”为特定学习主题展开任务群，带领学生走近特定人物李白，不是泛泛地了解李白，而是沿着李白亲身体验过的祖国名山大川、名胜古迹，开启一段关于唐代特定文化语境、历史背景的旅行。首先，进行综合实践活动，走访李白诗中所描绘的地点以及相关博物馆等，深入理解李白诗中的情怀与浪漫。其次，设计“李白诗意旅行手册”（包括路线规划、景点介绍及诗词品析）。最后，在交流中分享自己特定的研究成果和亲身体验。这一过程不仅提升了学生的文学鉴赏力与创意表达力，也增进了他们对李白家国情怀的理解。在这样的过程中，我们能直观地感受到特定学习主题的特定情境、特定事件、特定时空等，学习对象的形态和角色不断发生变换，从而牵引学生完成“知识学习—观察学习—操作学习—交往学习”的跃升（图 1.4）。

图 1.4　“跟着李白游山川大河”学生作品

可见，特定性是一种策略性聚焦、情境性沉浸和目的性定向，不是分散的，而是指向整体目标，当然也不是固定不变的。特定性不是将一般性的学习方法生搬硬套到具体的课文、单元或整个学习过程中。因此，在长周期的教学实践中，我们不必过分纠结于特定学习主题的具体提炼，而要突出完成任务的“特定性”价值；要灵活把握特定学习主题“特定”的内涵与外延，把握它的静态呈现与动态发展，随学而定、以学定教。

（二）特定学习主题的核心特征

确定特定学习主题是设计学习任务的前提条件。新课标明确了“语文学习任务群由相互关联的系列学习任务组成，共同指向学生的核心素养发展，具有情境性、实践性、综合性”。郑国民教授指出，学习任务群包含真实的语文情境、统整的学习主题、典型的实践活动要素。据此，笔者提炼出特定学习主题的三个核心特征，即真实的情境认知、典型的实践体验、统整的综合运用。抓住这三个特征，能够确保所设计的学习任务具备特定情境性、特定实践性和特定综合性。

1. 真实的情境认知

特定学习主题所创设的语言运用情境，强调的不仅仅是与学生所处现实情境的相似性，更重要的是情境的认知要求或思维方式与特定学习主题的认知要求的相似性。多年前李吉林老师开展情境教学，通过创设、优化情境，激起儿童热烈情绪，把情感活动与认知活动结合起来。这不是为了构造目标不清晰且不聚焦的情境，如读书会、展示会、制作手册等。特定学习主题所创设的真实情境符合学生的“心理真实”[1]，能够建立起学习内容与学生心理的联系，使学生对特定学习内容有更加深刻、具体的理解，同时也为教师更好地完成语言运用的任务设计提供了背景。因此，教学的重点不应停留在对文本进行多元解读的层面，而应在特定的学习情境中，引导学生深入理解文本的典型性、针对性和鲜活性。只有在这样的情境中，才会有真实的学习任务，才能够帮助学习者“整合知识、技能和态度，促使他们善于协调各种‘组成技能’，更好地将所学的东西迁移到新的问题情境中去”[2]。

2. 典型的实践体验

我们强调学生在特定的典型语言运用实践中对特定学习主题的价值体认，从而牵引学生在真实学习任务中经历一个“学习发展连续体”。特定学习主题往往是以简洁而隽永、精约而广博的驱动任务形式呈现的，但其内在的精神价值需要学生通过语言实践来体验和内化。这一过程本质上是学生通过从学科知识到实践运用的任务，“经历”“体验”“迁移”“运用”，形成自己独特的“经验”的过程。

虽然不同类型的特定学习任务具有不同的特性，但每一个学习任务都应该引导学生积累特定的语言经验。例如：理解性学习任务侧重于促进学生对语文相关概念、原理或过程的理解（如解释不同文体特点或分析文学作品）；应用性任务鼓励学生将学到的知识应用于解决新问题（如将习作方法或人物品质欣赏方法迁移到新的情境中）；评价性任务则让学生评价观点、论证或解决方案的有效性（如评论文章的观点或评估设计方案的优劣）。实际上，通过这些不同类型的、典型性强的学习任务，学生在特定学习主题的指导下积累的语言经验都是具有特定性和规律性的。

---

[1] 夏雪梅．指向核心素养的项目化学习评价 [J]. 中国教育学刊，2022（9）：50–57.

[2] 范梅里恩伯尔，基尔希纳．综合学习设计：四元素十步骤系统方法（第三版）[M]. 盛群力，钟丽佳，陈丽，等译．福州：福建教育出版社，2022：2–3.

3. 特定的综合运用

以统整的特定学习主题为引领，学习任务展现出“特定综合性”。这要求我们超越单一、线性的语文实践活动，根据特定学习主题的特定需求，将不同的语文实践活动有机融合、相互关联，形成一个协调一致的学习任务。例如，每一类实践活动都有“特定”的功能与价值。在一年级的识字单元中，识字与写字活动侧重于知识、方法以及写字习惯的培养；而在其他年级，识字与写字活动以不同的形式融入学习任务中，或是品词析字，或是强调“一字一文眼”的重要性等。因此，在设计学习任务时，应根据特定学习主题的特定需求与规约，综合运用新课标中“识字与写字、阅读与鉴赏、表达与交流、梳理与探究”四种语文实践活动，充分体现学习活动的结构性、关联性与整体性。

围绕特定学习主题开展学习任务设计，将基于情境、关联实践、体现综合性的内容转化为具体的学习任务，既为学习任务的设计与实施提供了坚实的基础保障，又通过特定的学习任务，使学生能够更深入、更有层次地理解和把握主题的内涵和价值。

以统编版教材四年级下册第七单元为例，本单元有平凡的百姓、战场上的英雄、临危不惧且非常冷静的船长等人物。教材在特定课文的特定情境下，通过人物的特定动作和语言，展现了各自不同又具有典型性的人物品质。基于此，本单元确定了特定学习主题：“用人物独特的表现为‘英雄’写一段赞歌”（表 1.4）。

过去学习教材革命文化单元的文章，学生对人物的理解往往停留在“英雄”的概念层面，没有在素养导向下结合特定情境，关联特定人物语言、动作、外貌，身临其境地进行特定的体验与理解，也缺乏对单元内各篇文章间的横向关系的把握，没有把它们编织成一张指向“理解”的网。如何调整、改进？以《黄继光》为例——

• 要关注特定战争背景。学习这篇文章，要特别关注到黄继光所在的营已持续战斗四天四夜，攻不下 597.9 高地的主峰，全军就会陷入万劫不复的深渊。生死关头，黄继光义无反顾，挺身而出。他的身影划破特定时空，是在千钧一发之际“保家卫国”的特定行为表现。

• 要关注特定人物动作。学生们扮演黄继光和其他战士，感受黄继光“拿”“匍匐前进”“站起来”“张开”等一系列动作，尤其是“用自己的胸膛

表 1.4 特定学习主题：用人物独特的表现为“英雄”写一段赞歌

主题	反映革命英雄人物精神、社会主义劳动人民品质				
学习主题	英雄赞歌[1]				
特定学习主题	用人物独特的表现为“英雄”写一段赞歌				
教材单元	课文题目	特定背景	特定人物	特定人物典型表现	特定人物典型品质
四年级下册第七单元	《黄继光》	特定战争背景：上甘岭战役	黄继光	侧重动作描写，关注语言描写： 1.“让祖国人民听我们胜利的消息吧！” 2. 顽强地向前爬，还有二十米，十米…… 3. 黄继光……在暴风雨一样的子弹中站起来了！他举起右臂…… 4. 他张开双臂，向喷射着火舌的火力点猛扑上去，用自己的胸膛堵住了敌人的枪口。	英雄战士的英勇无畏
	《“诺曼底号”遇难记》	特定时刻：“玛丽号”沉船	哈尔威船长	侧重语言描写； 1.“全体安静，注意听命令！把救生艇放下去。妇女先走，其他乘客跟上，船员断后。必须把六十人救出去！” 2.“洛克机械师在哪儿？”“炉子怎么样了？”“火呢？”“机器怎样？” 3.“哪个男人胆敢抢在女人前面，你就开枪打死他。”	管理者的冷静与果敢
	《挑山工》	特定时空背景：“折尺形”登山	挑山工	侧重外貌描写： 1. 矮个子，脸黑生生的，眉毛很浓，四十来岁，敞开的白土布褂子中间露出鲜红的背心。 2. 他把褂子脱掉了，光穿着红背心，现出健美的黑黝黝的肌肉。	平凡百姓的勤劳刻苦、坚持不懈

[1] 中华人民共和国教育部．义务教育语文课程标准（2022 年版）[S]. 北京：北京师范大学出版社，2022：28.

堵住了敌人的枪口”这一壮举。引导学生联系现实生活体会这些动作，进而追问：黄继光的一连串动作与我们平常有什么不同？学生咀嚼语言文字，在语言文字与现实生活的强烈反差所形成的张力下，在这样的特定语言实践中，深刻理解黄继光选择献出生命、保家卫国的英雄品质。

• 要关注特定人物语言。千钧一发时的英勇无畏，不仅体现在黄继光的动作上，还体现在他“喊”的语言中。继续追问：黄继光的“喊”与我们平常的“大声喊”有什么不同？创设情境，学生能够体会上甘岭战斗的危急，还原真实的黄继光。“喊”是鼓起勇气的壮胆，其中也许有心理紧张，也许有对战友的承诺，也许它更是一份保家卫国的军令状，表达了英雄内心的坚定和视死如归的决心。所以，“喊”的语言体现了特定环境下一个人动作、语言、心理独特表现的整体性浓缩。

• 要关注语言、动作、心理关联。虽然我们侧重于黄继光在特定生死存亡之际的动作表现，但更要在黄继光壮烈牺牲的特定背景下读懂英雄的语言以及丰富的内心活动。文中两处“喊”，我们咬文嚼字，先品读第一处“喊”的丰富性，再与第二处战士们“喊”的惊天动地进行对比朗读，一唱一和，相得益彰，黄继光的英雄形象在学生心中愈发清晰、高大。这“喊”声，印证了他“以生命换胜利”的坚定信念。

• 综合语言、动作、心理体现特定人物形象，侧面反映主人公的特定品质。综合运用特定语言，打破了英雄“勇敢无畏”的标签化表达，帮助学生真正理解特定战争、特定场面，在特定语言实践下，建构了一个可感知、可触摸、有血有肉的英雄形象，体现了素养导向下对一个完整人的关怀。

再看看这一单元的其他课文，看似都在写“英雄”，但因特定“英雄”独特的身份以及特定的文化背景，人物典型特征的表现形式各有侧重。有的侧重外貌描写，有的侧重语言描写，有的则侧重动作描写。如《“诺曼底号”遇难记》侧重语言描写——特定角色船长在“玛丽号”沉船这一特定时刻所表现出来的管理者的镇定自若；《挑山工》则侧重外貌描写——在折尺形登山这一特定背景下，平凡小人物的鲜活外貌、典型品行等所凸显的坚持不懈、目标专一。教学要注意让不同人物体现符合其身份的特质和品质。

整体来看，虽然同一个单元的不同文章都体现了“用人物独特的表现为‘英雄’写一段赞歌”的特定学习主题，但“英雄”不是泛化、模糊的形象，而恰恰是独特的，要通过创造性表达展现出来。还原不同人物的动作、语言、心理，就有了特定语言运用。学生获得的不仅是一个个故事情节，还有通过语言学习以及人物细节关联形成的对英雄形象完整立体、独一无二的理解，从而真正相信这些特定人物形象，朝着这些英雄走去……本单元的学习也就从对特定人物进行理解、建构，进而迁移到对特定场景、特定事件的理解上。（说课片段参见二维码）

《黄继光》说课片段

（三）特定学习主题理解的五个方面

真正用好特定学习主题来创新性地开展教学，需要对其本质内涵和应用策略进行多维度、深层次的理解。“多维度”要求从不同的侧面切入，避免单一视角的局限性；“深层次”则表明每个侧面的理解都对应着不同的认知水平。这对设计可操作、可测量、可评价的学习任务至关重要（关于学习任务评价可参见第三章第三部分）。

关于认知水平，布卢姆的教育目标分类学理论提供了有益的参考。在其关于认知领域教育目标的六层次框架（记忆、理解、应用、分析、评价、创造）中，“理解”层次超越了基础的“记忆”，而“创造”层次则位于顶端，凸显了知识重组与创新思维的重要价值。[1]教育心理学家加涅强调，学习者必须经历编码、存储、检索等信息加工阶段，这些阶段是深刻理解知识并将其应用到新的情境中的关键。[2]课程专家威金斯和麦克泰格进一步提出了“理解”的六个侧面，分别是解释、阐明、应用、洞察、神入和自知。[3]这些理论验证了我们的判断：学生对复杂主题的理解是一个逐步深入的过程，主题教学必须关注学生对特定学习主题的学习任务的深入理解，而不能停留在对表层概念的感知上。学生“不仅仅是接受‘灌输’的内容，还要主动‘揭示’隐藏在事实背后的内容，并思考它们的意义”[4]。

---

❶ Bloom B S，Engelhart M D，Furst E J，et al.Taxonomy of educational objectives:the classification of educational goals:handbook 1 cognitive domain [M].New York:David McKay, 1956.

❷ 加涅 . 学习的条件和教学论 [M]. 皮连生，王映学，郑葳，等译，上海：华东师范大学出版社，1999.

❸ 威金斯，麦克泰格 . 追求理解的教学设计（第二版）[M]. 闫寒冰，宋雪莲，赖平，译 . 上海：华东师范大学出版社，2017：95–117.

❹ 同❸：118.

基于对相关理论的理解，结合多年来从主题教学实践中提炼学习主题的经验体会，笔者对特定学习主题下的认知活动进行了系统梳理，将其分解为整体感知、信息提取、理解阐释、思辨评鉴和创造表现五个方面（图 1.5）。

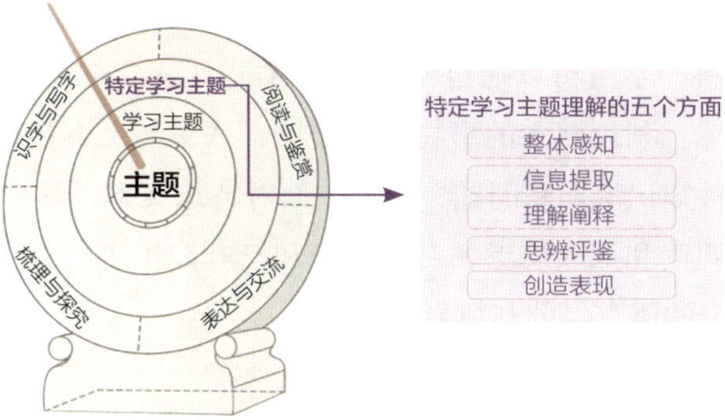

图 1.5　特定学习主题理解的五个方面

1. 整体感知

教师要引导学生对文本主题进行整体观照，以“整体观”建立对学习任务的总括性认识，培养对特定文本、特定题材、特定体裁等语言材料“抽丝剥茧”的能力。明确特定学习主题，学生在面对不同文本时能够迅速把握主题内容和结构布局。如学习形散神聚的散文、意象凝练的诗歌和充满冲突张力的小说时，学生可以通过深入剖析语言材料、梳理内在逻辑，构建起全局性认识，从而逐步深化对特定语言材料的理解和感知，开展具体的任务活动。

2. 信息提取

教师在实施特定学习主题引领的学习任务时，要引导学生在特定的学习活动中，从教材单元或繁杂的学习材料里有针对性地捕捉、甄别、筛选、提取、统整具有强关联的信息。对于连续性文本，如散文、小说等，要捋清作者的思路，学习运用多种学习方法拼接起信息的完整链条，捕捉情节发展和情感变化的关键节点。穿透文字的表层，挖掘字里行间的深层信息含义，需要一种敏锐度。这是一种信息提取素养，即能够围绕特定学习主题，从众多细节中辨识关键线索。而对于非连续性文本，如新闻报道、图表、时间线或清单等，则要培养快速识别关键数据、把握图表趋势、理解结构布局的能力，学会在特定的文本空间内高效地解码信息。这一点在今天信息爆炸和碎片化的时代尤为重要。

3. 理解阐释

理解阐释是对已提取的特定学习主题的信息进行深入分析和解读，要求学生能对信息的内在含义和逻辑结构进行深入挖掘，达到真正的理解。对特定的阅读材料，学生可以通过多种学习方式加深“特定阅读理解”：联系自己的生活实际，利用熟悉的事物进行类比，联系与文本相似的材料进行归类，运用跨学科知识认识新问题，等等。面对特定文本，学生还可以运用AI助手进行反复阅读和深入思考，对新知识和已有知识进行整合与重构，最终内化为个体特定的语言经验与材料。

4. 思辨评鉴

思辨评鉴重在引导学生对特定学习内容进行独立思考和评估，判断其真实性、准确性和审美性。学生需要围绕特定学习主题，链接自身的知识、经验或经历，从不同角度审视问题，并提出独到见解和观点。如针对描写特定人物形象的作品，着重品析人物的性格发展、心理动机与成长轨迹，以理解特定学习主题内涵；针对运用特定手法创作的作品，重点评析象征、比喻等修辞手法及叙事技巧如何强化特定学习主题表达；而针对包含特定情节或内容的作品，则通过品味事件发展脉络、挖掘核心冲突与解决过程，揭示特定学习主题意义。这样，通过对人物的深度剖析、对表现手法的艺术鉴赏以及对内容的细致解读，学生能精准而深刻地把握特定学习主题独特而丰富的层次。

5. 创造表现

创造表现是在特定的学习任务深入进行之后，要求学生以特定的视角、阐释方式、鉴赏眼光，通过多样化、富有创意的表现形式来展现自己对特定学习主题引领的学习任务的完成情况。无论是设计富有创意的解决方案、撰写富有表现力的语言文字作品，还是研发创新性成果，抑或语言实践中的语言行为等，都刻画了学生对特定学习主题的个性化诠释与深度理解。当然，每一种特定的表现形式，都要充分考虑学生的认知水平和兴趣点，在本质上是引导学生以自己独特的体验方式，形成作为积极的语言建构者的“学业质量”。

以上这五个方面并非孤立存在的，而是相互关联、有机融合，共同构成一种动态发展、螺旋上升、循序渐进的学习路径与策略，促进学生在完成具体学习任务后，对其背后的特定学习主题的价值产生深入的理解。

如统编版教材六年级上册第六单元，以“保护环境”作为学习主题，难以具体指导学习任务设计；而当我们将学习主题细化为“发布社区环保倡议”这一特定学习主题时，就能设计出目标明确、针对性强、可操作的学习任务。要培养学生对这一特定学习主题内涵的特定性理解，教师首先要以终为始，引导学生初步整体感知所生活社区的环境问题，了解“到社区发布倡议”的任务要求。其次，借助《只有一个地球》这一特定语言材料，从不同角度提取关键语句的信息，认识“举例子”“列数字”“引用”等说明方法，对文章中表示转折的关键语句的内在含义和逻辑结构等进行深度理解阐释，对文章中的分论点是否可以调换顺序这一问题进行思辨评鉴，体会作者怎样一步一步得出人类只有一个地球，“我们要精心地保护地球，保护地球的生态环境”的倡议。这也正体现了学生逻辑思维和辩证思维的提升过程。最终，指导学生在特定社区生活情境下，迁移说明方法，创造性地撰写环保倡议，进而到社区有依据、有条理、负责任地发布倡议，张贴倡议书。（说课实录参见二维码）

敲黑板

特定学习主题不应局限于教材单元，在具体的教学实践中，我们可以结合整本书阅读的特点来提炼特定学习主题。同样，在跨学科学习中，我们也可以根据跨学科要解决的问题来提炼特定学习主题。此外，学校研发的主题课程群，也提炼了一系列跨学科、跨学段、跨领域的特定学习主题。这就要求教师进行多维度的课程设计，避免采用单一僵化的方法。（参见第四章“提炼学习主题”部分和第五章中关于多种提炼学习主题的策略与方法的介绍。）

“发布社区环保倡议”说课实录（含教学设计）

行文至此，如果要问主题、学习主题、特定学习主题三者之间是什么关系，笔者想说，三者构成了一个“关联概念连续体”。这一关联概念连续体，恰似一棵根系发达、枝繁叶茂的文化大树，其结构、层次与整体性共同支撑起语文教育的生态系统。这一连续体并非孤立概念的简单堆砌，而是在三十余年教学实践与理论研究的打磨中，通过内在逻辑的相互依托所创生出的动态生长、协同共生的有机整体。

从结构上看，“主题—学习主题—特定学习主题”关联概念连续体是实践研究的学理积淀。笔者多年来边实践边研究，1999年在《语文教学要着眼于人的发展》中首次提出“文道统一”的主题教学文化观，探寻中华文化内涵与载体形式的统一。历经五年沉淀，2004年笔者在《“主题教学”的思考与实践》中提出“主题”及“特定主题”，在此基础上渐渐长出“学习主题”这根舒展的枝干——将抽象的文化转化为儿童可触摸的内容骨架。在后续的课堂实践中，“特定学习主题”如枝头新叶般萌发，推动学习主题细化为具体的教学形态。

从层次上看，“主题—学习主题—特定学习主题”关联概念连续体构成了一个螺旋上升的递进序列。“主题”作为上位概念，凝练中华文化核心价值，为后续研究锚定了方向；“学习主题”的结构化设计，将一个个母题转化为教学内容，实现从理论到实践的过渡；“特定学习主题”通过生动的课堂实践探索，完成了从上位到下位的层次转化。这一过程如同爬楼梯般拾阶而上，每一步都建立在对前一阶段的反思与深化之上，逐步构建起从理念到操作的无缝衔接体系。

从整体上看，“主题—学习主题—特定学习主题”关联概念连续体构成了一个内在关联统一体。在持续研究中，主题始终为学习主题和特定学习主题筑牢文化根基；学习主题作为桥梁，不断优化文化内涵向教学内容的转化路径；特定学习主题则通过课堂实践反哺理论，推动整个体系的完善。三者在“实践—反思—重构”的循环中，形成了紧密相连、相互促进的生态链，任何一个环节的突破都建立在对整体关系的深刻理解之上。

可以说，这一关联概念连续体不仅在语文课程标准中得到了印证，更是清晰描绘了主题在不同分解形态下所发挥的独特作用。将语文学习从抽象概念转化为可感知的生命历程，构筑起既有筋骨又有血肉的语文教育生态林。正是通过这一关联概念连续体的层层转化与实施，以中华文化为主的课程内容从构想稳步落地，最终创生为学生的典型言语运用经验，彰显了主题教学“文以载道、以文化人”的育人使命，为新时代语文教育改革与发展提供了极具价值的理论参考与实践范例。

第二章 主题教学的文以载道、以文化人教育新形态

主题教学依托“主题—学习主题—特定学习主题”关联概念连续体，重塑课程教学肌理，构建校本实施体系，帮助学生实现文化体认与深度学习，体现了素养型目标、结构化内容与表现性评价的有机融合。

三十年来，笔者带领团队，在校本的素养型目标方面率先提出“三个一”目标：“一手好汉字，一副好口才，一篇好文章”。结合“三维目标”，“三个一”素养目标又发展为“文化自信、语言运用、思维能力、审美创造”四个方面的素养导向，指向语言、思维、精神的整体发展。在结构化内容方面，从以学习任务为雏形的五种典型实践样态转向课标中特定学习主题引领的六个学习任务群，建立起语文与生活的深度关联，形成系统化的学习路径。在质量评价方面，从要素评价发展跃升到而今的学业质量表现性评价，强调过程与结果并重。在课堂实践方面，从课堂“四增值”（兴趣值、方法值、容量值、意义值）转向动态评估学生在完成学习任务中的综合表现。整体而言，主题教学的教育新形态，通过素养导向的目标设定、内容的系统整合以及评价方式的创新，为学生提供了更加丰富、多元且高效的学习体验，也构成了新课标“理念—行动”的鲜活注脚。[1]

一、依据“主题与载体形式”形成主题教学转化策略

“主题—学习主题—特定学习主题”所形成的关联概念连续体，明晰了主题教学指向新课标核心素养培养的逻辑理路，重塑了“课标—教材—教学”逐层转化的语言实践动线，也提供了如何将课程标准由构想层面落实到校本行动层面的具体实操方略。这恰恰体现了主题教学对精神价值与语言、思维、策略协同发展的要求，与语文课程育人的价值追求相契合。

---

❶ 窦桂梅. 学校育人主体的价值、路径与机制：小学阶段高质量育人的实践反思 [J]. 中国教育学刊，2021（11）：93–98.

主题与载体形式如何落实为学习主题的内容组织与呈现方式？新课标在第四部分“课程内容”中明确规定了“主题与载体形式”的内容。围绕主题与载体形式，我们不仅界定了学习内容的核心议题与表现形式，还探索出了一套系统性的转化与落实方法。经过“主题分解—载体匹配—任务设计—教学实践”的多维度、深层次路径，“主题与载体形式”的层次性与适宜性得以体现。

（一）主题分解与载体匹配

如前文所述，主题教学的主题依据人与自我和他人、人与自然、人与社会三个核心维度，主要包含中华优秀传统文化、革命文化、社会主义先进文化等方面的内容。将新课标中的这些主题分解为教材中学生可理解的学习主题，进而形成聚焦点，便于针对某一具体方面匹配多样化的载体形式，如成语、诗歌、寓言、童话、小说等。然后依据学段特点与学习需求，对教学元素进行合理设计，最终将其融入具体的实践运用中。那么，如何实现主题的转化落地呢？

主题分解之后，就有了明确的内容维度，此时要确认与之匹配的载体形式。以中华优秀传统文化为例，我们紧扣创新性发展的要求，将新课标主题内容分解为核心理想信念、中华民族精神和中华传统美德三个方面；载体形式除了上文举例，还包括汉字、民间故事与散文等。结合不同学段，细化具体要素，确保学段之间形成螺旋上升的结构（图 2.1）。

例如，在中华优秀传统文化“文学阅读与创意表达”学习任务群中，随着学段上升，内容逐步铺展（表 2.1）。在具体的教学实践中，可以参考新课标“教学提示”部分提供的策略。比如，教学要凸显情境性，一方面联结传统文化与当代生活，加深学生对“文化即生活，经典即人生”的理解；另一方面促进学生积极参与，提高学生的参与度和探究兴趣。

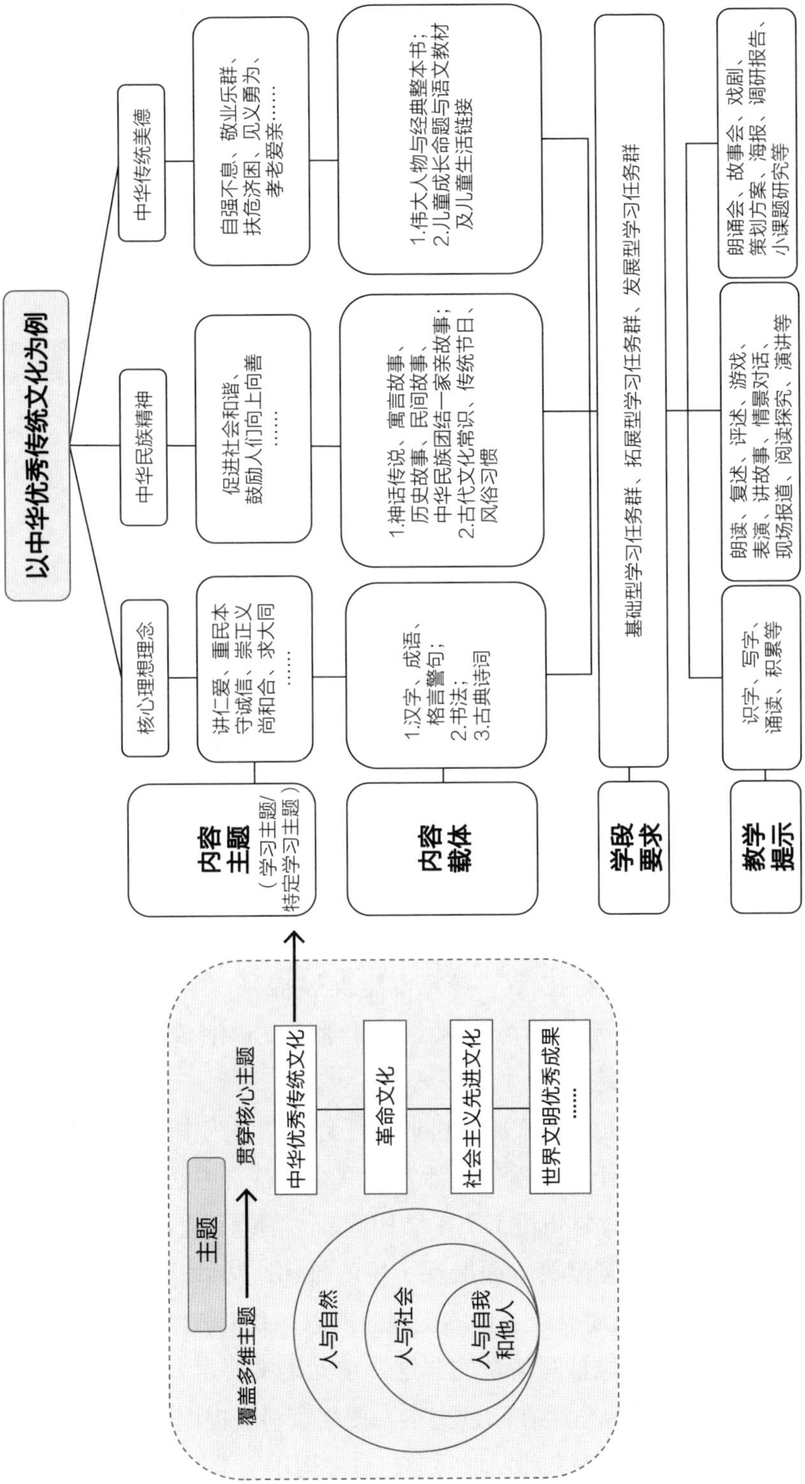

图 2.1 中华优秀传统文化主题转化落地示意图

表 2.1 中华优秀传统文化“文学阅读与创意表达”学习任务群内容样例

学段	主题学习内容	教学提示
第一学段	诵读表现自然之美的短小诗文，感受大自然的美景与变化。	根据学段学习要求，围绕多样的学习主题创设阅读情境。在主题情境中，开展文学阅读和创意表达活动，引导学生感受文学之美、表达自己的独特感受，促进学生的精神成长。
第二学段	阅读描绘大自然、表现人类美好情感的诗歌、散文等文学作品，结合自己的生活体验，尝试用文学语言表达自己热爱自然、珍爱生命的情感。	
第三学段	阅读表现人与自然的诗歌、散文等优秀文学作品，感受大自然的奇妙，体会人与自然和谐相处的意义。阅读表现人与社会的优秀文学作品，走进广阔的文学艺术世界，学习品味作品语言、欣赏艺术形象。阅读反映少年成长的故事、小说、传记等，交流自己获得的启示。	

（二）任务类型与教学操作

“主题与载体形式”只有从由静态设计迁移转化为以学习者为中心的动态学习过程，才能真正揭示主题所蕴含的“文道统一”的意义内核。为了更好地阐释这一过程，我们以统编版教材三年级下册第三单元为例进行说明。

这一单元作为首个以中华优秀传统文化为主题的单元，导语“深厚的传统文化，中国人的根”点明了单元的学习主题。单元内《古诗三首》《纸的发明》《赵州桥》《一幅名扬中外的画》等选文通过多种形式展现了中华优秀传统文化的独特魅力，同时巧妙地融合了语文要素和人文主题。本单元围绕“我是中华传统文化代言人”，精心设计了四项学习活动，分别为“探寻节日民俗 ”“探访古代科技馆”“探究古建筑”“探秘古名画”，不仅为构建特定学习主题提供了丰富的学习资源，也让学生在讲演传统文化的活动中进行听说读写的全面训练。

特定学习主题的单元任务实施，可通过任务三“我为中华桥梁智慧代言”来一窥究竟。这项学习任务与学生生活紧密联系，符合中学段学生的认知特点。活动所对应的课文《赵州桥》文本结构清晰，围绕“世界闻名的石拱桥”展开，从形状、长度、宽度等方面展现了桥的雄伟；巧妙运用排比句式“有的……有的……”，形象地描绘了桥的美观。所以，我们就结合“了解课文是怎么围绕一个意思把一段话写清楚的”这一单元语文要素，通过特定学习主题引领的学习任务，引导学生在阅读文本、搜集资料、提取信息、呈现收获、讲述代言等语文实践活动中主动发现问题，自主运用所学知识。

二、依据“内容组织与呈现方式”深化主题教学实践样态

（一）作为学习任务雏形的主题教学实践样态

新课标以“主题与载体形式”确定课程内容后，要求以学习任务群落实“内容组织与呈现方式”；按照内容整合程度，分三个层次设置了六种类型的语文学习任务群，并按照不同学段的特点设计了相应的学习内容。

“任务”一般可以理解为指派的工作或承担的事情，在教育教学语境中，任务背后支撑的理念不同，任务的内涵也自然不一样。笔者早在1996年执教《放风筝》❶一课时，就开始通过“任务”进行语文教学，当时语文课堂的任务侧重语言训练，关注一课一得。2006年，笔者在《窦桂梅与主题教学》一书中又提出了“儿童学习方式转变”理念，强调“课堂不能只有任务，没有灵魂”，需要有主题的精神价值引领。❷这些实践为“学习主题”理念的提出奠定了基础。在以学习者为中心的理念支撑下，主题教学的“任务”逐渐从“教学任务”转向“学习任务”。2018年，笔者在《小学语文主题教学研究（修订

> **小贴士**
>
> 新课标将六种类型学习任务群分为以下三个层次：
>
> 1. 基础型学习任务群，包括“语言文字积累与梳理”。基础型学习任务群侧重语言基础与文字运用规范，旨在强化学生语言文字的积累以及理解和运用能力，为学生打下坚实的语文基础。
>
> 2. 发展型学习任务群，包括“实用性阅读与交流”“文学阅读与创意表达”“思辨性阅读与表达”。发展型学习任务群侧重阅读理解深化、思辨能力培养、实用性交流等，旨在提升学生的理解力、批判性思维和创意表达能力。
>
> 3. 拓展型学习任务群，包括“整本书阅读”和“跨学科学习”。拓展型学习任务群侧重深度阅读能力与跨学科整合思维的培养，旨在引导学生拓宽视野，在探索中促进知识的融合与创新素养的发展。
>
> 在六种学习任务群中，“语言文字积累与梳理”最为基础。不同的学习任务群之间既相对独立又相互联动、有机融合，体现了学习过程的主体性和实践性。一个学习任务群既可以独立运作，也可以带动其他学习任务群的开展，或者几个学习任务群交叉推进，甚至通过有机融合形成新的学习形态。但无论是兼容、交叉还是融合创生，都应基于特定学习主题与学习目标来进行设计和实施。

---

❶ 王平，窦桂梅.《放风筝》教案 [J]. 小学语文教学，1996（10）：34-35.

❷ 窦桂梅，窦桂梅与主题教学 [M]. 北京：北京师范大学出版社，2006：90.

版)》中，以语言文字积累、梳理与探究为基础，提出主题教学的五种典型实践样态（单篇经典主题教学、群文主题教学、整本书主题教学、主题实践活动、主题课题研究）。[1]这些实践样态是对过去小学语文主题教学的系统分类，同时也合成了新课标学习主题引领的学习任务[2]的基本雏形。这里要特别强调新课标“学习主题引领”而非“学习主题引领下”，旨在凸显学习主题与学习任务所构成的内容组织与呈现方式的整体性和不可分割性。主题教学的典型实践样态具有多维性，而新课标中的学习任务群则更加强调以学生的学习为准则，力求实现学习效果的最大化和最优化，通过多样化的语文实践活动，促进学生主动探索、实践运用和深度理解语文知识与文化（图 2.2）。

（二）作为学习任务雏形的典型实践样态的特征

经过多年研究与实践，主题教学已成为一种语文学习的范式，在一个个文化主题引领下，通过其承载的思想内容，在教与学的互动中达成“化人”目标。在遵循语文学科本质属性和儿童成长规律基础上，紧扣学习内容所载之道，将主题逐层分解、细化，转化为儿童实现学习、生活、精神自主的“站立之道”。也就是说，要将中华优秀文化主题转化为儿童可理解、可接受的学习主题，最后具化为可操作的教学行动中的特定学习主题。由此，五种典型实践样态作为新课标学习主题引领的学习任务雏形，其价值主要体现在主题动态生成与任务驱动两个方面。

1. 主题动态生成

主题动态生成是主题教学坚持儿童立场的体现，笔者在博士论文中就对此进行过论析。动态生成的主题教学过程已经从单一地、机械地传递教科书中的固有知识，转变为以学生为主体自主建构知识体系和观念的教与学互动。学生在这样的互动中感知、建构并不断丰富主题的意义，体悟主题背后的价值、情感、社会关联。而今，特定学习主题也正是在动态生成过程中升华而成的，指向实践运用。这个动态生成过程实际就是激发学生探究欲望的活动系统，引导其主动学习并“学有所得”“学出精彩”。这也是主题向学习主题进而向特定学习主题转化的内在动因。

---

[1] 窦桂梅．小学语文主题教学研究（修订版）[M].2 版．北京：人民教育出版社，2018:203.

[2] 窦桂梅．学习主题引领下的学习任务设计与实施：依据新课程标准，用好现行统编小学语文教材[J]. 课程·教材·教法，2023，43（10）：74-81.

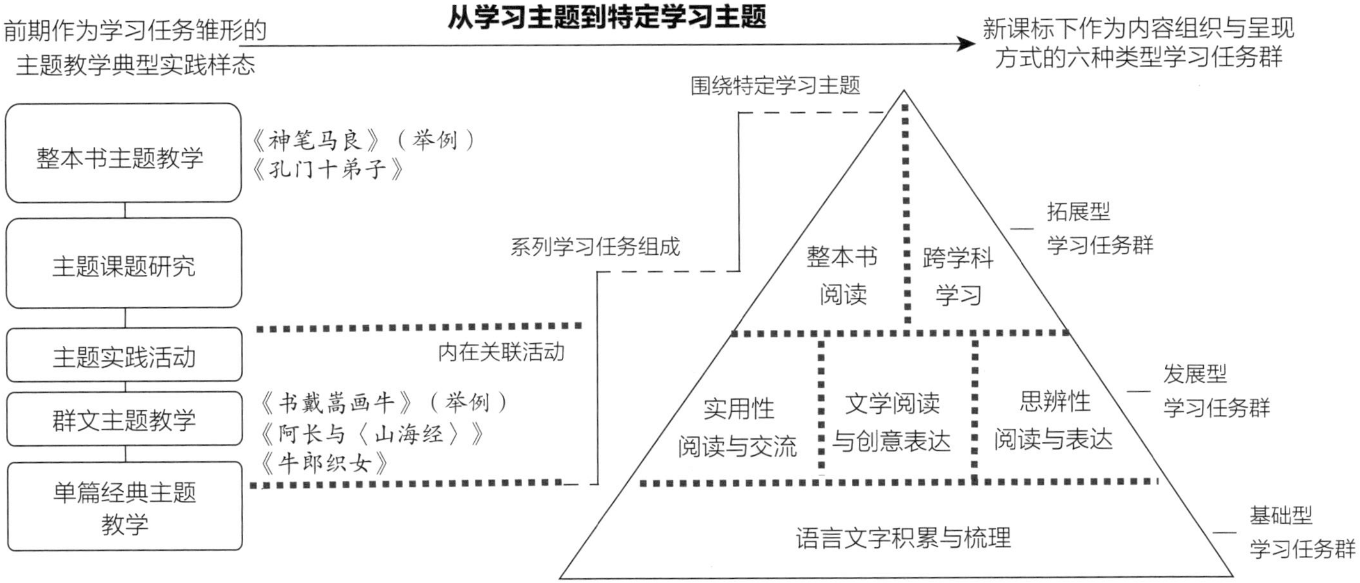

图 2.2　主题教学典型实践样态与学习主题引领的学习任务的关系

2. 任务驱动教学

主题教学一直强调语言的意义建构和经验积累是在真实的经历和体验中完成的，不仅要“学习语言”，也要“在语言应用中学习”。为实现学生的深度学习，促进其对价值主题的深度体认，笔者提出了课堂教学“四动力”系统[1]（参见第三章第二部分），即以实际解决问题来驱动教学，以创设真实情境来调动学生，以增强表现的工具来撬动课堂，以促进交流的平台来增进互动，让学生成为积极的语言学习者和建构者。问题解决的过程，就是运用语言完成学习任务的过程。虽然五种典型实践样态并不是直接以“任务”来描述的，但它们已内在地具备了任务驱动的特征和功能。

（三）作为学习任务雏形的五个课例切片剖析

主题教学提炼出的五种典型实践样态，何以进阶为新课标中的学习任务？对此我们可以通过具体的课例来加深理解。

案例解读一

侧重思辨性阅读与表达的学习任务雏形

——以单篇经典教学《书戴嵩画牛》为例

新课标明确了“思辨性阅读与表达”学习任务群的价值定位，即“负责任、有中心、有条理、重证据地表达，培养理性思维和理性精神”。单篇经典课文，是教材主体内容，是历经时光洗礼与历史筛选的文学精华。它们跨越时间的长河，依旧熠熠生辉，不仅反映了特定时期的社会风貌与文化心态，更蕴含了超越时代的普遍价值与深刻哲理。

笔者执教的统编版教材六年级上册第七单元中的单篇经典《书戴嵩画牛》是苏轼的一篇题跋，教学力求跨越历史纵深，在学生学完课文后，通过从古代到近现代的画作对比、苏东坡几篇文章的对照，以“学习题跋”“思辨题跋”“创作题跋”为路径，形成学习任务链条，引导学生感悟文言文“题跋”所特有的“语言之美”“思维之美”“创作之美”，咀嚼“题跋”的意蕴，

---

[1] 窦桂梅. 清华大学附属小学：成志教育：儿童成长的指南针 [J]. 人民教育，2019（3/4）：46.

学习创作题跋。

书戴嵩画牛

宋·苏轼

蜀中有杜处士，好书画，所宝以百数。有戴嵩《牛》一轴，尤所爱，锦囊玉轴，常以自随。

一日曝书画，有一牧童见之，拊掌大笑，曰："此画斗牛也。牛斗，力在角，尾搐入两股间，今乃掉尾而斗，谬矣。"处士笑而然之。古语有云："耕当问奴，织当问婢。"不可改也。

"思辨性阅读与表达"关涉新课标"学业质量描述"部分提出的"重视朗读，借助语气语调、重音节奏等传递汉语声韵之美，在反复朗读中加深对文本内容的理解"等要求。《书戴嵩画牛》体现了主题的多元解读。不同于"一文一题"的解读方式（一篇课文一种学习主题解读），笔者在尊重文本和历史背景的基础上，从文学和人性的角度出发，探索文本在当代的意义，培养学生从多角度看问题。这种教学方式既体现了对课文本身的尊重，又与时俱进，对文本主题展开多元解读。

在具体教学中，笔者引导学生走进文本，结合杜处士和小牧童两个人物不同的身份特点，在朗读时把握人物的语言、心理、神态、动作等，咀嚼牧童"拊掌大笑"和杜处士"笑而然之"的表情，传递声韵之美，让人物形象跃然纸上、深入人心。在对"笑"的反复咀嚼中，学生对文本进行了创造性补白，不断拓展文本情境，加深对"笔简意足"的题跋所承载意蕴的丰富理解。学生在特定学习主题的特定语境中，通过梳理整合信息，形成了自己独特的语言体验，发展了思维的深刻性和独特性，为"思辨题跋"奠定了认知基础（表 2.2）。

表 2.2 《书戴嵩画牛》思辨性阅读与表达的"语言之美"片段赏析

语言之美
"学习题跋"环节
课堂片段说明：回到"文"的角度，浏览全文，发现苏轼的"言简而意足"，聚焦小牧童"拊掌大笑"和杜处士"笑而然之"的表情。

续表

创造性理解“拊掌大笑”片段	生：两个人都盯着戴嵩的斗牛图。小牧童用手指着画说，画得不对，尾巴不可能是翘着的，应该是夹着尾巴在斗（学生表演）。 生：小牧童拍着巴掌笑，会前仰后合地笑着说：“这张画是画的斗牛吗？斗牛的力气用在角上，尾巴紧紧地夹在两腿中间。现在这幅画上的牛却是摇着尾巴在斗，错了！哈哈哈！” 生：他还会捂着肚子笑得都站不起来地说。 生：小牧童会拿着牛鞭子，一边摇着一边笑着说。	新课标对照点 • 重视朗读，借助语气语调、重音节奏等传递汉语声韵之美，在反复朗读中加深对文本内容的理解。（学业质量） • 能通过诵读、改写、表演等方式，表达自己对感人情境和形象的理解与审美体验。（学业质量）
创造性理解“拊掌大笑”片段	生：小牧童有可能一边说，还一边拍打着鞭子，也可能会拍打着牛背说！ ……	• 重视古代诗文的诵读积累，感受文学作品语言、形象、情感等方面的独特魅力和思想内涵，提升审美能力和审美品位。（教学提示）
创造性理解“笑而然之”片段	生（生动表现）：杜处士有可能一边点头，一边说：“言之有理啊！” 生：杜处士有可能笑着说：“这个小童，挺厉害啊！” 生：他可能还会笑着说：“太好了，看着牛尾巴向上摆，我就觉得有些不对，谢谢你帮我改正！” 生：杜处士有可能觉得牧童错了。他曾经锦囊玉轴、珍爱万分的斗牛图，怎么能错？ 生：杜处士可能也会想，难道戴嵩画错了？但是他也可能认为还是原来这样的。不过看到这个天真的牧童，不想伤了他的面子，所以“笑而然之”。	

在任务驱动的单篇经典教学中，要实现“思辨性阅读”与“思辨性表达”的有机融合，关键在于以单元双线组元整合学习主题，引导学生深入文本，实现“斗牛图”与文字之间的意义转换。这一过程要求学生调动以往的生活经验，激活学科学习思维，创造性地理解苏轼在题跋中所描述的现象和表达的观点。当然，题跋的文体特点也对学生提出了很高的要求：在借助丰富的想象理解题跋内容的同时，面对牧童、画家、苏轼等不同角色的观点分歧，学生必须基于证据和逻辑作出判断。这一过程也是从形象思维的“想象”到抽象思维的“思辨”的升华过程。小学高学段的学生已经具备了辨析、提问、质疑等思维技能，在此基础上，他们需要进一步学习如何有理有据地进行验证和推理，掌握更高层次的思维方法。通过思维翻转，我们引入了乾隆的题跋、东汉的画牛图、近代李可染的作品、当代张录诚的创作，甚

至红牛饮料的易拉罐等多种多样的跨学科学习素材，引导学生聚焦“到底谁错了”这一争议性问题展开思辨。这一过程以发现问题、形成冲突为起点，经过辩驳与评估，寻求冲突各方之间的最紧密关联和最大共识，不仅促进了学生认知结构的发展，也培养了他们的批判性思维（表 2.3）。

表 2.3 《书戴嵩画牛》思辨性阅读与表达的“思维之美”片段赏析

<table>
<tr><th colspan="3">思维之美</th></tr>
<tr><td colspan="3">“思辨题跋”环节</td></tr>
<tr><td colspan="3">课堂片段说明：对照乾隆的题跋、东汉的画牛图、近代李可染的作品、当代张录诚的创作，甚至红牛饮料的易拉罐等跨学科学习素材，提出疑问：为什么有的人说“错了”，有的人说“没错”，有的人甚至从艺术的角度来谈？围绕“耕当问奴，织当问婢”，对题跋的内容进行思辨。</td></tr>
<tr><td rowspan="2">“追问探究，寻找依据”片段</td><td>·“问牧童组”汇报，就牧童“缪否”发表观点
生：我们小组来汇报。牧童对一半，错一半，他有可能只看见他放牛的时候斗牛的样子。
生：牧童太小，放牛的时候，也不会见过所有品种的牛，可能仅仅看到他的牛是夹着尾巴斗的。
生：资料上说，有的牛是被驯服过的，打架时尾巴是夹着的；有的牛是没被驯服过的，尾巴就翘着，野性十足。有一种水牛仅仅在打架时尾巴是上翘的。</td><td rowspan="4">新课标对照点
•能借助与文本相关的材料，结合作品关键语句评价文本中的主要事件和人物，提出自己的观点或看法。（学业质量）
•能借助跨学科知识和相关材料，与同学合作探索解决问题的具体方法，运用相关知识解释自己的想法，记录探究的过程及结论。（学业质量）
•分析证据和观点之间的联系，辨别总分、并列、因果等关系，有条理地表达自己的观点。（教学提示）
•自主搜集和利用学习资源，拓展思路，支持自己的思考和论说。（教学提示）</td></tr>
<tr><td>·“问苏轼组”汇报，就苏轼“缪否”发表观点
生：我认为苏轼也没有错，他就是来表达道理的。
生：苏轼也有生活经验，他被贬的时候，养过牛。我从苏轼养牛的资料中了解到，苏轼发现有一些牛打架时把全身力气都用上了。其实牛的品种不一样，打架时的姿态也不一样。
……</td></tr>
<tr><td rowspan="2">“梳理辨析，运思进阶”片段</td><td>·借助资料，运思进阶
生：古人有云：耕当问奴，织当问婢。今人有云：放牛当问（牧童），画画当问（戴嵩），题跋当问（苏轼），思辨当问（我们）……君子是以务学而好问也，不可改也。</td></tr>
<tr><td>·为苏轼代言，明题跋之意
生：我苏东坡种过地，养过牛，也有绘画功底。看到画上牛的样子，我就想起了不同的状况。我想可能有人会有疑问，我觉得那很有趣，就写了这篇题跋。
生：我还有另一篇题跋《书黄筌画雀》。那篇题跋里的“君子是以务学而好问也”这句话，和《书戴嵩画牛》的观点有异曲同工之妙。我想强调的是，凡事都要向行家里手请教，三百六十行，行行出状元！
……</td></tr>
</table>

侧重“思辨性阅读与表达”的学习任务群最终指向“表达”，这种表达是学生在经历了深度思辨和与文本对话之后，“负责任、有中心、有条理、重证据地表达”。这种理性思维和理性精神的培育，是对传统教育重直觉思维与形象思维、轻逻辑思维与创造性思维的有效突破。因此，我们特别设计了“创作题跋”环节，让学生通过个性化的创作，表达对“耕当问奴，织当问婢”的理解，并以“不可改也”来阐述自己对实践出真知的坚持。这一过程不仅展示了学生对文本的个性化解读，更表现了他们对学问之道的深刻领悟——“君子是以务学而好问也”。通过这样的思辨性阅读与表达任务，学生的批判性思维与创造性表达能力得以提升，充分体现了单篇经典教学的价值（表 2.4）。

表 2.4 《书戴嵩画牛》思辨性阅读与表达的“创造之美”片段赏析

<table>
<tr><th colspan="2">创造之美</th></tr>
<tr><td colspan="2">“创作题跋”环节</td></tr>
<tr><td colspan="2">课堂片段说明：通过学生的小课题研究，我们了解到，在宋朝，苏轼的“朋友圈”里，有 200 多名诗人用题跋的方式对他的作品进行了 1000 多次点赞和点评，就连几百年后的乾隆皇帝也写了题跋。我们也可以加入苏轼的“朋友圈”，创作自己的题跋。</td></tr>
<tr><td>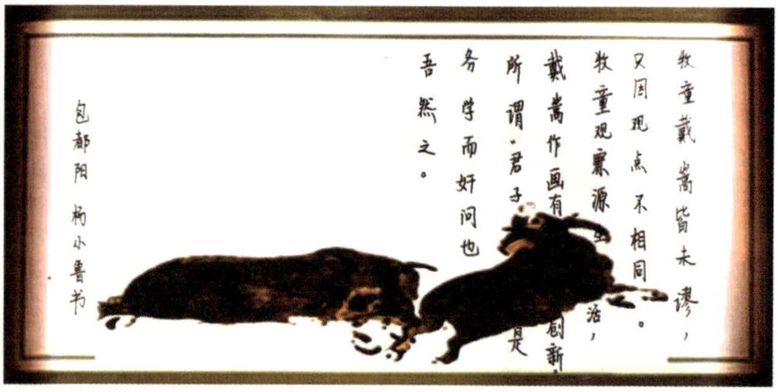
</td><td rowspan="2">新课标对照点
•能与他人分享阅读作品获得的有益启示，有意识地运用积累的语言进行口头或书面表达。（学业质量）
•评价要关注学生在问题研究过程中的交流、研讨、分享、演讲等现场表现，以及活动过程中产生的文字、表格、统计图、思维导图等学习成果，要特别关注学生思考的过程和思维的方法。（教学提示）</td></tr>
<tr><td>
</td></tr>
</table>

续表

案例解读二

侧重整本书阅读的学习任务雏形

——以整本书教学《神笔马良》为例

新课标明确指出，“整本书阅读”学习任务群的价值定位是“积累整本书阅读经验，养成良好阅读习惯，提高整体认知能力，丰富精神世界”。笔者一直倡导让学生阅读整本书，并与很多阅读推广人一道，不断探索整本书阅读方法，为落实新课标要求筑牢价值基础（参见第三篇第六章“制作取成长之经的推荐卡”课例解析）。主题教学致力于引导学生学会如何读懂一本书，更重要的是掌握批判性阅读、深度阅读、联想阅读等多种阅读策略（元阅读能力），以适应不同主题、不同类型、不同深度和广度的书籍，在阅读中让思维更加清晰、精神更加愉悦。

新课标对整本书阅读学习任务群提出了明确的要求，即“通读整本书，了解主要内容，关注整体与局部、局部与局部之间的关系”。以《神笔马良》[1]为例，在整本书导读课中，笔者设计了“结合插图，发现故事奥秘”环节，在特定的“奇遇”游戏情境下，引导学生聚焦人物、了解封面信息、读懂目录，并借助“故事配图”和“时间线索”等提示工具，尝试讲述故事（表 2.5）。

---

[1] 窦桂梅，黄国才．“具身”课堂　引领价值认同：《神笔马良》教学实录及点评 [J]. 小学教学设计，2019（3）：12–15.

表 2.5 《神笔马良》整本书导读教学设计（片段）

教学环节	活动设计	新课标对照点
环节一：发现书中的儿童，辨识儿童形象	1. 看图猜人物 出示教材单元“快乐读书吧”中几本书的封面，开展看图猜人物的游戏。 2. 聚焦《神笔马良》 •人物：朗读故事，猜出马良。 •封面：看封面，了解作者洪汛涛。 •目录：打开目录，发现这本书里不只写了《神笔马良》，还有《牧童三娃》《大奖章》等其他几个故事。借助目录找到要读的故事页码。	•重视序言、目录等在整本书阅读中的作用。（教学提示）
环节二：发现插图作用，助读故事情节	出示 12 幅插图，引导学生进行图文对照。 1. 对一对 图除了对照，还可以帮学生想象，并引导学生理解情节。 2. 猜一猜 默读文字，引导学生迅速找到对应的插图。 3. 讲一讲 借助插图和书中文字，引导学生与同桌一起接着往下讲一讲这个故事。	•在阅读过程中能根据提示提取文本的显性信息。（学业质量） •愿意向他人讲述读过的故事。（学业质量）
环节三：发现时间线索，体会其中奥妙	1. 聚焦时间短语，发现“时间线” 引导学生注意表示时间的词语，说出发现。 2. 梳理读故事方法，提升阅读兴趣 学生发现时间线，这样阅读起来会更有意思。	•通过关键词句说出事物的特点，作简单推测。（学业质量）
环节四：发现道理，在表演中明辨是非	1. 聚焦“沉船”片段，讲故事 引导学生不仅要读故事、讲故事，还要演故事。 2. 聚焦“帮助”片段，讨论“神奇” 游戏对答：马良有了这支神笔，天天替村里的穷苦人画画。请你和我对答—— 谁家没有犁耙，他就给他画______； 谁家没有耕牛，他就给他画______； 谁家没有水车，他就给他画______； 谁家没有石磨，他就给他画______； 姑娘们没有新衣服，他就给她们画______； 赌博的懒汉没有赌具和赌注，他就给他画______； ……	•能借助关键词句复述自己读过的故事或其他内容。（学业质量） •喜欢阅读故事，并与他人讨论。（学业质量）

那么，如何将在阅读整本书过程中初步感知到的“惩恶扬善”的价值观念，升华为深刻的精神体验呢？这需要我们在特定情境下，通过语言表达与画面表现，将这种理解不断深化、细化，使之转化为播撒在儿童心灵世界中

的精神种子，成为他们生命中永不磨灭的“印记”。在“发现道理，在表演中明辨是非”教学环节中，我们设置了“神笔能画什么”的思辨环节，引导学生深刻理解“神笔”并非随意挥洒之笔，不可能给懒汉画赌具和赌注，而是惩恶扬善的力量，从而将向善的种子植入学生心中。

因此，学生在“神笔能画什么，不能画什么”等问题的思辨中，深入思考“惩恶扬善”之“道”：只有明辨是非，才能得到属于自己的神笔。

如果说《神笔马良》是整本书阅读任务雏形，那么笔者执教的高学段《孔门十弟子》恰恰是基于整本书学习任务群的完整性、包容性、系统性、连续性，凸显“教—学—评”一致性，以特定学习主题引领的全周期、长学程的典型语文实践活动链条。（课堂实录参见二维码）

《孔门十弟子》课堂实录
（含教学设计）

小贴士

在第六章中，我们将提供整本书阅读学习任务设计的样例。从二年级上册开始，统编版语文教材就通过“快乐读书吧”栏目引导学生阅读整本书，如童话集《没头脑和不高兴》。二年级下册的“快乐读书吧”鼓励学生阅读更多童话书，并细致指导他们如何阅读封面、目录等，还推荐了《神笔马良》《七色花》《愿望的实现》等整本书。这些书描绘了不同的儿童形象，为学生提供了多样化的阅读体验。

除了前文提及的低学段整本书课例，笔者还执教了《没头脑和不高兴》这本书，带领学生跟随角色的奇妙经历，深刻体会责任与成长的意义，并引导他们从微小的不足中发现自我完善的方向。另外，笔者在高学段探索了《威利的奇遇》等不同类型的书籍，激发学生对未知世界的好奇心与探索欲，鼓励他们在心灵的追寻中勇敢前行，理解友情、勇气与坚持的价值。

案例解读三

侧重文学阅读与创意表达的学习任务雏形

——以主题课程群中《阿长与〈山海经〉》教学[1]为例

新课标对“文学阅读与创意表达”学习任务群的价值定位是“欣赏和

❶ 窦桂梅，潘新和．写法切入，主题立人：《阿长与〈山海经〉》教学与评析 [J]. 小学语文教学，2017（1/2）：66-71.

评价语言文字作品，提高审美品位”。2016年是鲁迅先生逝世80周年、诞辰135周年，通过阅读鲁迅先生的作品，学校以一种朴素而深刻的方式来缅怀这位文学巨匠。为此，以“设计儿童体验鲁迅博物馆海报”为特定学习主题，我们设计了“鲁迅笔下的童年”“我眼中的鲁迅形象”“他人笔下的鲁迅形象”“制作鲁迅博物馆海报”等一系列学习任务，引导学生从阅读鲁迅的作品开始，逐步深入了解鲁迅的世界，最终通过语言文字表达对鲁迅的理解，形成一个从阅读到理解再到创意表达的完整学习链。

新课标对“文学阅读与创意表达”学习任务群还提出了学业质量要求——“能从多角度揣摩、品味经典作品中的重要词句和富有表现力的语言，通过圈点、批注等多种方法呈现对作品中语言、形象、情感、主题的理解”。对此，笔者通过对《阿长与〈山海经〉》的单篇经典阅读，以及对《少年闰土》的关联阅读，引导学生感受鲁迅童年时代两个重要人物——保姆阿长与玩伴闰土的形象，并在拓展阅读《朝花夕拾》整本书的过程中，全面感受鲁迅多姿多彩的童年世界。尤其在教学《阿长与〈山海经〉》一课时，笔者感受到，看似聚焦单一人物形象，但其实这是感知鲁迅笔下重要人物、理解其作品全貌的关键环节。因此，在品读阿长这一人物形象时，要将其置于鲁迅从启蒙、求学到走向艺术创作，再到获得丰硕成就的整个生命历程中来观照。这样，学生对于作者对阿长的情感就能形成更深层次的认识和体会。

新课标对“文学阅读与创意表达”学习任务群第三、第四学段的教学提示，强调“侧重考察学生对语言、形象、情感、主题的领悟程度和体验，评价学生文学作品的欣赏水平，关注研讨、交流以及创意表达能力”。对此，笔者的教学不局限于传统的文学解析，而是更加注重引导学生进行艺术解码与情感思辨，深入探究“写什么、为什么写以及怎样写”。注重设计参与性和创造性的语言活动，激发学生的创作思维，促进学生的自省自觉，从而为构建语言实践本位的教学打下坚实的基础。为了体现整体性，笔者大胆地把初中的《阿长与〈山海经〉》引入小学六年级课堂，让学生与鲁迅相遇、与阿长相识，引导学生洞悉回忆性散文的情感复杂性，通过细读共品，体会文字背后的情感暗流与深层意蕴，实现作品原生价值的创造性转化。

笔者还采用多种方法来丰富学生的文学体验：一是角色代入，让学生在与母亲、长妈妈的虚拟对话中，体味语言背后的理解、宽容与细腻情感；

二是动态演绎，让学生通过演绎长妈妈的喜悦，传递乐观的人生态度与美好质朴的愿望；三是大胆留白，让学生针对鲁迅未曾详述的购书过程，进行个性化的语言表达，获得深度的情感体验；四是紧扣回忆性散文，激发学生的想象力，探索作者可能还有哪些情感和想法想对阿长表达（教学片段见表 2.6）。

表 2.6 《阿长与〈山海经〉》文学阅读与创意表达教学片段❶

教学看点	教学分析	新课标对照点
看点一：读鲁迅经典是为“立言”价值观打底	•“导入”部分，介绍学生认识多才多艺、了不起的文化巨匠鲁迅，了解鲁迅的美术、书法造诣。 •“结尾”部分，提供鲁迅版画等反映鲁迅美术贡献的资料，推荐阅读《朝花夕拾》等，为学生敞开走近鲁迅之门，激发他们进一步学习、研究经典，培育“立言”之志。这一环节体现“动力学”价值，是听课时不应忽略的。 《阿长与〈山海经〉》小试牛刀，用儿童的方式让学生与鲁迅的童年相遇，引出一个庞大的“回归经典”研读计划。	•能从多角度揣摩、品味经典作品中的重要词句和富有表现力的语言，通过圈点、批注等多种方法呈现对作品中语言、形象、情感、主题的理解。（学业质量）
看点二：“语言运用”阅读重在“转化”和“再创造”	•课堂环节紧扣“写”展开，没有停留在“写了什么”的理解与分析层面，而是重在启发学生围绕“怎么写，为什么写”进行体验与感受、理解与思辨、建构与生成，以调动学生参与性、创造性的语言活动，促成其自悟自觉。有了学生的语言感知、创造性活动，才有真正意义上的“儿童本位”教学。 •引导学生发现鲁迅回忆性叙事背后负面与正面交织的复杂情感。将自读和共读相结合，让学生细读品味，发现从字面上看不到的秘密。	•通过整体感知、联想想象，感受文学语言和形象的独特魅力，获得个性化的审美体验；了解文学作品的基本特点，欣赏和评价语言文字作品，提高审美品位。
看点三：想象补白是“转化”和“再创造”的源动力	•就母亲问长妈妈“……晚上的睡相，怕不见得很好罢？”这句话，让学生想象以鲁迅的身份对母亲会怎么说，对长妈妈又会怎么说。在这种情境言说中，体会原文中母亲语言里藏着的对阿长摆成“大”字睡觉的询问，以及对于阿长的“不动”“不闻”“不开口”，怎么才能“有法可想”。	•鼓励学生在口头交流和书面创作中，运用多样的形式呈现作品，发挥自己的创造性；引导学生成长为主动的阅读者、积极的分享者和有创意的表达者。（教学提示）

❶《阿长与〈山海经〉》入选统编版教材七年级下册第三单元，属于新课标第四学段的学习内容。详细课堂实录可参见《小学语文主题教学研究（修订版）》。

续表

教学看点	教学分析	新课标对照点
看点三：想象补白是“转化”和“再创造”的源动力	•请学生带着动作和表情朗读长妈妈的话：“恭喜恭喜！大家恭喜！真聪明！恭喜恭喜！”体验阿长极其高兴的心情、乐观的生活态度、想着“大家”的体贴、善于夸奖别人的善良，以及最朴素的“一年到头，顺顺流流”的愿望。 •把鲁迅没有写到的“阿长怎么买《山海经》”的过程变成学生的创作。由此，针对没文化的阿长是如何买“三哼经”的，学生自行创设情景对话，进行表演。进入角色进行虚构与表现，让学生可以结合自己对于人物情感、语言、动作等的独特体会，进行非常有趣的创造性表达。 •让学生以鲁迅的身份，“想象鲁迅最想对阿长说的一句话”。学生写道：“阿长啊，您陪伴了我这么多年，而今您去世大概有三十年了，可我连您真实的名字还不知道，我多么愧疚啊……”“阿长啊，想当年您谋害了我的隐鼠，我还憎恨过您，现在想想，真是孩子气。您不是成心的，我不再生您的气啦，您原谅我了吧……”	•侧重考查学生对语言、形象、情感、主题的领悟程度和体验，评价学生文学作品的欣赏水平，关注研讨、交流以及创意表达能力。（教学提示）

主题课程群中的《阿长与〈山海经〉》教学，是侧重文学阅读与创意表达的学习任务雏形。

关于最初侧重文学阅读与创意表达的学习任务雏形，笔者多年前执教流传千年的经典民间故事《牛郎织女》时，就尝试从文学语言、文学形象的理解、联结、解构入手，促进学生思维发展、审美创造，建立文化自信。（课堂实录参见二维码）

《牛郎织女》课堂实录（含教学设计、专家点评）

从新课标来看，关于文学阅读与创意表达的审美、体验、创作，就是基于文学阅读与创意表达学习任务群的理解、联结、创造，从文字到文学再到文化层面，引导学生经历“感知—体验—鉴赏—评价—表现—创造”的语言文字品味咀嚼过程，最终指向学生典型性、结构化、个性化的语言经验建构。

文学阅读与创意表达是主题教学常用的载体形式，所依据的主要就是经典作品。这不仅是对经典的致敬与回归，更是对经典深情的拥抱，是对语言力量与心灵成长的深刻诠释。在经典与想象的交响中，经典教学不仅传授知识，更致力于培养学生去“立言”，独立思考、情感丰富、言辞精准。笔者立志把经典作品中对人生、历史、文化的观点，与学生自己的学习经验关联起来，启发学生将这些思想逐渐内化为自己的人生哲学。“念念不忘，必有回响”的经典学习，通过主题教学勾勒出一首首关于智慧启迪与心灵觉醒的立言诗篇，生动体现了“文学阅读与创意表达”学习任务群的应然要求。

三、主题教学对教育教学形态的回溯

回溯第八次基础教育课程改革，笔者走进人民大会堂作“三个超越”主旨报告。而今第九次课程改革正在进行中，新课标的实施涉及从理念设计到政策引领，再到校本转化、教师理解以及学生实际体验的过程。这需要我们在每一本书的阅读、每一堂课的教学、每一次活动的实施中脚踏实地、日积跬步，不断实现价值转化和行动细化。就这一点而言，笔者和广大教育同仁，一直是新课标创造性转化与创新性实践的“一致行动人”。

“三个超越”[1]不仅是主题教学的精神底色，也是与时俱进、自我革新的必由之路，犹如一股气脉，为教育注入新的活力。尤其是在科技创新迅猛发展的当下，新的知识获取环境需要新的学习方式，主题教学顺势而为，持续深化育人方式变革，以适应智能时代的需求。AI 是新时代基础设施，是新时代研究范式，面向智能时代，我们要培养能创新性地运用人工智能并主动创造未来的人才。人工智能运用能力是新时代必备的读写能力，培养这种能力是对追求超越的主题教学的召唤，是师生共同参与的文化超越之旅，将深刻重塑教材、课堂与教师。目前，笔者正带领团队进行小学语文主题教学垂直专用模型引擎及应用体系的建构。

（一）从“基于教材，超越教材”到学科育人

教材不仅是对民族文化基因的弘扬，也是时代的足音。[2]回归语文学科本质，主题教学强调教材不是静默的知识容器，而是知识生成的催化剂，要

---

❶ 窦桂梅 . 为生命奠基：谈语文教学改革的“三个超越”[J]. 人民教育，2002（1）：27–29.

❷ 成尚荣 . 学会改变：使用新教材的根本准备 [J]. 中小学管理，2024（9）：64.

让学生成为学习主体。在由“文”向“道”的贯通路径上，“基于教材，超越教材”，通过识字与写字、阅读与鉴赏、表达与交流、梳理与探究等语文实践活动，揭示教材隐含的学科核心知识、基本原理、思想方法等，激励学生超越教材的界限，依循“文字—文学—文化”的脉络，去探寻更广阔的智慧源泉，生成教材之外的知识。从知识传授到素养培育，主题教学作为教育性转化的过程得到了升华，最终走向学科育人。继而，教材所蕴含的原生之“道”转化为教学之“道”，最终成就学习之“道”。

（二）从“立足课堂，超越课堂”到学科实践

过去，笔者强调“课堂小天地，天地大课堂”理念，而今，主题教学进一步超越物理空间、虚拟空间、交互空间的边界，真正以生活作为语文实践活动场域，指向素养导向下的学科实践，寻找教材与儿童生活的联结点，寻求个人成长的新支点，整体融通学科逻辑、生活逻辑、学习逻辑。在课堂主渠道中，依托语言文字和生活开展语文实践活动，唤醒、激发、维持和促进学生学习自驱力。学生可超越教师引导，成为有效学习者，成为语言经验的主动构建者。由此，主题教学在文化认同、儿童体验、生命观照中实现“立人”[1]之“道”。

（三）从“尊重教师，超越教师”到学科理解

笔者一直强调教师要放下架子，蹲下身子，平视学生，沉下心来和学生一起成长，而今更进一步注重让学生学会学习。教师要践行教育家精神，以学习者为中心，以经验为基础，遵循教学规律，为了理解而教，有规律地教书育人；把学生正在学习的主题与其已有的经验、未来的生活联系起来，为学习提供了一种整合的情境支撑，促进学生独立思考、自主学习。笔者朝向“伟大事物”[2]进行再思考，紧扣学生学习语文的规律，以语文的话语方式建构语文教育逻辑理路，力求塑造学生的精神世界。语文教师必须回归母语文

❶ 窦桂梅．小学语文主题教学研究（修订版）[M].2 版．北京：人民教育出版社，2018:71.

❷ 窦桂梅．朝向“伟大事物”：“主题教学”的新思考 [J]. 人民教育，2010（5）：42-47.

化，葆有为了儿童的教育自觉，在日复一日的深入钻研中认知语文、认知语言，在现代生活知行合一的语文观指导下教育学生准确、生动地运用语言文字，以学科独特的视野筑牢“以文化人”的基础，让学生终身受益，切近直抵灵魂的成人之“道”。

从主题孕育、学习主题生发到特定学习主题积淀，笔者运用系统思维进行整体观照，推动有着三十年实践沉淀的“文以载道、以文化人”教育理念由学科教学向学校整体育人拓展，在语文教学走向语文教育的辽阔航程中，不仅滋养了主题教学这片丰沃的疆域，更赋予了语文教育深邃的哲学内涵与崇高使命。在小学教育阶段，作为基础中的基础，语文学科有责任联动其他学科实现整体全面协同育人。这要求教师克服思维的惯性，避免陷入经验主义的陷阱，做终身学习和反思的行动者；跨越知识边界，实现多环节打通和多领域盘活，在学校整体教育中实现深度融合，为培根铸魂、启智增慧夯实基础。

这些年，笔者带领团队，自觉地从语文学科的改革探索转向“1+X 课程”的主题整合育人体系搭建，整合教材和课程资源，衔接学生已有学习经验和社会生活等因素，取得了初步成效。[1]而后，形成了以主题为核心，整合教材、课程资源、学生已有学习经验、学生生活等多方面因素，共同服务育人的教学模式。[2]这不仅是教学内容的重置，更是一场旨在全面提升学生核心素养的教育变革。通过横向的学科间联动与纵向的学段进阶，构建了一个集约与松散互为支撑的校本年度主题课程群网络，为儿童品格的塑造铺设了持续进阶的阶梯，引领教育教学从知识传授到素养培育、从观念习得到实践迁移、从能力立意到素养导向的全方位转型。

在智能时代的洪流中，我们必须以强国志向规划教育。2015 年，学校迎来百年华诞，笔者凝练百年前成志学校的精神内核，提出“成志教育”理念，完成了从主题教学到主题教育的进阶，实现了育人体系的纵深跨越。[3]这一跨越，旨在构建一个全方位、多层次、立体化的教育生态系统。这要求

❶ 关于“1+X 课程”可参见：窦桂梅 . 新课改背景下课程整合的实践探索：清华大学附属小学“1+X 课程”育人体系建构的案例研究 [J]. 教育研究，2014（2）：154–159.

❷ 窦桂梅，柳海民 . 从主题教学到课程整合：清华附小“1+X 课程”体系的建构与实施 [J]. 东北师大学报（哲学社会科学版），2014（4）：163–167.

❸ 关于“成志教育”可参见：窦桂梅 . 让儿童站立在学校正中央：从“三个超越”到“成志教育”的升华之路 [J]. 中国教育学刊，2017（4）：77–80.

我们在时间的维度上规划学生的成长路径，在空间的维度上整合教育资源，在方法的创新中激发学习动力，在机制的完善中保障教育高质量发展。

2025 年春天，小学语文主题教学垂直专用模型引擎及应用体系将开始搭建。主题教学深深植根于中华优秀传统文化的沃土，它是对“文以载道、以文化人”理念的智能时代诠释，也是对教育本质的深刻回归。它时刻提醒我们，教育的本质在于激发师生个体潜能。不仅清华附小自己，通过这一模型，主题教学还将辐射引领全国各地更多的学校和教师，帮助学生在语言运用中培养文化自信、思维能力、审美创造，铸牢中华民族共同体意识。在智能时代的洪流中，我们希望每个儿童不仅能够站立语文教育和学校正中央，更能站立社会、民族正中央引领潮流，成为担当中华民族复兴大任的时代新人。

理性的光芒需要融入生动且富有活力的实践之中，主题教学是对教学理论的探索建构，更是对传统文化传承方式的实践诠释。正是基于这样的理解，笔者带领团队在主题教学的研究中更加坚定了“超越与回归”的初心，致力于深化学习任务驱动的教学，重新构建教与学的关系体系，让学生学会以主题为桥梁去认识世界、体认文化、创造文化。

第二篇

我是教语文的，我是教人学语文的，我是用语文教人的

——文以何载道：小学语文主题教学的认知跃升与理性深化

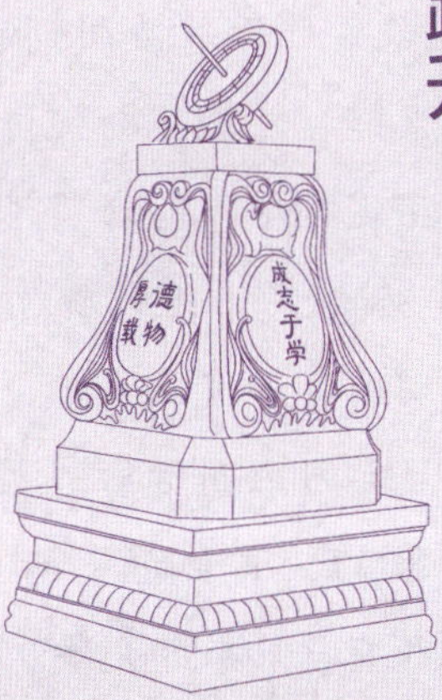

面对新时代提出的发展学生核心素养的新要求，我们应该深入思考主题教学在多年教学实践中所取得的成功经验，提炼萃取其中丰富多样的教育智慧，并进一步进行理论总结，使之具有更为普遍的指导意义。基于这一思考，我们一边学习实践，一边反思改进，构建起了直观鲜明的“主题教学日晷育人图谱”，将教学实践中的经验加以结构化、体系化。图谱之所以设计为日晷的样子，是因为我们见证了儿童在阳光下的茁壮成长。我们相信时间的力量，相信化育的力量，相信主题教学思想所带来的价值引领、文化浸润必将让我们的学生从站立校园中央的人，一步步走向站立在天地中央的大写的人。

尤其是随着新课标发布，根据新课标修订的新版教材相继投入使用，主题教学如何在原有经验的基础上重组课堂，以回应语文学习高质量发展的要求？这是我们面向未来继续深化主题教学研究所需要锚定的基本方位和需要回答的重要课题。

特别是面对数字化转型，教育已跨入协同创新时代，唯有培养创新型人才作为科技支撑，才能不断促进现代化进程。在不断传承与迭代的时空建构中，笔者将不断挖掘新时代主题教学“文与道的新质融合”，继续探索在教育教学中有机融合学习目标、活动内容、实施策略、资源工具，使这些要素共同传递和彰显学习主题所承载之“道”，在与儿童生命互动中创生具象的、具体的，可实践的“文”，在“化人”过程中观照当下与未来的儿童，为实现教育强国夯实基底。

本篇导览

本篇承续第一篇“文以载道”的价值旨归，根据多年实践经验，将素养目标转化为校本表达，由2010年基于“双基”(基础知识、基本技能)的“一手好汉字、一副好口才、一篇好文章”，升级为具有丰富内涵的“三个一”素养目标体系。在课堂实施层面，将2018年的课堂教学“四动力”系统升级为特定学习主题引领的学习任务实施“四动力”系统；课堂评价则由2014年校本“四增值”的实操量规，升级为特定学习主题引领的学习任务表现性评价等操作策略。上述方面的升级，凸显了基于新课标的主题教学实践体系和实践新样态。

问题索引

◉ 关于主题教学“三个一”素养目标，新课标“课程目标”部分明确提出了素养导向的四个方面，即“文化自信、语言运用、思维能力、审美创造”。那么，结合新课标细化的九个质量目标及分学段目标，如何进一步细化迭代形成新的“三个一”校本表达素养目标?

◉ 关于主题教学“四动力”系统，新课标“课程实施”部分明确提出“创设真实而富有意义的学习情境，凸显语文学习的实践性”等要求。那么，特定学习主题引领的学习任务设计与实施需要采取哪些改进策略?

◉ 关于主题教学质量目标，新课标“学业质量”部分明确提及三类语言文字运用情境、四种语文实践活动，并详细描述了各学段的学业质量。那么，基于特定学习主题的学习任务或学习任务群，应如何细化学业质量并提供实操方案?

阅读提纲

关键词	目标确立、实施迭代、质量评价
课标链接	对照新课标“课程理念”、“课程内容”（“内容组织与呈现方式”）、“学业质量”和“课程实施”部分
课例解析	•“父亲”群文阅读等课例侧重呈现主题教学““三个一”素养目标细化 • 统编版教材四年级下册第四单元等课例侧重呈现主题教学学习任务实施“四动力”系统的课堂样态 •“亲近永葆童心的文学大师——丰子恺”主题课程群等课例侧重呈现主题教学的质量评价
观点聚焦	• 从课程目标到学段目标再到单元学习目标的解读转化 • 从课标学习任务群到单元学习任务的设计细化 • 从课标学业质量到单元学习评价的具体量化标准研制

主题教学实践的认知跃升

关键词	学习任务“六步法”设计原则、操作策略、主要变式
课标链接	对照新课标“课程内容”（“内容组织与呈现方式”）和“课程实施”部分
课例解析	•“制作真情纪念册”单元等课例侧重呈现学习任务“提炼特定学习主题”操作策略 •“介绍一种事物”等课例侧重呈现学习任务“确定学习目标”操作策略 •“四时景物皆成趣”单元等课例侧重呈现学习任务“重组学习内容”操作策略 •《金字塔》等课例侧重呈现学习任务“安排学习活动”操作策略 •《纸的发明》等课例侧重呈现学习任务“提供资源与支架”操作策略 •“我们的童年故事”单元等课例侧重呈现学习任务“研制学习评价量规”操作策略
观点聚焦	• 学习任务“六步法”不是固定模式，重在根据主题内容把握变式

主题教学实践的学习任务操作

第三章 小学语文主题教学实践的认知跃升

小学语文主题教学的发展历程，是不断重塑思想、提升价值的历程，尤其是朝着儿童素养目标，思考如何依据新课标用好统编教材，紧扣学习主题、知识形态、学习方式重塑课堂教学形态，最终基于实践逻辑在语文学科中细化落地，培养学生整体的正确价值观、必备品格与关键能力。[1]由此我们不禁追问：追求超越的主题教学如何将“未来时”引入“进行时”，在审辨中传承与创新？

一、主题教学的“三个一”目标确立：基于核心素养的校本表达

新时代主题教学目标的确立，坚持素养为纲、实践为本、真实学习为线的理念，帮助学习者建构属于自己的“学科理解”，包括学科知识、学科思维、学科方法等，从而自主地学会运用和传承国家通用语言文字。这一目标从哪里来？必然从对新课标素养目标的细化中来，也必然从基于主题教学多年实践提炼的校本表达素养目标中来。

笔者心中一直珍藏着一张教育哲学地图。地图的经线遵循“两个基本导向”，即“儿童站立语文教育正中央”和“回到语文学科本质属性”；纬线则是探寻“两个感”，即“儿童学习最大价值感”与“儿童学习最大效能感”。这“两个感”，让目标看得见。这意味着无论是课标内容还是教材的知识体系，都要紧扣语文学科的本质属性，体现学科的结构化与进阶性。即通过思考知识之间有何关联，学生怎么学习、怎么理解语文，锚定学生的认知能力起点等，紧扣学生学习语言的规律。基于此，主题教学继续在哲学地图上拓展，丰富原则、目标、内容、策略、评价五位一体模式。[2]

（一）主题教学“三个一”素养目标的阶段进阶

1. 历次课改中“三个一”素养目标的阶段性标记

笔者刚参加工作的 20 世纪 80 年代末，语文教学依然存在 1978 年吕叔

❶ 窦桂梅 . 小学语文主题教学实践研究 [J]. 课程 · 教材 · 教法，2014，34（8）：44-50.

❷ 窦桂梅 . 小学语文主题教学体系的建构 [J]. 中国教育科学，2019，2（1）：60-73，140.

湘先生指出的“少慢差费”等现象。到了90年代，课程改革主要聚焦“双基”训练，关于课程育人、课程结构体系等相关内容的调整如何落实到实施操作层面，相关研究比较有限，课程结构体系的变化并没有真正带动课堂变革。作为一名曾轮换教过多门学科的“替补教师”，笔者于1991年正式教语文，在课堂一线大胆实践，于1999年在《人民教育》上发表了《语文教学要着眼于人的发展》。

2001年，我国第八次基础教育课程改革启动后，笔者带领语文团队在“双基”基础上，结合课程标准提出的“三维目标”(知识与能力、过程与方法、情感态度与价值观)，研发编制出一整套指向质量目标、标准清晰细化的《小学语文质量目标指南》(以下简称《指南》)，目的就是通过主题教学，解决教什么和怎么教的问题。《指南》成了笔者和团队开展语文教学的秘籍。

《指南》凝练的“三个一”质量目标简单明确。“一手好汉字”的要求是“正确、规范、美观”(随着课改不断推进，笔者针对这一目标重点在第三学段增加了“有速度”的要求，因而后文中关于“一手好汉字”的介绍涵盖四项要求)；“一副好口才”的要求是“倾听、表达、应对”；“一篇好文章”包含“读懂一篇文章”与“能写一篇好文章”，前者的要求是“理解、统整、评鉴”，后者的要求是“积累、观察、运用”。“三个一”质量目标中的三个“好”看起来是描述性语词，但本质上是根据当时的课程标准，针对“三个一”里的诸要素提炼出的标准性指标，强调达成度，对应了“知识与能力、过程与方法、情感态度与价值观”的“三维目标”。

源于主题教学长期课堂实践探索的“三个一”质量目标，经专家指导和充分论证后，以《指南》的形式公开发布。作为向教师、学生乃至家长介绍校本研究的“密码本”，它通俗易懂、行之有效，沿用了很长一段时间。2008年，相关研究成果获得了北京市第五届教育科学研究优秀成果基础教育专项奖，以此为基础，才有了2014年获首届基础教育国家级教学成果一等奖的可能。

2017年，笔者着手修订2015年出版的博士论文《小学语文主题教学研究》，结合2011年版义务教育语文课标和2017年颁布的普通高中语文课标，从“学科素养”即“语言的建构与运用、思维的发展与提升、审美的鉴赏与创造、文化的理解与传承”四个维度，将“三个一”质量目标进一步拓展为“三个一”素养目标。

回看笔者当年执教的低学段《落叶》[1]等课例，其侧重点在“一手好汉字”，体现“正确、规范、美观”的要求，强调书写的整洁，同时通过阅读识字让学生初步进行“语言文字梳理与探究”。执教中学段《炮兵》一课，结合课文白描手法，进行“一副好口才”（倾听、表达、应对）补白，侧重体现“语言的积累与运用”。执教高学段《朋友》一课，以一篇文章带一组文章（四篇文章组合而成的群文阅读），借由探索“读懂一篇好文章”（理解、统整、评鉴）的要义，比较几篇文章不同角度的描写，围绕学习主题“何为‘朋友’”展开思辨，侧重体现语言表达的审美鉴赏与价值浸润。

为了传承传统吟诵方法，引导学生掌握“平长仄短、依字行腔”的基本规则，笔者先后两次执教辛弃疾《清平乐·村居》进行课例研究，探索教学异同，挖掘“一副好口才”的审美创造的独特魅力。教学中，先让学生感受“醉里吴音相媚好”的“吴侬软语”烟火气息，体会学习主题“安居乐业”所体现的静好岁月；继而由“沉醉”联想到词人的《破阵子·为陈同甫赋壮词以寄之》，进行教学异构。学生通过吟诵对比，在“醉”之不同中，进一步体会“醉里挑灯看剑”的慷慨激昂，体会保家卫国的壮志豪情。诗词的吟诵是另一种“好口才”的学习，能够引导学生在语言文字的含英咀华中，从“文化理解”走向素养导向的“文化自信”，探索中华文化的世界表达。

2019 年，笔者参与义务教育语文课程标准修订工作。其间，围绕语文核心素养的四个方面（文化自信、语言运用、思维能力、审美创造），对“三个一”素养目标进一步提炼。由此，校本表达的“三个一”素养目标从平面走向立体，从静置走向发展，从孤立走向融通。

从实践中汲取的东西，时间必将赋予其价值。以上“三个一”素养目标的发展与进阶历程看似简要，实则凝结了笔者 30 多年的实践成果。多年来，笔者在《魅力》《珍珠鸟》《祖父的园子》等一系列课例中不断验证、不停完善，而时间也赋予了“三个一”素养目标主题教学的肌理。

“三个一”素养目标从提出伊始至今，一直努力将碎片化的语文知识和割裂的听说读写能力等进行统整与提纯。“一手好汉字”是语文之根，像建造房子一样构建语文“好”之基；“一副好口才”是语文之叶，通过外显语言形式承载语文“好”之盛；“一篇好文章”是语文之枝干，通过呈现和组

---

[1] 窦桂梅，李怀源．拾起一片最美的落叶：特级教师窦桂梅《落叶》教学实录及点评 [J]. 语文教学通讯，2004（13）：7-9.

织语文素材，表达语文“好”之实。其过程就是“载其道”，结果就是“化其人”。

岁月的车轮见证实践者的脚步，实践的“价值”随时代发展而更清晰。从“三个一”质量目标到“三个一”素养目标，貌似改变了定语，背后其实是不变的育人理念——从关注学科到关注人。

2.“三个一”素养目标的比照分析

“三个一”素养目标的发展历程，是笔者带领语文团队在教研之路上踔厉奋发、渐进超越的标志性蜕变。依据这一目标整合的语文教学内容，促进了主题教学的结构化、序列化，从过去单一的知识与能力二元标准，发展为核心素养导向下的“三个一”三位一体的多功能、多向度标准。其所指向的素养生成过程，本质上是师生共同体与文化、社会的互动过程，所要实现的是以核心素养为统摄，以学习主题为引领，搭建内容丰富、梯度合理、学段衔接适宜的语文课程框架，并充实语文课程的理论基础。

“三个一”素养目标中的“好”，体现了目标的外显样态与内隐素养的统一。外在表现出的“好”的背后，是在语言的理解与运用中培养文化自信、思维能力与审美创造。这个“好”宏观上是一种文是否载道、是否化人的结果性表达，微观上还可以作为语文学科的学习方法，驱动学生亲身实践，掌握三种扎实本领，进而实现个体认知图式的翻新与重建。

“三个一”素养目标与新课标确定的课程目标之间具有内在联系，同时它也具有自身的整体性、系统性和相对独立性。具体而言，“一手好汉字”侧重语言文字的书写与积累，“一副好口才”侧重逻辑思维的提升与发展，“一篇好文章”侧重审美鉴赏与文化涵养。“三个一”素养目标是工具性与人文性统一的文化理解与传承的应有之义，学生学习语文不仅要掌握知识与技能，更要提高素养、培养情趣、唤起对国家通用语言文字的热爱（表 3.1）。

整体来看，“三个一”素养目标的三个“好”你中有我，我中有你，它们内涵交叠、相互促进、螺旋上升，形成彼此牵拉与融合的状态。我们从中提炼出语文课程核心素养的九个细化指标，以呼应“素养型—结构化”的语文课程体系。

学生的四个方面的素养表现，组成了一个相互浸润涵泳、逐步升华淬炼的有机整体。例如新课标针对识字与写字、阅读与鉴赏、表达与交流、梳理与探究这四种语文实践活动，分学段描述了学业质量标准。学业质量标准通过特定学习主题引领的具有“情境性、实践性、综合性”的学习任务完成情况，整体刻画了学生在学习全链条上的学业成就表现特征。这样的学习任务指向文化自信的树立、语言经验的重构、思维能力的锻炼以及审美创造力的激发，能够重建语文课堂教与学流程，促进学生成为语言经验的主体。

表 3.1　主题教学“三个一”素养目标中“好”的时代内涵

素养导向的四个方面	新课标语文素养总目标	“三个一”校本素养目标内涵
文化自信（第 1、2、3 条）	1. 在语文学习过程中，培养爱国主义、集体主义、社会主义思想道德，逐步形成正确的世界观、人生观、价值观。 2. 热爱国家通用语言文字，感受语言文字及作品的独特价值，认识中华文化的丰厚博大，汲取智慧，弘扬社会主义先进文化、革命文化、中华优秀传统文化，建立文化自信。 3. 关心社会文化生活，积极参与和组织校园、社区等文化活动，发展交流、合作、探究等实践能力，增强社会责任意识。感受多样文化，吸收人类优秀文化的精华。	“三个一”素养目标各有侧重，整体上旨在引导学生在学习运用国家通用语言文字的过程中，强化对中华文化的理解与情感联结，激发对母语文化的热爱，积淀人文底蕴，增强文化自信；整合提升学生的语言实践能力与思维品质，不仅强调学习语言文字特点和运用规律，更侧重于培养批判性思维、创新意识与问题解决能力；启迪学生的审美感知与艺术创造力，培养学生发现美、欣赏美、创造美的能力，更鼓励学生创造出个性化的创意表达与审美。
语言运用（第 4、5 条）	4. 认识和书写常用汉字，学会汉语拼音，能说普通话。主动积累、梳理基本的语言材料和语言经验，逐步形成良好的语感，初步领悟语言文字运用规律。学会使用常用的语文工具书，运用多种媒介学习语文，初步掌握基本的语文学习方法，养成良好的学习习惯。 5. 学会运用多种阅读方法，具有独立阅读能力。能阅读日常的书报杂志，初步鉴赏文学作品，能借助工具书阅读浅易文言文。学会倾听与表达，初步学会用口头语言文明地进行人际沟通和社会交往。能根据需要，用书面语言具体明确、文从字顺地表达自己的见闻、体验和想法。	•“一手好汉字”。从价值性来说，汉字是我国文化遗产中的瑰宝，传承与弘扬中华汉字文化是语文学习的核心主题与使命。从工具性来说，汉字是汉语书面表达最重要的交际工具，学好汉字是学生学习语文和其他课程，以及形成终身学习能力的基础。因此，热爱祖国文字，养成良好的写字习惯，具备熟练的写字技能，并有初步的书法欣赏能力，是现代中国公民应有的基本素养，也是语文课程的目标之一。

续表

素养导向的四个方面	新课标语文素养总目标	“三个一”校本素养目标内涵
思维能力（第6、7条） 审美创造（第8、9条）	6. 积极观察、感知生活，发展联想和想象，激发创造潜能，丰富语言经验，培养语言直觉，提高语言表现力和创造力，提高形象思维能力。 7. 乐于探索，勤于思考，初步掌握比较、分析、概括、推理等思维方法，辩证地思考问题，有理有据、负责任地表达自己的观点，养成实事求是、崇尚真知的态度。 8. 感受语言文字的美，感悟作品的思想内涵和艺术价值，能结合自己的经验，理解、欣赏和初步评价语言文字作品，丰富自己的情感体验和精神世界。 9. 能借助不同媒介表达自己的见闻和感受，学习发现美、表现美和创造美，形成健康的审美情趣。	•“一副好口才”。它往往是知识水平、思维能力、反应能力、表达能力的综合表现。常言道：“地球在缩小，舌头在延长。”有人认为，发生在成功人士身上的奇迹，一半是由口才创造的。舌头就是一把利剑，出色的口才有时比武力对抗更具威力。在当今社会生活中，特别需要说话、交谈、讲演等多方面的口头表达才能。可见，拥有“一副好口才”，既是语文素养的一个重要体现，又是未来人才应当具有的基本素质。 •“一篇好文章”。它包括“读懂一篇好文章”和“能写一篇好文章”。这里的篇既指单篇阅读理解与写作，也指整本书的研读乃至创作。一篇好文章是一个人立足社会的学习能力指标，小学阶段打下的基础是后继高阶学习的基石。小学阶段着重培养学生理解、统整、评鉴等阅读能力，有助于提升学生的人文素养。而且在学校中各类学科的知识都可以通过阅读来学习，由此可见“读懂一篇好文章”的重要性。写作也是现代人生存和发展必须具备的能力，从简单叙事到旁征博引，再到激昂文字引发关注和讨论，甚至能用短信、微信得体表达也是一种精神的颐养。

（二）主题教学“三个一”素养目标的具体转化

新课标中提到的九个总目标，需要具体落实到小学12册教材的每一个单元中，转化为具体教学目标。这恰恰是“三个一”素养目标的着眼点，要对“素养目标”每一层级予以准确理解和把握，对基础教育宏观总目标进行细致解码、层层推进，确保目标落细、落准、落稳，为学生语文能力勾勒九年一贯的成长蓝图。在具体实施中，面对不同学校、不同地域的学生，语文教师需要考虑学校在资源支撑等方面的独特背景，确保教学目标与学生的发展水平及需求相吻合，提升教学的针对性与实效性。

1.“三个一”素养目标的纵向贯通

由核心素养四个方面衍生而来的九个素养目标，可以用“三个一”素养目标加以具体细化，所遵循的逻辑为“素养目标—校本目标—学段目标—资源支撑”。在细化目标内容时，我们提出“第一学段（一、二年级）基础牢、第二学段（三、四年级）腰杆硬、第三学段（五、六年级）起点高”的校本原则，通过明确每个学段的独特目标、强化学段之间的进阶关系来加强路径统筹，凸显目标的过程性、阶段性与指向性。

这一目标内容细化很重要，不仅为语文学科的教学活动提供了明确、可操作的方向引导，还可以根据学段特点和学生的学习需求不断进行完善。当然，按学段切分的“三个一”素养目标虽然各有侧重，但绝不是割裂的。主题教学的听说读写活动相互关联，体现了整体性和学段之间的衔接，共同描绘了学生的语文素养图景（表 3.2）。

表 3.2　主题教学“三个一”素养目标中“好”的学段细化

素养目标	新课标总目标	校本目标	目标内容	学段目标
				第一学段（举例）
文化自信（第 1、2、3 条）	1. 在语文学习过程中，培养爱国主义、集体主义、社会主义思想道德，逐步形成正确的世界观、人生观、价值观。 2. 热爱国家通用语言文字，感受语言文字及作品的独特价值，认识中华文化的丰厚博大，汲取智慧，弘扬社会主义先进文化、革命文化、中华优秀传统文化，建立文化自信。	一手好汉字	正确 规范	正确： 1. 认识常用汉字 1600 个左右，其中 800 个左右会写。初步发现汉字分类方法和识字规律，提升对汉字的亲近感和感悟力。 2. 学会汉语拼音。能读准声母、韵母、声调和整体认读音节。能准确地拼读音节，正确书写声母、韵母和音节。认识大写字母，熟记《汉语拼音字母表》。 规范： 1. 学习独立识字。能借助汉语拼音认读汉字，学会用音序检字法和部首检字法查字典。

续表

<table>
<tr><th>素养目标</th><th>新课标总目标</th><th colspan="2">校本目标</th><th>目标内容</th><th>学段目标</th></tr>
<tr><td rowspan="3">语言运用（第4、5条）</td><td rowspan="3">3. 关心社会文化生活，积极参与和组织校园、社区等文化活动，发展交流、合作、探究等实践能力，增强社会责任意识。感受多样文化，吸收人类优秀文化的精华。
4. 认识和书写常用汉字，学会汉语拼音，能说普通话。主动积累、梳理基本的语言材料和语言经验，逐步形成良好的语感，初步领悟语言文字运用规律。学会使用常用的语文工具书，运用多种媒介学习语文，初步掌握基本的语文学习方法，养成良好的学习习惯。
5. 学会运用多种阅读方法，具有独立阅读能力。能阅读日常的书报杂志，初步鉴赏文学作品，能借助工具书阅读浅易文言文。学会倾听与表达，初步学会用口头语言文明地进行人际沟通和社会交往。能根据需要，用书面语言具体明确、文从字顺地表达自己的见闻、体验和想法。</td><td colspan="2">一手好汉字</td><td>美观</td><td>2. 掌握汉字的基本笔画和常用的偏旁部首，能按基本的笔顺规则用硬笔写字。
美观：
1. 注意汉字间架结构，初步感受其形体美，培养观察力、辨析力、审美力。初步理解汉字文化内涵，激发学习中华优秀汉字文化的兴趣。
2. 努力养成良好的写字习惯，写字姿势正确，书写规范、端正、整洁。
3. 注意养成正确的握笔姿势。</td></tr>
<tr><td rowspan="2">一篇好文章</td><td rowspan="2">读懂一篇好文章</td><td rowspan="2">理解

统整</td><td>第三学段（举例）</td></tr>
<tr><td>理解：
1. 熟练地用普通话正确、流利、有感情地朗读课文。默读有一定的速度，默读一般读物每分钟不少于300字。学习浏览，扩大知识面，根据需要搜集信息。
2. 能联系上下文和自己的积累，推想课文中有关词句的意思。
3. 扩展阅读面，课外阅读总量不少于100万字。
统整：
1. 在交流和讨论中，敢于提出看法，作出自己的判断。
2. 在经典阅读月中，阅读中外优秀文学作品，了解事件梗概，能简单描述印象最深的场景、人物、细节，说出自己的喜爱、憎恶、崇敬、向往、同情等感受。阅读诗歌，大体把握诗意，想象诗歌描述的情境，体会作品的情感。
3. 阅读说明性文章，能抓住要点，了解文章的基本说明方法。阅读简单的非连续性文本，能从图文等组合材料中找出有价值的信息。</td></tr>
</table>

续表

<table>
<tr><th>素养目标</th><th>新课标总目标</th><th colspan="2">校本目标</th><th>目标内容</th><th>学段目标</th></tr>
<tr>
<td rowspan="2">思维能力（第6、7条）

审美创造（第8、9条）</td>
<td rowspan="2">6. 积极观察、感知生活，发展联想和想象，激发创造潜能，丰富语言经验，培养语言直觉，提高语言表现力和创造力，提高形象思维能力。
7. 乐于探索，勤于思考，初步掌握比较、分析、概括、推理等思维方法，辩证地思考问题，有理有据、负责任地表达自己的观点，养成实事求是、崇尚真知的态度。
8. 感受语言文字的美，感悟作品的思想内涵和艺术价值，能结合自己的经验，理解、欣赏和初步评价语言文字作品，丰富自己的情感体验和精神世界。
9. 能借助不同媒介表达自己的见闻和感受，学习发现美、表现美和创造美，形成健康的审美情趣。</td>
<td rowspan="2">一篇好文章</td>
<td rowspan="2">能写一篇好文章</td>
<td>评鉴</td>
<td>4. 阅读整本书，把握文本的主要内容，形成个人独特的理解阐释，积极向同学推荐并说明理由。
评鉴：
1. 在阅读中了解文章的表达顺序，体会作者的思想感情，初步领悟文章的基本表达方法。
2. 在理解课文的过程中体会顿号与逗号、分号与句号的不同用法。
3. 受到优秀作品的感染和激励，向往和追求美好的理想。</td>
</tr>
<tr>
<td>积累
观察
运用</td>
<td>积累：
1. 背诵优秀诗文60篇（段）。
2. 积累习作素材。
3. 根据表达需要，正确使用常用的标点符号。
观察：
养成留心观察周围事物的习惯，有意识地丰富自己的见闻。
运用：
1. 有意识地丰富自己的见闻，珍视个人的独特感受。
2. 根据表达需要，正确使用常用的标点符号。
3. 能写简单的记实作文和想象作文，内容具体，感情真实。能根据内容表达的需要，分段表述。学写读书笔记，学写常见应用文。
4. 修改自己的习作，并主动与他人交换修改，做到语句通顺，行款正确，书写规范、整洁。
5. 习作要有一定速度。
6. 课内习作每学年16次左右。</td>
</tr>
</table>

续表

素养目标	新课标总目标	校本目标	目标内容	学段目标
				第二学段（举例）
审美创造（第8、9条）		一副好口才	倾听 表达 应对	倾听： 能用普通话交谈，在真实沟通语境中，面对真实沟通对象，学会认真倾听，听人说话时能把握主要内容，并能简要转述。 表达： 1. 能结合真实场景中的见闻，清楚明白地讲述，说出自己的感受和想法。 2. 讲述故事力求具体生动。 应对： 1. 面对真实生活中的问题，能就不理解的地方向人请教，就不同的意见与人商讨。 2. 能主动参与日常生活中的文化活动，根据不同的场合，尝试运用合适的音量和语气与他人交流，有礼貌地请教、回应。 3. 乐于用口头、书面的方式与人交流沟通，愿意与他人分享，增强表达的自信心。

下面以“一手好汉字”目标为例，阐述“素养目标—校本目标—学段目标—资源支撑”的纵向贯通。

案例解读一

“一手好汉字”目标的纵向贯通

素养目标：新课标对“识字与写字”提出的新要求

相较于2011年版课标，新课标对“识字与写字”的要求有了新变化。新课标中的“总目标”部分提出，“感受语言文字的美，感悟作品的思想内涵和艺术价值，……丰富自己的情感体验和精神世界”。这也体现在识字与写字的“学段目标”上，如第一学段“能按基本的笔顺规则用硬笔写字，……书写规范、端正、整洁”，第二学段“能用硬笔熟练地书写正楷字，……用毛笔临摹正楷字帖，……初步建立汉字与生活中事物、行为的联系，初步感受汉字的文化内涵”等。这些要求旨在引导学生在汉字学习中体会汉字的意蕴，感受劳动人民的智慧，从而增强对中华优秀传统文化的自信。

校本目标：“一手好汉字”的内涵进阶

“识字与写字”是语文学习的基础，对体悟与赓续中华优秀传统文化具有重要的奠基作用。“一手好汉字”的“好”的内涵需要体现时代进阶，即在原有“正确、规范、美观”的基础上，凸显审美性、文化性，具体包括以下几个方面：

- 以文化人。指导学生探寻汉字分类方法与识字规律，强化“字理”学习，感悟“一个汉字就是一段历史，就是一个故事”，激发对汉字的亲近感和感悟力，对写字产生兴趣，好学、乐学。
- 以美育人。统编版教材在不同学段的“语文园地”栏目中设计了书法分析与鉴赏等内容，为教学提供了新的延展方向，即在汉字评价与鉴赏中，促进学生对汉字结构的观察、对汉字表形表意的辨析等。
- 以美化人。写字如做人，横平竖直，堂堂正正做中国人。在书写方块字的过程中，渗透爱国主义教育，引领学生弘扬中华优秀传统文化，深刻理解中华文化的精髓。

学段目标：“一手好汉字”的落细转化

“一手好汉字”在不同学段各有侧重，体现了学段进阶的特点。

- 第一学段：着重培养学生良好的写字习惯，确保写字姿势正确，书写规范、端正、整洁。这个阶段的重点在于写字习惯的养成和汉字文化的熏陶，包括坐姿和握笔习惯的养成。
- 第二学段：要求学生能用硬笔熟练地书写正楷字，做到规范、端正、整洁。这个阶段在指导学生持续养成书写习惯的同时，更关注引导学生感受汉字的书写特点和形体美，感受汉字的文化内涵。
- 第三学段：要求学生硬笔书写楷书，行款整齐，力求美观，有一定的速度。这个阶段更加强调书写速度和鉴赏力。

总体来看，不同学段应依据学生身心发展特点设立目标，并灵活地进行延伸，以适应主题教学的要求。

资源支撑："一手好汉字"的配套资源

为匹配目标的落地，我们编写了学生喜闻乐见的"小口诀"。口诀朗朗上口，学生边写字边背诵，既有助于养成写字好习惯，又提供了可反复操练的行为表现参考。例如，坐姿的要领是"身坐正，脚放平；左手压，右手点。手离笔尖要一寸，眼离书本要一尺，胸离桌子要一拳"(图 3.1)；握笔的要领是"拇指食指捏着，三指四指托着，小指里边藏着。笔尖向前斜着，笔杆向后躺着"(图 3.2)。每天中午学生吟诵习字，汉字流淌在笔尖，汉字文化浸润于心田。

图 3.1 "坐姿"口诀

图 3.2 "握笔"口诀

2."三个一"素养目标的横向协同

"三个一"素养目标形成了"素养目标—学业质量—单元对照教学"的目标预设与实现效果闭环，通过一个个单元的学习任务，甚至一个学期的学习来实现，其实现程度可通过学生学业质量来衡量。

第三学段素养目标中，阅读与鉴赏方面重在"一篇好文章"(指向读懂一篇好文章)，结合新课标对该学段"阅读与鉴赏"实践活动的目标要求("阅读叙事性作品，了解事件梗概，能简单描述印象最深的场景、人物、细节，说出自己的喜爱、憎恶、崇敬、向往、同情等感受")，期待学生在经典阅读月中阅读中外优秀文学作品，能简单描述印象最深的人物并说出自己的感受。对于学业质量，新课标中有这样的描述："能借助与文本相关的材料，结合作品关键语句评价文本中的主要事件和人物，提出自己的观点或看法"。由此，目标期待与质量评价就形成了闭环。

如学习单篇经典《青山处处埋忠骨》时，聚焦文中复杂细节的关联，让学生在特定学习主题引领下想象画面，理解作者怎样描写毛泽东一天没有说话等内容；引导学生将文字撑大，感受作为父亲的毛泽东内心究竟是怎样的悲痛，作为国家主席他又怀着怎样的复杂情感，体悟主席最终的内心抉择之重。之后，让学生在单元学习链条中进行统整，通过“讲述人物内心世界”的特定情境，撬动关键性表达要素，即：讲述内容合理，符合毛主席国家领导人和父亲的身份，符合抗美援朝背景情况；讲述内容有依据，能够精准抓住文章中的典型细节描写；聚焦人物精神内核，能够从多维度、多角度精准选取表现人物内心的关键语句。最后，关注学生的评鉴表述是否观点清晰、语言通顺，是否实现了“细节涵泳内心—由内心感悟品质—用细节表达内心”的目标进阶。

落实到“教材单元”，如统编版教材五年级下册第四单元，对标第三学段的目标要求，教学确定了单元主题“家国责任”，“通过课文中动作、语言、神态的描写，体会人物的内心”，“尝试运用动作、语言、神态描写，表现人物的内心”。单元学习主题为“涵育家国情怀”，即：在对细节描写的反复咀嚼、推敲中，探寻这些伟大人物的内心世界，培育家国责任感；透过别具魅力的语言文字，体悟革命文化的崇高精神；在单元习作表达中，结合本单元《古诗三首》《青山处处埋忠骨》《军神》《清贫》所学的内容，在生活中寻找榜样，有效迁移运用细节描写，细腻地表现人物独特内心。这就完成了“读懂文本”的理解、统整与评鉴闭环。

3.“三个一”素养目标的整体融通

“三个一”素养目标不是各自为政的单项质量效能目标的简单叠加，其各要素之间不是割裂的，而是互相补充，构成一个整体，最终指向“完整人”的培养。在教学中，我们会有意识地侧重于某一个方面的目标，但始终以整体性为根本原则。

如前文所述，主题教学的显著特征之一就是深度思辨。没有问题，何谈主题的理解与发现、运用与创新？以核心素养中的“思维能力”为例，学生在语文学习过程中的联想想象、分析比较、归纳判断等认知表现，涉及直觉思维、形象思维、逻辑思维、辩证思维和创造思维，这些都体现在“三个一”素养目标中。

“一手好汉字”，表面上看包含对汉字结构的细致观察与理解，其实背后是对形状、空间布局的直观感知和形象思维的运用，还包括通过分析汉字的构造规律，在反复书写中培养敏锐的观察力和逻辑推理力，体会汉字构造中的平衡与和谐。这种过程是对形象思维和抽象思维的双重锻炼。

“一副好口才”，强调的不仅仅是语言表达的流畅与准确，更重要的是思维逻辑的快速组织与应变。在口头交流中能够迅速捕捉对方信息，逻辑清晰地回应，适时调整对话策略，这需要强大的逻辑思维、批判性思维以及创造性思维的支撑。

“一篇好文章”，更是对思维能力的综合培养。阅读文章时，不仅要捕捉基本信息，更要挖掘作者的深层意图、文章的逻辑结构及言外之意。这一过程能够锻炼信息处理能力，包括归纳、推理和批判性分析能力，使思维更加敏锐且具有穿透力。撰写文章则是一个创造与表达的过程，从选题构思到篇章布局，每一步都涉及逻辑建构、创意想象及语言组织能力。文章不仅能传达知识见解，更展示出独特的思维方式和审美情趣，因此写文章是抽象思维与形象思维相融合的高阶思维实践。

案例解读二

思维能力培养课例

之一：侧重逻辑思维的课例

笔者执教主题为“父亲”的群文阅读课，在“读懂一篇好文章”目标指引下，重视“忠实地读懂”原文并有逻辑地思辨。

笔者用朱自清的《背影》《冬天》和李广田的《父亲》《礼物》《悲哀的玩具》开展互文学习，在“忠实地读懂”基础上，抓取《冬天》文本中的关键语词“一一”进行情境再现，指导学生通过细腻的神态与动作描写（父亲“微微地仰着脸，觑着眼睛”），理解与感受寻常小事中“一一”里的等待、关爱，就像那冒了泡的白水豆腐，在朱自清永久的回忆中不停地翻腾着、涌动着。

再读李广田《悲哀的玩具》中的关键语词，在“拿过来”的一声呵斥中，忽的一声，小竹筐已经飞上了屋顶。当这位语言严厉的父亲，与朱自清笔下温暖、对孩子充满宠溺的父亲相遇时，隐藏在文本“忠实”信息背后的言外之意与学生的思维判断之间发生巨大碰撞，课堂进入了一个有着巨大张力的磁场中。

环节1：结合内容，你觉得两位父亲谁更爱孩子？两位作家谁更爱父亲？（学生回到文本中，搜寻散落的重要信息，对它们的意义和作用进行解释推断。在截然不同的“父亲”形象对比中，学生逐渐形成对父亲这一形象的不同侧面的感知和情感取向。）

环节2：难道朱自清的父亲永远完美无缺，他与父亲之间永远都是这般温暖？难道李广田的父亲如此可恨，他与父亲之间永远都是这般压抑对立？如果选择其中一位做自己的父亲，你会选择谁？（笔者出示两位作家另一篇写父亲的文章，引导学生进行对比，然后推导出结论。没想到的是，一部分学生竟然选择让李广田的父亲做自己的父亲，当然很多学生结合现实生活中自己父亲的形象，希望朱自清的父亲和李广田的父亲互相取长补短，组成自己心中完美的父亲形象。通过细节描写，学生们对父亲有了更深的认识，形成了对深沉父爱的厚重理解与情感体认。）

以上两个环节引导学生在不断追问的过程中发展提取转化信息、理解解释、批判赏析的能力，完成“特定语用”下的创造性表达，实现理解进阶和思维跃升。

环节3：此刻你最想对“父亲”说什么？（学生有的结合朱自清的父亲去世时，朱自清已50岁，到了知天命的年纪，写下了“时光的背影”；有的结合李广田的父亲去世时，李广田自己也经历了人生的磨难，写下了新的领悟；有的逐步打开与自己父亲曾经的心结，给父亲写了心里话。此刻，从文字中走出来的学生们对生活中父亲的形象进行了立体拉伸，他们用心用情，读懂了文中对父亲的理解、原谅、愧疚……）

环节4：时光轮转，想象你30岁、40岁、50岁时，会是一位怎样的父亲？到了那一刻，你是否会想起，曾经有一位小学老师给你上过这样一堂课？这堂课给你留下了什么印象，又带来了什么样的影响？（学生们若有所思，频频点头。这堂2018年的课，让笔者至今记忆犹新。师生针对两位作者笔下“父亲”形象的异同，在思辨中形成基本问题链，最终让学生自我建构主题，寻找确凿依据，在推测和猜想中提升思维发散力、判断力、推理力，最后形成对“父亲”形象客观辩证的理解与认知，甚至想象今后的“角色可能性”。层层追问、析疑的动态过程，最终指向儿童思维的纵深发展。）

之二：侧重辩证思维的课例

前文提到笔者执教过的《丑小鸭》等课例，大多基于文本联结，重在强化“有质疑、有追问、有证据地思辨”。

《丑小鸭》一课，抓住儿童思维上的同与异，在两个“啄”、两个“藏”、两个“世界”的理解与判断中进行系统思辨。例如，文中鸭妈妈对丑小鸭“轻轻地啄了一下”的“啄”，怎么理解，怎么朗读？那是怎样一种“轻轻地”爱抚？而鸭妈妈对欺负丑小鸭的鸭子们“狠狠地啄了一下”的“啄”，又应怎么理解，怎么朗读？原来，这里“啄”的动作，会让自卑的人长出自尊而高贵的心灵。

在课堂结尾，笔者和学生探讨了三个问题：“假如你是天鹅蛋，就算你在鸭场，你不去试着逃离，你会成为你心中的天鹅吗？”“假如你是天鹅蛋，就算你逃离了，你没有这样的决心，你会成为你心中的天鹅吗？”“假如你是天鹅蛋，也有这样的决心，但你不谦卑，你会成为你心中真正的天鹅吗？”在层递性追问中，师生深入品味语言文字的深层意蕴，点燃了学生的思维火花，帮助他们提取出“苦难中追求梦想，幸福中怀有谦卑”的学习主题。这样的教学引导学生在真实情境、综合运用的语言实践中寻找依据、探究实证、合理判断、揭示应用，实现创造性思维和精神的同生共长。

以上着眼于思维能力培养的课例虽各有侧重，但其实都是语言的“审美创造”、作为思维外壳的“语言运用”、达成“三个一”素养目标的实践过程的综合体现。这些课例促进了语文学科四个方面核心素养的深度精进、广度拓展与高度提升，是主题教学的独创性表达，既传承了几十年的教育智慧，又融入了时代新内涵，体现了教育理念的持续跃升和实践方法的突破创新。

主题教学的“三个一”素养目标为新课标的校本表达提供了理论框架，体现了持续省思、与时俱进的实践品质。通过实践反思，“三个一”建立了一种跟进课程改革动态的素养发展观，完善了特定学习主题引领的长效任务学习机制，并构建了一种“儿童友好”的“供需关系”，实现供需匹配（包括破解人工智能时代学生群体需求与个体需求之间的差异等基本问题）。

回首主题教学“三个一”从质量目标到素养目标的几十年探索之路，仿佛走进一片森林，虽遇见过沼泽，但我们屏息凝神，坚韧跋涉。或许正是这种不懈的努力，才让我们拥有了站立在儿童面前的勇气与信心。

二、学习主题引领的学习任务实施“四动力”系统：基于教学关系的方式变革

主题教学在校本实施层面持续进行动态优化，如何重置教与学关系，让文所载之“道”有效运行起来？我们的答案是，在课堂实践中寻找改进的哲学观。的确，心中想什么，行动才会听见什么、看见什么，才会知道应该去做什么，进而才能得到什么。做任何事情，要想继续超越，依然需要那种静下心来跟自己的课堂死磕的专注劲头；依然需要坚守三尺讲台，扎根祖国大地，立足当下，结合实践经验的梳理与“价值澄清”的反思，把本质问题探清楚，既不好高骛远，也不浅尝辄止。

（一）特定学习主题引领的学习任务实施“四动力”系统

主题教学提出的课堂教学“四动力”系统（情境调动、问题驱动、工具撬动、平台互动）关注课堂上学生的目标增值（参见本章下一部分关于“四增值”的论述），与目标增值形成“动力—效果”的教学呼应。

新课标在“课程实施”部分的教学建议中明确提出，“创设真实而富有意义的学习情境，凸显语文学习的实践性”。主题教学将着力点放在激发学生学习的兴趣、志趣等内驱力上。为此，我们将原来的课堂教学“四动力”系统全面升级为特定学习主题引领的学习任务实施“四动力”系统，形成学习任务实施的动力源。

图 3.3 显示了从课堂教学“四动力”系统到特定学习主题引领的学习任务实施“四动力”系统的迭代，四个动力要素在内涵、类型和功能等方面都丰富了起来，为学习任务实施的动态流程提供了真实而富有意义的驱动力。

升级的“四动力”系统核心点有三：其一，更加强调学习动力引擎。不仅侧重教师的动力调用，更注重激活学生的个体潜能，以兴趣为引线，赋能学生自主学习进程，帮助学生实现可持续学习和自我超越。其二，更加强调

学习动力拓展。不仅侧重教师动力的辐射应用，更注重在学习中融入生活实践，引导学生在自主语言运用中生成素养。其三，更加强调学习动力内生。激发学生内在学习需求，促进内在学习动机觉醒，引导学生自发地进行探索和反思。

具体而言，主题教学动力系统经历了以下重置过程：

1. 问题驱动：激活内生动力

主题教学的“问题驱动”，既要从课文中的问题出发，又要走向现实生活，而这个过程需要特定学习主题引领的学习任务。学习内容不是直接塞给学生的“语言材料”，如学生可以接受和理解的教材，而是围绕主题形成的一些体现语文学科本质的基本问题或根本问题，或者说是体现语言文字运用规律和本质的基本问题。比如散文、小说、诗歌等不同体裁的表现手法、艺术特点以及作家风格，亲情、友情、家国情等不同题材的思想、内容、方法，这些都是语文学科所关涉的主题，也是学生建立学科认知图式会涉及的重要问题，构成了提炼特定学习主题并设计学习任务的前提和基础。

语文学习离不开语文知识。就语文知识来讲，不同于数学等理科知识，在当前主题教学实践中，它还有“文学与文化”的人文性，以及“人情练达”的特性。因此，我们回到新课标中的“主题”“学习主题”“特定学习主题”，并以此作为主题教学的核心概念，体现课程内容所基于的“三化”。

这个时候，问题驱动的“问题”就体现出复合性。特定学习主题引领的学习任务中有一些是局部性的，比如学生从教材文本中发现的问题，或者在校园生活、社区生活、社会生活中发现的语言现象等，都可转化为学习主题。这样，静态问题就转变成了可理解、可接受的学习主题以及指向问题解决的特定学习主题引领的学习任务。这也凸显了特定学习主题引领的学习任务实施的“四动力”系统。当然，还有一些问题是整体性的，比如学生在成长过程中产生的困惑，或者是长时间探究的课题，由此提炼的特定学习主题引领的学习任务可能需要一个长周期的学程来完成。无论哪种特定学习主题，都直接指向学生真实的学习需求或成长期待。这样学习任务就具有了内生动力，持续驱动学生对主题进行整体感知、理解阐释、创造表达，并在这一过程中内化于心，外化于行。

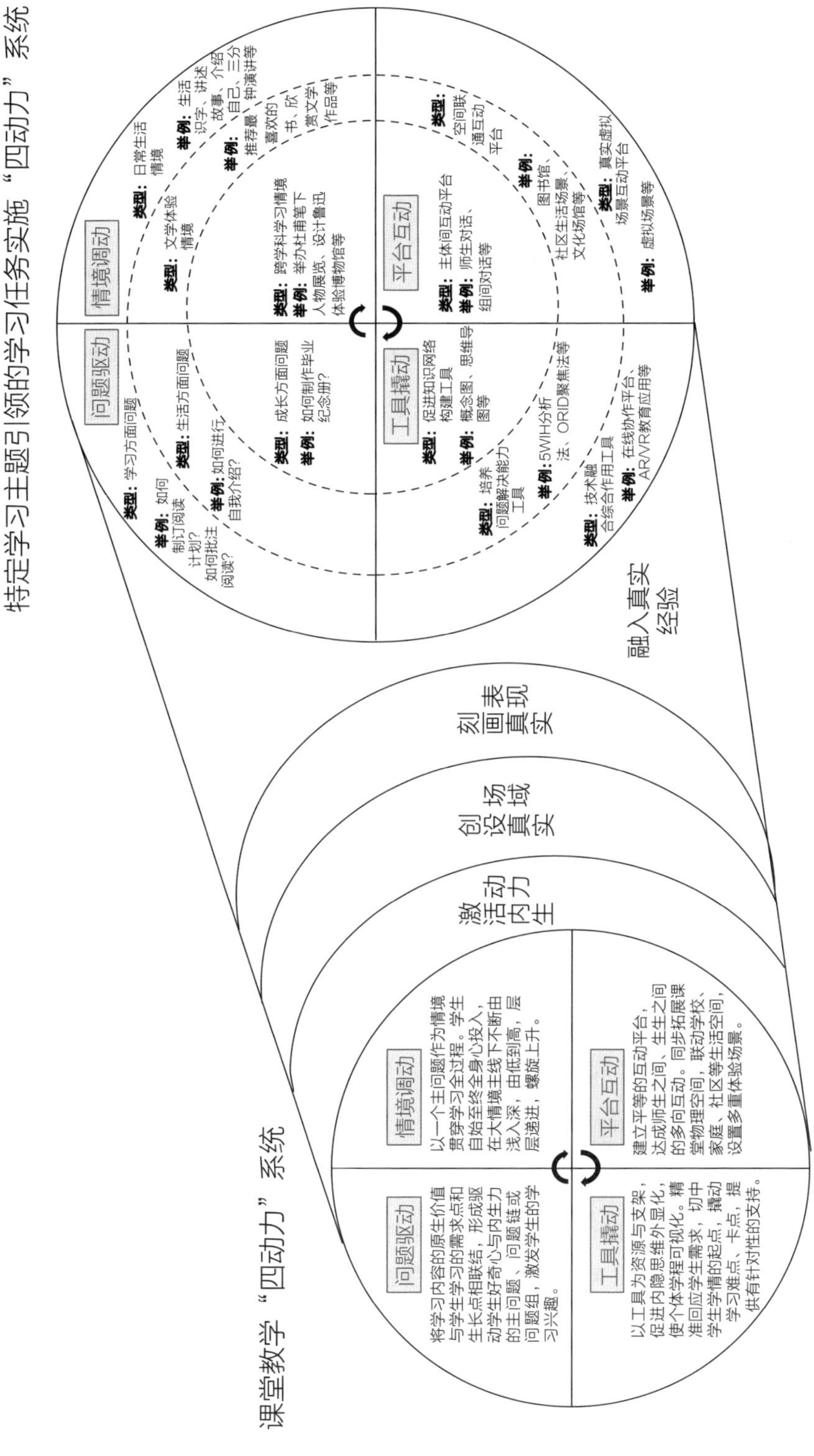

图 3.3　主题教学动力系统

2. 情境调动：创设真实场域

与问题驱动要充分体现语文学科本质一样，情境调动既要凸显语言文字本身所创设的情境，也要联结契合生活需要的特定情境。也就是说，学习任务实施不是“为了情境而情境”，更不是“为了任务而任务”，而是要把握语言文字的规律、本质、特征，创设真实场域，解决真实问题。

新课标要求用语言解决真实问题，主题教学也应一以贯之地强调情境性。这种情境性既包含真实的生活情境，也包含文本虚拟情境以及学生未来可能遇见的场景。因此，情境调动并不是一定要带着学生走出课堂到文本描述的“场景”中去，其实文本自身就是情境。关键是教师如何在特定学习主题引领的学习任务中，与现实生活相联结，创设能够带给学生“真实体验”的学习场域。笔者多年的实践课例基本都体现了情境驱动，例如和学生学习《魅力》一课时，创设前、中、后的体验情境，让学生选择和文中两位主人公一起“看《汤姆叔叔的小屋》戏剧”，引导学生发现文本中爸爸和小女孩作为“大人和孩子”的截然不同的反应，引发他们对“长大与童心”的学习主题的叩问。

随着新课标的实施，笔者在语文教学中更加注重体现特定学习主题引领的学习任务的情境调动。例如统编版教材四年级下册第四单元的内容包括课文《猫》《母鸡》《白鹅》，习作“我的动物朋友”，以及语文园地。在学习这一单元时，可以侧重“文学阅读与创意表达”，从文学语言、文学形象、文学常识以及文学写作中提取“情感变化的个性表达”的学习主题，并将其转化为特定学习主题。在“分享我的动物萌宠”的情境驱动下，学生结合自己的所见所闻，选择自己喜爱的动物进行分享。这一基于真实场域的课例，指向动物生命成长的“情绪价值”，帮助学生在写作中实现语言经验的生成与重构。

3. 工具撬动：刻画真实表现

如果说“读书百遍，其义自见”是一种最古老、最基础的语文学习方式，那么在今日媒介时代，随着人们处理信息和解决问题的工具不断更新，我们可以使用新工具让学习事半功倍。特定学习主题引领的学习任务，其设计与实施遵循实践逻辑，凸显目标导向，强调基于学生的认知难点、卡点，立足单元内容，体现所归属的学习任务群的特点。在此过程中，教师可以恰当选用平面工具（如课文插图、思维导图、学习日志表、概念地图等策略工具）、实物工具（如讲《赵州桥》，可以用实物模型作为辅助工具），以及信息工具（如手机、电脑、AI新技术等）。笔者曾在执教的多个课例中，利用卡片、图表或模型工具进行难点突破，让思维和情感可视化，压缩学习时间，减轻学习负担。因此，主题教学特别强调把工具支架作为一项重要学习手段，促进线上与线下结合、真实空间与虚拟空间融通。

这里教师要思考“三问”：从文本等介质中提取或概括什么信息？如何获取信息？怎样按照学科逻辑和教学目的对信息进行分类、排序？回答这些问题是我们研发和使用具体工具的前提，旨在明确意图，为学生搭建思维支架，序列化、进阶式地撬动学习任务。这有助于真实刻画学生表现，在探究理解、监控反思中促进学生创新思维的培养和自我反思能力的提升。

4. 平台互动：融入真实经验

最初笔者开展的平台互动始于小组学习，在课堂上注重学伴互学以及小组与小组、教师与学生的互相“理答”。随着主题教学的深入发展，平台互动逐步融入真实的语言情境中，形成更加开放、沉浸、融合且具有实效性的学习互动，使学习者能够在丰富的对话分享中学习借鉴，在争辩与共识中形成典型的语言经验，达到学以致用的目的。

如借助常见的经典文学片段角色扮演、日常对话模拟、习作智能评改与分析、真实场景具身体验、虚拟空间交流等活动形式，搭建合作化、探究式的互动平台，指导学生在具体、典型的语言学习环境中模仿、分析、创造，从而深刻理解语言的运用规则与艺术魅力。通过具身体验和借鉴优秀语言范例，学生能够内化语言规律，提升表达的准确性和综合性，不断积累和形成语言经验。

（二）特定学习主题引领的学习任务实施“四动力”系统课堂样态

课堂是师生共构的教学场域，课堂里所有的遇见与经历都是礼物，就看我们怎样保存并使其流动起来。将不同动力的有机组合迭代为以学习者的当下和未来为中心、高度协同的复合动力系统，能够促进特定学习主题引领的学习任务的高效实施与深度转化。

面对课堂各种要素和细节，如何从课堂教学实际出发，从学生的卡点出发，寻找问题并将其提炼、转化为研究的课题？如何在课堂教学中充分发挥“四动力”系统的驱动作用？基于主题教学最初的“预学—共学—延学”动态过程，我们研制了与学习任务实施相配套的系列学习单和教学单，并提炼了运用其支撑学习任务实施的要点（图 3.4 至图 3.8）。学习单和教学单不是简单地根据“四动力”系统设置学生活动，而是根据学习任务的实际情况，将“四动力”系统有机嵌入相应的活动之中。

■ 画重点

从特定学习主题引领的学习任务实施“四动力”系统来看，教师在使用学习单时，既要坚持“学的视角”，也要从“教的视角”进行任务设计，把“四动力”系统融入学生学习全路径。具体而言，可以从以下四个方面展开：

- 明确学习切入点，即兴趣生发之处；
- 精准识别学习卡点，有针对性地设计支持策略；
- 细化学习路径，确保知识呈现由浅入深、连贯衔接；
- 预设学习“显点”，即学习成效的展示时机。

通过以上闭环设计，教师能够帮助学生完成从生发兴趣到克服障碍，再到构建知识体系的学习过程，全程持续释放学习动力，完成可见的“学习成果单”。

以统编版教材四年级下册第四单元为例，本单元以“可爱的动物，我们的好朋友”为题，引导学生“体会作家是如何表达对动物的感情的”，并“写自己喜欢的动物，试着写出特点”。在提炼的特定学习主题“分享我的动物萌宠”中，基于“写萌宠有哪些攻略？”“有哪些可借鉴的素材？”“写我的萌宠该怎样写？”等问题，设计了三个学习任务，分别是“获取萌宠写作攻略”“积累萌宠写作素材”“进行萌宠写作实践”。三个学习任务构成任务链，以终为始，为学生提供梳理萌宠写作攻略的思维导图以及构思“我的动物朋友”习作的知识结构图等工具，撬动学习活动（图 3.4）。

本单元特定学习主题引领的学习任务实施“四动力”系统，不仅指向学生语言经验的真实重构，还为学生搭建了不同场域的互动平台，具有方法实操化、知识结构化、思维可视化等特点，能够发挥学习的聚合效应。从效率来看，在学习任务驱动下，学生通过真实“游园展示”之后的创造表达，实现了思维的激活、碰撞及进阶，也感受到人与动物自然和谐相处的“生态文明”。

特定学习主题引领的学习任务实施“四动力”系统（学习单）

班级：＿＿＿＿＿　姓名：＿＿＿＿＿　小组：＿＿＿＿＿＿

1. 单元学习情境调动

本单元我们将举办萌宠游园会，借助习作向同学介绍自己的动物朋友，表达对萌宠的喜爱。

2. 单元学习任务问题驱动

学习任务一： 课内获取萌宠写作攻略 → **学习任务二：** 课外积累萌宠写作素材 → **学习任务三：** 进行萌宠游园写作实践

学习任务一：课内获取萌宠写作攻略

导语：在本单元任务学习中，我们将举办萌宠游园会。为了让同学们更好地介绍自己的动物朋友，让我们一起走近作家笔下的动物，同时做好观察准备，开启萌宠欣赏之旅。

作家笔下的动物，给你的萌宠游园带来了哪些启发，赶快积累下来吧！

作家笔下的萌宠	《猫》	《母鸡》	《白鹅》
作家笔下的萌宠特点			
作家对萌宠的感情			
作家的表达方法			

学习任务二：课外积累萌宠写作素材

导语：除了本单元的学习，我们还可以阅读更多语言大师的文章。请把他们所用的优美词句积累下来，并在课外阅读中继续丰富积累。

课文：《＿＿＿＿＿＿》

或其他文章：《＿＿＿＿＿＿》

我积累的表现动物特点的好词好句，包括描写萌宠能用的好词好句：＿＿＿＿＿＿

＿＿＿＿＿＿＿＿＿＿＿＿＿＿＿＿＿＿＿＿＿＿＿＿＿＿＿＿＿

课外阅读中，我积累的好词：＿＿＿＿＿＿＿＿＿＿＿＿＿＿＿＿＿＿

3. 单元平台互动

学习任务三：进行萌宠游园写作实践

导语：俗话说：“千人百姓万脾气。”动物也一样，各有各的特点，就是一种动物，也会有不同的特点。在“游园展示”中，只有经过认真观察，抓住动物的特点进行描写，才能给读者留下鲜明的印象。那么，游园会上，你又会如何介绍你的萌宠？谁的萌宠又会打动你，给你写作的灵感？让萌宠活在笔尖上，赶快写下来，带上它们游园吧！

习作：我的动物朋友

胸中有丘壑：根据情境，巧妙构思。如《白鹅》中好的写法，在自己的文章中尝试使用。

4. 单元工具撬动

“我的动物朋友”习作结构图

游园环境　外形特点　生活习性　相处趣事

评价你我他：习作分享，互相反馈交流。

“我的动物朋友”习作自评表

评价标准	得星
能认真观察，抓住动物的外形特点。	☆☆☆
能抓住动作、神态或者叫声来写好细节。	☆☆☆
能有详有略地从不同方面写动物朋友。	☆☆☆
能根据这次游园活动，选取典型事例来突出动物特点。	☆☆☆
能让人感受到小作者对动物朋友的喜爱。	☆☆☆

图 3.4　主题课堂学习任务实施“四动力”系统学习单要点

问题驱动：精炼主问题，形成任务链

精准提炼学习主题的核心问题，确保问题既贴合语文学科本质又触及学生兴趣点，形成一个由主问题辐射开来的多维度问题链。矩阵内的问题逐层递进，形成任务链，从基本理解到深度分析，引导学生循序渐进地深入学习。每一阶段问题的解决都为下一阶段的任务探索铺设基石，形成彼此关联、挑战递增的问题解决路径。

问题驱动·研讨焦点　留心问题的预设与反馈

明确任务目标及描述后，在教学单上列出由浅入深的问题链，基于问题链精准提炼学习主题的核心问题，形成学习任务链。

动力系统一：问题驱动

研讨焦点：留心问题的预设与反馈

问题整理区

方式 1：于任务矛盾处设问

方式 2：于任务认知共情处设问

方式 3：于任务留白处设问

提供一系列问题设计模板卡片，教师可抽取使用。

问题速写板

空白方框内快速草拟问题链构思，附带简笔画图标提示。

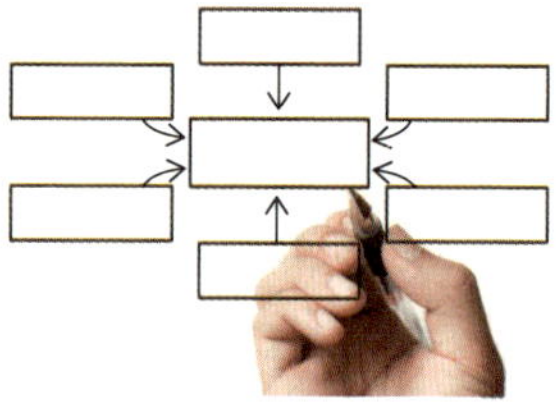

定期评估问题链的有效性，根据学生反馈调整。
……

教研工作台

（提供教研时关于学习任务的共性问题和个性问题，结合具体班级学生特点）

“问题整理区”既要结合实际任务在课堂教学各环节中可能遇到的问题，又要兼顾学生的真实需要及兴趣点。教学单中列出了几种方式，教师可以灵活增补。

“问题速写板”要增强问题的有效性和反馈意识，形成以主问题为核心向外辐射的多维度问题链，并定期评估问题链的有效性，进行适当的教学调整。

图 3.5　主题课堂“问题驱动”教学单运用要点

情境调动：嵌入学习真需求，贯穿活动始终

强调用语言文字创设真实情境，寻找、设计与任务紧密相连的、具体而生动的学习情境。综合运用虚拟现实技术重现文学场景，利用典型语言案例将知识融入日常生活实际应用之中，使学生在语言运用中学语言，在情境中体验、思考与运用语言。情境设计需注重细节的真实性和互动性，让学生在参与中感受知识的实用性和有效性，促进知识的创造性转化。

情境调动 · 研讨焦点　留心情境的真实与实效

构建与学习主题紧密相关且引人入胜的学习情境，要把握让学生“在语言运用中学语言”的准绳，引导学生在情境中体验、思考与运用语言，强化语言运用真实性。

动力系统二：情境调动

研讨焦点：留心情境的真实与实效

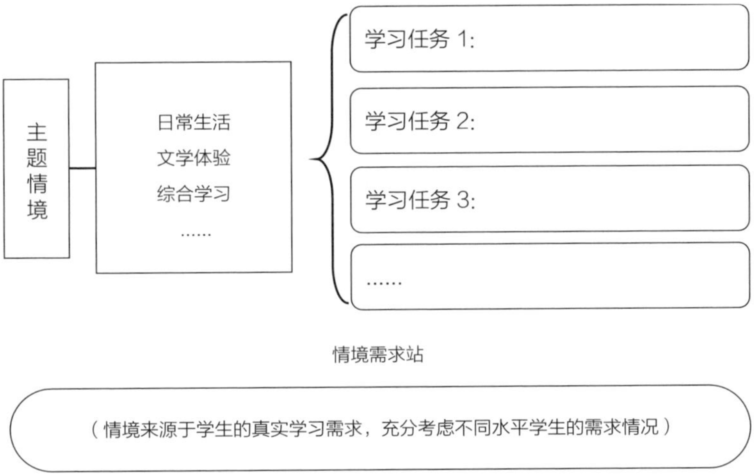

教学单详细规划与学习任务紧密相连的真实情境，提供了日常生活、文学体验、综合学习三种情境。教师可根据学习任务，进行适当的情境整合或拓展。请注意，情境一定是回到语文学科本质属性、回到儿童真实需求的语言实践。

主题情境根据任务的实际需要可以是一个大主题情境贯穿到底，也可以是围绕一个主题，按照任务实施不同阶段选取不同的情境，但始终都服务于主题意义达成。

图 3.6　主题课堂“情境调动”教学单运用要点

工具撬动：聚焦关键卡点，丰富学习可视化表现路径

在学习任务全链条中，依据学情动态精选与学习内容匹配的学习工具，如促进知识网络构建工具、培养问题解决能力工具、技术融合综合作用工具等。这些工具应根据学生的学习进度和能力差异，提供定制化资源和即时反馈，帮助学生识别思维盲点，突破学习瓶颈。工具的运用强调易用性和目的性，指向目标的综合达成。

工具撬动 · 研讨焦点　留心工具的功效与适配

在学习任务全链条中，依据学生进展和能力差异定制资源，聚焦“学习卡点”动态优选工具，强调工具的易用性、目的性、适切性。

动力系统三：工具撬动

研讨焦点：留心工具的功效与适配

工具功能（探究与理解、表征与形成、计划与执行、监控与反思）：

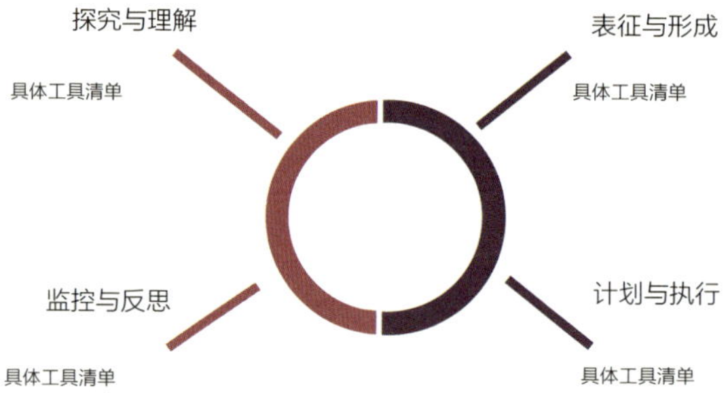

工具矩阵（选择文本、图画、表格、跨媒介等多种工具载体）：

· 促进知识网络构建工具：思维导图、概念图等

· 培养问题解决能力工具：5W1H分析法、ORID聚焦法等

· 技术融合综合作用工具：在线协作平台、AR/VR教育应用等

……

教学单中设置了“工具功能”与“工具矩阵”两个主要栏目，使用工具前要明确学生学习真实的卡点、难点和重点，避免“为工具而工具”。

注意为不同层次的学生提供适配的学习资源与支架，如拓展作品、人物资料、影像作品等，确保学生能利用这些工具深化学习、促进知识融合，并在技术辅助下选取个性化学习路径。

图 3.7　主题课堂“工具撬动”教学单运用要点

平台互动：促进学习交互，建立新型关系场

以典型语言材料或实例为主要依托，平台互动体现主体间性。创建多维互动平台，如主体间对话、开放式论坛、社区活动参与、虚拟场景体验等，为学生提供分享、展示学习成果和作品的空间。师生、生生之间开展实时互动和深度交流，通过设置具体任务和激励机制，如小组合作、在线辩论赛等，激发学生参与，使学习社群活跃而富有成效，形成良好的学习氛围。

平台互动 · 研讨焦点　　留心互动的放权与收效

搭建互动学习系统，融合多元交流渠道与虚拟体验，促进深度交互与学生创新思维培养，从而塑造一个既充满活力又运行高效的学习生态圈。

动力系统四：平台互动

研讨焦点：留心互动的放权与收效

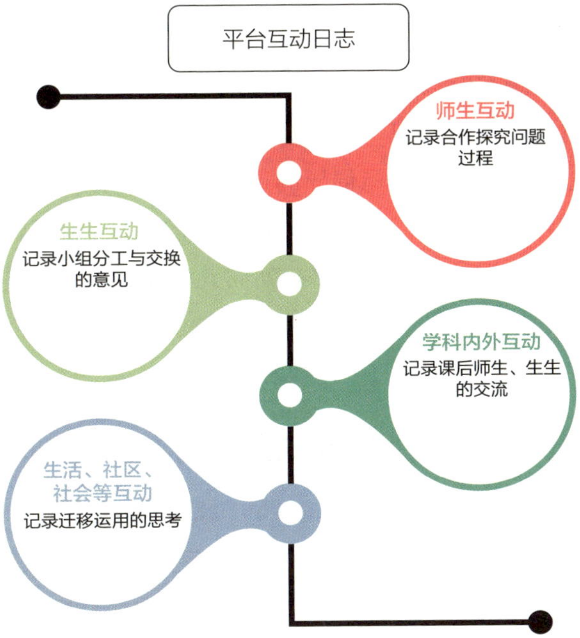

教学单中明确列出了协作任务和平台使用指南，鼓励学生基于个人经验和兴趣进行小组合作。

为了完成学习任务，学生可以基于实际选择独立自主学习，也可以选择与老师、同学等不同群体交流，甚至是开展长周期的社区、社会实地考察等。

图 3.8　主题课堂“平台互动”教学单运用要点

就主题教学课堂实施样态而言，并非每堂课都必须包含“四动力”系统的所有要素，也不应为了追求“四动力”而机械套用。要避免选择的流程式和框架的僵化，就要依据特定学习主题引领的特定学习任务，明确其归属及“天然”的不同，在实施中各有侧重，允许使用创造性变式，实事求是。最终目的是基于儿童学习的底层逻辑，达成真实情境下的综合联动，实现高水平因材施教。同时，“四动力”课堂围绕小班化教学进行探索，从“班级”单位聚焦到“小组”微观单位，由小组合作切入，充分发挥学生主体性开展互动性学习、关系性学习，挖掘小组合作的增值效应。基于儿童认知规律和发展需要，为学生学习提供多元化、差异化、进阶化的实践与体验，促进学生个性化的经验重构，在序列化的具身体验中发展学生核心素养。

三、主题教学的“四增值”质量评价：促进学习表现的持续增值

前文阐述了主题教学以“三个一”素养目标的全纳性、进阶性、关联性、可操作性来定位教学要求，以“四动力”系统驱动学习任务实施，促进教学过程优化。这必然要体现新课标倡导的过程性评价原则。在评价中尤其要体现前文提到的教育哲学地图，体现“为了学习的评价”。还要回到人本立场，以人的生成、完善为基本出发点。[1]在朝向儿童生命成长的整体育人观指导下，主题教学深入挖掘主题价值，围绕学习效能增值重新设计过程性评价和终结性评价，以期促进学生全面可持续发展。

（一）促进学习表现增值的主题教学过程性评价

传统的“知识本位”纸笔测验正在转向素养导向下的贯通性学习评价。语文课程评价包括过程性评价和终结性评价。过程性评价贯穿语文学习全过程，终结性评价包括学业水平考试和过程性评价的综合结果。与此同时，新课标新增了“学业质量”部分，通过刻画学生学业成就的具体表现特征，研制学业质量标准，推动“目标—教学—评价”形成一个学习效能的闭环。评价样态从“片面割裂”到“综合统整”，评价旨归从“成绩为先”到“素养提升”，评价功能从“诊断与改进”到“共同建构”，评价情境从“离身认

[1] 柳夕浪．综合素质评价改革的“三个转向”[J]. 中国教育学刊，2021（4）：28-33，74.

知”到“具身认知”，通过“关键要素—典型表现—水平等级”的评价链条，将文以载道的“道”落实到具体化的“人”——学生身上。

一段时间以来，主题教学从“课程—课堂—课业”三环节有效联动入手，从虚走向实，通过“成就”“表现”“刻画”三个维度，关注学生在问题解决过程中表现出的各种行为指征，研制了主题学习单、学习护照、学业水平报告、综合评价手册四种工具。其中，主题学习单侧重于课堂学习过程评估及即时反馈；学习护照采用表现性评价，侧重于记录和跟踪学生阶段性的学习成果；学业水平报告侧重于学业质量监测及诊断改进；综合评价手册侧重于全面记录学生素养提升轨迹。

课堂作为联结教材与学习的轴心，是过程性评价的重要场域。只有上下联通，才能确保素养目标在教学过程中的有效达成。在主题教学“三个一”素养目标指引下，笔者带领团队明确了课堂评价的“四增值”，即“兴趣值、方法值、容量值、意义值”四个关键指标，并通过课堂观察表（表 3.3）进行记录。关注课堂的学习“值”，本身就是主题教学的一种学习价值判断，即前文提到的价值感和效能感。

• 兴趣值：侧重衡量学生在课堂中的投入程度和情绪状态，包括课堂举手及发言人数占比、学习兴趣、注意力、响应并主动参与活动要求等方面。

• 方法值：侧重考查学生在学习中运用已有策略和方法的能力，包括做笔记、查阅、回应，与他人合作，应用已有知识解决新问题，以及调整和优化学习方法等。

• 容量值：侧重考量学生在课前的“准备”、课中的容量以及课后的增量，观察、考量学生对学习任务的参与度和容纳力（包括参与学习实践活动、勇于展示学习成果、独立思考解决难题，以及获得延续学习内容的机会等），诊断如何避免课堂内容过量或不足等问题。

• 意义值：重在评估学生在学习中形成的正确价值观、情感体验和生活联系，以及信息处理和观点表达的能力。包括对学习过程中遇到的各种问题作出积极回应、自主选择和重组信息，以及大胆质疑和提出不同意见等，逐步成为国家通用语言文字的代言人。

在课堂“四增值”基础上，主题教学从课程周期角度研制出了“过程数据—关键事件—榜样引领”增值性评价，以新课标“识字与写字、梳理与探究、阅读与鉴赏、表达与交流”四种语文实践活动的要素为主要评价维度，关注学生学习的“增加值”(反映进步幅度)与“净效应”(反映成长变化)。通过这种创新的评价体系，更好地促进学生学习效能的提升。

表 3.3　主题教学课堂观察表

姓名:	班级:		日期:
课题:			观察人:
课堂观察	参与的人数 / 时间		达成程度(可描述)
学生有效学习表现	1. 自主学习时间		
	2. 参与小组讨论时间		
	3. 发言人数		
“四增值”表现	兴趣值	1. 课堂举手及发言人数占班级总人数比例。	优(　)良(　)一般(　)
		2. 学习兴趣浓厚，情绪高昂。	优(　)良(　)一般(　)
		3. 注意力集中，无学习任务时跟随老师，倾听，完成学习任务时专注，没有无关语言或行为。	优(　)良(　)一般(　)
		4. 听到老师的建议或提醒，能够快速作出反应。	优(　)良(　)一般(　)
	方法值	5. 在倾听时能够辅助做笔记、查阅并及时礼答。	优(　)良(　)一般(　)
		6. 能与同学有效合作，兼顾其他同学的学习需要。	优(　)良(　)一般(　)
		7. 能应用已经掌握的知识与技能解决新问题。	优(　)良(　)一般(　)
		8. 能主动反思自己的学习行为，调整学习策略。	优(　)良(　)一般(　)
	容量值	9. 在老师引导下能够参与学习实践(朗读、书写、圈画、记录等)，完成任务。	优(　)良(　)一般(　)
		10. 勇于在集体面前展示自己或小组的学习成果。	优(　)良(　)一般(　)
		11. 在遇到难题或不懂的内容时，能独立思考解决或积极寻求帮助来解决。	优(　)良(　)一般(　)
		12. 获得学习内容拓展、延学的机会，知晓后续学习的途径。	优(　)良(　)一般(　)
	意义值	13. 能在老师提出推理性问题、创造性问题及批判性问题时作出积极回应。	优(　)良(　)一般(　)
		14. 能在课堂中获得情感的体验与满足，并联系生活。	优(　)良(　)一般(　)
		15. 能从老师推荐的资源中自主选择、重组信息，形成自己的见解并有效表达。	优(　)良(　)一般(　)
		16. 能对老师和同学提出的观点大胆质疑，提出不同意见。	优(　)良(　)一般(　)
总体评价:(　　)			

敲黑板

• “四动力”系统与“四增值”之间存在着紧密的耦合关系，二者应高度统一。“四动力”系统是学习活动的核心指引，刻画了学生课堂应然状态以及应达到的情感和知识、能力水平增值。学习结果评价则是衡量学习目标是否达成的重要工具。

• 为了保证学习质量，评价的内容、标准和方法必须与“四动力”系统、“四增值”所指向的学习目标严格对应。唯有如此，我们才能准确地把握学生的学习状态，进而精准地调整教学方法和策略，促进学习质量不断提升。

例如，“亲近永葆童心的文学大师——丰子恺”主题课程群，丰子恺的画作深邃而真挚，触动了学生的心灵，激发了他们对生活中真善美的感悟。由此，语文学科围绕“三个一”素养目标，针对不同学段设计了一系列精彩纷呈的活动。

案例解读三

“三个一”素养目标导向下的“过程学习表现”
——以“亲近永葆童心的文学大师——丰子恺”为例

基于“一副好口才”的练习，低学段学生举行了朗读比赛，比比谁读得更有童趣，谁读得更动听入情。中学段学生充分利用“课前三分钟”，介绍自己眼中的丰子恺，增进对丰子恺的生平和作品的了解。高学段学生开展“广播电台”活动，配乐朗读自己仿照丰子恺经典语录创作出的作品。

基于“一篇好文章”的积累，低学段学生通过摘抄丰子恺绘本里的语句，积累丰富的文学素材。中学段学生基于丰子恺《白鹅》阅读篇目，将文学作品的力量与生活紧密相连。高学段学生在阅读《手指》《给我的孩子们》之后，被其平实质朴的语言所打动，给丰子恺爷爷写了一封回信。有的学生在阅读《忆儿时》后写下了读后感，用文字记录下自己对美好生活的向往。在字、形、义、理的分析解读中，在文字、文章、文学的品鉴体味中，学生们走近了一位可亲、可感、可敬的漫画大家、文学家、音乐家。

基于“一手好汉字”的书法特色，低学段学生积累丰子恺的好词佳句，并用一手好汉字来展现。中学段学生积累丰子恺的文学片段，在规范书写《忆儿时》的过程中，深刻地感受作品的感人之处和真挚情感。高学段学生认真誊写丰子恺的《给我的孩子们》《菩萨蛮·赣州》，创作出一幅幅精美的书法作品。有学生对此进行数据统计和研究分析，发现书法作品的主题涉及骨肉亲情、救命恩情、同伴友情、互助之情等（表 3.4）。书法创作活动展现了学生的审美创造力，激发了他们对美好生活的向往和追求。

表 3.4　学生书法作品主题分布

类别		数量		百分比
骨肉亲情	母爱	5	12	12%
	孝	7		
救命恩情	人救动物	2	8	8%
	放生	6		
同伴友情	人与动物	16	23	23%
	动物之间	7		
互助之情	人帮动物	2	57	57%
	动物帮人	55		

（二）促进学习表现增值的主题教学终结性评价

结合新课标四个方面核心素养的内涵，以及主题教学“三个一”素养目标的细化，我们进一步修订了主题教学终结性评价的指标。根据学期、学年或学段的不同节点，完成阶段性的“终结”评价。例如，“一手好汉字”侧重检测“识字与写字”维度，在“正确、规范、美观”的标准基础上，注重考查书写的速度、掌握汉字分类方法、发现识字规律以及书法分析与鉴赏等。“阅读与鉴赏”维度在“一篇好文章”目标下的“读懂一篇好文章”中，针对单篇经典以及整本书阅读，除了重视理解、统整、评鉴，更加注重信息时代学生完成多种媒介阅读任务时的信息提取、整体感知以及解释推断等思维能力。“梳理与探究”维度侧重“能写一篇好文章”，着眼于书面表达与交流，在重视语言输入与输出的基础上，更注重语言的再现、还原与创新表现。“表达与交流”维度侧重“一副好口才”（与“能写一篇好文章”相呼应），着眼于口语表达与交流，尤其强调在真实情境下处理复杂问题时交流的对象感、实用性、灵活性，以及视频直播等具有时代特征的表达形式。

以此为基础，主题教学构建了学习目标的细化框架。这种细致的指标设定，能够最大限度地避免评价过程中的主观性和随意性，不仅为评价者提供了清晰的评价标准和依据，而且为教学设计提供了实用的参照。为确保评价的科学性与精确性，我们在确定和描述评价指标时还充分考虑了新课标中的学段目标要求以及学生的个体特征。下面以第二学段的“读懂一篇好文章”目标为例，介绍学习目标指标框架（表 3.5）。

表 3.5　第二学段“读懂一篇好文章”学习目标指标框架

一级指标	二级指标	三级指标	具体描述
一篇好文章	读懂一篇好文章	整体感知	能阅读常见的图文结合的材料，注意图文关联，初步把握材料的主要内容。 能复述读过的故事，概括文本内容。 能主动阅读成语故事、寓言故事、神话故事、革命英雄故事等叙事性作品，能向他人讲述主要内容。
		信息提取	喜爱阅读童话、寓言、神话等，在阅读过程中能提取主要信息。 能选择自己感兴趣的角度主动搜集信息，尝试用流程图和文字记录学习活动的主要过程。
		解释推断	能结合关键词句解释作品中人物的行为。 能借助上下文语境，说出关键语句、标点符号、图表在表达中的作用。 能借助阅读经验和生活经验预测情节发展。 能尝试用不同的语气、语调表达自己的理解与感受。 能根据自己的阅读理解提出问题并与他人交流。
		赏析评鉴	能从某个角度分析和评价人物。 能发现作品中的优美词语、精彩句段，并根据需要进行摘录。

由学段具体到年级，学业质量的评价指标更加需要可操作、可衡量。主题教学进一步按年级对“三个一”素养目标加以细化，以指导教师开展终结性学业质量评价。这一细化过程需紧密结合新课标“学业质量”部分对“学业水平考试”的要求，侧重考查学生的语言文字运用能力、阅读理解水平、写作表达能力及文学鉴赏能力。以下以六年级为例，呈现学业质量评价指标体系的结构（表 3.6）以及具体的细化方案。其目的是考查学生能否初步判断材料的文法兼美，发现学习主题，并完成特定学习主题引领的学习任务。

表 3.6 “三个一”素养目标学业质量评价指标体系（六年级）

一级指标		二级指标	关键要素的行为表现	
一手好汉字		识字与写字	观察与分类	在学习与生活中，累计认识 3000 个左右常用汉字。
				能用硬笔规范、端正、整洁地书写 2500 个左右常用汉字。
				能辨识同音字、形近字，纠正错别字。
			提炼与规整	能运用特定方法独立识字，能借助工具书准确理解不同语境中汉字的意思。
				能运用部首法、音序法查字，并根据不同的需要运用部首法、音序法等多种方法查字典、词典。
			发现与创新	在学习中，能发现富有表现力的词句和段落，自觉记录、整理，乐于与他人分享自己积累的经验，并尝试在表达交流中运用。
				有自觉识字的意识，在社会生活中发现自己不认识的字，能根据字形推断字音字义，并借助语境和工具书验证自己的推断。
		梳理与探究	辨析与评价	分类整理学过的字词，发现所学汉字形、音、义和书写的特点，发展独立识字能力和写字能力。
一篇好文章	读懂一篇好文章	阅读与鉴赏	整体感知	独立阅读散文、小说、诗歌等文学作品，在阅读过程中能获取主要内容，用朗读、复述等自己擅长的方式呈现对作品内容的理解。
				能用文字、结构图等方式梳理作品的行文思路。
			信息提取	积极参加跨学科学习活动，能利用多种信息渠道获取资料，在简单的调查、访谈等活动中记录真实的过程、发现与感悟。
				能捕捉重要的隐性信息，并根据需要筛选、整理相关信息。
			解释推断	能品味作品中重要的语句和富有表现力的语言，注意词语的感情色彩，通过圈点、批注等多种方法记录自己的阅读感受和体验，并主动与他人分享。
				能通过诵读、改写、表演等方式，表达自己对感人情境和形象的理解与审美体验；能借助与文本相关的材料，结合作品关键语句评价文本中的主要事件和人物，提出自己的观点或看法。
				能发现不同类型文本的结构方式和语言特点，洞察作品内容、表现形式上的不同，积极向他人推荐，并有条理地说明推荐理由。
				重视朗读，借助语气语调、重音节奏等传递汉语声韵之美，在反复朗读中加深对文本内容的理解。
				能主动阅读体现中华优秀传统文化、革命文化、社会主义先进文化的作品，在阅读、参观、访问过程中，结合具体内容或时代背景丰富对作品内涵的理解。

续表

一级指标		二级指标		关键要素的行为表现
一篇好文章		梳理与探究	解释推断	掌握查找资料、引用资料的基本方法，分清原始资料与间接资料，学会注明所援引资料的出处。
				学习跨媒介阅读与运用，体会不同媒介的表达特点，根据需要选用合适的媒介呈现探究结果。
	能写一篇好文章	表达与交流	陈述与叙述	养成留心观察周围事物的习惯，有意识地丰富自己的见闻，乐于表达自己独特的感受。
				在活动中积累素材，写简单的记实作文，内容具体、感情真实。
				写想象作文，想象丰富、生动有趣；能写读书笔记、常见应用文。
				能用多种方式记录和分享阅读、参观、访问的经历、见闻及心得体会。
				乐于参与讨论，敢于发表自己的意见。
				能认真、耐心倾听，抓住要点，并作简要转述。
			解释与分析	能主动梳理、记录可供借鉴的语言运用实例，比较其异同，并积极运用于不同类型的写作实践中。
				能与他人分享阅读作品获得的有益启示，有意识地运用积累的语言进行书面表达。
				能根据积累的知识和经验初步判断信息真伪，感知情感倾向，形成自己对社会热点问题的初步认识。
				能概括说明性文字的主要内容或简单的非连续性文本的关键信息，初步判断内容或信息的合理性。
			介绍与说明	能用准确的语言清楚地介绍、说明事物或程序，运用文本主要信息解决现实生活中的简单问题。
一副好口才		梳理与探究	应对与调整	能根据表达需要，准确使用常用的标点符号。
				能根据对象和场合，作简单的发言。
				能用多种媒介方式表达交流。

续表

一级指标	二级指标	关键要素的行为表现	
一副好口才	梳理与探究	创造与表现	能积极参与活动的策划与组织工作，围绕学习活动搜集材料，提供简单的活动设计方案。
			能根据校园、社会活动的需要，自己独立或与同学合作撰写活动计划、实施方案或活动总结。
			能借助跨学科知识和相关材料，与同学合作探索解决问题的具体方法，运用相关知识解释自己的想法，记录探究的过程及结论，写简单的研究报告。
			能组织讨论和专题演讲，发表自己的观点，在交流反思中辨别是非、善恶和美丑。

案例解读四

六年级语文学业质量监测样卷（部分）命题说明
（2022 年上学期期中测评）

六年级语文学业质量监测样卷，对标主题教学“三个一”素养目标，设计了非连续性文本阅读题。与传统的非连续性文本阅读题不同，本题以说明为主要表达方式，注重在情境任务、语言实践、综合运用中推动学生阅读能力的发展。具体来看，本题以当科技馆“小小讲解员”为情境，把所有题目分成五个任务板块，每个任务板块都为情境服务，从“了解信息”到“设计展厅”，螺旋式推动学生阅读能力的发展。同时，以实用为前提，注重思维能力的进阶。

毕业季恰逢学校成志科技馆落成，六年级同学作为第一批参加科技馆的成志少年，与大家分享参观感受，充分挖掘科技馆的使用价值，丰富学弟学妹们的使用体验，提出建议与畅想。

【材料一】

成志科技馆课程安排表

年级	科目	内容
一—六	科学	VR 数字模拟
一—二	信息科技	乐卡机器人

续表

年级	科目	内容
一—六	信息科技	竞技对抗机器人
三—六	信息科技	定位车智能控制
一—二	科学	初探电子世界
三—四	科学	玩转电子世界
五—六	科学	智造电子世界

【材料二】

成志科技馆集中授课区设置了 VR 数字模拟、乐卡机器人、竞技对抗机器人、定位车智能控制、电子世界（初探、玩转、智造）等 5 种课程，具体如下图所示：

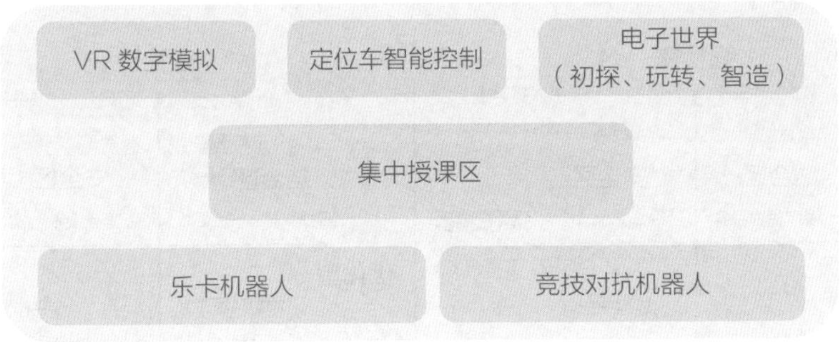

【材料三】

①什么是人工智能（AI）？人工智能是在计算机辅助下模拟、延伸甚至拓展人类智能的一种技术。人的智能主要由大脑掌握，人工智能则由电脑控制。

② 2016 年，由谷歌公司开发的人工智能围棋计算机“阿尔法狗”，以 4∶1 的成绩击败前世界冠军围棋职业九段李世石，在围棋领域做到了超越人类的智能。“阿尔法狗”是凭什么战胜世界冠军的？这得益于两种学习方式：深度学习和强化学习。人工智能专家会把大量已有的围棋对局提供给“阿尔法狗”，“阿尔法狗”对大量围棋棋局进行分析，解读棋局中每一步棋的利弊，并判断当前局面获胜的概率，从而对这些棋局的各种对弈策略和方法了如指掌、烂熟于心。这个学习的过程叫深度学习。在此基础上，“阿尔法狗”

还要进行至少 3000 万步的自我强化训练，自己与自己对弈，以获得相当丰富的实战经验。因此，“阿尔法狗”能轻松击败人类的围棋世界冠军。

21 世纪以来，随着互联网的普及和大数据的收集，人工智能已经应用到我们生活的方方面面。网上商业通过人工智能分析用户的消费记录并推送用户喜欢的商品；警察利用智能摄像机，发现、定位、跟踪犯罪嫌疑人，执行精确和迅速的抓捕。人工智能教室、人工智能家居、人工智能无人汽车驾驶，在不久也许会融入我们的生活。

③人工智能带来的挑战。分析人工智能是否会取代人们的工作岗位，不能仅仅用传统“低技能”对比“高科技”的单一维度来分析。尽管人工智能可以在基于数据优化的少数工作中远胜人类，但它无法自然地与人类互动，肢体动作也不像人类那么灵巧，更做不到有创意地跨领域思考或完成一些需要复杂策略的工作。

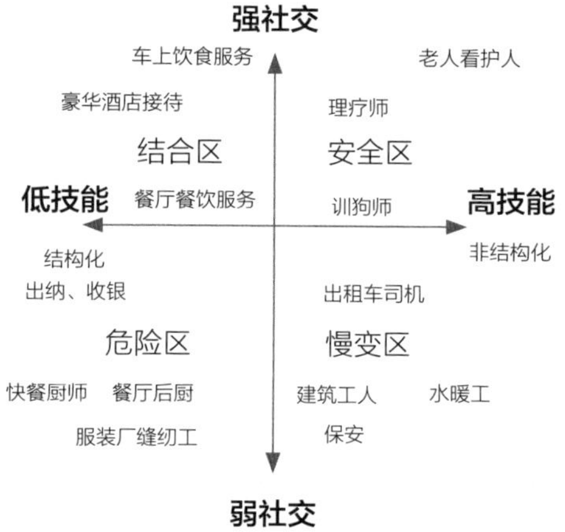

就业风险评估图：体力劳动

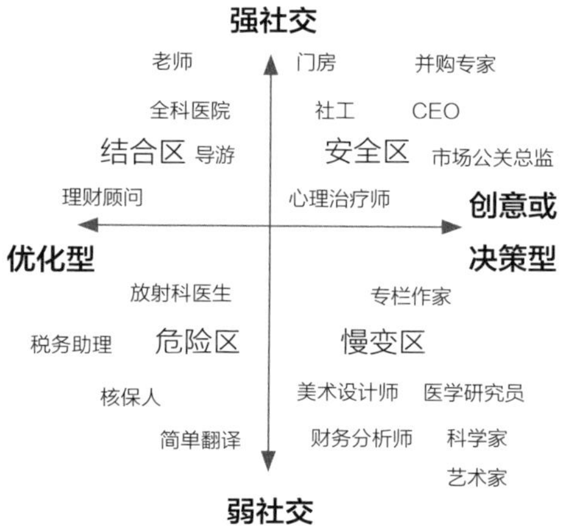

就业风险评估图：脑力劳动

〔任务一〕走进科技馆，了解课程信息

1. 走进成志科技馆的电子与信息创客空间，你会了解到（　　）。

A. 一年级同学可以从科学课上学到“玩转电子世界”的内容

B. 在信息科技课上，全校同学都可以感受竞技对抗机器人的魅力

C. VR 数字模拟只能满足六年级同学对科学探索的需求

D. 想学乐卡机器人，请一、二年级的同学找老师报名

〔任务二〕参观科技馆，进行课程规划

三、四年级的成志少年计划走进成志科技馆进行实地体验，请六年级同学为他们规划“科技馆半日游”的体验课程。

课程名称	体验时间	体验内容
1.	9:30—（　　）	
2.	（　　）—（　　）	
3.	（　　）—11:30	

〔任务三〕介绍科技馆，拟定讲解提纲

六年级的丁香同学参观成志科技馆后，搜集了人工智能相关资料，打算建议学校在科技馆开设人工智能体验专区。为了清楚准确地介绍人工智能的相关信息，请你结合材料三，帮她把讲解提纲补充完整。

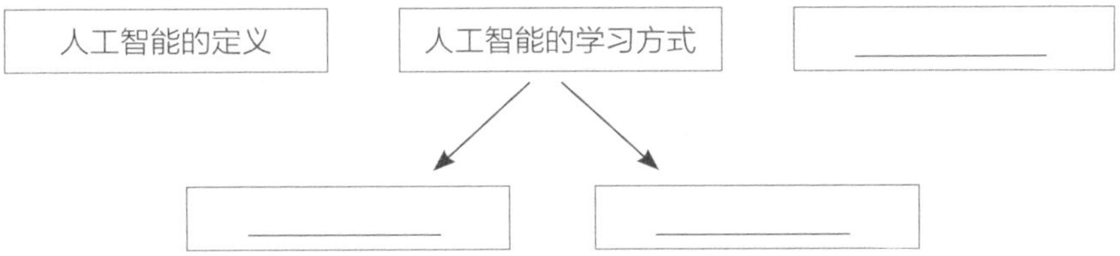

〔任务四〕探究科技馆，启发互动思考

丁香同学还建议在人工智能体验专区设计一面互动墙，提出互动话题，请同学们发表个人的见解。

互动话题：人工智能会取代人类吗？

请你结合材料三，尝试回答以上互动话题，写出你的思考：

____

____

〔任务五〕畅享科技馆，设计体验专区

六年级同学准备在科技馆的集中授课区设计临时体验专区，让体验者深度感受人工智能给生活带来的改变。作为其中一员，请你在下面表格中完成设计，方便体验者了解人工智能的相关知识，感受科技给生活带来的便利和挑战。

人工智能体验专区

<table>
<tr><th>区域名称</th><th>内容设计</th><th>设计要求</th></tr>
<tr><td>展示区</td><td></td><td rowspan="2">1. 可通过张贴、摆放、操作等形式进行设计。
2. 结合三则材料和生活经验进行设计。
3. 每个区域至少设计两项内容。</td></tr>
<tr><td>体验区</td><td></td></tr>
</table>

〔任务一〕“走进科技馆，了解课程信息”主要考查学生在提取信息时利用多种信息渠道获取资料、捕捉重要的隐性信息的能力。

〔任务二〕“参观科技馆，进行课程规划”主要考查学生根据需要筛选、整理相关信息的能力。

以上两个任务主要指向提取信息的能力，从提取、捕捉到筛选、整理，既符合学生真实生活的需求，也符合情境创设的需求。

〔任务三〕“介绍科技馆，拟定讲解提纲”主要考查学生整体感知的能力，在阅读过程中获取主要内容，用文字、结构图等方式梳理作品的行文思路。

〔任务四〕“探究科技馆，启发互动思考”是在信息提取能力基础上的进阶，主要考查学生的解释推断能力。学生能品味作品中重要的语句和富有表现力的语言，并用圈画、批注等方式，在推断整合中记录自己的感受。

〔任务五〕“畅享科技馆，设计体验专区”是一道开放型试题，既考查学生的解释推断能力，又考查其梳理探究能力。这道题要求学生在阅读文本材料后，能借助与文本相关的材料，结合作品关键语句提出自己的观点或看法，并有条理地说明设计内容。在要求学生对临时体验专区进行内容设计时，特别提示“可通过张贴、摆放、操作等形式进行设计”，旨在考查学生根据需要选择恰当的方式呈现探究结果的能力。

行文至此，对于“文以何载道”的答案，笔者仍在孜孜以求地探寻。在过去三十余载的探寻之路上，用主题教学作为行动指南，以研究课题为核心，以教学为抓手，在教育教学研究与实践的征途中不断反思、持续求索。

第四章 小学语文主题教学实践的学习任务“六步法”

长期以来，语文教学被认为存在诸多问题：字词句篇、“语修逻文”、听说读写等知识传授碎片化，教学形式单一，路径直线化；“知识＋能力”的培养目标浅表化，没有得到夯实；教师依循教材而教，内容组织抽象化；等等。针对这些问题，新课标提出的学习任务群第一次从“课程内容”角度，明确了“教师教什么”“学生学什么”等语文课程的内容组织与呈现方式问题。

前文阐述了近年来主题教学中特定学习主题引领的学习任务实施“四动力”系统及“四增值”。那么，从“课标驱动”到“任务驱动”，如何让学生做积极的语用者？如何引导学生在观察探索语言文字现象的过程中自主积累、主动探究，增强语言文字运用的敏感性及对传统文化的信仰？特别是在今天建设教育强国的背景下，如何实现高质量、高水平的因材施教？本章将重点阐述特定学习主题引领的学习任务群及学习任务的具体设计与实施。

一、特定学习主题引领的学习任务“群”概念辨析

新课标实施一段时间以来，一线教师在课堂教学中尝试将任务“群”化。那么，为什么要提出任务“群”？如何实现“群”化？面对各种“群”的概念，教师不免感到困惑。教师应注意从语文学习任务群的表述聚焦到具体实施的学习任务上。“群”，一般是指聚在一起的人或物。在语文课程教学语境中，笔者将对意义群、学习任务群、主题课程群三个“群”概念进行简要辨析。

（一）作为学习任务雏形的意义群

“意义群”，就是基于儿童成长需求，朝向儿童语言学习，围绕单篇或者群文，在主题同构或异构的教学创生中，挖掘学习主题关键语句，逐步涵养

并生长出的具有任务雏形特征的概念集群。如早期语文学习中的复述任务、分析任务等。这里的“群”侧重教学过程中文本的语言、精神、思维整体意义组织，以生成儿童精神画像。

笔者几十年来坚持探索单篇经典教学。当然，在有的讲读课中，也遵循叶圣陶老先生“教材无非是个例子”的观点，根据不同经典课文的典型性，将其当作一个挖掘丰富学习资源、意义建构学习主题的例子，于是就有了最初“学习任务”的影子（详见第一章中的相关内容以及《书戴嵩画牛》等课例）。

单篇经典虽历经岁月淘洗，但永不过时。当与今天课程改革强调的“语言运用”学习任务相遇时，我们要尊重极具独特性、典型性、文化性的经典文本。其中有的可以进行纯粹的“咬文嚼字”，有的可以切口大一些，或纵深挖掘或广泛联结。我们甚至可以尝试因单篇而设计一个任务链。无论怎样，我们必须实事求是，必须尊重单篇经典本身“定篇”的特定历史经验，单篇不一定一概“被任务”化。

（二）作为新课标内容组织与呈现方式的学习任务群

新课标提出以学习任务群组织与呈现课程内容，核心在于“任务”驱动。这里的“群”强调的是一系列学习任务组成的内在关联体，在概括性和具体性之间寻找联系与平衡，既指向课程逻辑，同时也涵盖了教材编写逻辑，通过组合、组群，发挥培育四方面核心素养的合力。

从笔者多年来的课堂教学设计与实施经验来看，当年的“意义群”已经有了指向儿童成长，“挖掘”单一语词或课堂交叉复合型表达内容的学习任务雏形。而今，主题教学需要更进一步，使学习任务之间形成立体交叉结构，或并联或递进，指向同一目标的达成。

有学者曾这样形容：新课标的六种学习任务群是理想风景，而摆在教师面前的是现实风景。尽管理想风景是那般美好，我们却总是留恋现实风景，觉得这般独好。笔者认为，眼前的风景恰恰是通向彼岸的桥梁，要大胆走过去。因为如果没有一个个“语文学习任务”的日积跬步，就没有“语文学习任务群”的全面推进。

当前，教师进行的学习任务设计以教材单元为主，鉴于此，如何将由若干学习单元组成的学习任务群设计成有逻辑关联的学习任务？后文有具体阐释，在此不展开。我想，最重要的一条原则，就是在发现课程、分析课标和解决教材问题的前提下，有机整合学习的情境、内容、方法、资源、评价等，完成从学习任务群到学习任务的细化和具体化，开展特定学习主题引领的任务学习（参见第四章），进而获得学科核心知识，重构语言经验。

（三）作为综合课程创新形态的主题课程群

主题课程群的构建源于笔者在课堂教学中引导学生挖掘学习主题，构成意义群，在此基础上依据课程标准，探索特定单元学习任务群的设计与实施。这一课程形态基于语文学科，走向多学科融通，涵盖小课题研究、项目化学习等跨学科、超学科的学习形式。如清华附小在整体课程设计中以“成志榜样”为指引，围绕主题整合多个学科的知识与能力、情感态度与价值观等教育元素，集成教材单元、整本书阅读、跨学科学习，以及其他学科综合学习、项目化学习等多种类型的学习任务，设计了一系列相互关联的综合课程。

笔者带领团队建构实施的主题课程群（关于校本年度主题课程群可参见第八章），遵循语文学科本质属性与儿童成长规律，围绕中华文化典型榜样人物，以主题统领，依然立足语文学科六个学习任务类型，但综合融入学生自创的校本项目式小课题研究等课程形态。

可见无论什么“群”都不可怕，目的都是整体提升语文学习效能，关键是教师要厘清任务、学习任务、语文学习任务的内涵，这也是新课标中最突出的变化之一。在此基础上，明确主题范畴与属性，以主题内容与载体形式为牵引，通过学习任务，让学习者学会动脑。这也就突破了“知识传递 + 机械训练 + 灌输教授”的惯性教学系统。进而依据学生学习动机、目标指向、内容规约和主题教学课程化实践效果，从静态注重典型语言材料到动态强调语言实践迁移运用，超越语文学科本身，引导学生在观察、表达、反思、做事中实现语言、思维、精神系统发展。这样的教学通过“专业化实践”帮助学生提升问题解决能力、价值判断能力，最终回到学生本身的精神站立。

意义群、学习任务群、主题课程群，三者都是从整体出发，旨在消解单一或线性导致的过深、过窄问题，发挥结构化优势，努力凸显课程统整、素养融通的内容组织与呈现方式。其中，意义群侧重“理解”的概念集群，随着时代推进，进阶为学习任务群。学习任务群侧重“运用”导向的内容组织与呈现方式，再跃升为主题课程群。主题课程群则撬动各学科（包括10%跨学科主题学习、综合实践活动等）共同走向理解后的综合转化。基于此，从教学理解逻辑到学科育人逻辑再到学校课程整体育人逻辑的转型升级得以实现。

二、特定学习主题引领的学习任务设计内涵意蕴

主题教学主要通过提炼教材特定学习主题进行单元设计，以此作为实施课堂教学的基本路径。[1]在“教”教材过程中，教师应坚持“目标导向、问题靶向、质量取向”，突破依据知识点、能力点制定的线性课程安排，依托指向语言文字和生活的语文实践活动，在课堂教学中进行创新性转化。也就是说，语文学习任务既有欣赏风花雪月的理想图景，也有走向柴米油盐的真实日常，不同的任务主线会导向不同的结果。

由此，我们在设计任务时，脑海中需要有这样的意识：所设计的学习任务是不是让学生成了任务“执行人”甚至是“工具人”？是否在设计学习任务之前，就已经把具有召唤性、统摄性的特定学习主题作为引领？再者，所设计的学习任务要解决的核心问题是什么？更重要的是，我们在设计学习任务时，不是为了语言实践而实践，不是局限于教材的知识性内容，而是要考虑文本的创作意图、语言规律和特点、艺术手法乃至相关的文艺理论或文学批评等。这是教师文本解读基本功的底层逻辑，也是我们在设计特定学习主题引领的学习任务时需要建立和拥有的能力。

（一）特定学习主题引领的学习任务设计内涵

当学习由任务驱动，学生就会积极参与真实情境中的任务。就学习动机而言，要让学生在真实的任务和挑战中迸发学习内驱力。特定学习主题能够触动学生的内在需求，激发他们的探索欲望和学习动力。任务与生活实际紧

---

[1] 窦桂梅.学习主题引领下的学习任务设计与实施：依据新课程标准，用好现行统编小学语文教材[J].课程·教材·教法，2023，43（10）：74-81.

密相连，教师要让学生在完成任务的过程中感受到主题的意义和价值，从而持续产生学习动力。

就学习过程而言，要让学生在运用语言解决问题的过程中提升素养。那些贴近现实、结构复杂、对学生理解具有重要性和必要性的基本问题，有助于学生理解学科内看似孤立的事实和技能、重要却抽象的思想和策略，激发学生用语言去描述、分析、推理和表达。在此过程中，学生不仅是语言的学习者，更是思维的建构者，通过提问、讨论和反馈，用语言挖掘问题的本质、构思解决方案的框架，并形成清晰的表达效果。

就学习方式而言，要让学生在具身实践中建构语言。由于特定学习主题的特定性，基于学科逻辑的语文知识结构应与基于学习逻辑的语言活动经验相辅相成，让学生在真实语境中运用语言，通过亲身体验来感受语言的魅力。在此过程中，应鼓励学生进行个体反思和总结，将所学知识与自身经验相结合，形成个体语言经验。

（二）特定学习主题引领的学习任务关键要素

新课标的“课程理念”部分提到：“以生活为基础，以语文实践活动为主线，以学习主题为引领，以学习任务为载体，整合学习内容、情境、方法和资源等要素，设计语文学习任务群。”据此我们提取出特定学习主题引领的学习任务的六个要素：

• 特定学习主题。这是设计学习任务的核心。教师要提取、凝练特定学习主题，发挥好特定学习主题深化、扩展、整合学科核心知识、促进其结构化的作用。

> **敲黑板**
>
> · 学习任务六要素：我们在设计学习任务时，通常会关注六个关键要素，但这并不意味着它们是全部要素。其他要素，如学习情境和学习策略，同样也在学习任务中扮演着非常重要的角色。实际上，语言运用就涉及真实情境的创设，在设计学习目标时也会涉及有关学习方法的策略性知识等。此外，学习策略也贯穿在学习活动的各个环节中。
>
> · 学习任务盲点：在设计学习任务时，我们必须始终将语文实践活动作为主线，这意味着学习任务不仅是语言运用的实践，更是提升语文素养的重要途径。因此，我们应避免落入学习任务形式化、浅表化的陷阱，确保学习任务能够充分体现语文实践活动的深层内涵和真正价值。

• 学习目标。这体现为对期望学生达到的素养具体表现的描述，反映了学生在真实情境下完成任务的收获，涵盖知识与能力、过程与方法、情感态度与价值观等方面，是学习任务设计的出发点和归宿。

• 学习内容。这包括对教材内容进行重组后形成的结构化、整合性的学习内容，还包括跨学科学习内容等。主题教学努力增强学科内容的开放性与弹性，以适应学生的学习需求。

• 学习活动。主题教学在目标驱动下对学习任务进行课时安排与细化，形成学生在具体情境下开展的、具有内在关联的实践活动。

• 学习资源与支架。这包括旨在保障学习任务实施的支撑性资源，如学习资料、学习工具、学习方法指导和学习策略培养，以及帮助学生破解学习过程中要点、难点和卡点的支架性工具，特点是精当、易懂、好用。

• 学习评价。这是跟踪和诊断学生任务完成过程的重要工具，同时也是促进学习改进的重要指南。

三、特定学习主题引领的学习任务操作策略

要实现新课标强调的“教—学—评”一致性，就需要从课程目标到课程内容再到学业质量标准，从教师教学到学生学习再到学习评价，形成相互配合、协调统一的整体。这样一来，主题教学作为一个集目标、内容、实施和评价为一体的实践体系，要在教学设计和教学实施中始终贯彻一致性要求，以特定学习主题为引领，精心设计学习任务，推动师生在课堂上综合运用学习任务实施“四动力”系统，进行语言文字的理解和应用，并以过程性、整体性评价推动教与学的改进提升。

策略具体化是任务深刻化的关键。特定学习主题引领的学习任务设计是行动指南，操作策略则是学习任务的“施工图”。一套具体、可操作的策略是任务有效实施的基础，既可以为教师设计教学提供依循，也可以为教研备课提供支撑。基于此，我们将学习任务的六个关键要素转化为“六步法”基本实施模型，用于指导学习任务的设计与实施（图 4.1）：

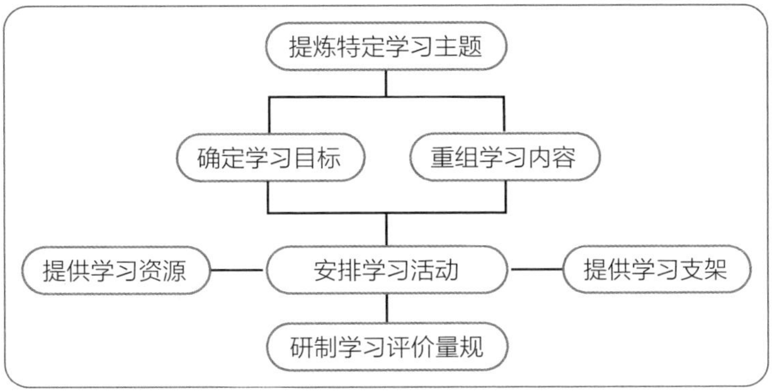

图 4.1　特定学习主题引领的学习任务操作策略

（一）提炼特定学习主题

提炼特定学习主题是建立在对学习主题的特定性理解基础上的。学习主题是中位概念，基于某主题，指向学习任务，易被学生理解，是内容层面的核心表达，为学习指明方向。特定学习主题是下位概念，强调动态实践，聚焦任务具体落实，驱动学生在自主体验里将学习内容化小、化细、化实、化活，更重视知识运用与实践能力培养。所以这里从具体单元或单篇的操作逻辑入手，来说明特定学习主题如何提炼。

就具体的教材单元而言，将单元人文主题与语文要素加以统整、提炼，生成特定学习主题，就实现了教材中人文主题与语文要素从双线组元到深度融通的动态跃升。因此，从主题到特定学习主题，是理解内化再生发的过程（图 4.2）。

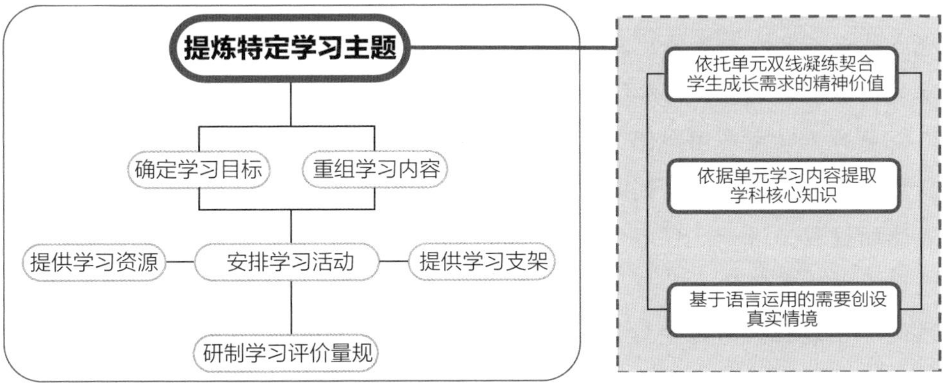

图 4.2　特定学习主题引领的学习任务操作策略之一：提炼特定学习主题

从实践运用的角度来看，提炼的特定学习主题有四个特征：统摄性、驱动性、召唤性、学习性。统摄性意味着特定学习主题对学习任务有引领作用，与前文所述学习主题中所包含的精神价值、核心知识与语言运用三个要素有内在关联。驱动性是指特定学习主题需要有明确的学习任务驱动指向，能够激活语言运用的动机。召唤性是指完成学习任务对学生学习产生的意义与价值指引。学习性强调学习者开展的学习任务应针对具体而丰富的语文实践活动展开。

在具体提炼特定学习主题时，要力求做到三点：内涵上，对教材中的人文主题与语文要素进行统整，体现人文性与工具性的有机统一；内容上，对教材单元的知识系统、助读系统、练习系统、课文系统等进行重组，建立内在关联；表达上，做到少而精、简而远。因此，某一特定学习主题一旦被提炼出来，就会成为教材单元任务重组后语文实践活动的依据，指向具体实施路径。这样一来，特定学习主题就自然融入学习任务中，并内化于儿童之心，载其道，化其人。

以统编版教材五年级上册第六单元为例，其特定学习主题是“制作真情纪念册”。我们基于儿童成长需要和对教材单元教学思路的梳理，确定了这一特定学习主题和学习任务。“制作”是让成长“可见”的有效过程，“真情”是对人文主题的落实，而“纪念册”就是“练笔”“表达”“分享心声”的载体，体现了语文要素的进阶成果。从练笔到填写观点梳理卡，再到设计制作真情纪念册，这些学习活动始终与教材内容包含的单元双线要求保持一致。在“读名家悟真情，写练笔诉真情”—“思辨中理解真情，交流中表达观点”—“记录真情场景，分享爱的心声”这条任务链中，“真情”这一要素反复出现，贯穿整个制作纪念册的学习过程。

另外，学生在围绕阅读体验和生活体验中的“真情”进行学习时，会经历从片段式的书面表达到基于理解的口语表达，再到融汇进阶的完整的书面表达的过程。这一过程不仅展现了能力要求从单一向多元、从简单到复杂的递进，也体现了学生学习从理解体会到一副好口才、一篇好文章的创造性表达的深化过程。通过精心设计，整个单元各个子任务之间形成了相互关联、层层递进的关系，确保了学习活动的连续性和发展性。

教学点拨

· 依托单元双线凝练契合学生成长需求的精神价值。在提炼特定学习主题时，需要整合教材中的人文主题和语文要素，确保所选主题与学生的成长需求和心理特点紧密相连。这样的主题不仅能够触动学生的心灵，还能够激发他们的学习兴趣和内在动力。

· 依据单元学习内容提取学科核心知识。特定学习主题的设计应紧紧围绕学科的核心知识展开，通过深入挖掘和提炼单元学习内容的属性（如童话、寓言等），帮助学生建立起科学且坚实的学科专业知识框架。

· 基于语言运用的需要创设真实情境。在开展特定学习主题引领的任务学习时，应基于真实的情境，让学生在模拟语境中进行语言实践。这种情境化的学习方式不仅可以增强学生的语言运用能力，还能使学习过程更加生动有趣，激发学生的语文学习热情。

（二）确定学习目标

学习目标一旦被细化、具体化、适切化，就能让抽象的总体目标变得亲切可感，易于理解和实施（图 4.3）。

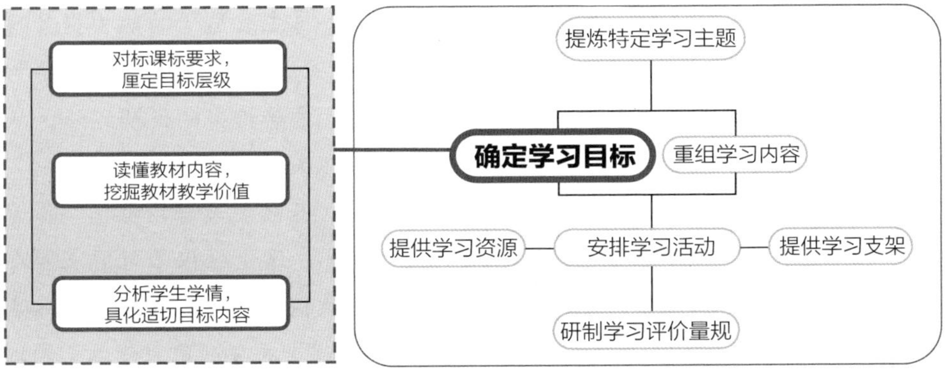

图 4.3　特定学习主题引领的学习任务操作策略之二：确定学习目标

学习目标好比“路标”，不仅为学生提供了明确的学习方向，而且对学生在实际学习过程中应达到的精神、思维和知识层面的具体表现进行了详尽阐述。这种目标设定，旨在让学生在完成真实情境下的任务时，能够有明确的目标和预期成果。同时，学习目标也明确了学习方法和路径，以及学生在这一过程中应形成的能力。

如果说学习目标使学生在学习过程中能够有的放矢，更有效地完成学习任务，那么，在设计学习任务时，应确保学习任务的难度、深度和广度与学习目标相适应。这样，学习任务就不再是简单地完成一项活动，而是成为学生实现学习目标重要而多样的实践载体。

教学点拨

·对标课标要求，厘定目标层级。在确定学习目标时，需对照课标，厘定出单元中各个学习目标的层级，确保这些目标明确、具体且可量化，以保证目标的适切性和实施的可行性。

·读懂教材内容，挖掘教材教学价值。教材内容的理解包括单篇经典和单元内容的深入解读，为了充分利用教材资源，需深入挖掘其中的教学价值。只有将学习目标与教材内容紧密相连，才能确保教学活动充分转化教材的内在价值。

·分析学生学情，具化适切目标内容。对学生的学情进行深入分析，包括学生已有的知识基础、所处的发展阶段与发展诉求，以及当前学习所面临的困境等。这些分析有助于确立教学中的着力点，制定适切的学习目标。

“介绍一种事物”是统编版教材五年级上册第五单元的习作主题。本单元习作围绕“说明白”的表达要求，通过三个阶段——习作前、习作中和习作后，构建了“感悟表达—提炼方法—初步试炼—自主表达”的能力提升路径。学生可以选择自己了解并感兴趣的事物进行介绍，聚焦事物的主要特点，尝试使用单元教材里的列数字、举例子、打比方等恰当的说明方法，从不同方面把事物“说明白”，从而激发阅读兴趣和求知欲望。

2023 年是神舟十号发射成功十周年，我们以“开展航天好物推介”作为特定学习主题，引领学生参与航天好物的读写任务。学生根据学习需求，有针对性地选择航天内容学习任务包，进行表达策略探究，逐步梳理推介方法和结构框架，最终完成“航天好物推介”的习作。课上充分利用习作单元的板块功能定位，针对学习目标划分了三段习作进阶，不仅有利于学生有序开展学习活动，更为学习过程提供了强有力的抓手和支撑。

• 第一进阶目标：学习方法。学生通过阅读《太阳》等课文学习说明方法，并将其运用到此次特定习作任务中，来“说明一种事物”。这节课挖掘出航天员生活和工作中的器物，以“陌生的用熟悉的来表达，抽象的用具体的来呈现”作为核心知识，为后续学习提供帮助。

• 第二进阶目标：练习运用。学生借助“初试身手”活动，结合习作例文《鲸》，将说明方法用于说明航天好物的特点，并在说明事物特点的过程中运用说明文的核心知识，把握说明文的基本规律。

• 第三进阶目标：表达实践。学生选定要介绍的航天好物后，开启好物推介会，升华对祖国航天事业的自豪感以及对航天人的崇敬之情。

（三）重组学习内容

确定了特定学习主题和学习目标之后，如何重组适切的学习内容以实现目标？教师需要将教材内容转化为结构化、个性化的学习内容，使之更适合学生的认知水平（图 4.4）。

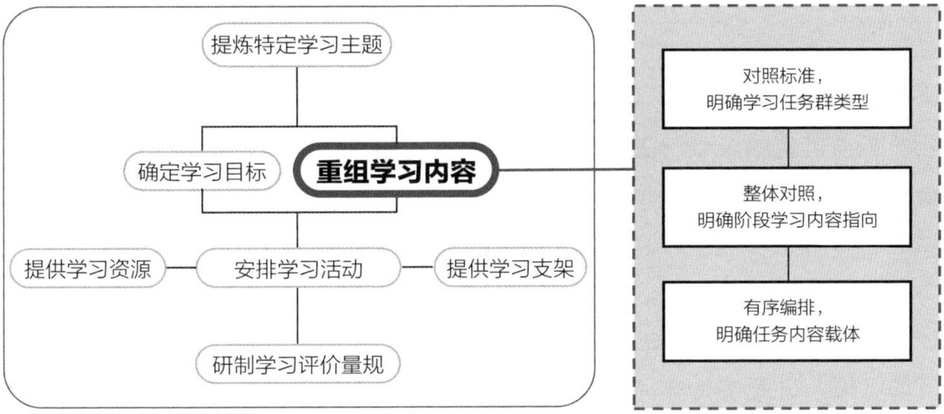

图 4.4　特定学习主题引领的学习任务操作策略之三：重组学习内容

根据主题内涵的深度与广度、语言文字的典范性程度以及经过时间检验所获得的接受度，教材中的课文分为精读和略读两种类型。精读课文通常用于深入分析和学习，而略读课文则用于拓宽阅读视野和提升阅读速度。教师更多时候会结合教材单元双线，理解并延展与单元主题紧密相关的阅读内容，开展备课。同时，还要考虑学生的兴趣和需要，从丰富学生视野的角度，适当补充不同类型的经典作品，体现基于教材、超越教材的原则。

重新组合后的学习内容，是学生开展语文学习的重要材料。这些内容最终通过情境性、实践性、综合性的学习任务呈现出来。

教学点拨

·对照标准，明确学习任务群类型。在设计学习任务时，应对照课程标准，重点把握六种学习任务群的内涵，并与教材内容进行适度匹配。这种匹配不是简单的一一对应关系，而是可能涉及单一或多种任务类型的交叉融合，以实现对学习内容的针对性重组和优化。

·整体对照，明确阶段学习内容指向。围绕特定学习主题的学习目标，既是学习的预期结果，也是设计学习任务的重要引领。对学习任务进行整体性对照分析，能够确保每个子任务的分解既合理又定位准确。这一步骤是保障学习内容系统性和连贯性的关键。这样的分析，有助于教师更有条理地理解学习任务的脉络，形成完整的学习任务链，激发学生迎接学习挑战的内在动力。

·有序编排，明确任务内容载体。学习任务的内容载体应当根据学生的认知规律和学习特点进行有序编排。在编排过程中，应充分考虑学生的年龄特征、心理特点和认知水平，选择最适宜的内容载体，在学生的最近发展区为其搭建进阶之梯。

如面对统编版教材五年级上册第七单元的人文主题“四时景物皆成趣”，如何聚焦于语文要素“初步体会课文中的静态描写和动态描写”以及“学习描写景物的变化”等内容，侧重培养学生的文学鉴赏能力和表达能力，教师要围绕这一“双线”解读教材内容。本单元安排了精读课文《古诗词三首》《鸟的天堂》和略读课文《月迹》；语文园地在“交流平台”中提供了景物描写的示例，引导学生在“词句段运用”中练习景物的动静描写；尤其是习作部分，要求学生按照一定的顺序描写景物，并重点写出景物的动态变化。

为了重组这一单元学习内容，我们以“为《水木童心》杂志‘好景共赏’栏目供稿”为特定学习主题，以“______即景”习作任务为驱动，开展了一系列任务学习活动。

重组后的学习内容如下：首先，通过学习《山居秋暝》等诗作，引导学生了解王维“诗中有画”的创作手法，从而激发学生在写景习作中的灵感。然后，通过《鸟的天堂》和语文园地的学习，引导学生探寻描写景物动态变化的技巧。最后，结合《月迹》和单元习作，组织学生完成“好景共赏”的征稿，并进行交流分享活动。

（四）安排学习活动

学习活动既包括横向的多个学习领域，也包括纵向的课内外学习活动。无论哪种类型的学习活动，其内在关联性都体现为对学习任务的分解和落实。这些活动相互衔接，形成了时间与空间上的有序进阶，并实现了课内外活动的协同开展（图 4.5）。

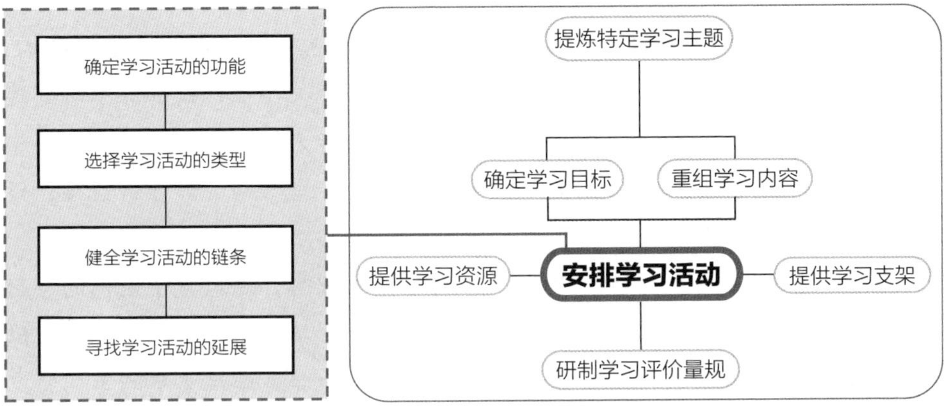

图 4.5　特定学习主题引领的学习任务操作策略之四：安排学习活动

在主题教学中，学习活动是开展学习任务的行动路线图，指导学生如何一步步地完成学习任务，揭示了学生达成学习目标的具体途径。教学活动和学习活动之间密切配合，形成合力，能够有效促进学习任务的落实。

教学点拨

· 确定学习活动的功能。明确界定学习活动的功能和目的至关重要，这可以确保每一项活动都紧密围绕学习目标展开，以避免活动的重复和叠加，减轻学生负担。

· 选择学习活动的类型。根据具体的学习目标和内容，选择合适的学习任务类型是关键。有趣且富有挑战性的活动，能够激发学生的学习兴趣和积极性，促使他们更加主动地参与到学习过程中。

· 健全学习活动的链条。为了保障学习活动的连贯性和有效性，需要完善活动的每一个环节，包括活动前的准备、活动实施，以及活动结束后的反馈与评估，以确保活动的顺利进行和目标的实现。

· 寻找学习活动的延展。学习活动应超越教材课时或学校课堂的局限，鼓励学生在活动结束后继续探索和学习。这种延展性学习可以帮助他们深化、转化对课堂知识的实践性理解，同时也能拓宽他们的应用视野，培养他们持续学习的品质。

如统编版教材五年级下册第七单元的《金字塔》一课，教材内容十分丰富，包含了文字描述、图像展示和数据等多种信息形式。在主题教学中，如何围绕丰富的学习内容开展相应的学习活动？

在深入探索这一非连续性文本之前，学生首先展开预学，全面了解金字塔的历史背景、文化意义等基础知识，对金字塔形成直观的整体感知。课上，学生通过学伴共学，重点进行图文互证，利用文本中的图片、数据等元素，与文字描述相互印证，从而更直观、更深入地理解金字塔的建筑结构、特点及其所蕴含的文化价值。通过小组讨论和分享，学生不仅加深了对非连续性文本的理解，还提升了团队合作能力和沟通能力。课后，我们还安排了延学活动，引导学生开展一系列与金字塔相关的实践活动，如资料搜集、设计图制作、模型制作与展示交流等。

这些活动不仅深化了学生对金字塔的认识和理解，还激发了他们的学习兴趣和创造力。在活动过程中，我们尤其注重引导学生从内容表达、语言风格、介绍形式等多个角度出发，对比连续性文本和非连续性文本的不同特点和表达效果，理解不同文本形式的“画面感”，进而鼓励学生充分发挥各种文本形式的优势，并将其运用到后续的写作任务中。

（五）提供学习资源与支架

以单元学习任务设计作为结构化的图谱框架，以课内和课外的学习活动作为任务分解的行动路线图，那么，学习资源与支架就能够更好地支撑和保障学习活动的开展，帮助学生最终完成具有挑战性的学习任务（图 4.6）。新课标强调坚持目标导向，“从核心素养形成和发展的内在规律出发，紧密结合语文教材内容，选择有利于组织和实施综合性语文实践活动的优质资源，构建开放多元的教学资源体系”。

学习资源，指能够支持学习任务完成的所有媒介资料。在教学过程中，教师要根据学习任务、学习活动、学习卡点等，选择与运用合适的资源展开教学。学习资源种类繁多，大体可以梳理为三类：一是结构性资源，这类资源能够为学生提供清晰的学习框架和路径，如学习手册、学习路径图等；二是功能性资源，是在学习活动实施过程中发挥补充和辅助作用的资源，如工具书、AI 软件等；三是需求性资源，是为应对学生在课内与课外活动中可能遇到的问题、困难而搜集的补充材料，常以资料袋的形式供给。

学习支架，在教育心理学中，指的是用来帮助学生完成那些他们还不能独立完成的学习任务的支持工具和策略。在教学过程中，搭建不同类型的支架能够为学生提供必要的支持与帮助，引导学生达到更高的学习水平，提升核心素养。常见的支架形式有问题支架（促进学生的提问和探究）、图表支架（为学生提供可视化信息）和交流支架（增强学生的沟通和写作能力）等。

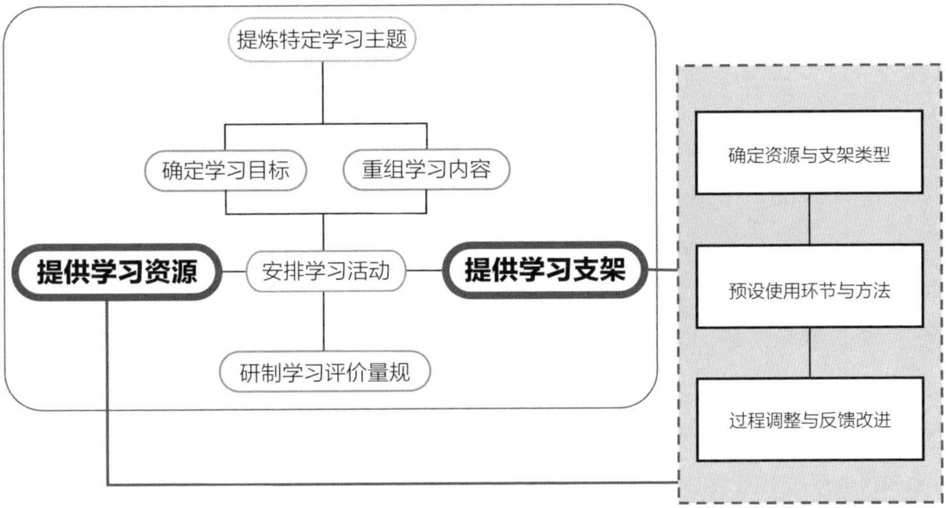

图 4.6　特定学习主题引领的学习任务操作策略之五：提供学习资源与支架

教学点拨

· 确定资源与支架类型。为了确保高效学习，首先需要根据特定的学习需求，合理匹配所需的学习资源与支架类型。每种类型的资源与支架的选择都有其明确的目的或功能，以精准地支持学生的学习进程，避免浪费。

· 预设使用环节与方法。在确定选用的资源与支架类型后，需要预先设计它们的使用环节和方法。通过明确的指导和策略，使学生能够更加主动地运用这些资源，加深对其的理解和掌握，甚至激发他们自主研发个性化的学习工具。

· 过程调整与反馈改进。根据学生在学习过程中的实际反馈，应灵活调整资源与支架的使用。这种调整不仅是为了满足学生不断动态变化的学习需求，更是为了构建一个更加完善、高效的学习环境。

学习资源与支架具有整合性，有助于将散落的知识点和人文内涵融合成一个个“集成块”，促进学生深入学习和整体理解，从而为学生完成任务、解决问题、获得综合性的核心素养提供支持。同时，还能提供完整的语境，并与学生的生活世界紧密联系，有利于知识的迁移应用。可以说，资源与支架是完成学习任务的“脚手架”或“杠杆”，是新时代儿童学习的“第三只手臂”。教师在教学实践中，应按需选取、交叉使用学习资源与支架。但是无论怎样选取，都要指向学生认知卡点的突破，使其内隐思维外显化、浅层思维高阶化、自主思维自动化。师生共同为任务完成充分做好“资源与支架”准备，是需要花费时间和精力的，而这样的“准备”往往是成功的一半。

以统编版教材三年级下册第三单元为例，本单元的阅读要素是“了解课文是怎么围绕一个意思把一段话写清楚的”，习作要素是“收集传统节日的资料，交流节日的风俗习惯，写一写过节的过程”。我们统整教材内容，以特定学习主题“运用多学科资料创意策展中华优秀传统文化”为引领，共设置了四个学习任务。为了更好地达成单元学习目标，在不同的任务中，教师借助学习单、规划表、AI技术、思维导图、视频等学习资源与支架，引导学生结合不同的阅读目的与学习难点，选择不同的脚手架，完成系列阅读任务（表4.1）。

表4.1 三年级下册第三单元学习资源与支架

任务名称	学习活动安排	学习资源	学习支架
任务一：任务发布与规划	明确任务内容，预学单元内容，建立学科关联。 1. 阅读主题任务要求，提取任务时间、对象，初步明确完成任务的步骤。 2. 结合生活经验，聚焦“创意策展”内容、形式，设想实施路径。 3. 结合所学，自由交流完成任务的步骤。通过小组展示、对比，明确任务的关键步骤。 4. 交流各学科研究的做法，筛选、迁移运用多学科研究方法。	1. 统编版教材三年级下册。 2. “运用多学科资料创意策展中华优秀传统文化”召集令	“创意策展”任务规划表

续表

任务名称	学习活动安排	学习资源	学习支架
任务二：打开传统节日大门	1. 明确传统节日传承人。 2. 诵读古诗，传承音韵之美。 3. 了解诗人描写了哪些节日风俗。	1. 统编版教材三年级下册。 2. 传统节日习俗背景资料、传统节日书籍、视频介绍	传统节日学习单、资料单
任务三：采撷传统文化的瑰宝	1. 借助时间轴，回顾过程。 2. 运用多种资料，理解“改进”之处。 3. 联系上下文，探究传承。 4. 争做文化传承人，宣讲“纸的发明”。	1. 从古至今各种不同书写媒介。 2. 蔡伦数字人。 3. 实物资料。	古代科技传承单
任务四：策展中华优秀传统文化	**第一篇章：智启未来——古代科技之光** 1.“四大发明与现代生活”宣讲与互动。 2.“张衡与地动仪”情景剧。 **第二篇章：匠心独运——古代建筑之美** 1.3D 打印展示秀——“赵州桥的秘密”。 2. 传统建筑模型制作。 **第三篇章：墨香画韵——古代艺术之魅** 1. 现场书画展示 。 2. 传统乐器演奏 。 **第四篇章：岁月流金——传统节日之庆** 1. 我最喜欢的中华传统节日。 2. 互动体验区。 春节区：剪纸、写春联、包饺子。 中秋区：制作月饼、赏花灯。	1. 音乐、绘画、科技实验。 2.VR 体验 。	展厅设计单、活动策划书

以精读课文《纸的发明》一课的功能性支架为例，学生借助时间轴工具，分类提取关键信息，结合课前搜集的图片资料，把纸的演变历史讲得既全面又清楚。最终，学生能够结合示意图，将整个造纸术的改进过程以及传承原因讲清讲透。

（六）研制学习评价量规

比较权威的目标分类框架都可以为研制量规提供依据，关键看我们是否用对了地方。第一章中提到的布卢姆的理论主要反映的是教师对学生外显行为所作的区分，体现的是以教师为主的教育理念。SOLO（Structure of the

Observed Learning Outcome，意为“可观察的学习结果的结构”）分类理论是一种螺旋上升式的评价方法，其结构清晰、进阶明白，作为一种表现性评价指标水平划分理论，受到一线教师的广泛认可，常用于对阅读能力层级的划分，但其应用范围也可以扩展到对习作水平的评价。马扎诺的认知目标分类理论从学习者的行为角度，对参与活动的意识水平进行分类，其应用范围更广泛，可以实现对学习效果更为全面和细致的评估。在编制量规时，可以根据不同的评价需求，采用相应的理论，也可以结合几种理论来设计更为全面且深入的评价量规。如可以在布卢姆理论的基础上，采用 SOLO 分类理论来评估学生的认知发展，同时借助马扎诺的理论来评价学生的元认知能力。

学习评价量规是一套明确的评价标准和指标，它是学生表现的评估依据，与成功标准以及学生操作指南密切相关（图 4.7）。学习评价量规通常包括两大部分内容：一是评价指标，也就是学生学习成果的具体标准；二是层级描述，也就是对学生不同学习水平表现的详细阐述。

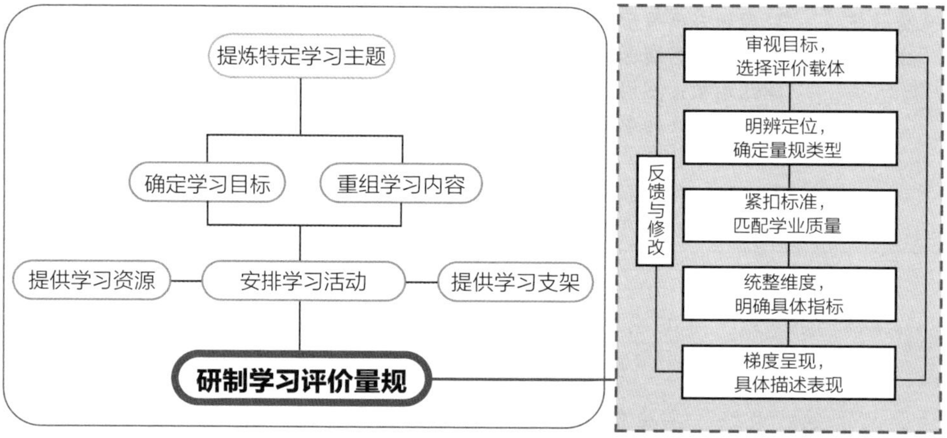

图 4.7　特定学习主题引领的学习任务操作策略之六：研制学习评价量规

教学点拨

·审视目标，选择评价载体。为了准确评估学生的学习成果，需要根据学习目标和内容精心挑选评价载体。可针对阶段性的学习成果进行评估，如通过作品集展示学生的创造力，或者通过口头报告评估学生的表达能力。

·明辨定位，确定量规类型。为了实现客观评价，需要明确评价量规的类型，如具体的评价指标或等级划分，从而确保评价的规范性和准确性。

· 紧扣标准，匹配学业质量。细致地调整评价标准，以保证评价量规与学业质量高度匹配，全面反映学生的实际学习水平。

· 统整维度，明确具体指标。通过整合不同的评价维度，设定清晰、具体的评价指标，以便对学生完成的学习任务进行综合评价。

· 梯度呈现，具体描述表现。评价结果应以梯度形式清晰呈现，详细描述每个学生的具体表现，着重考查学生在真实情境中的表现，为其提供有针对性的反馈和有效的学习指导。

如统编版教材四年级上册第六单元，以“召开我们的童年故事会”为特定学习主题，旨在引导学生学习用批注的方法阅读，通过人物的动作、语言、神态体会人物的心情，获得童年成长感悟。我们将学段目标落实到文学阅读与创意表达的学习任务中，力求在单元前序学习的基础上，引导学生在真实的语言运用情境中通过积极的语言实践阅读童年、表达童年，丰富学生的精神世界，实现语文素养的攀登。

本单元的“童年故事”共安排了三篇回忆性散文作为主体课文，作家们在文章中回忆童年往事，在童真和童趣中有所感悟，揭示童年的思考、挫折和快乐。口语交际“安慰”，为面临困惑和困境的学生提供了慰藉；习作“记一次游戏”则从读到写，指导学生书写成长过程中有趣的游戏，结合印象深刻的内容写出自己的思考和感受。

沿着学生的学习脉络，我们发现第二篇课文《一只窝囊的大老虎》描写了作者的童年囧事。在此如果能用口语交际“安慰”的话题作为承接，就能让学生在交流中继续深入体会“我”的心情变化过程，这需要对教材内容进行重组。因此，在第一个子任务“读故事”中，我们把口语交际安排在《一只窝囊的大老虎》学习之后，让学生设身处地地体会作者的心情，并恰当地表达自己的情感，提升交际能力（表 4.2）。

于是，在教学本单元时，除了精选学生习作集让学生进行批注外，我们还补充了多本课外书中名家的童年故事，让学生阅读后批注感想，从而加深、丰富对文本的理解，引导学生意识到在课外阅读中，在跨媒介打通中，同样可以使用批注的方法进行阅读，鼓励学生养成一边阅读一边批注的习惯。

表 4.2　四年级上册第六单元学习评价量规设计

学习主题	学习内容	评价指标（四维目标）	行为表现 / 学习成果
我们的童年故事——批注童年故事，品味童年滋味	读故事，批注名家忆童年	阅读与鉴赏 表达与交流 梳理与探究	学习批注的方法，能使用批注的方法体会人物心情
	写故事，游戏生活记童年	表达与交流	能有顺序地介绍童年游戏，并加入自己的感受
	批故事，习作书籍思童年	阅读与鉴赏	能迁移运用批注的方法
	讲故事，有声有色话童年	表达与交流	能积极主动并自信大方地讲述童年故事

以上特定学习主题引领的学习任务的基本操作策略，我们称作“六步法”。这六个步骤的设计顺序与实施顺序并不一定是笔者在此呈现的顺序。这种方法不是一成不变的技术流程，而是一套可以灵活应用的弹性方法论，不必求全责备。在实际教学中，教师要清楚“六步法”如何操作、为何操作。教师可以根据教材单元、整本书阅读、跨学科学习以及主题课程群等教学任务的不同需求，进行变式操作。变式的原则是以课堂教学为核心，充分考虑表述、结构、序列、载体形式。即便是学习任务本身，也并非所有内容都要用任务圈层的方式呈现，当讲则讲、该问就问、当练就练。需要注意的是，在所有的变式操作中，特定学习主题的引领作用是不变的，教师要根据实际教学，最大限度地发挥学习主题的育人功能。

就实施而言，特定学习主题引领的学习任务要找到“内发与外塑”的互动模式。所谓内发，就是针对教材、整本书等材料提供的内容，进行内在的原生价值挖掘。内发当然不是全部照搬，更不是机械移植，还需要外塑，也就是找到与学生发展的联结点。

因此，无论面对的是单篇经典、整本书还是跨学科学习等，教师都要从自己的课堂做起，不要纠缠于基础型学习任务群、发展型学习任务群、拓展型学习任务群等概念而忽略了语文的育人功能。只要从学科本质和学生学习规律出发，路就不会走错，就会一步步接近“化人”目标，就会始终葆有对语文教育传统的敬畏和与时俱进的开拓精神。

四、特定学习主题引领的学习任务主要变式

学习语文，由输入别人的语文，到输出自己的语文，其成效不仅在于简单输入，更在于输入与学习者之间的强关联。因此，即便语文知识结构科学合理，也必须与学生的生活建立紧密联系，不能成为限制师生的藩篱。以下内容将主要展示特定学习主题引领的学习任务的一些变式，这些变式旨在适应不同的教学情境和学习需求，同时确保笔者提倡的主题教学主旨得到体现。

（一）立足内容价值挖掘的变式

这种变式侧重以教材某些特定单元、整本书阅读或跨学科学习等为核心，深入挖掘教学内容的内在价值。在提炼特定学习主题时，不仅关注表面的知识点，更注重探寻内容背后的深层意义。如主题之经典系列、体裁与题材系列、典型形象系列、作家与风格系列等，这些系列有不同的特点，体现出特定性和文化性，彰显着所承载的母语文化母题和文化根脉。不仅此种变式适合这个原则，其他变式也同样适合。由此可以提纯学习主题中特别丰富、多样态的精神价值。确定学习目标时，除了确保学生对知识的掌握，还强调对内容的理解和发散多维的批判性思维。重组学习内容时，注重内容的连贯性、深度以及知识点之间的联系，进一步拓展更多可能性。安排学习活动时，更加强调多样化和互动性，以激发学生的学习兴趣和主动探究。提供学习资源与支架时，整合多种媒体和资源，为学生构建更加丰富、全方位的学习环境。最后，研制学习评价量规时，不仅考查学生的知识掌握情况，还评估他们在内容理解和分析方面的能力，注重学生思维和价值认识的深度发展，从而全面挖掘并评价教学内容的教育价值。

> **教学点拨**
>
> **“内容挖掘”变式的特点**
>
> ·价值深度挖掘：不仅关注教材内容的知识体系，更致力于挖掘内容背后更深、更远、更厚重的文化内涵。
>
> ·系统化学习：精心构建教材内容，通过连贯、深入的内容重组，构建更深、更远、更个性化的学习链条。
>
> ·多类型学习活动：教材内容包括多种类型的栏目或模块，便于设计更深、更远、更高“带宽”的学习体验活动。

（二）源于真实问题解决的变式

这种变式侧重以复杂情境下的真实问题作为学习的起点，旨在培养学生的问题解决能力、跨学科思维及项目化学习思维。在提炼特定学习主题时，不局限于语文学科的教材单元，而是聚焦真实问题的核心和本质，以及解决问题所需的价值观念和核心知识。确定学习目标时，注重培养学生分析、解决问题的创新思维。重组学习内容时，采用跨学科的方法，整合多个领域的知识，形成综合性的学习内容体系。安排学习活动时，则更侧重于实践操作中的探究学习，如进行实地考察、开展实验研究并形成报告等。提供学习资源与支架时，引入跨学科资源和多视角的解决方案等，以全面支持学生的问题解决过程。最后，研制学习评价量规时，注重评估学生在问题解决过程中的表现和创新性，包括解决社会热点问题的过程及结果，激发学生的社会责任感。

> **教学点拨**
>
> **“问题解决”变式的特点**
>
> ·问题导向：以日常生活中的真实问题为驱动，激发学生的学习兴趣和挑战欲望。
>
> ·跨学科整合：打破学科界限，促进学生构建综合性的知识体系和能力结构。
>
> ·实践性学习：强调学生在实际操作中从问题入手又发现多个问题，培养其实践能力和创新精神。

（三）生发儿童成长需求的变式

这种变式侧重适应学生的成长节律与关键节点，旨在深挖学生的个性化成长需求和兴趣点。与前两种变式相比，这种变式的六个要素在范畴、时空、方式和载体上有了更大拓展。它不局限于某个具体的教材单元、整本书或实践活动，而是从校本课程研发或学生个体的学习探究等角度进行设计与实施。因此，对这六个要素需要从课程维度进行系统构建和综合考量。

例如，从学生六年的学习旅程出发，考虑他们的兴趣和需求，选择与他们的小学生活和成长阶段相契合的特定学习主题。确定学习目标时，不仅关注知识的传授，更注重学生迈向青春期个性的发展和社会情感培育。重组学习内容时，结合学生的生活实际和经验背景，设计出既具有现实意义又能够启发自我观照的学习内容。安排学习活动时，则更加注重个性化和多样化，以满足不同学生的需求和发展方向。提供学习资源与支架时，充分利用社区资源、网络资源等，为学生提供丰富多元的学习支持。最后，研制学习评价量规时，注重评估学生的个性发展和社会参与能力等，体现个性和针对性。

> **教学点拨**
>
> **"成长需求"变式的特点**
>
> ·成长需求导向：重点关注和挖掘学生成长过程中的难点和重要节点的需求。
>
> ·课程化内容：结合学生的生活实际和经验设计课程内容，增强其现实意义和未来性。
>
> ·个性化学习：结合学生的个体差异和需求进行设计，实现多时空泛在学习，确保个体化实际获得。

学习任务"六步法"的变式充分凸显了以学习者为中心的教学理念，同时赋予教师在任务设计和实施上更大的灵活性。基于内容挖掘的变式，深入挖掘语文的深层意义，侧重事实性知识体系的构建；基于问题解决的变式，以真实问题为导向，跨学科整合知识，侧重方法性知识的实践应用；基于成长需求的变式，密切关注学生的成长需求和兴趣点，并结合学生生命发展的重要节点，精心设计学习内容，侧重价值性知识的掌握。

也就是说，学习任务"六步法"除了三种主要变式之外，还有更多可能的变式，教师需要根据教学内容、学生需求等实际情况，进行灵活调整和创新应用。这种灵活而创新的操作策略，能够更好地适应不同的教学场景，从而有效提升教学质量。

一切有法，而教无定法。当前的教学充满了挑战性，身为教师，我们要从自己的心境中走出来，不必求全责备，亦不可自满自足，相信实践出真知。无论怎样，我们都要回到教材本身，回到深入备课。中华母语文化中的一篇篇经典，一代代人在创新解读，不都是在跟不同时代的人对话吗？我们所肩负的是这一代的教育责任，要努力给下一代留下珍贵的母语文化遗产。

综上所述，笔者对主题教学的实践路径进行深化，从目标确立、实施迭代、质量评价到设计操作，努力构建一个有机融合、动态生成的实践体系。在素养导向的教学理念指导下，我们明确素养型的学习目标，并提出素养目标校本化落实的思路；升级课堂教学"四动力"系统，将其扩展为学习任务实施的动力系统，为任务学习提供复合型动力支撑。同时，我们通过创新的评价理念和评价方式，在设计操作上对主题教学的实践样态进行系统重塑，强调对学习任务的理解，并灵活运用关键要素，确立清晰的设计原则与操作策略；不仅介绍三种主要的变式，还提出更多可能的变式，鼓励教师根据实际情况进行灵活调整和创新应用。这些不仅深化了我们对追求“文以载道”的主题教学理论体系的理性认识，更为落实语文课程改革“以文化人”的育人要求提供了实践参照。具体的案例探索将会在第三篇中详细展开，为读者呈现更多鲜活、翔实的实践课例。这也印证了主题教学是持续改进的实践哲学，通过“重在文化内涵凝练的符号表达—重在教与学转化的推理应用—重在研发典型的事件支撑—重在具化课堂教学的行动指南”，实现了主题教学“文以载道、以文化人”的全流程再造与重塑。

第三篇

做有专业尊严的语文教师

——文如何载道：小学语文主题教学的实践探索与样态重构

笔者曾经出版过一本专著，名为《做有专业尊严的教师》，并一直以此作为对自己的要求。专业尊严从何而来？从对我们民族语言所具体承载的历史文化的崇敬中来，从对我们语文学科所具有的育人力量、化人力量的笃信中来，从我们对一堂堂语文课的毫不松懈的持守中来，从我们对一名名学生生命成长的高度负责中来。超越教材，超越课堂，超越教师——“超越”已经成为笔者和团队专业成长的生命底色。只有充满激情地钻进教材里，我们才会有飞出来的力量；只有勇敢地在教材中经历一番深入的沉潜，我们才能真正领悟到超越教材的精神价值。主题教学，就是在不断向下扎根的过程中抽枝发芽、开花结果的。

今天，语文教师的专业尊严依然可能受到挑战——当语文走出应试的藩篱，与学生的生活日益密切地融合起来的时候；当一篇篇单篇课文已经不再能满足学生语文学习的需要，单元整体教学和整本书教学日益成为语文教学的题中应有之义的时候；当基于真实情境、真实任务的学习要求我们以现实生活为导向，不断打破学科壁垒的时候……我们打通课内与课外，真实与虚拟，统筹育人路径，创生出基于校本实践的主题课程群等综合课程形态。当人工智能不断重构认知，冲击知识检索与呈现，如何用生动鲜活的情感温度守住母语教育阵地，坚守语文教师“以文化人”的专业尊严，实现学科育人价值的最大化，这是我们要去应对的时代命题。

本篇导览

本篇是对三十年来主题教学典型课堂的“实践映照”。在文道统一理念的指导下，我们精心设计了特定学习主题引领的学习任务类型，旨在将主题教学的理念转化为具体的课堂实践。立足课堂，聚焦与教材紧密相关的两大类学习任务，即“教材单元学习任务”和“整本书阅读学习任务”。同时，还关注语文学科的外延拓展，呈现“跨学科学习任务”与“主题课程群”。通过深入探讨特定学习主题，精心打磨学习内容，深度挖掘并建构一条基于教材且超越教材的学习任务实施路径，展现主题教学的多样化实践样态。

问题索引

◉ 关于主题教学实践样态之一教材单元学习任务，新课标“课程实施”部分明确提出“综合考虑教材内容和学生情况，设计不同类型的学习任务”等要求。那么，我们应如何结合教材单元的“人文主题”和“语文要素”这两条主线，提炼具体的特定学习主题？基于教材单元，应如何设计特定学习主题引领的学习任务？

◉ 关于主题教学实践样态之二整本书阅读学习任务，新课标“课程实施”部分明确提出“要把整本书阅读作为教材的重要有机组成部分”等要求。那么，在教材的“快乐读书吧”栏目中，整本书阅读的特定学习主题提炼有什么独特之处？在整本书阅读的过程中，我们应如何运用特定学习主题来指导学习任务设计？

◉ 关于主题教学实践样态之三跨学科学习任务，新课标“课程实施”部分明确提出“建设开放的语文学习空间，激发学生探究问题、解决问题的兴趣和热情”等要求。那么，我们应如何利用其他学科的独特价值与优势，充分挖掘跨学科整合的意义，提炼特定学习主题，并基于此设计跨学科学习任务？

◉ 关于主题教学实践样态之四主题课程群，新课标“课程实施”部分明确提出“引导学生关注家庭生活、校园生活、社会生活等相关经验”等要求。基于此，学校应如何统整学习资源，重构学习时空，协调多方主体共同育人，构建主题课程群？

阅读提纲

第一站 教材单元

关键词	教材单元、人文主题、语文要素
课标链接	对照新课标“课程实施”部分的教材编写建议
课例解析	•《爬山虎的脚》等课例侧重呈现教材单元学习任务的学程点拨 •“用朗读发现观察的奇妙”课例侧重呈现教材单元学习任务的学程案例
观点聚焦	•六步法变式：立足教材单元内容挖掘 •统整教材内容、学习要素等

第二站 整本书阅读

关键词	整本书阅读、整本书阅读教学
课标链接	对照新课标“课程实施”部分的教材编写建议
课例解析	•《雷锋——大海里的一滴水》课例侧重呈现提炼整本书阅读特定学习主题的操作策略 •《中国古代寓言》课例侧重呈现确定整本书阅读学习目标的操作策略 •《小学生朱自清读本》课例侧重呈现重组整本书阅读学习内容的操作策略 •《海底两万里》课例侧重呈现安排整本书阅读学习活动的操作策略 •《宝葫芦的秘密》课例侧重呈现提供整本书阅读学习资源与支架的操作策略 •《办一个“外国名著”推介会》课例侧重呈现研制整本书阅读学习评价量规的操作策略 •《西游记》课例侧重呈现整本书阅读学习任务的学程案例
观点聚焦	•六步法变式：侧重整体内容设计挖掘

第三站 跨学科学习

关键词	跨学科、学科属性、学科优势
课标链接	对照新课标“课程理念”部分的“加强课程内容整合”
课例解析	•“举办我们班的‘线上春晚’”“为‘醒狮’文化代言”等课例呈现跨学科学习任务的学程点拨 •“用AI布展‘永远的少年梁启超’”侧重呈现跨学科学习任务的学程案例
观点聚焦	•跨学科学习侧重问题解决

第四站 主题课程群

关键词	主题课程群、年度人物
课标链接	对照新课标“课程实施”部分的“凸显语文学习的实践性”
课例解析	•“策展：‘心系家邦’杜甫笔下的人物”等课例呈现校本年度主题课程群的学程点拨 •“致敬中国航天人”课例侧重呈现校本年度主题课程群的学程案例
观点聚焦	•校本年度主题课程群体现基于课程标准在跨学科学习背景下对学校历史、地域学生特点、全学科等的立体重构 •校本年度主题课程群体现一个学年的融合

第五章 策略新形态：教材单元学习任务的实践探索

教材单元学程导航：基于内容价值挖掘的“六步法”变式

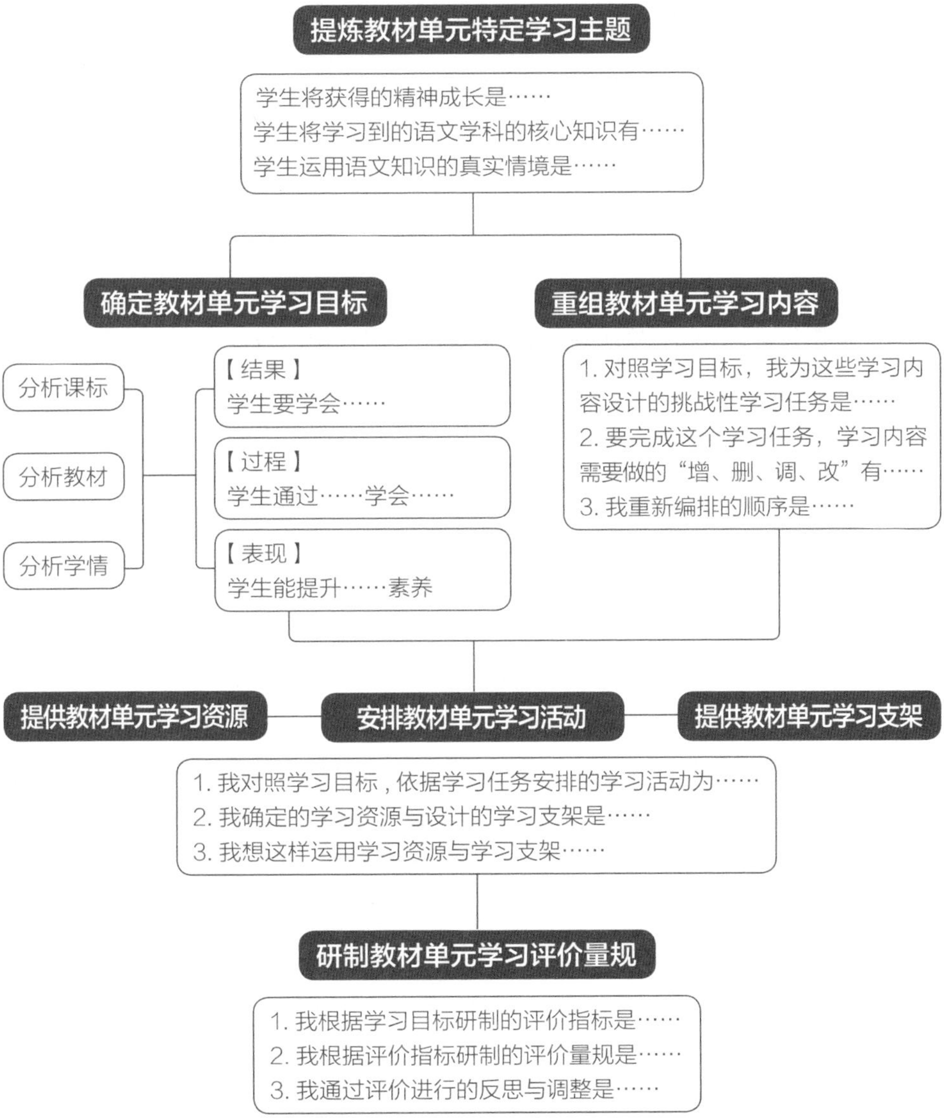

图 5.1　教材单元学程导航

教材单元学程点拨：策略重组型的学习任务设计

（一）提炼教材单元特定学习主题

如何提炼特定学习主题，凸显其典型性、可操作性，以在学生学习过程中发挥其提领而顿、百毛皆顺的关键作用呢？

1. 依托教材单元，挖掘特定学习主题核心要素

单元教学应统筹、协调、组织、调用单元中的每一部分学习内容。[1]统编版教材采用“人文主题”和“语文要素”双线组元结构，这就为提取特定学习主题提供了依据。人文主题不仅承载着精神价值，也是中华优秀传统文化、革命文化、社会主义先进文化在教材单元的具体呈现。同时，教材以语文训练的基本要素作为组织单元内容的主线、明线，这些知识点或能力训练点有的会在单元的导语、阅读提示、习题、泡泡语等助学内容中点出。单元教学绝非单篇教学的叠加。[2]教师在教学过程中，可以依据单元导语中的人文主题和语文要素，初步提取出关于单元语文核心知识和精神价值的特定学习主题。

以四年级上册第三单元为例，该单元编排了课文《古诗三首》《爬山虎的脚》《蟋蟀的住宅》[3]。其中，《古诗三首》中诗人通过认真细致、不同角度的观察，描写了多彩多样的自然景观；《爬山虎的脚》展现了作者对植物连续细致的观察；《蟋蟀的住宅》和阅读链接《燕子窝》则体现了作者对动物连续细致的观察。结合单元导语的提示和要求，本单元提炼出的精神价值核心语词即人文主题是“连续观察”，语文要素（出自单元导语，图 5.2）是“体会文章准确生动的表达，感受作者连续细致的观察”和“进行连续观察，学写观察日记”。这两个语文要素都指向“连续细致的观察”，并且鼓励学生将观察技巧应用到实际写作中，从而实现由“学”到“用”的进阶。

通过对文本的深入分析，我们发现每一篇课文在“连续细致的观察”方面都有独到的功能：《古诗三首》展现了从多个角度利用多种感官进行的长期观察；《爬山虎的脚》反映了在不同时间点进行的长期、细致的观察，特

[1] 何捷．关于“单元统整教学”的十问十答 [J]. 小学语文教学，2024（11）：16–17.

[2] 同[1].

[3] 选自《义务教育教科书（语文）》四年级上册（教育部组织编写）2019 年 6 月第 1 版。

别关注了事物的变化过程；而《蟋蟀的住宅》则体现了对事物不同方面的持续、深入观察。因此，本单元重点关注的是“感受作者连续细致的观察”、“准确生动的表达”和“写观察日记”。

2. 立足儿童立场，找寻特定学习主题适恰点

将特定学习主题与儿童的成长需求紧密结合，教师可以更有效地统整精神价值和语文核心知识，从而准确概括教材单元的学习内容，充分发挥特定学习主题对学习内容的整合作用。

图 5.2　四年级上册第三单元导语

在本单元的学习中，我们将“连续细致的观察”与儿童的已有经验进行链接，发现它恰好符合学生在当前阶段的成长需求。在三年级时，学生已经通过与“观察”相关的两个单元的学习，培养了留心观察的意识，并认识到通过留心观察可以获得新的发现。本单元教学在这一基础上进一步提升，引导学生学习如何留心观察、记录观察，从不同角度发现事物的特点，体会长期、连续观察的重要性，进而形成连续、细致的观察力。因此，本单元提炼出的“感受作者连续细致的观察”、“准确生动的表达”和“写观察日记”，不仅与学生的学习经验相衔接，而且与他们的成长需求相契合。

3. 融入真实情境，形成特定学习主题引领的任务设计

将特定学习主题与学生的日常生活、文本体验以及跨学科学习等真实情境相链接，让学生在实际运用语言的过程中进行听说读写实践，能够使学习过程更加生动、有效。在本单元的学习中，我们将学习任务“在连续细致的观察中写准确生动的日记”与真实情境相结合，最终将单元特定学习主题提炼为“跟着作家撰写《 × × 生长记》”。学生在完成这一任务的过程中，需要体验作家连续细致的观察，而这种观察的范围应该很广，包括植物、动物、

自然现象等。因此，为了不限制学生的写作范畴，教师应鼓励学生将这种观察方法迁移应用到自己的写作实践中，创作出既准确又生动的生长日记。

（二）确定教材单元学习目标

1. 依托课标要求，厘定目标层级

在备课过程中，教师应如何做到“左手课标，右手教材，心有儿童，学出精彩”，形成明确的单元学习目标呢？

新课标在课程总目标中提出“积极观察、感知生活，发展联想和想象，激发创造潜能，丰富语言经验，培养语言直觉，提高语言表现力和创造力，提高形象思维能力”。在第二学段，新课标在“阅读与鉴赏”方面提出，学生应做到“能联系上下文，理解词句的意思，体会课文中关键词句表达情意的作用”；在“表达与交流”方面，要求学生在观察周围世界的基础上，“能不拘形式地写下自己的见闻、感受和想象，注意把自己觉得新奇有趣或印象最深、最受感动的内容写清楚”。在设计学习目标时，教师需要准确把握学习的方向和深度。

以四年级上册第三单元为例，这一单元内容与“文学阅读与创意表达”学习任务群中“观察、感受自然与社会，表达自己独特的体验与思考”的宗旨相契合，单元选文包括描绘自然、展现观察之美的古诗和散文，要求学生“结合自己的生活体验，尝试用文学语言表达自己热爱自然、珍爱生命的情感”。

因此，在本单元教学中，学生在“跟着作家撰写《××生长记》”这一特定学习主题引领的学习任务中，通过联系文本内容、生活经验等多种方式，深入体会文章准确生动的表达，学习观察方法，领悟观察乐趣，记录观察收获。

依据课标要求，本单元的学习目标初步定为三个维度：

（1）能在生活中连续观察对象。

（2）能体会如何用文学语言表达作者热爱自然、珍爱生命的情感，学习作者把印象最深、最受感动的内容写清楚的方法。

（3）能观察、感受自然与社会，在《××生长记》的撰写中表达自己独特的体验与思考，尝试用文学语言表达自己热爱自然、珍爱生命的情感。

---

2. 读懂教材内容，细化学习目标

读懂教材内容，并非指对教材进行理论分析，而是要挖掘教材中与学生实际学习目标紧密关联的教学价值，包含以下两个方面：

（1）读懂单元内容及其内在关联

从单元内容来看，单元内形成了一个以语文要素为核心的学习路径，这个学习路径可以被形象地描述为“三级学习阶梯”（图 5.3），依次为“了解感知、梳理提炼、迁移运用”。在选文阅读内部，又可以细分为“要素感知、学习方法、阅读实践”三个层级。

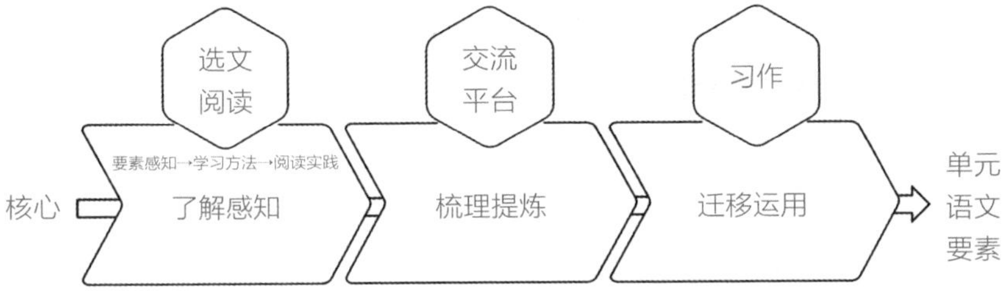

图 5.3　三级学习阶梯

教师需要运用关联思维观照单元内各学习板块，理解单元内部知识结构的丰富关联，并逐渐厘清整体的知识结构、认知结构和素养结构，以确定学习目标。

本单元的语文要素包括“体会文章准确生动的表达，感受作者连续细致的观察”和“进行连续观察，学写观察日记”。聚焦语文要素中“连续细致的观察”和“准确生动的表达”这些关键能力，就可以概括出学生在观察和表达两方面的学习进阶路径：在观察方面，经历“细致观察—调动感官—捕捉事物的变化—学会连续观察—观察现象或景观”的螺旋式提升过程；在表达方面，则经历“连续观察—记录观察的过程、观察对象的变化—写出想法和心情—整理观察日记—小组分享和评价”的逐步深入过程。

（2）读懂单元在册次中的位置和作用

从单元在册次中的位置与作用来看，“观察”在不同年级的教材中被反复强调，分别出现在一年级上册第八单元、三年级上册第五单元、三年级下册第四单元、四年级上册第三单元和五年级上册第七单元（图 5.4）。

通过前期学习，学生已经打下了“连续观察”的基础。因此本单元旨在从

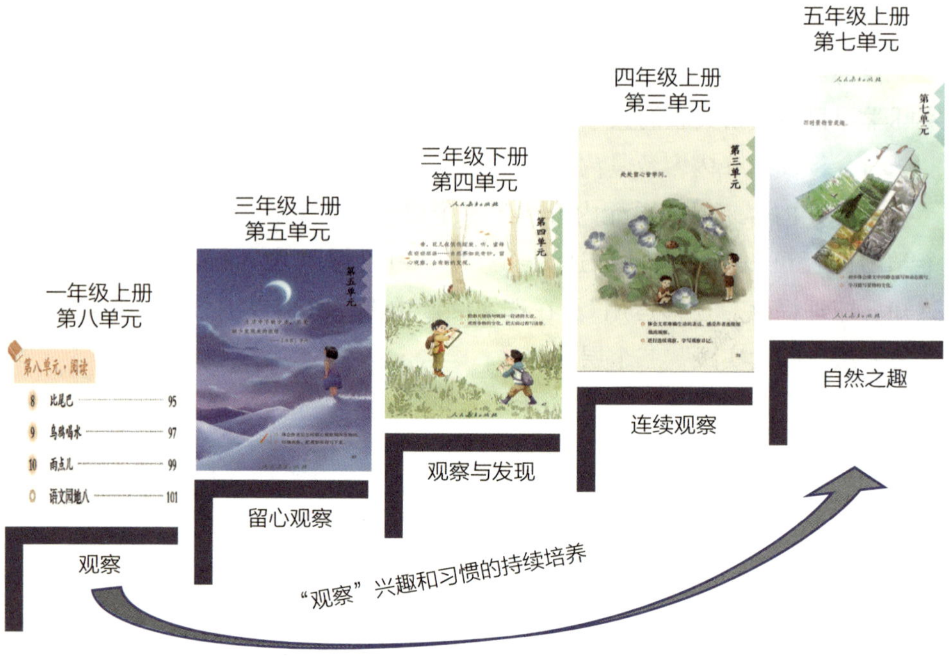

图 5.4 教材间人文主题纵向进阶

多角度深化这一技能，促使学生增强观察意识，激发观察兴趣，培养持续观察的习惯，锤炼持之以恒的观察意志。从语文要素“体会文章准确生动的表达”（图 5.5）来看，第一学段的教材特别关注语言的积累和表达，第二学段强调阅读时关注有新鲜感的词语和句子，体会优美生动的表达。于是，本单元在继续强调“优美生动的表达”的基础上，进一步提出了“准确”这一要求。

语文要素 体会文章准确生动的表达

册序	单元	阅读训练要素
二上	第四单元	学习课文的语言表达，积累语言
二上	第五单元	感受和体会课文语言表达的多样性，学习表达
三上	第一单元	阅读时关注有新鲜感的词语和句子
三上	第七单元	感受课文生动的语言，积累喜欢的语句
三下	第一单元	一边读一边想象画面，体会优美生动的语句
四上	第三单元	体会文章准确生动的表达，感受作者连续细致的观察
五上	第七单元	初步体会课文中的静态描写和动态描写
五下	第七单元	体会景物的静态美和动态美

语言表达的多样性

表达的准确生动

表达的优美生动

图 5.5 教材间语文要素纵向进阶

依据本单元语文要素“体会文章准确生动的表达，感受作者连续细致的观察”和“进行连续观察，学写观察日记”，我们可将本单元的学习目标进一步细化：

（1）能连续观察某一对象，根据需要积累、摘录与梳理有关的生词、佳句、谚语。

（2）能通过学习课文，感受作者细致的观察，体会准确生动的表达。

（3）能运用连续观察的方法留心观察周围事物，用观察日记记录观察对象的变化，完成《×× 生长记》的撰写并进行分享与交流。

3. 分析学生学情，具化学习目标

深入理解教材内容，明确了学习的方向和起点后，下一步便是细致分析学情，将单元学习目标具象化。这要求教师深入了解学生学习的真实起点，将课标与教材内容进行比较，找到学生学习的发展点；同时，依据当前生活环境和时代发展特点，预测学习过程中可能遇到的障碍，并确定需要重点突破的关键点。

把握学生的真实起点与发展点，教师要以“俯视、平视、仰视”三种视角系统地钻研教材：俯视就是了解学生已知内容，平视就是关注学生当前所学内容，仰视则是考虑学生未来将学内容（图 5.6）。通过多维视角，教师可以更加准确地制定学习目标，从而实现从单纯“传授知识”到真正“教会学生”的转变。

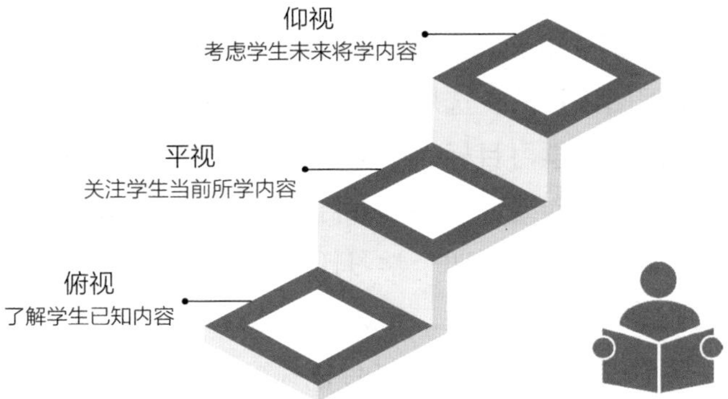

图 5.6 钻研教材的三种视角

基于学情分析，教师可以合理设定教学目标，采取适宜的教学策略，精心设计教学过程，真正做到以学定教。

四年级学生对于“观察”并不是“零起点”学习，他们对生活中的事物有观察的意识，且有浓厚的观察兴趣，也有一定的“连续观察”能力。但学生的观察往往局限于某一静态瞬间或场景，且多基于直观、零散的生活体验，表达方式也主要依赖口头交流，缺乏系统性和条理性。因此，本单元的教学侧重引导学生从多维度进行连续观察，并记录观察对象在不同阶段的变化，以培养良好的观察习惯。虽然学生已初步养成了积累和记录的习惯，但对于观察的方法、顺序和精神品质的理解还有待提高，教学中应注重提升学生在这些方面的能力。

本单元的学习目标侧重阅读和书面表达方面，最终确定如下：

（1）能记录连续观察对象不同阶段的特征，并根据需要积累、摘录与梳理有关的生词、佳句、谚语。

（2）能通过学习课文，感受作者细致的观察，体会准确生动的表达，学习作者观察的方法、顺序和精神品质。

（3）能运用连续观察的方法细致观察周围事物，用观察日记记录观察对象的变化，完成《××生长记》的撰写，并与同伴和他人分享、交流。

（三）重组教材单元学习内容

1. 依据学习目标、教材内容，设计学习任务

以六年级上册第三单元“有目的地阅读”策略为例，本单元的语文要素旨在指导学生根据阅读目的，选用恰当的阅读方法，以及写生活体验，试着表达自己的看法。依据学习目标，统整教材内容等，我们创设了“清华附小的‘快乐读书吧’——创编百本必读书目有目的阅读指导页”这一特定学习主题，以此为引领，共设置了四个学习任务（图 5.7）。遵循目标导向，从依据阅读书目，理解特定学习主题，到选择合适材料，运用恰当方法，再到呈现多样成果，整个过程引导学生通过合作探究等方式，设计“阅读指导页”并指导他人有效完成学习任务。这需要学生对运用“有目的地阅读”策略的

全过程进行反思与调控，是一种高层级的元认知学习。

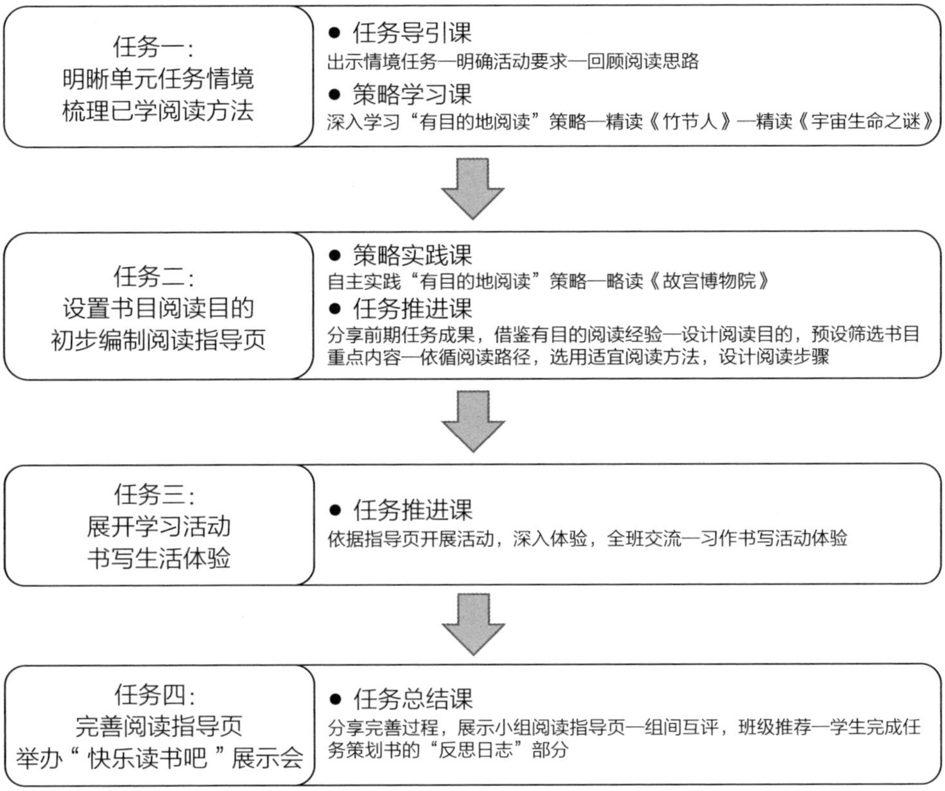

图 5.7　六年级上册第三单元学习内容重组结构图

2. 根据学习任务，重组学习内容

单元所承载的核心知识、策略方法、思维发展等内容，因学习主题导向的不同而发挥不同作用。教师需要运用“统整融通”的教学思维，通过任务驱动的方式对单元内容进行优化调整，包括增加、删减、重新排序和跨媒介整合。正如前文所述，重组学习内容时强调的整合至关重要，它要求教师将单元内容重组成相互渗透、融合的一体化学习体系。

四年级上册第三单元确定了“跟着作家撰写《××生长记》”的任务，指向“观察”，指导学生由“学”向“写”进阶。学生通过学习《爬山虎的脚》和《蟋蟀的住宅》，体会作者准确生动的语言表达，掌握连续细致的观察方法。借助资料袋和阅读链接，学生练习采用图文结合和表格的方式记录信息，逐步养成良好的观察与记录习惯。“交流平台”对观察方法进行了精心的梳理，鼓励学生灵活应用所学技巧。而“阅读链接《燕子窝》”和习作则重在引导学生掌握观察日记的结构和写法，并将其迁移运用到自己的观察实践中，创作出具有个人特色的观察日记。这一教学设计形成了一个培养学生观察能力的进阶过程。

本单元“连续细致的观察”为“准确生动的表达”奠定了基础。“连续细致的观察”旨在培养学生的观察习惯，促进学生的思维发展。观察不仅是积累习作素材的途径，更是实现准确生动表达的内在思维基础。教学中，教师要善于引导学生将阅读中感受到的作者连续细致的观察，运用到自己对某件事物的连续观察中，养成记录观察所得的好习惯。同时，在阅读中也要引导学生感受作者准确生动的表达，并在撰写观察记录的过程中，通过不断对照自己的观察与记录语言的契合度，逐步向准确生动的表达靠拢，最终能够形成由观察内化生成准确生动表达的能力，并将其运用到自己的习作中。

教师对学习内容进行了创新性的重组后，就有了精心设计的一系列子任务（图 5.8）。

子任务一：学生对每篇课文进行预学，选出自己最喜欢的图片并撰写相应的观察推荐语。

子任务二：分为两个小任务。第一个是进行群文阅读，包括《爬山虎的脚》《蟋蟀的住宅》和阅读链接《燕子窝》。学生们使用“放大镜”走进不同作家的观察世界，学习他们的观察方法，如长时间、多角度、多感官地观察，从不同方面观察，按照一定的顺序观察，等等。第二个是学生通过“金话筒”活动分享自己最喜欢的作家观察片段，学习作家如何运用丰富的想象、准确生动的语言、修辞手法和细节描写等表达观察结果。

子任务三：学生通过批注、表格梳理等方式评价作家的观察记录，并为自己认为表现突出的作家颁发“观察达人奖”。

子任务四：开展一场名为“‘小小法布尔’观察达人评选”的活动。学生撰写观察日记，与同学分享交流，并利用评价表进行互评，最终评选出班级的“小小法布尔”观察达人。

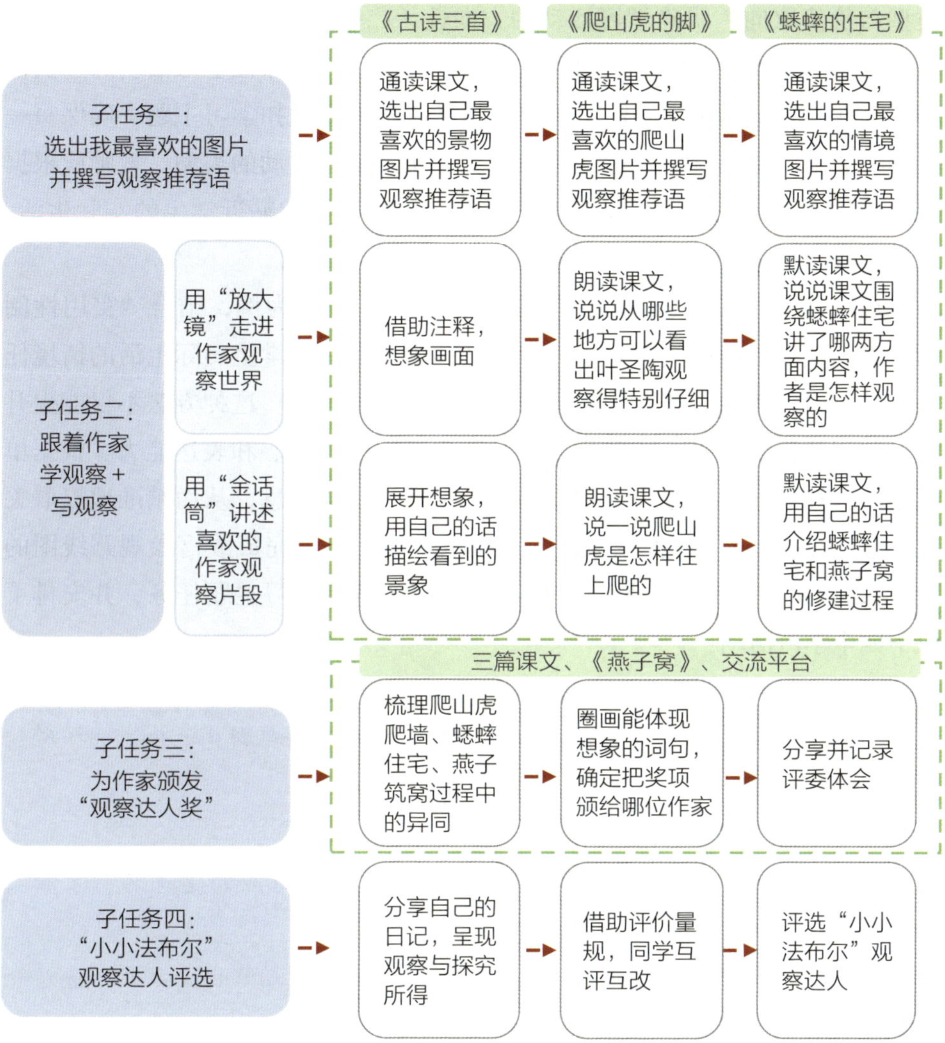

图 5.8　四年级上册第三单元学习内容重组设计图

以上任务的设计旨在激发学生的参与热情，培养他们的观察能力和表达能力，同时鼓励他们将课堂所学应用于实际观察与写作中。

（四）安排教材单元学习活动

依据学习任务安排学习活动时，教师应做到“四个明确”：一是明确学习活动的方向。教师应深入剖析教材中不同栏目的内容，挖掘其隐含的活动类型与价值取向，明确学习活动的方向性。二是明确学习活动的内在结构。教师应明确单元学习活动的内在结构与逻辑关联，以保证学习活动的连贯性和系统性。三是明确学习活动的目标指向。教师应紧扣学习主题，确保每一项学习活动都指向学习目标的达成。四是明确学习活动的类型。教师应根据课标中的四种语文实践活动设计学习活动，使其更加贴近学生的实际生活，以提高活动的实效性。

以六年级上册第三单元的《故宫博物院》一课为例，结合“实用性阅读与表达”任务群的具体要求，师生共同创设了贴近学生实际生活的情境任务，以小组合作的形式共同完成任务并进行成果展示。这种方法不仅能提升学生阅读非连续性文本的效果，还能增强学生的自信心和表达能力。根据单元学习目标——“通过快速阅读和筛选来准确获取信息，从而精准地提取关键信息”，聚焦“从各种相关材料中提取重要信息，完成故宫参观路线图的设计”，确定了“为家人设计故宫一日游”的特定学习主题任务，并安排了以下四个学习活动：

学习活动一：浏览四份材料，选用合适的材料。在浏览之后，选择所需材料，简要说明理由。

学习活动二：图文对照阅读，整体把握方位布局。

1. 边读材料一、二边对照材料四，在示意图中对应的建筑名称上涂上颜色。

2. 梳理材料一的介绍顺序：先整体介绍，再沿中轴线由南往北，逐层介绍各个建筑。

学习活动三：参阅材料三，设计一日游览路线。

1. 根据材料三及故宫博物院网站中的“导览”，提取关键信息：每周开放时间及每天参观时间、单向参观方案（出入口）。

2. 按照方位顺序由南往北设计参观路线，用彩笔在材料四上标示行进路线及重点参观景点。

3. 对一日游路线作出设计说明。

学习活动四：交流一日游方案，评选最佳路线。

提示：游览路线包含中轴线上的重要景点建筑，尽可能少走回头路。

学习活动一到学习活动三，从根据阅读任务筛选阅读材料，合理选择阅读内容，到图文结合，关注方位顺序整体把握方位布局，再到提取关键信息设计一日游路线图，能够有效检验学生对文本内容的理解程度，提升学生整合信息的能力。学习活动四通过“评选最佳路线”，让学生以小组合作的形式共同完成。这样具有进阶性的学习活动安排，不但与文本内容高度相关，而且紧密联系学生的生活情境。通过任务的完成和成果的展示，学生的表达能力和自信心得到了明显提升，同时也促进了学生间的交流与合作。这四个学习活动层层递进，共同指向学习目标，使学生的思维能力在具有逻辑性和目标导向性的学习活动中逐步提升。

（五）提供教材单元学习资源与支架

单元学习任务的设计可以视为制定一个结构化的图谱框架，它要求我们将课内和课外的学习活动任务分解为具体的行动路线。而学习资源与支架能够更好地支撑和保障学习活动的开展，帮助学生最终完成具有挑战性的学习任务。

在深入调研学情的基础上，教师需明确教学目标以及教学重难点。在充分预设的基础上，教师应对学生可能遇到的问题进行梳理和归类，以便有针对性地开发学习支架和提供学习资源。应特别注意与学生的发展点和需求点进行链接，设计相应的学习支架并提供适切的学习资源，以有效地解决学生在学习过程中遇到的难题。

教师应将资源与支架的运用巧妙地融入整个教学过程中，尤其是在处理教学重难点和学习卡点时，资源与支架的使用能够促进学生的思维转变和认知发展。

此外，在学习的关键环节，教师应及时提供反馈，运用语言和行动引导学生深入思考，朝着既定的学习目标前进。

在教学六年级下册《为人民服务》一课时，为了帮助学生更好地理解课文中出现的专有名词、人名以及其他陌生词句，教师提供了预学资料袋作为学习资源。学生借助预学资料袋，了解了八路军与新四军的历史背景，初步认识了张思德，并理解了“人固有一死，或重于泰山，或轻于鸿毛”的含

义，从而扫清了阅读障碍。

在探讨《为人民服务》中毛主席的演讲内容的学习活动中，为了达成“查阅并筛选与课文相关的资料信息，加深对为人民服务初心、使命的理解”这一学习目标，教师提供了三份历史资料作为学习支架。学生在查阅资料、深入思考的过程中，理解了 1944 年抗战艰苦时期毛主席演讲的背景和意义。

为了达成“通过朗读、批注、评述等方式，读懂每个自然段，把握句子与句子之间的逻辑关系，体会作者表达观点的艺术手法”这一学习目标，教师设计了两个语文实践活动，并将“圈点批注，读懂每句话的意思；理清句子与句子之间的关系”的评价标准嵌入其中。像这样，在教学的关键环节中，教师的评价反馈也就成为学生持续性学习的重要资源与支架，以促进学生在小组展示和交流中，对《为人民服务》的行文逻辑和语言表达有了更加深刻的体悟，突破了学习难点。

（六）研制教材单元学习评价量规

如前所述，量规是衡量学生学习成果的重要工具，通常包括两大部分内容：一是评价指标，也就是学生学习成果的具体标准；二是层级描述，也就是对学生在不同学习阶段的表现的详细阐述。

1. 根据学习目标，确定评价指标

将学习目标转化为可量化的具体评价指标，是一个深化和细化的过程，旨在确保这些指标具有可操作性、多维度和层次性。可操作性意味着评价指标应具体、明确，能够通过观察、测试或其他评估手段直接衡量学习者的学习成果；多维度意味着评价指标应涵盖知识的掌握、技能的运用、态度和价值观的培养等多个方面；层次性则要求对于复杂的学习目标，评价指标应分为不同的层级，以便教师更有效地跟踪学生的进步，并评估他们在不同阶段的学习成果。

如四年级上册第三单元中有这样的学习目标：能通过学习文章准确生动的表达，感受作者连续细致的观察。为了使这个目标更加明确且易于评估，我们将其细化为以下评价指标：熟读课文，能从中提取体现作者连续细致观察的信息；能体会准确生动的表达方式及其所蕴含的作者对事物连续细致的

观察。在单元学习旅程中，学生需要通过一系列分阶段的学习活动逐步达成学习目标，这些学习活动往往按照阶梯递进的方式设计，或者从不同方面指向特定学习主题。在单元学习的不同阶段，每个学习活动所对应的评价指标也应与学生的思维发展相适应，并进行相应的调整。本单元细化后的学习指标在不同的学习活动中可进一步分解为不同的要素，这些要素从不同维度出发，共同指向学习目标的达成（表 5.1）。

表 5.1　四年级上册第三单元学习评价指标

学习目标	学习内容	评价指标
能通过学习文章准确生动的表达，感受作者连续细致的观察。	《古诗三首》	能找到景物在不同的观察角度下呈现的不同特点。
	《爬山虎的脚》	1. 能找出课文中写得准确形象的句子，感受作者细致的观察。 2. 能说出爬山虎向上攀爬的过程，感受作者连续的观察。
	《蟋蟀的住宅》	1. 能从住宅特点和修建过程两个方面体会作者准确生动的表达。 2. 能从不同方面感受作者连续细致的观察。

2. 根据评价指标，细化评价量规

在制定评价指标并明确其具体要素后，对每一具体要素的水平进行细致划分是制定评价量规的重要方面。量规不仅规定了学习任务的达成标准，还涵盖了作品或表现所应达到的质量要求。量规中的各项要求包含不同层级的描述，从不同维度、层次和角度刻画学生的整体表现，以便更全面地评估学生的学习成果。

学习评价量规是跟踪和诊断学生过程性表现的重要工具，不仅关注最终的学习成果，也关注学习过程中的每一点进步与发展。需要注意的是，在进行学习评价时，要充分认识事实性知识的基础性作用，同时关注方法性知识的应用，凸显价值性知识的引导性，充分考虑学科知识本身的价值及其与核心素养价值内涵的关系，以帮助学生更好地理解学科内容与意义。

基于学习目标，根据评价指标研制评价量规，我们对学生作答和完成学习任务时展现出的思维层次进行细致划分。四年级上册第三单元学习指标下的评价细则如表 5.2 所示：

表 5.2　四年级上册第三单元学习评价量规

学习目标	学习内容	评价指标	水平描述
能通过学习文章准确生动的表达，感受作者连续细致的观察。	《古诗三首》	能找到景物在不同的观察角度下呈现的不同特点。	水平一：能从文中提取景物的一处特点。 水平二：能提取不同角度下景物的不同特点。 水平三：能提取不同角度下景物的不同特点，并联系生活感受观察角度不同，景物的特点也不同。
	《爬山虎的脚》	1. 能找出课文中写得准确形象的句子，感受作者细致的观察。 2. 能说出爬山虎向上攀爬的过程，感受作者连续的观察。	水平一：能从文中提取一处作者写得准确形象的句子，大致说出爬山虎向上攀爬的过程，感受作者连续细致的观察。 水平二：能从文中提取两处及以上作者写得准确形象的句子，能较完整地说出爬山虎向上攀爬的过程，感受作者连续细致的观察。 水平三：能从文中提取两处及以上作者写得准确形象的句子，并清楚详细地说出爬山虎向上攀爬的过程，感受作者连续细致的观察。
	《蟋蟀的住宅》	1. 能从住宅特点和修建过程两个方面体会作者准确生动的表达。 2. 能从不同方面感受作者连续细致的观察。	水平一：能从文中提取一处作者连续细致观察的信息，体会作者准确生动的表达。 水平二：能从文中提取两处及以上作者连续细致观察的信息，并能体会准确生动的表达背后是作者连续细致的观察，明确两者的关系。

总之，教材中识字、阅读、习作、策略等不同类型单元各有侧重，但是不论哪种类型，都要基于不同学段学生的认知发展特点，科学统整教材双线、学科核心知识、学习要素等，永远保持从教材出发的内核力量。要围绕特定学习主题，设计结构化、典型性的语言实践任务，在个性化具身体验中，指向学生核心素养的综合达成。

教材单元学程案例："用朗读发现观察的奇妙"课例解析

特定学习主题引领的学习任务设计

主题	儿童生活❶
学习主题	生活真奇妙❷
特定学习主题	用朗读发现观察的奇妙

特定学习主题

一、特定学习主题提炼的依据

1. 对标课标中的课程目标、内容及学业质量

统编版教材一年级上册第八单元是本册的第三个阅读单元，人文主题是"观察"，语文要素一是初步认识句子，二是提取明显信息，三是朗读训练。教师应将本单元的学习重点与课标的相关要求进行链接，以确保所提炼的特定学习主题与新课标要求保持一致（表 5.3）。

本单元的学习目标设定，强调学生能够在正确认读字词的基础上，认识逗号、句号和问号等标点符号，初步建立句子的概念，体会不同标点表达的不同语气。同时，能够正确流利地朗读，阅读与观察有关的诗歌、寓言、童话，并能用朗读来表达对文本的理解与感受。

本单元学习内容的组织和呈现，整合了"语言文字积累与梳理"和"思辨性阅读与表达"两个学习任务群，以"观察"为主题，引导学生细心观察，发现事物之间的内在关联，并通过观察来解决现实生活中的问题。这样的教学设计契合了"思辨性阅读与表达"任务群发现日常事物的奇妙、思考探究问题解决的内容要求。

---

❶ 中华人民共和国教育部．义务教育语文课程标准（2022 年版）[S]. 北京：北京师范大学出版社，2022：19.

❷ 同❶：30.

表 5.3 第一学段课标目标、内容及学业质量描述

学段要求	学习任务群的学习内容		学业质量描述
【识字与写字】 •能按基本的笔顺规则用硬笔写字，注意间架结构，初步感受汉字的形体美。 •学习独立识字。能借助汉语拼音认读汉字。	语言文字积累与梳理	•认识有关人的身体与行为、天地四方、自然万物等方面的常用字。 •尝试发现汉字的一些规律，初步学习分类整理课内外认识的字；在生活中主动识字，发展独立识字能力。	•有意识地梳理在日常生活中学习的汉字、词语，并尝试进行分类。
【阅读与鉴赏】 •学习用普通话正确、流利、有感情地朗读课文。 •认识课文中出现的常用标点符号，在阅读中体会句号、问号、感叹号所表达的不同语气。 •阅读浅近的童话、寓言、故事，向往美好的情境，关心自然和生命，对感兴趣的人物和事件有自己的感受和想法，并乐于与他人交流。	思辨性阅读与表达	•阅读有趣的短文，发现、思考身边的鸟兽虫鱼、花草树木、家用电器等日常事物的奇妙之处，说出自己的想法。 •大胆提出生活和学习中遇到的问题，通过阅读、观察、请教、讨论等方式，积极思考、探究，乐于分享自己解决问题的办法，说出一两个理由。	•在阅读过程中能根据提示提取文本的显性信息，通过关键词句说出事物的特点，作简单推测。 •朗读时能使用普通话，注意发音；注意用语气、语调和节奏表现对文本的理解和感受。

本单元的教学评价，将重点放在学生在日常生活情境中积累和梳理词语的能力上。同时，在文本体验情境中，通过朗读来评价学生对文本内容的理解和感受。

2.教材单元的主题及内容分析

本单元以“观察”为主题，编排了 3 篇课文《比尾巴》《乌鸦喝水》《雨点儿》，以及“口语交际：我会想办法”和“语文园地八”。这些内容的编排旨在从多个角度引导学生认识并体会到，只要留心观察，生活中处处都有学问，以此培养学生做生活的有心人，鼓励他们养成认真观察、留心周围事物和勤于思考的好习惯。

（1）单元人文主题——观察

本单元的人文主题重在引导学生学会观察，且在观察后能够有条理地进行思考与表达。儿童诗《比尾巴》通过观察动物的身体特征，揭示了不同动物尾巴的特点；《乌鸦喝水》通过一个寓言故事，展示了通过细致的观察、智慧的思考和不懈的努力，可以找到解决问题的有效办法；科学童话《雨点儿》通过对自然的观察，揭示了雨水与自然万物之间的紧密联系；“口语交际：我会想办法”通过一个真实情景，引导学生仔细观察图画与文字，补白想象，认真思考，找到解决问题的办法，实现对观察方法的综合运用。

（2）单元语文要素

本单元的语文要素主要涉及三个方面：一是初步认识句子，二是提取明显信息，三是朗读训练。首先，初步认识句子是本单元的重点。这包括巩固对逗号、句号的了解以及认识问句等。这些内容在不同篇目中都有所强调。其次，提取明显信息也是一个重点。从“找出明显信息”到“通过信息进行简单的推理”，再到“了解课文的主要内容”，学习要求逐步提高。作为一年级上册的最后一个单元，本单元不仅要综合运用在前几个单元中学习的方法，如圈画、连线、列表等，准确找到明显信息，还要通过信息初步进行简单的关联与推理，衔接好下一阶段的学习。

在《比尾巴》一课中，学生学习寻找明显信息的方法，找到不同小动物及其尾巴的特点；《乌鸦喝水》要求学生在理解课文的基础上，找到乌鸦喝着水的好办法；《雨点儿》则引导学生分别找到大雨点儿和小雨点儿去到的不同地方以及带来的变化。本单元旨在帮助学生实现从学习方法到逐步运用方法准确、完整地找到明显信息的进阶。

此外，结合不同课文的特点，本单元还将进行有针对性的朗读训练，如读出疑问句和陈述句的不同语气，读好儿化音，分角色朗读等，以确保学生朗读能力的逐步提升。

本单元巧妙地将“观察”这一学习主题和朗读训练、句子学习相互融合，形成了一个内容连贯、相互关联的学习体系。表 5.4 是对本单元内容的整体分析。

表 5.4　一年级上册第八单元内容的整体分析

分析维度	《比尾巴》	《乌鸦喝水》	《雨点儿》	口语交际：我会想办法
文本类型	儿童诗	寓言	科学童话	—
人文主题：观察	观察身体	观察生活	观察自然	观察图画
语文要素一：初步认识句子	认识问句	认识逗号、句号，建立句子概念	巩固对句子的认识，综合认识逗号、句号和问号	用完整句子表达
语文要素二：提取明显信息	了解不同动物的尾巴特点	发现乌鸦喝水的方法	分别找到大雨点儿和小雨点儿去到的不同地方以及带来的变化	图片的细节及画面的关联
语文要素三：朗读训练	读好疑问的语气	读好陈述句和问句	分角色读好对话，读好停顿	大胆说出想法
单元定位	认识问句（连问连答），提取事物的特点，读好疑问的语气，读出观察身体之趣	认识逗号、句号，提取解决问题的办法，理解乌鸦的做法，读出感受、观察生活之趣	综合认识逗号、句号和问号，找出雨点儿给不同地方带来的变化，学习分角色朗读，读出感受、观察自然之趣	提取图片文字的明显信息，观察事物特点及联系，大胆说出想法，感受用观察解决生活问题之趣

3. 学情分析

学情分析见表 5.5。

表 5.5　学情分析

项目	起点	发展点	障碍点	策略
识字	初步了解象形字识字、看图识字、韵语识字、生活中识字等识字方法，认识了部分独体字和合体字。	巩固识字的方法，认识上下、左右结构，学习结构归类梳理；认识生活中的常用字，有意识地积累，逐步形成识字能力。	按结构归类，对生字结构缺乏认知；不能将音形义结合起来识记；生活中识字的意识不强。	随文识字 注音识字 字理识字 归类梳理
写字	有一定的书写习惯，能够按照从上到下、先横后竖等笔顺规则写字，掌握了撇捺的书写规则，基本能够写好简单的独体字。	继续巩固良好书写习惯；练写竖提、横钩；学习归类书写，能够发现“先中间后两边”“先外后内”的笔顺规则。	竖提和竖钩容易混淆，横钩难在钩的角度不能太大。	观察分析 教师范写 多样评价 个别指导

续表

项目	起点	发展点	障碍点	策略
人文主题	“观察”是学生认识世界和了解世界的第一步，在此之前学生只有生活中零散的观察经验，且小学生的观察往往比较随意。	提高学生的观察能力，形成用观察解决实际问题的能力，在充满童真童趣的故事中培养观察的兴趣和习惯。	不能主动展开观察，不能关联事物的特点进行观察，对事物的特征感知不足。	借助图片视频 结合生活实际 结合课文内容 提取关键信息
语文要素一和二	在第五单元的《雪地里的小画家》一课，学生已经接触过根据问题圈画找出相关信息的学习方法，初步培养了提取明显信息的能力。	继续引导学生借助圈一圈、画一画的方法，从课文中提取相关的信息，更好地理解课文内容。	不能立足于课文原文；提取的关键信息定位不准确。	抓关键词 借助图片 借助表格 想象表演
语文要素三	重视朗读，是在第五单元“读正确、读流利”基础上的提升。学生能读准字音，基本读好陈述句，读疑问句有生活基础。学生在第五单元通过课文的学习对句子有了初步的感知。	把课文读正确、读通顺，读好疑问句和陈述句，读好角色说话的语气，学习分角色朗读。读出逗号、句号的不同停顿，促进对句子的理解。	第一次学习问句，对疑问句的语气把握不好；不能做到正确停顿，不能掌握分角色朗读的方法；对句子没有明确的概念。	教师范读 角色体验 动作辅助 创设情境 联系生活 借助插图和道具 对比朗读 读中感悟

二、提炼特定学习主题

针对一年级学生对周围世界所表现出的好奇心，本单元教学聚焦于促进学生的精神成长，引导学生在主动观察的基础上进行思考，探究事物的特点，体验观察过程中的奇妙发现，不仅满足了学生的好奇心，培养了他们的观察力，而且将他们的思维引向更高层次的发展，为学生通过观察来认识世界和了解世界奠定了坚实的基础。

在本单元的内容建构上，我们将人文主题“观察”与语文要素“初步认识句子、提取明显信息、朗读训练”进行整合。在遵循学生学习规律的基础上，厘清三个语文要素之间的逻辑关联。首先，建立句子概念是文字解码的起点，能够帮助学生深入理解句意。其次，对句子的初步认识，能帮助学生准确提取明显信息，发现事物的特点和关联，从而深入感受观察的乐趣。最后，朗读贯穿教学始终，既是单元学习的目标，也是学习的重要抓手。通过朗读，学生能够实现从“解码”到“理解”再到“表现”的进阶，进一步加深对标点和句子的认识，从而有效实现语文要素与人文主题的双线合一。

此外，本单元通过将学习内容与特定的语言运用情境相链接，让学生在朗诵、播报的真实语言运用中表达对观察奇妙之处的感受。因此，本单元的特定学习主题为“用朗读发现观察的奇妙”。

学习目标

1. 通过多种识字方法认识 40 个生字和 6 个偏旁；归类书写 16 个汉字和 2 种笔画，按汉字“先中间后两边”“先外后内”的笔顺规则在田字格中正确书写。积累由熟字构成的 12 个新词，发现汉字组词特点。

2. 通过朗读认识逗号和句号，根据标点符号读好停顿，初步建立句子概念，认识自然段。学习分角色朗读课文，读好人物说话的语气。

3. 通过朗读、讨论等方式读懂句子，提取明显信息，并关联信息思考，发现观察的奇妙之处，分享自己解决问题的办法。

学习任务设计

立足单元整体，依据课标“语言文字积累与梳理”和“思辨性阅读与表达”学习任务群的相关要求，围绕“用朗读发现观察的奇妙”这一特定学习主题，精心设计“分享‘观察’字词积累卡”“推荐我喜欢的观察好办法”和“‘观察’朗读播报展示”三个子任务，并将这些子任务进一步分解为一组相互关联的语文实践活动，引导学生在朗读训练过程中，逐步建立句子概念，思考和发现生活的奇妙。在此过程中，针对低年级学生的识字任务贯穿全程，通过随文识字、字理识字、生活识字、归类梳理等方式，帮助学生在积累的生字之间建立联系。结构化教学思路如图 5.9 所示：

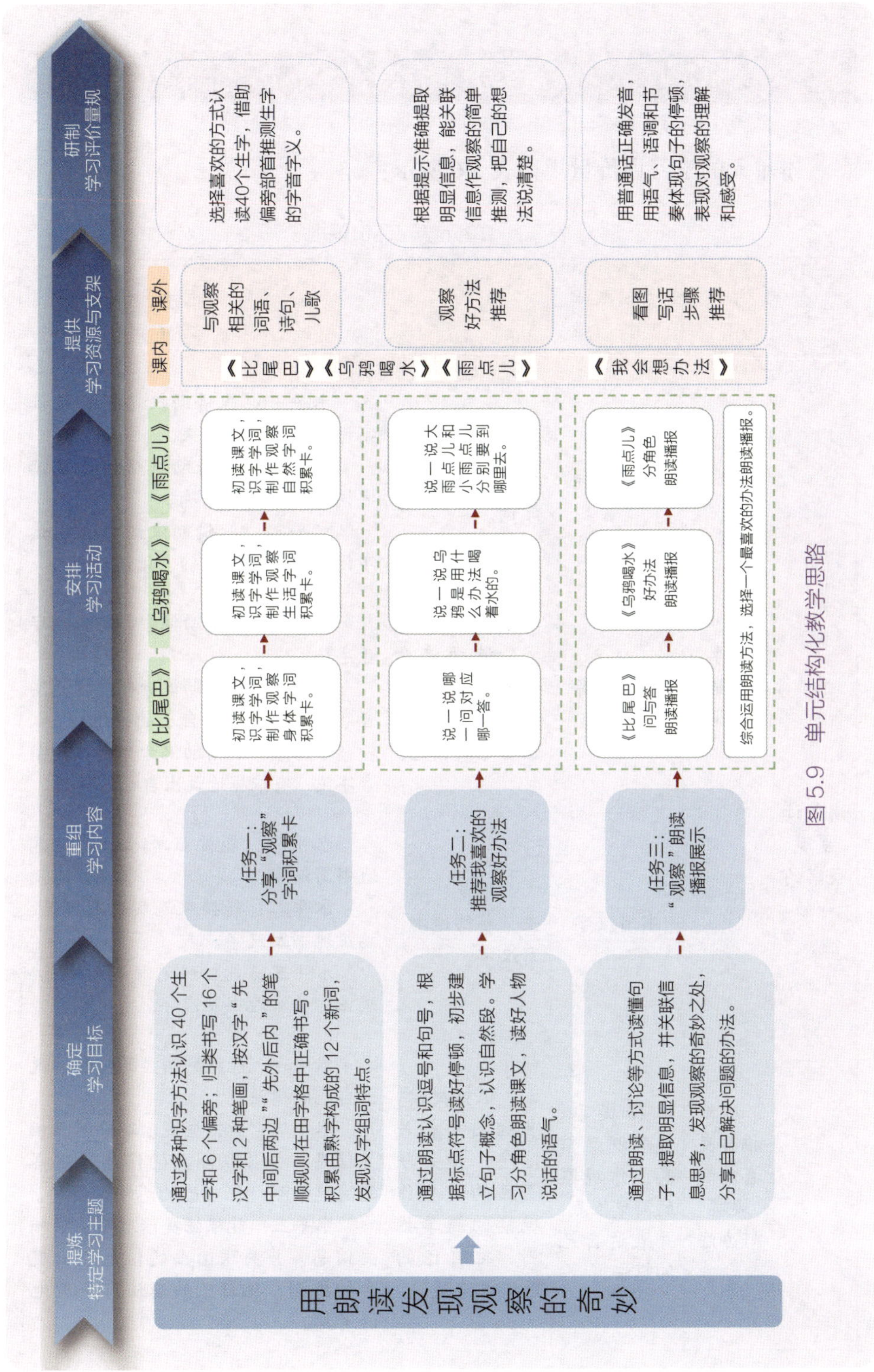

图 5.9　单元结构化教学思路

学习评价设计

本单元的学习评价量规如表 5.6 所示：

表 5.6 单元学习评价量规

特定学习主题	学习内容	评价指标（四维目标）	行为表现/学习成果（行为化动词）	水平描述（分层行为化动词目标）
用朗读发现观察的奇妙	分享“观察”字词积累卡	认读字词	借助汉语拼音正确认读字词。	水平一：能借助汉语拼音认读字词，把字词读出来。 水平二：能借助汉语拼音认读字词，把字词读正确。 水平三：能借助汉语拼音认读字词，把字词读正确、读流利。
		推测字音字义	借助偏旁部首推测字音字义，愿意说出自己的猜想。	水平一：能借助偏旁部首推测字音字义。 水平二：能借助偏旁部首推测字音字义，愿意说出自己的猜想。 水平三：能借助偏旁部首推测字音字义，有依据地说出自己的猜想。
		书写汉字	规范、端正、整洁地书写汉字。	水平一：能按照笔顺规则规范地书写汉字。 水平二：能按照笔顺规则规范、端正地书写汉字。 水平三：能按照笔顺规则规范、端正、整洁地书写汉字。
	推荐我喜欢的观察好办法	根据提取、关联明显信息，作观察的简单推测，并表达自己的想法	根据提示，准确圈画相关信息，并关联圈画的信息作观察的简单推测，把自己的想法说清楚。	水平一：能找到明显的信息，说出自己的想法。 水平二：能根据提示准确圈画相关信息，并关联圈画的信息作观察的简单推测，把自己的想法说清楚。 水平三：能根据提示准确圈画相关信息，并关联圈画的信息说出观察的推测，把自己的想法有条理地说清楚。

续表

特定学习主题	学习内容	评价指标（四维目标）	行为表现/学习成果（行为化动词）	水平描述（分层行为化动词目标）
用朗读发现观察的奇妙	“观察”朗读播报展示	用朗读表现对观察的理解和感受	用普通话正确发音，用语气、语调和节奏体现句子的停顿，表现对观察的理解和感受。	水平一：能用普通话正确地发音，用语气、语调和节奏体现句子的停顿。 水平二：能用普通话正确发音，用语气、语调和节奏体现句子的停顿，表现对观察的了解和感受。 水平三：能用普通话正确发音，用语气、语调和节奏体现句子的停顿，恰当表现对观察的了解和感受。

学习资源与支架

针对学生观察意识弱、难以在观察的基础上思考这一难点，教师可以提供与观察相关的词语、诗句、儿歌等，引导学生在丰富多样的文本形式中感受身体、自然界以及生活中的奇妙之处。

当学生萌发观察和思考的意识后，教师可以提供有效的观察策略和方法，作为学生探索世界的工具，以此提升学生建立联系和进行关联性思考的能力。

在“口语交际：我会想办法”中，教师可以为学生推荐看图说话的步骤，将看图说话的问题简化，帮助学生利用文字和图画来呈现思维过程。

在本单元特定学习主题引领的学习任务设计中，同一任务是在不同课时中进行复现与提升的，因此，下面围绕三个子任务来呈现单元设计思路：

<table>
<tr><th colspan="2">特定学习主题引领的学习任务课时教学设计</th></tr>
<tr><td rowspan="2">任务一：
分享
“观察”
字词
积累卡</td><td>学习活动一：借助偏旁归类，分享观察身体字词积累卡
环节 1：猜谜语，朗读课题“比尾巴”。
初步了解各种动物尾巴的特点，“巴”读得又轻又短。

环节 2：借助生活经验，分享观察身体字词积累卡。
运用归类识字的方法，发现带有提手旁的字大多与手或者手部动作有关。结合学过的“色”字，认识偏旁斜刀头。

【设计意图】
借助看图片、调动已有生活经验等方式识记生字，在发现和应用中体会识字乐趣；通过对比、复现学习提手旁和斜刀头两个新偏旁，帮助学生在已积累的语言材料间建立联系，将其结构化，从而更好地实现积累与运用。

环节 3：情境导入，回顾旧知。
按出示的顺序说出动物名字：猴子、兔子、松鼠、公鸡、鸭子、孔雀。

环节 4：复习生字词。

【设计意图】
借助课文插图，进一步开展巩固字词的游戏活动，调动学生的积极性，在复习的过程中既建立汉字音形义的联系，又复习课文的内容，引导学生与生活经验对接，与课文情境相融，激发学习热情，产生学习期待。</td></tr>
<tr><td>学习活动二：借助课文插图，分享观察生活字词积累卡
环节 1：认识“乌鸦”，揭示课题。
出示图片，指导认读“乌鸦”。学生认读“乌鸦”，观察图片，齐读课题。

环节 2：初读课文，分享观察生活字词积累卡。
读准课文、生字词，借助字卡认读生活类生字；在朗读中了解逗号和句号的作用。

【设计意图】
在单元任务统整下，链接生活情境，激发学生持续学习的动机，引导学生明确学习的方向。集中识字环节，从字音到字形、字义，由易到难，引导学生有规律地学习，有效提高识字效率，建立字音、字形和字义之间的联系。通过对比有无标点符号的句子，学生更直观地理解逗号和句号的作用。</td></tr>
</table>

续表

特定学习主题引领的学习任务课时教学设计	
任务一：分享“观察”字词积累卡	学习活动三：借助识字方法，分享观察自然字词积累卡 **环节1：谜语导入，揭示课题。** （1）齐读谜语：“千条线，万条线，落入水中就不见。”猜谜底——雨点儿。 （2）在打招呼情境中，练习朗读课题“雨点儿”，读好儿化音。 **环节2：初读课文，分享观察自然字词积累卡。** （1）边看课文边听教师范读，对照课文听清每个字的发音，感受逗号和句号的不同停顿；标出文章的段落；读好“不”在不同词语中的读音。 （2）圈出并借助拼音认读自然类生字词；区分平翘舌音、前后鼻音，认识两个多音字，在语境中加以区分，做到读准字音。 （3）观察发现本课两个上下结构的生字“点、空”，在文中找到更多上下和左右结构的字；认识四点底和穴宝盖两个新偏旁，了解更多相同偏旁的字；对比了解“采”和“彩”的字形和字义，用加一加的方法记住“彩”；做到朗读课文，读通句子。 【设计意图】 创设自然有趣的情境，通过谜语激发学生的学习兴趣。在语文实践活动中引导学生通过观察、分析，学习按字音、字形、字义等进行梳理归类。帮助学生在对比、复现中学习新偏旁，在已积累的语言材料间建立联系；通过归类、联系生活的方式学习生字，初步发现语言文字运用的规律，实现进一步的积累与运用。 【任务一设计意图】 任务立足“识字与写字”，以特定学习主题为引领，通过“观察”字词积累卡，借助多种方法，在《比尾巴》的学习中聚焦身体积累字词，在《乌鸦喝水》的学习中走进生活积累字词，在《雨点儿》的学习中进一步走向自然界积累字词。任务聚焦“一手好汉字”的素养目标，为单元后续关联任务奠定了学习基础。
任务二：推荐我喜欢的观察好办法	学习活动一：抓住特点观察，找准关键信息 **环节1：圈画尾巴的特点，朗读表现尾巴的不同。** （1）边读边圈画。通过提取观察的关键信息，找到尾巴长、尾巴短、尾巴像伞的小动物。 （2）通过朗读表现不同动物尾巴的特点。 **环节2：观察其他动物尾巴的特点。** 观察生活中其他动物的尾巴有什么特点。学用课文中的问答句式，选两

续表

特定学习主题引领的学习任务课时教学设计	
	三个动物说一说它们尾巴的特点。在用句式回答时要问清楚、答清楚，问答的语气要合适。 环节3：分享观察特点的方法，说说生活中事物的特点。 学用方法分享观察收获，伙伴之间用连问连答、一问多答等形式，说说生活中其他事物的特点。例如："谁的耳朵长？兔子的耳朵长。""谁的头儿尖？铅笔的头儿尖。" 【设计意图】 引导学生用圈一圈、画一画的方式抓住不同小动物尾巴的特点，提取关键信息。通过指导问句的朗读，用语气上扬对比句中不同的重音，同时调动学生的具身认知，突出不同小动物尾巴的特点。引导学生将"抓住特点"这一观察方法迁移应用至自己的生活，在合作中应用课文一问一答的形式分享自己的观察所见，体会学习和观察的乐趣。
任务二：推荐我喜欢的观察好办法	学习活动二：提取关联信息，作出观察猜测 环节1：整体读文，了解故事内容。 借助"喝"这个字在文中组成的短语，理清文脉，感知课文大意。 环节2：对比学习，寻找原因。 学习第一自然段。朗读课文，对比图片，理解乌鸦喝不到水的原因。 环节3：识字学词，回顾故事。 借助"口渴了、到处找水喝、一个瓶子、水不多、瓶口又小、喝不着水"等词语关联原因，回顾第一段内容。 环节4：细读课文，提取观察好办法。 学习第二、第三自然段。朗读课文，理解"乌鸦看见小石子"后的思考，借助装有水的瓶子、小石子，请大家在瓶子的周围贴小石子，理解"旁边""许多"，巩固识记生字"旁""许"。动手实验，巩固识记"进""高"，理解"渐渐"。 环节5：说一说乌鸦喝水的过程，推荐乌鸦的观察好办法。 【设计意图】 教师借助词语把课文中出现的生字词与乌鸦喝水的过程进行关联，为学生理解乌鸦喝水的办法提供了支架，同时也为学生巩固识字提供了语境。通过推荐观察好办法的活动，学生体会到借助观察能发现生活中的奇妙之处。

续表

特定学习主题引领的学习任务课时教学设计	
任务二：推荐我喜欢的观察好办法	学习活动三：抓住细节巧观察，清楚表达想法 环节 1：结合词句学观察，读好第一自然段。 （1）读词语“数不清、云彩、落下来”，联系生活中的其他事物，学习“数不清”，并用“数不清”说一个句子。 （2）学习“落下来”，结合课文语句想象雨点儿飘落的样子，做动作，读课文。 环节 2：读对话，发现大雨点儿和小雨点儿要到哪里去。 （1）听教师范读，找到大雨点儿和小雨点儿的两处对话；了解对话和一般疑问句的形式，读出疑问的上扬语气；再读出答句中小雨点儿的愿望和大雨点儿的自豪。 （2）学习分角色朗读对话，说出大雨点儿和小雨点儿要去的地方。 环节 3：抓变化巧观察。 （1）阅读并数出第五自然段有两句话。 （2）抓两个地点的变化，感受观察的美景。感知雨水与植物生长的关系。巩固所学生字，读好停顿、重音和长句子。 【设计意图】 学生在分角色朗读中理解对话内容。通过观察到的变化理解雨点带来的美好，在朗读中体现美好。 环节 4：观察生字，学写“你”。 观察“你”的字形特点，注意学习横钩这一关键笔画，做到横钩起笔稍重，在拐弯处稍作停顿，再向左下出钩。书写练习，自评互评。 【设计意图】 本环节首先引导学生观察，将汉字按结构进行归类指导，帮助学生在已积累的语言材料间建立联系，将其结构化。 【任务二设计意图】 任务立足“阅读与鉴赏”，以特定学习主题为引领，通过阅读了解观察的方法，并尝试迁移。在《比尾巴》的学习中了解观察特点；在《乌鸦喝水》中学习提取信息，发现观察方法；在《雨点儿》的学习中初步感知对变化的观察。任务聚焦“一篇好文章”的素养目标，在对观察的阅读学习中，有侧重地整合有关“一手好汉字、一副好口才”素养目标的学习活动。

续表

<table>
<tr><th colspan="2">特定学习主题引领的学习任务课时教学设计</th></tr>
<tr><td rowspan="3">任务三：
“观察”
朗读
播报
展示</td><td>学习活动一：《比尾巴》问与答朗读播报
指导朗读问答，出示评价标准。“观察到了这么多动物的特点，就让我们再一次回到课文，去感受它们的独特之处吧。请大家把整篇课文读一读，播报动物尾巴的不同特点。试着读正确、读流利、读出疑问的语气。”

【设计意图】
在课文情境“比尾巴”中，紧扣“比一比”，落实课后题做“一问一答”形式的问答游戏。教师先提问、作示范，给学生抓手和支架，接着由个别学生自己提问，通过设计有梯度的教学过程，降低学习难度，从而更好地解决教学中的难点，在进行问答游戏的过程中帮助学生积累语言表达。</td></tr>
<tr><td>学习活动二：《乌鸦喝水》好办法朗读播报
借助“旁边、看见、许多、想出办法、放进、渐渐、升高、喝着水”等词语，推荐乌鸦的观察好办法，朗读第二、第三自然段，播报乌鸦的观察好办法。

【设计意图】
教师借助词语把课文中出现的生字词与乌鸦喝水的过程进行关联，为学生理解乌鸦喝水的办法提供了支架，同时也为学生巩固识字提供了生动自然的语境。通过推荐观察好办法的活动，学生体会到借助观察能发现生活中的奇妙之处。</td></tr>
<tr><td>学习活动三：《雨点儿》分角色朗读播报
学习分角色朗读对话，读出不同情境下语气的变化。明确朗读正确、流利、读出语气的评价标准，同桌合作朗读两组对话，并依据标准进行评价；说出大雨点儿和小雨点儿要去的地方以及带来的变化。

【设计意图】
逐步指导学生分清角色，了解分角色朗读的形式，在理解对话内容的基础上进行角色体验。最后，在情境中进行个性化朗读，读出语气和话语之间的承接与呼应，感受分角色朗读的乐趣。

【任务三设计意图】
任务立足“表达与交流”，以特定学习主题为引领，通过朗读播报表现观察。在《比尾巴》的学习中聚焦文本的问答形式，尝试问答式朗读播报；在《乌鸦喝水》中以生字词为支架，尝试播报好办法；在《雨点儿》的学习中进一步分角色朗读播报，读出语气与变化。通过“一副好口才”的播报任务，综合展现单元和课时“一手好汉字、一篇好文章”的学习成就表现。</td></tr>
</table>

第六章 方式新形态：整本书阅读学习任务的实践探索

整本书阅读学程导航：基于内容整体设计的“六步法”变式

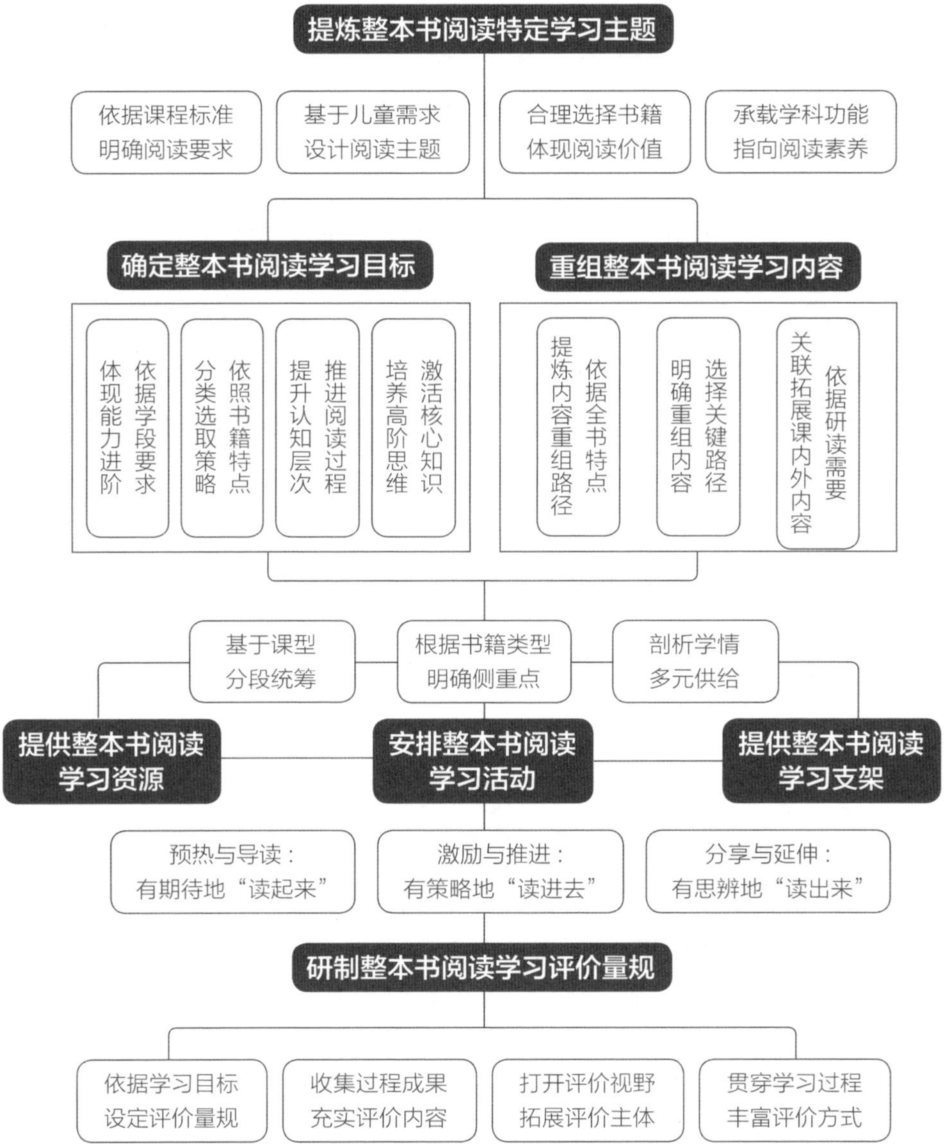

图 6.1 整本书阅读学程导航

整本书阅读学程点拨：方式重整型的学习任务设计

（一）提炼整本书阅读特定学习主题

整本书阅读作为拓展型学习任务之一，其“拓展”的意义在于迁移和运用基础型学习任务群、发展型学习任务群的基本要求和方法，同时兼顾整本书的内容、写法、价值等独特要素，找到能牵动整本书阅读的关键要素，设计典型性语文实践活动链条，为整本书阅读定向。

1. 依据课程标准，明确阅读要求

首先，课程标准作为课程管理、实施和评价的基本依据，是整本书阅读特定学习主题确定的重要基础。课程标准在“课程内容”的“主题与载体形式”部分，彰显了“三大文化”等主题的重要性，明确了语文学科的内容与价值引领，即“特定学习主题引领的整本书阅读”。其次，课程标准在“拓展型学习任务群”的“整本书阅读”部分，明确了小学不同学段的整本书阅读内容及相关要求。

2. 基于儿童需求，设计阅读主题

整本书阅读是一个涉及学生、书籍和真实情境的社会性认知互动过程。学习主题应紧密贴合学生的年龄特点和已有经验。可以通过调查或与学生讨论，发现他们的兴趣点和阅读难点。基于这些信息，结合不同学段学生的阅读能力要求，设计更适合的学习主题。恰当的特定学习主题不仅能够为学生创设新的阅读路径，还能激发学生的探究兴趣和阅读动力。

3. 合理选择书籍，体现阅读价值

除了现行教材中推荐的必读书目外，教师还应成为推荐书单的“点灯人”（推广人），为不同年龄阶段的学生推荐经典书目。推荐的阅读材料应选择具有历史价值的“经典”作品以及符合时代要求的作品。结合“三大文化”等主题，形成学习主题，并将其融入阅读任务中，使语言与精神在整本书的情境中变得丰沛饱满，阅读兴趣和能力自然提升，实现整本书阅读的育人功能。

4. 承载学科功能，指向阅读素养

好的学习主题应能体现学科要求，提升关键能力。在整本书阅读任务设计中，学习主题应指向引导学生“了解阅读的多种策略，运用浏览、略读、精读等不同阅读方法”；指向引导学生“通读整本书，了解主要内容，关注整体与局部、局部与局部之间的关系”；指向点拨学生“重视序言、目录等在整本书阅读中的作用”。概括起来讲，学习主题的确立，应充分考虑整本书阅读过程中阅读策略的指导、阅读经验的获取、阅读能力的提升，最终指向学生阅读素养的发展。

《雷锋——大海里的一滴水》由著名儿童文学作家徐鲁倾心创作，以童趣盎然的语言讲述了雷锋同志在成长、学习和奉献过程中的感人故事，是帮助学生理解并厚植革命精神和爱国情怀的宝贵教材。新课标中“整本书阅读”学习任务群的“学习内容”部分要求第二学段“阅读表现英雄模范事迹的图书”，“讲述英雄模范的动人故事”。四年级的学生正处于情感与道德观念形成的黄金时期，通过阅读这本书，学生们可以了解雷锋如何做积极投身社会、服务人民的最普通的一滴水，在潜移默化中塑造积极向上的人生观和价值观，极大地激发社会责任感。因此，教师决定以“也做大海里的一滴水”作为特定学习主题，展开整本书阅读任务学习。

（二）确定整本书阅读学习目标

主题教学视域下的整本书阅读目标，围绕特定学习主题，组织和创设连贯性的阅读内容与阅读情境，以儿童个性化体验为参照，力求学习目标清晰化、线索化、统整化，从而最大化地发挥整本书阅读的功能。

1. 依据学段要求，体现能力进阶

遵循学段特征，确立阅读目标，是推进整本书阅读任务的重要开端。结合不同学段的发展特点，整本书阅读目标的制定应遵循以下规律：低学段，根据学生认知以形象思维为主的特点，注重养成和及时评价学生的阅读习惯，关注其阅读兴趣；中学段，根据学生抽象思维逐步发展的特点，尝试在

整本书阅读中锤炼方法，重点培养学生质疑文本、提取信息、进行比较阅读的能力；高学段，重点关注和训练学生提取与统整信息、评鉴文本内容等语言运用的综合能力。

2. 依照书籍特点，分类选取策略

儿歌、童谣侧重朗读和韵律；童话故事关注想象和神奇元素；寓言寓理于故事，语言幽默；民间故事基于真实生活，颂扬美好品格；经典名著人物形象鲜明，表现手法突出，文学意蕴丰厚。教师应根据不同书籍的特点设置与之相匹配的目标，进一步聚焦特定学习主题内容，明确学习任务，促进不同阅读策略的发展。整本书阅读具有整体性和宏观性，这意味着无论阅读哪种类型的书籍，其目标均指向学生复杂思维能力的发展。不同书籍由于其特征、类型不同，阅读目标也会各有侧重。

3. 推进阅读过程，提升认知层次

在阅读过程中，学生的认知水平和发展规律对阅读活动的设计至关重要，因此阅读活动的设计要遵循学生的认知发展之路，从简单到复杂，逐步推进。如从关注封面和目录对学生兴趣的激发，逐步过渡到关注学生对角色和学习主题的深入理解与分析，再到关注学生基于文本对比或者创意写作的批判性思考和创造性表达等。在层层递进的阅读活动设计中，学生不仅能够逐步提升阅读理解能力，还能在思考、分析和创造的过程中体会整本书阅读的成就感。

4. 激活核心知识，培养高阶思维

整本书中的知识、技能、思维、思想等不是静态的陈述性知识，而是嵌入真实问题、任务和情境中的知识，指向阅读中运用知识解决问题的能力。对于前者，学生只需要单纯地“理解”“复现”“应用”；而对于后者，学生必须会归纳、推理、反思、对话，才能实现转化运用。

统编版教材三年级下册“快乐读书吧”推荐阅读《中国古代寓言》。依据新课标第二学段学习内容中“阅读中国古今寓言、中国神话传说等，学习其中蕴含的中华智慧，口头或书面分享自己获得的启示”的要求，充分考量该学段学生认知发展呈现出的较为具体化、形象化的特性，教师设定了“读书明理，召开寓言故事会”的特定学习主题。在学习目标设定的过程中，以召开

寓言故事会的真实任务为驱动，学生自主阅读整本书，通过猜、看、读、画、演、讲等方式，了解故事内容，产生阅读寓言故事的兴趣；尝试运用抓住人物言行、联系生活等方法理解寓言故事的道理，体会文字背后的智慧、哲理以及为人处世的准则；在寓言故事的讲述中发挥想象，加上动作、表情、语言等将故事讲生动，与他人交流分享阅读成果。通过上述目标的设定，让学生在真实的语文实践活动中，积累阅读寓言类整本书的基本方法，从初步理解、深入剖析到能够灵活运用，增强持续阅读的动力，丰富阅读收获的层次。

（三）重组整本书阅读学习内容

面对整本书丰富的内涵，包括学习素材、文章写法和精神价值等要素，要充分凝练，以便为学生提供连贯的知识体系和语言运用的环境，从而有效推进学习。这要求教师根据学情对学习内容进行系统重组。这里的重组主要涉及两个层面：一是整本书内部阅读内容的重组，即挑选、加工、拓展与儿童学习目标相匹配的学习内容，以构建系统化的内容体系；二是整本书与关联阅读内容的重组，即建构整本书与教材中单篇课文、同主题拓展阅读文章的有机联系。

教师在进行学习内容的选择与建构时，必须做到有章可循、有理可依。在阅读时师生教学相长，依循以下步骤重组阅读内容。

1. 依据全书特点，提炼内容重组路径

阅读整本书首先要形成对整本书的整体观照，既有对全书脉络的通盘把握，也有对全书内容的周延思考，从而理解“整本书”的意思，梳理出作品的全貌或梗概，为后续深入探究、品鉴文本打下基础。在形成对整本书全景式的认识后，可以围绕整本书的主要内容进行内容重组，按照相同特征进行归类；可以围绕研究问题进行内容重组，根据问题选择相关内容进行解惑；可以围绕任务进行内容重组，根据完成任务的需要进行内容归类。以《小学生朱自清读本》（以下简称《读本》）整本书阅读为例，依据散文集的特点，可以提炼出如下内容重组路径：

《小学生朱自清读本》是朱自清先生的散文选集，共选编文章 59 篇，按照你和我（写人记事）、踪迹（写景抒情）、去欧洲（国外游记）、荷塘边的

身影（学生回忆）四个主题编目。学生在通读整本书之后，以朱自清的“研究问题”为原点，整合相关内容进行深入理解，得出阅读结论。

2. 选择关键路径，明确重组内容

虽然我们追求对全书的整体观照，但也不能忽视那些能够提供独特阅读体验的局部内容。不同的书籍和文本特质要求我们作出不同的学习内容选择，这就需要师生通过关键路径来整合学习内容。具体而言，可以通过专题探究或者任务驱动等方式，选择关键的内容重组路径，深入分析书中的主题、人物、情节、语言、主旨等。学生应选择合适的切入角度，且限定范围，在有限的阅读时间内聚焦重点内容，以便更加清晰地理解作品。例如，在《读本》的学习中，学生以研究问题为切入点，各小组明确需要重组的研究内容：

以研究“朱自清当老师时有什么变化”的小组为例，他们经历了如下的内容重组过程：首先，针对研究问题，聚焦第四编，即学生回忆朱自清先生的5篇文章。接着，找到其中描写朱自清当老师时候的相关语句。然后，结合朱自清当老师的经历，绘制时间轴，发现朱自清当老师的过程就是从菜鸟老师变成高手老师的成长过程。最后，思考朱自清产生变化的原因，对描写朱自清形象的词语进行分类，绘制朱自清当老师时的形象特征气泡图。

3. 依据研读需要，关联拓展课内外内容

整本书阅读不应局限于书籍本身，而应依据学生实际需要进行关联拓展。当然这不是游离于整本书寻找附加物，而是对整本书进行有机延伸。关联的内容包括整本书内容的整体与章节、章节与章节之间的关系，整本书与教材中的课文、教材内容与素养要素之间的关联，以及整本书与同主题其他书籍或生活经验等的关联。这样的关联拓展可为学生阅读整本书提供有益的学习资源与支架，帮助他们更好地丰富文本意蕴，并促进跨学科知识体系的建构。例如，在《读本》整本书阅读中研究“朱自清眼中的欧洲与我们眼中的欧洲有什么不同”的小组进行了以下关联拓展：

首先，将研究问题与学生的生活经验相联系。其次，阅读过程紧密联系

课内外内容。通过对比学生的游记和朱自清的游记，小组成员发现了一个显著的差异：学生笔下的欧洲全是欧洲的景象，朱自清写欧洲时却经常提到中国。通过梳理文章中的相关语句发现，朱自清在描写景色和风俗习惯时，经常会把欧洲和中国进行对比。基于这一发现，小组得出自己的阅读结论：学生眼中的欧洲和朱自清眼中的欧洲最大的不同是，朱先生在游记中时常联想到祖国。从中能看出，朱先生虽身在欧洲，仍心系祖国，是一个很爱国的人。这样的研究过程让学生基于已有的知识经验、认知结构和思维方式，深入理解文本并作出分析和结论，从而实现了深度阅读。

（四）安排整本书阅读学习活动

在安排整本书阅读学习活动时，教师需整体规划阅读进程，以保障阅读有序推进。整本书阅读的学习活动一般具有目标导向性、情境性、综合性和可操作性等显著特点，学生应根据自己的阅读目的和兴趣选择图书，并制订相应的阅读计划。活动应注重学科整合与跨学科联系，结合生活经验和社会背景，创造丰富真实的阅读情境；形式应多样，如独立阅读、合作阅读、亲子阅读等；同时，要重视学生的个性差异，引导学生通过完成各种任务来积累阅读经验，养成阅读习惯，提升认知能力。

1. 预热与导读：有期待地“读起来”

预热与导读的意义在于激发学生的阅读欲望，帮助他们建立对整本书的印象并作好阅读规划。在预热环节，教师可以运用一些策略来激发学生“读起来”的动力，比如设计导读仪式或阅读地图，内容涉及建立阅读计划与时间分配、阅读策略及方法推荐、阅读承诺签订等。

在导读环节，可以参考以下内容框架：学生初读目录，大胆质疑；学生了解作者及文本主要内容，形成初步印象；学生选读精彩部分，体验阅读乐趣；教师传授阅读方法，提出阅读建议；教师介绍相关信息，激发学生阅读兴趣。

2. 激励与推进：有策略地“读进去”

学生虽然具备一定的自主阅读能力，但在阅读时可能会因为文本涉及的历史背景、作者表达的深邃内涵、复杂的写作手法等遇到挑战，影响阅读的主动性和持续性。这就需要教师通过激励与指导帮助学生解决阅读障碍，化解认知冲突，深入探究文本结构、人物关系等。

首先，教师需提供整体、系统的学习情境，整合阅读内容与方法，帮助学生获取整本书的核心内容。其次，教师要细心观察、积极交流，尊重学生的想法，运用内容重构、对照阅读等策略，提升学生阅读积累与探究的能力。最后，教师要作好全程跟踪评价与激励，通过故事贴、评星板、电台播报等方式持续激发学生的阅读兴趣和动力，鼓励学生从初步阅读过渡到持续阅读，最终爱上阅读。

3. 分享与延伸：有思辨地“读出来”

强调阅读理解与感悟后的对话，反思中的互动、碰撞、激发，是整本书阅读实践样态的直接表征。在学程设计中，教师要关注学生与书籍、同伴、教师、自我的对话，为学生创造一个能够选择、建构、创造、探索的“学伴共同体”。教师要鼓励学生发表不同见解，通过完成任务进行有创意的阅读，并在分享课上展示成果，讲述阅读感悟和策略经验。在分享过程中，应鼓励学生就自己感兴趣或有疑问的内容发表意见，同时应遵循“畅聊与聆听”原则，重视每个学生的分享。教师需在关键处基于儿童立场，生成问题、筛选问题，并引导学生深度质疑、层层思辨。

下面以小学第三学段的推荐书目《海底两万里》整本书阅读学习活动的安排为例进行说明：

在预热与导读部分，教师发布了“推荐你喜欢的科幻小说”这一任务。学生在导读课上回顾小说单元学习心得，了解科幻小说的发展脉络和阅读重点，课后制订阅读计划并尝试运用多种阅读方法。基于新课标关于第三学段整本书阅读的要求，教师指导学生运用整体认知、信息提取与加工、经验迁移等策略，突破阅读卡点，形成阅读科幻小说的方法策略。学生运用策略选择感兴趣的科幻小说进行阅读，并在学习单上记录自己的发现和收获。在“动起来”的课堂上，教师引导学生参与书目介绍、推荐互评、重点分享和思辨讨论四个环节。学生自主布置阅读宣传摊位，发布推荐内容，设计推荐形式和互动形式。通过充分的交流分享，学生们记录阅读心得，进行思辨，生成“最佳推荐书目”，共同探讨科幻文学的价值和意义，使得阅读活动逐步走向深入。

（五）提供整本书阅读学习资源与支架

学习资源与支架能够使阅读时间得到高效利用，教师应深入剖析其设计原则与策略，确保整本书阅读任务群的有效开展，进而促进学生的深度学习与个性化成长。具体而言，该任务群中的学习资源与支架构建需要兼顾阅读全程的激励性、策略供给的适配性、阅读差异的针对性，确保每个学生都能按照自己的节奏获得成长。

1. 基于课型分段统筹

在整本书阅读任务群中，学习资源与支架的提供需根据课型，如主题导读激趣课、主题探究推进课、主题阅读分享交流课的特征进行分段统筹与精细化设计，以确保学习过程的连贯性与有效性。

• 主题导读激趣课：重点提供整体感知与习惯养成类的资源与支架，旨在引导学生形成对书籍的初步整体感知，并培养良好的阅读习惯。学习资源与支架的提供应聚焦于两个方面：一是构建整体感知类支架，如提供书籍背景介绍、作者生平、故事梗概、故事线索、关键情节等，帮助学生快速了解书籍内容，建立对书籍的基本认知框架；二是设计习惯养成类支架，如制订阅读计划表、设置阅读打卡机制、提供阅读笔记模板等，引导学生逐步建立并巩固良好的阅读习惯。同时，还需准备丰富的辅助资源，如词汇表、注释、相关拓展阅读材料等，以便学生在阅读过程中遇到困难时能够及时参考，克服阅读障碍，保持阅读流畅性。

• 主题探究推进课：重点提供策略引导与深化体验类的资源与支架，旨在引导学生有效阅读整本书，丰富多元理解，体味阅读乐趣。在这一阶段，学习资源与支架的提供应聚焦阅读策略引导、阅读体验深化、整本书阅读方法掌握，促进学生在阅读中深度思考，形成良好的阅读习惯，提升阅读素养。具体而言，学习资源与支架可包括图像化策略支架（鼓励学生将文字信息转化为图表、思维导图等形式以加深理解）、建立联系策略支架（引导学生将书中内容与自身经历、现实生活或其他文学作品相联系）、比较策略支架（通过对比不同人物、情节或主题来深化对书籍的理解）等。这些阅读支架的运用有助于提升学生的阅读理解能力，同时促进他们的批判性思维与创造性思维的发展。

推进课可根据整本书的题材特点、阅读难度以及学习主题进行课时划分，切实帮助学生解决阅读过程中的疑惑和难点，不断增强学生的阅读信心。

• 主题阅读分享交流课：重点提供表现性学习成果类的资源与支架，旨在通过学生间的阅读成果汇报，丰富理解、加深体验，将有效的阅读工具和支架转化为学生个性化的表现性学习成果。学习资源与支架可以包括读书报告单、阅读记录单、读后感、自制音视频等，也可以是读书报告会、角色扮演、辩论赛等形式，让学生展示自己的阅读收获与感悟；同时，鼓励学生之间进行互评与互学，通过分享与交流深化对书籍的理解与认识。

在统编版教材四年级下册第八单元，学生学习了《宝葫芦的秘密》并阅读了整本书。在阅读过程中，我们为学生提供了学习单支架（表 6.1）。分享课上，学生通过分享自己最感兴趣的故事并将故事串联起来，发现了《宝葫芦的秘密》这本书中“不变中有变”的连续性——王葆想要的东西越来越离谱，宝葫芦满足王葆心愿的方式始终是偷，而正因如此，王葆的处境也就越来越艰难。通过梳理，学生不仅明白了王葆“不劳而获”的想法是不可实现的，也感受到了故事情节和语言方面的变化，领悟到了整本书的魅力。同时，我们还为学生提供了电影《宝葫芦的秘密》的结局片段，引导学生将其与书中的结局进行对比，并谈谈自己更喜欢哪一个结局，以此让学生展现个性化的理解。

表 6.1 《宝葫芦的秘密》学习单

王葆想要什么	鱼	奇花异草	电影票	好成绩
宝葫芦怎么办到的	偷不知道谁的鱼	偷不知道谁家的花草	偷郑小登的票	偷苏鸣凤的试卷
之后发生了什么	郑小登刨根问底 王葆扯开话题	邻居和同学们问 王葆撒谎、瞎编	老大姐坐身边 王葆逃跑	同学老师问 王葆逃跑

---

2. 根据书籍类型明确侧重点

在整本书阅读任务群的构建中，我们需深刻认识到不同书籍类型（尤其是虚构类与非虚构类）之间的差异，并据此调整学习资源与支架的提供策略，以确保阅读教学的针对性和有效性。

虚构类书籍，以小说为核心，广泛涵盖诗歌、戏剧以及儿童文学中的童话、寓言、绘本故事等。此类作品虽可基于现实题材进行艺术加工，但其核心特质在于其非现实性，往往融入了大量的科幻、奇幻元素，为读者构建了一个超越日常经验的想象世界。针对虚构类书籍，教学应侧重于引导学生深入感受文字的魅力，激发其丰富的想象力与创造力。因此，在提供学习资源与支架时，应着重构建情境再现、角色沉浸、想象拓展等类型的支架，帮助学生沉浸于故事情境之中，与文本产生深刻的情感共鸣。

非虚构类书籍，即通常所称的“知识性读物”，广泛覆盖了自然科学、社会科学、历史文化等多个领域。这类书籍的特点是严谨、系统、知识性强，但有时也可能因内容的专业性和深度而显得枯燥晦涩，难以引起部分学生的阅读兴趣。为了提升非虚构类书籍的阅读效果，教学策略应聚焦于如何增强内容的吸引力与现实关联性。在此背景下，资源的提供显得尤为重要。教师可广泛搜集与书籍内容紧密相关的多媒体素材，如直观清晰的图表、生动有趣的视频、启发思考的音频等，以多元化的形式展现知识的魅力，降低理解门槛，激发学生的探索欲与求知欲，提升其学习兴趣与参与度。

3. 剖析学情，多元供给

在构建整本书阅读任务群的学习资源与支架时，教师需要充分考虑学生学情的多样性，并据此选用多元化的供给策略。

学生在阅读能力、兴趣偏好、学习风格等方面存在显著差异。因此，支架的设计应体现分层原则，以满足不同学生的个性化需求。具体而言，支架的分层要求可以体现在难度梯度、任务类型、引导方式等多个维度上。对于阅读能力较弱的学生，可以提供基础、具体的支架，帮助其逐步建立阅读自信；而对于阅读能力较强的学生，则可以提供更具挑战性、开放性的支架，以激发其深入思考与探究的兴趣。通过分层设计支架，构建一个差异化、包容性的学习环境，使每个学生都能按照适合自己的学习节奏不断进步。

在提供学习资源时，同样需要关注性别与认知风格差异对学生学习的影响。性别与认知风格的差异可能导致学生在阅读兴趣、关注点等方面的不同。因此，在资源的选择上应尽可能涵盖多样化的主题、视角与呈现方式，以满足不同学生的需求，更加精准地为学生提供符合其个性化需求的学习资源，进一步提升阅读教学的有效性与针对性。

（六）研制整本书阅读学习评价量规

整本书阅读学习任务评价量规的设计应遵循逆向设计原则，充分发挥评价在整本书阅读过程中的指导、启发、监测作用，促进教、学、评一致。在这一过程中，应特别关注学生的阅读态度、方法和收获的变化情况，以评促思，引导学生自主认识到阅读活动中的问题和不足，进而改进自身的阅读态度、行为和习惯。

1. 依据学习目标，设定评价量规

为确保整本书阅读教学目标的实现，应设定完善、具体、科学的评价标准。笔者带领团队从“基于诊断与改进的判断”迈向“共同建构”的第四代评价。在整本书阅读中，我们对照学习目标精准定标、多态评价、随学而定，将评价任务的检测性目标嵌入学习活动中，实现动态调整，并用表现性标准进行描述和衡量，促进学生达成学习目标。以《办一个“外国名著”推介会》（以下简称《推介会》）为例，其中的一项学习目标为“借助作品梗概，了解名著内容，就印象深刻的人物和情节交流感受，对人物作出简单的评价”。为了精准对标该目标，在“列标题把握主要情节，写梗概，借助梗概简洁推介”这一学习环节，将学生的学习活动划分为“读懂内容，把握脉络”“筛选概括，合并成段”“锤炼语言，连贯表达”三个维度，每个维度根据具体的行为表现进一步细分为三个层级进行评价，从而使学习评价更为精准，充分发挥学习评价对学生学习的指导作用（表 6.2）。

表 6.2 《推介会》学生行为表现评价标准

评价维度	评价层级		
	层级一	层级二	层级三
读懂内容，把握脉络	不能借助目录或绘制情节图等方式理清作品内容，把握作品脉络，要点比较含糊。	基本能借助目录或绘制情节图等方式理清作品内容，把握作品脉络，要点比较明确。	能借助目录或绘制情节图等方式理清作品内容，准确把握作品脉络，要点非常明确。
筛选概括，合并成段	主次内容混淆，不能概括重要章节内容。	基本能分清内容的主次，重要章节概括相对完整。	能分清主次，保留主要内容，删去次要内容，重要章节概括完整。
锤炼语言，连贯表达	语意不够清楚连贯，仍保留了大量细节描写，段落间缺少过渡，衔接不紧密。	语意基本清楚连贯，能够将细节描写转化为叙述性语言，段落间过渡比较自然。	语意清楚连贯，能用简明叙述性语言概括主要内容，能适当补充内容，使段落过渡自然。

2. 收集过程成果，充实评价内容

整本书阅读学习任务的评价侧重学生学习过程，在综合学习过程和学习结果两个维度基础上确定评价要点。教师在评价时不仅要关注学生阅读量的积累和阅读技巧的掌握，也要关注学生的阅读兴趣和习惯等方面。评价不能仅限于最终的测验或汇报，也要注意在阅读过程中收集学生的作品与成果，进行多维度、过程性的评价。例如，可通过课堂观察、对话交流、小组分享、学习反思等方式，收集和整理学生的阅读摘抄、读书小报、好书推介卡等，记录学生核心素养发展的典型表现，以丰富评价内容，让学生在阅读中收获成长、提升自我。在《推介会》中，可以设计多种阅读表达的书面形式，如阅读打卡表、思维导图、书中人物名片等（图 6.2）。教师可以通过对学生的阶段性成果进行评价，加深对学生的学习进展、阅读困难、学习效果等情况的了解。

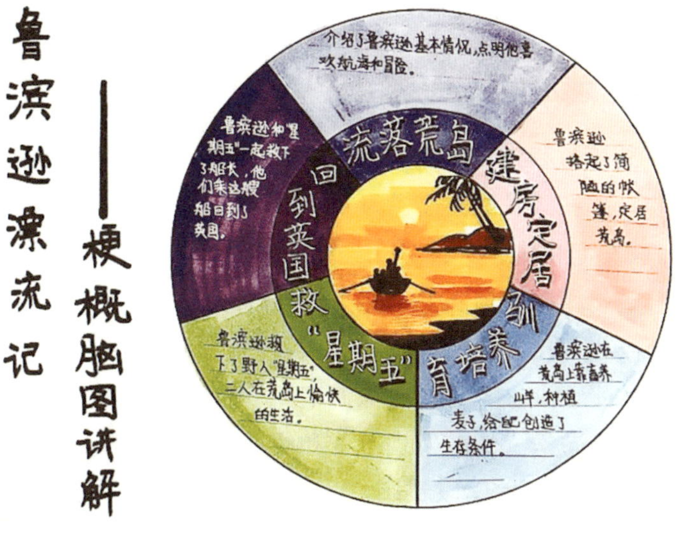

图 6.2 《推介会》教学过程中学生的阶段性成果

3. 打开评价视野，拓展评价主体

教师需要引导学生开展自我评价和相互评价，同时也鼓励家长和相关人员等参与对学生的过程性评价。评价主体多元化能够带来丰富的评价互动，不仅能帮助教师打开视野，突破思维局限，进行灵活科学的教学评价，也能让学生在阅读过程中进行自我反思，判断阅读目标的达成情况，从而明确改进的方向。作为阅读主体的学生参与评价，运用评价量表对自己和同学的学习活动进行分析，提出改进建议，有助于学生提高元认知水平，构建个性化的阅读鉴赏经验。我们在《推介会》教学过程中开展了“持恒阅读之星”和“深度精读之星”的评选（表 6.3），学生和家长积极参与，建构了主体多元、方式多样的整本书阅读教学评价体系，引发了学生参与整本书阅读的热情。

表 6.3 《推介会》教学过程中开展的评选活动

项目	持恒阅读之星	深度精读之星
阅读名著完成情况	能够根据自己制作的阅读规划，开展持续的自主阅读活动。	能够在持续阅读中，结合整本书的阅读方法深入阅读，结合主要情节和人物特点进行批注。
赋分方法（涂色）	自评：☆☆☆☆☆ 同伴互评：☆☆☆☆☆ 家长评：☆☆☆☆☆	自评：☆☆☆☆☆ 同伴互评：☆☆☆☆☆ 家长评：☆☆☆☆☆

4. 贯穿学习过程，丰富评价方式

在整本书阅读过程中，采用丰富多样的评价方式，能够全面地反映学生的成长和进步。如在《爱丽丝漫游奇境记》的教学过程中，可以设计这样的问题：“从前后的变化中，你读到了一个怎样的爱丽丝？请写在小卡片上。”学生根据提问进行汇报交流，并互相点评与改进。这种基于过程互动的形成性评价有助于学生深度理解阅读材料。认知测验等终结性评价则能够有效衡量学生的认知水平。如在《鲁滨逊漂流记》单元阅读教学中，教师设计了填写表格（含梗概、节选、比较发现等）和仿写的认知测验，注重考查学生的认知发展水平，推动学生学以致用。此外，表现性评价同样不可或缺。《推介会》在单元阅读教学的基础上，举办了一场推介活动，学生借助阅读所学概述名著梗概，用精彩的语言描绘故事情节、表达故事情感、展现作品意趣，其核心素养在活动中得到充分展示。

总之，学生心中有书，方能凸显语言文字理解与表达运用；书中有人，书中有己，才能脚下有路，让阅读得到语文与精神的双重支撑。这样，学生才会在阅读中既能看见远处的灯塔，也能紧握手中的火把，成为终身阅读者、指导者与推动者。

整本书阅读学程案例："制作取成长之经的推荐卡"课例解析

特定学习主题引领的学习任务设计

主题	向善[1]
学习主题	人的成长本向善
特定学习主题	制作取成长之经的推荐卡

特定学习主题

一、特定学习主题提炼的依据

1.《西游记》整本书价值分析

（1）《西游记》整本书阅读价值

新课标对第三学段提出了"阅读整本书，把握文本的主要内容，积极向同学推荐并说明理由"的要求。阅读古典名著可以让学生感受语言文字的独特魅力，认识中华文化的博大精深，是弘扬中华优秀传统文化的重要途径。《西游记》深刻反映社会生活，揭示世态人情，被誉为"中国社会的百科全书"。作为中国文学史上一部杰出的神魔小说，鲁迅先生曾评价《西游记》"神魔皆有人情，精魅亦通世故"。这部作品展现了鲜活的人间智慧和现实的社会矛盾，具有强烈的思想性和深厚的世俗情怀。同时，本书以其丰满的现实描绘和浓郁的生活气息，为学生提供了宝贵的成长价值（表 6.4）。

表 6.4 《西游记》育人价值分析

育人价值	价值维度	解释说明
价值引领	向善	每个人物充分发挥各自的优点，不断跨越分歧和误解，在向善的坚定信念的指引下，互相支持、团队合作，最终完成了伟大的目标。

[1] 中华人民共和国教育部．义务教育语文课程标准（2022 年版）[S]. 北京：北京师范大学出版社，2022：18.

续表

育人价值	价值维度	解释说明
价值引领	成长	不断修炼自己，例如孙悟空由任性自在、狂放不羁的齐天大圣，成长为信守承诺、勇于担当的斗战胜佛，最终成长为目光坚定、坚忍不拔的全新自我。
文学鉴赏	千人千面的形象塑造艺术	从人物外貌的角度看，不同的人物展现出不同的样貌。从人物性格塑造的角度看，作者善于随着情节发展塑造不断变化而日益丰富的性格，让不同的角色体现出不同的特征。
	诙谐的语言风格	由于书中的很多形象由人、妖、动植物集合而成，因此人物对话常带有幽默的特点，同时也反映了作者对当时社会时弊的针砭。
章辞手法	丰富的写作技巧	《西游记》采用章回体的“反复叙事”手法，在一张一弛的循环往复中，将故事写得惊心动魄、紧张而有趣，增加了故事的张力。学生可以模仿这样的反复叙事手法，写写自己的生活。

阅读《西游记》，不仅可以帮助学生拓宽视野，提升文学修养和欣赏水平，还能为学生的语言表达和文学创作提供丰富的借鉴与启示，如整本书中的叙事技巧、比喻和象征手法的应用，以及情感与思想的深刻表达。

（2）整本书阅读与单元教材间的联系

统编版教材五年级下册第二单元的课文都以中国古典文学四大名著的典型人物为主角，具有表现力，能够激发学生对古典小说的阅读兴趣。“快乐读书吧”板块推荐学生阅读中国古典名著，并重点推荐故事情节精彩、易被儿童接受的《西游记》，鼓励学生打通课内外阅读，丰富自己的精神世界。

整个名著阅读单元将学习阅读古典名著方法的任务贯穿始终，从教材延伸到整本书阅读，语文要素的融入呈现出由易到难、层层递进的特点。精读课文提示学生关注阅读能力和兴趣，渗透阅读方法；助学系统继续强化注释理解、查阅字典、联系生活、猜读、联系上下文等多种阅读方法；“快乐读书吧”引导学生将这些阅读方法迁移运用到整本经典名著的阅读中。此外，这一单元注重引导学生主动交流分享阅读所得，综合提升语文核心素养，奠定终身阅读的基础。

2. 学情分析

（1）小学高年级学生阅读《西游记》的难点及解决策略

①小学高年级学生阅读《西游记》的难点

在开始阅读前，教师围绕学生的阅读积极性、阅读习惯、阅读技能、阅读期待等方面，设计了相关调查问卷，包括线上的主观题和线下的客观题，对学校 2018 级 347 名学生的阅读情况进行了调查，结果揭示了以下几个关键问题。

关键问题一：如何坚持读下去——阅读态度预期分析

调查结果显示，约有 70% 的学生表示对阅读《西游记》有兴趣，并对书中的奇幻冒险故事尤为期待。然而，约 29.9% 的学生对于即将开始的阅读任务表示担忧，主要担心语言障碍和书的篇幅。尽管《西游记》故事的音视频和各种改编版本、简缩版本已经广为人知，但面对原著长达一百回的篇幅与半文半白的语言，学生仍觉得是一种挑战。

根据阅读任务完成情况调查，我们得到了以下具体数据（图 6.3）：

1. 关于假期推荐的《西游记》，你读到什么程度了？

收集结果：347 条　　默认排序▾

选项	计数	比例
我读了《西游记》原著，读了大约三分之一，了解了大致故事情节	147	42.36%
我读了《西游记》青少年读本，全部读完了，主要关注了故事情节	94	27.09%
我读了《西游记》多个版本，全部读完，不仅了解情节，还关注了西游路线图或者人物性格发展等细节	80	23.05%
其他	26	7.49%

图 6.3　关于学生阅读态度准备的问卷分析

• 青少版《西游记》阅读情况：在所有参与调查的学生中，仅有 27.09% 的学生表示已完整阅读完青少版《西游记》。这一比例表明，虽然青少版书籍通常更易于青少年理解，但完成率仍显不足。

• 多版本阅读情况：值得注意的是，有 23.05% 的学生展现出了较强的阅读兴趣和探索精神，他们不仅阅读了青少版《西游记》，还额外阅读了其他版本。这一行为体现了学生对文学作品深度理解与多元化探索的渴望。

• 原著阅读情况：对于挑战更大的原著阅读，大多数作出尝试的学生表示在阅读过程中遇到了较大困难，导致阅读进度停留在了原著的前三分之一处。这一现象反映出原著的语言难度、文化背景及情节复杂度对学生构成了显著挑战。

由此可见，学生们在阅读过程中可能存在以下困难。一是阅读兴趣与习惯差异。不同学生阅读的兴趣和习惯存在显著差异，部分学生能够积极完成阅读任务，甚至主动探索多版本阅读，而部分学生则可能因兴趣不足或阅读习惯不佳而未能完成阅读任务。二是阅读难度与适应性。青少版《西游记》虽降低了阅读难度，但仍有一部分学生未能完成。而原著的阅读难度更大，多数学生难以持续阅读至较后章节，反映出学生在面对高难度阅读材料时的适应性和毅力有待提升。三是阅读指导与支持不足。学生在阅读过程中可能缺乏足够的指导和支持，如阅读方法、文化背景知识等方面的讲解，这在一定程度上影响了学生的阅读体验和完成率。

关键问题二：如何读进去——策略准备分析

在认知准备方面，大约 40% 的学生表示自己对《西游记》只有基本的了解。特别是对文言文的阅读理解能力不足和相关文化背景知识的缺乏，使得他们在阅读这部融合了文言文与白话文的长篇巨著时，出现了较大的阅读障碍，导致阅读过程困难重重。

调查结果显示，学生阅读《西游记》时遇到的阅读困难主要可以归纳为以下几个具体维度：

• 语言理解障碍：172 名学生反映存在字词理解上的障碍，具体表现为看不懂或理解出现偏差。这主要源于古代文学作品中的特殊词汇和表达方式与现代汉语的差异，如学生将“瞑目蹲身”误解为“睁大眼睛、蹲下身子”，这是阅读古典文学作品时存在的普遍问题。

• 文化背景与认知差异：120 名学生提到观看影视作品后对情节内容已有一定了解，但这同时也可能导致他们对原著阅读的期待与原著实际内容不符，增加了理解难度。

• 阅读时间与阅读习惯：87 名学生表示由于缺少完整阅读时间，阅读进程受到影响。有一些同学没有养成阅读的好习惯，很难抽出整块的时间来静心阅读长篇文学作品。这对于需要连贯阅读才能深入理解故事情节和人物性格的《西游记》来说，无疑是一个挑战。

关键问题三：如何读得懂——认知准备分析

调查结果表明，有相当一部分学生看过《西游记》的电视剧，没有读过原著或对原著没有进行深度思考的学生兴趣主要集中在热闹的情节和有趣的人物上，而忽略了文本的深层价值和精神内涵。《西游记》不仅是一部充满奇幻色彩的神话小说，还探讨了善恶、友情、忠诚、信仰等深刻的学习主题。作为中国传统文化的重要代表，《西游记》融合了佛教、道教等多种文化元素。学生如果缺乏这方面的背景知识，可能无法充分理解书中的各种象征和寓意，从而影响阅读体验。小学生的认知和理解能力尚处于发展阶段，因此需要补充解释才能更好地理解并体会这些学习主题的深意。如何引导学生深入阅读，体会原著带来的阅读乐趣，也是要解决的关键问题。

②《西游记》阅读难点应对策略

高年级学生可以制订一个为期一至两个月的读书计划，教师要根据班级的整体阅读水平进行分阶段指导和监督，同时针对学生的个性化需求提供定制化的支持。如对阅读进展缓慢的学生给予鼓励，为在阅读中遇到难题的学生提供策略指导，为深入阅读的学生设立更高挑战。通过灵活调整阅读任务，实现个性化教学与集体化教学的有机结合。

教学提示一：强化任务驱动与互动分享

阅读《西游记》时，可以引入任务驱动的学习方法，引导学生有目标地阅读，在完成任务的过程中有所收获，感受到阅读的乐趣。教师应构建一个交流与分享的平台，鼓励学生通过讲述故事、诵读经典片段、创作故事续集、观赏相关影视作品等多种方式，展示他们的学习成果，相互启发，共同进步。

任务驱动可从内容质疑、影视作品与原著比较、谈谈初读时最喜欢的人物形象和故事片段、讨论最喜欢或害怕的妖怪等话题出发，引导学生进行深度阅读。也可以从一个大的驱动任务如“我同师徒四人取成长之经”出发，全面调动学生的阅读积极性。

教学提示二：重视阅读策略掌握与应用

在学生阅读《西游记》的初始阶段，教师应帮助学生克服对文白夹杂文本的畏惧心理，建立起对原著的积极预期。通过结合上下文推断句意、联系实际生活解读难句、借助辅助资料或影视作品理解等策略，为学生提供具体指导。当阅读兴趣开始减退时，引导学生利用提问、预测、对比、建立联系等策略，持续激发他们的内在动力。在阅读接近尾声时，提供适宜的讨论平台，引导学生深度反思和交流，促进学生思维与审美能力的发展。

教学提示三：关注阅读进阶与师生互动的融合

在教学过程中，教师的持续指导和适时评估对于引导学生全面而深入地阅读至关重要。为了进一步丰富学习体验，应设置富有吸引力的任务，激发学生的阅读兴趣，并鼓励学生将个人理解和感受全面精练地融入任务完成过程之中。通过互动式学习，学生们不仅能积累宝贵的阅读经验，还能掌握有效的阅读策略。这有助于提升学生的阅读兴趣，并培养他们持之以恒的阅读习惯，进而促进他们综合素质的提高。

（2）小学高年级学生进行阅读实践活动情况分析

针对《西游记》阅读的互动意愿以及创新表达的能力预期，教师继续开展调研，确保整本书阅读任务能更好地满足学生的学习需求和期待。

①互动意愿分析

调研中，约 80.1% 的学生表达了与同学分享阅读体验的意愿，显示出学生对于互动式学习活动的浓厚兴趣。学生们希望通过讨论和分享，更深入地理解《西游记》的内容，并克服阅读中可能遇到的难题。

②创新表达的能力预期

在创新表达方面，约 50.1% 的学生希望通过创作图文并茂的卡片来表达自己对《西游记》的理解和感受，展示自己的创意和见解。然而，也有将近一半的学生对自己的创造力和美术表达能力表示担忧。从《西游记》这部长篇巨著中提炼关键信息，并将其巧妙地呈现在卡片上，无疑是一项挑战。学生需要识别出哪些信息是关键的，哪些细节更能吸引同龄人的兴趣。学生对《西游记》有不同的理解，他们在进行言简意赅的表达上可能会遇到挑战。事实上，找到既能准确传达原著精髓又能吸引读者注意的表达方式，是一项需要技巧和创造力的任务。因此，在初中阶段对《西游记》

的进一步阅读将有助于学生在这方面的提升。

二、提炼特定学习主题

基于对单元及整本书阅读价值的深入分析，教师引导学生以“人物”为主线，关注《西游记》中人物的成长变化。同时，基于学情调研中学生普遍反映的“读不下去”“读不进去”的问题，构建一系列任务，以学校图书馆丰富的《西游记》版本资源为基础，设置了“制作取成长之经的推荐卡”（以下简称“推荐卡”）的特定学习主题。一方面，以制作推荐卡的实践活动为驱动，激发学生的阅读兴趣，帮助学生在整本书阅读中感悟书中人物的成长，深化对作品深层含义的理解，从而对阅读整本书的意义与方法产生新的认识，完成高阶阅读。另一方面，精心制作推荐卡对中低年级的学生也会产生积极影响，能够让他们在通过各种缩减、改编版本了解西游故事的同时，对原著产生兴趣，为五年级时更加主动地投入到《西游记》的整本书阅读中打下良好的基础。

学习目标

基于以上学情调研和分析，依据新课标对整本书阅读任务群的要求，《西游记》整本书阅读任务群的教学目标设计如下：

1. 借助章回目录，整体把握《西游记》的主要内容，激发阅读兴趣，通过制订阅读计划，完成名著“长程化”阅读。

2. 通过迁移运用课内掌握的阅读策略，理解名著的情节、人物、主题等内容，学习名著的写法。

3. 通过制作推荐卡，乐于表达分享自己的阅读所得，提升语言实践能力。

4. 借助推荐卡，通过对精彩情节的阅读，感悟人物的成长，体验历尽坎坷的求索之路，联系生活，增强面对困难的信心。

学习任务设计

《西游记》整本书阅读的结构化教学思路如图 6.4 所示：

提炼特定学习主题	确定学习目标	重组学习内容	安排学习活动	提供学习资源与支架	研制学习评价量规
制作取成长之经的推荐卡	1. 借助章回目录，整体把握《西游记》的主要内容，激发阅读兴趣，通过制订阅读计划，完成名著“长程化”阅读。 2. 通过迁移运用课内掌握的阅读策略，理解名著的情节、人物、主题等内容，学习名著的写法。 3. 通过制作推荐卡，乐于表达分享自己的阅读所得，提升语言实践能力。 4. 借助推荐卡，通过对精彩情节的阅读，感悟人物的成长，体验历尽坎坷的求索之路，联系生活，增强面对困难的信心。	任务一：明确制作推荐卡任务，启动整本书阅读	学习活动一：任务启动 1. 走进任务情境。 2. 了解全书基本信息。 3. 学习课文《猴王出世》，导读整本书。	任务策划书 任务准备单 《猴王出世》资源支架	1. 细化任务策划书内容与完成标准。 2. 提供课堂共研表现水平指标。
			学习活动二：规划推荐卡制作 1. 构思推荐卡，共研形式与内容。 2. 根据制作需求，阅读部分章节。 3. 推荐整本书，布置后续任务。	整本书阅读学习单 人物推荐卡制作单 影视片段	1. 拟定学习单评价要点。 2. 描述人物卡表现水平指标。
		任务二：阅读《西游记》，制作并完善推荐卡	学习活动三：修改人物推荐卡 1. 分享初步完成的“孙悟空推荐卡”。 2. 结合推荐卡，发现反复叙述的写作魅力和孙悟空的成长。 3. 丰富“孙悟空推荐卡”。 4. 拓展研究另外三人的推荐卡。	整本书阅读学习单 人物推荐卡完善单	1. 描述人物卡表现水平。 2. 设定阅读计划自评维度。
		任务三：交流阅读收获，分享推荐卡	学习活动四：丰富推荐卡 1. 回顾研究过程。 2. 分组汇报师徒四人的推荐卡。 3. 组间互动，继续优化。	整本书阅读学习单 推荐卡拓展单	1. 设定推荐卡评价标准。 2. 细化小组合作内容与标准。
			学习活动五：分享推荐卡 1. 拉手低年级，借助推荐卡推荐阅读整本书。 2. 评选最喜欢的推荐卡。 3. 自评活动表现，进行经验总结	推荐卡分享单	1. 提供讲解评价维度与细则。 2. 制定阅读活动自评表。

设计说明：围绕“制作取成长之经的推荐卡”特定学习主题，以学生自主阅读活动为主，整体规划整本书阅读的导读、推进、分享，有机穿插多样的语文实践活动。

图 6.4 《西游记》整本书阅读结构化教学思路

学习评价设计

《西游记》整本书阅读任务群以培养阅读自觉、统整阅读过程、拓展阅读深度为评价原则，运用一系列工具撬动评价设计。

一、化繁为简，学有所指：诊断性评价定起点

诊断性评价也称为准备性评价，是指在课堂教学活动开展前，教师对学生的知识、技能和情感态度等多方面情况进行前测，了解学生前认知情况，进而准确定位学习起点，设计恰当的阅读活动。

在开展《西游记》整本书阅读之前，我们设计了调研工具来了解学生对该书的阅读情况，调研内容覆盖了阅读进度、理解程度、阅读兴趣和创意表达等多个方面。在了解学生真实的阅读起点基础上，能够设计合理的阅读流程，采用恰当的方法，准备充足的资源，并预测学生可能遇到的困难，从而开展有针对性的学习活动，帮助学生明确学习方向，提高学习效率。

基于诊断性评价，我们可以精准定位阅读起点，并据此发布阅读任务。从学生的学习兴趣出发，以学习难点为任务设置的切入点，引导学生在完成主题任务的过程中，突破阅读卡点，提升现有认知，基于个性化阅读体验，从不同的视角展现自己的阅读理解，进而为阅读过程的有序推进和评价奠定基础。

二、 化零为整，学有所依：过程性评价促深入

1. 通过评价阅读计划推进整本书阅读

在整本书阅读之初，教师应引导学生做好准备，在梳理章节回目的基础上，设计个人的阅读计划，并接受评价与指导，以提高阅读效率，有序地完成整本书阅读任务。从学生的阅读计划中可以看出，大多数学生能够从时间和内容两个维度规划阅读进程，还有一部分学生设计了“家长签字”“同伴认证”等板块。对学生的阅读计划进行评价，旨在指导学生从关键角度进行规划，引导他们从评价的视角审视自己的阅读过程，从而提升阅读的效率和质量。

2. 通过评价阅读作品确保读出收获

从《猴王出世》的导读课到借助关联对比深入阅读的推进课，学生在兴趣的驱动下逐渐深入阅读，对孙悟空等关键人物形象有了更丰富的理解，多元的阅读视角得以打开，开始自主运用和迁移学习方法进行探究。在这一过程中，教师引导学生完成制作推荐卡的任务，通过语言文字和设计绘画进行阅读输出。教师对阅读作品进行梯度划分，指导学生开展比较、分析、分类、推理、抽象等思维活动，以获得更加深刻的理解。此外，教师还引导学生梳理人物多点关联，进一步完善推荐卡，将隐性的阅读思维显性化、将内在的阅读发现外显化，帮助学生在表现性任务的完成与反馈评价中读出收获。评价学生作品的整体表现主要依据“兴趣值、方法值、容量值、意义值”四增值（表 6.5）。这种评价方式不仅能够对学生当下的阅读成果进行及时的反馈，还能通过具体的量规为学生指明进一步深入阅读的方向。

表 6.5 《西游记》阅读作品评价量表

	4★	3★	2★	1★
兴趣值	1. 有浓厚的阅读书本的兴趣。 2. 有主动分享阅读收获的兴趣。 3. 有根据发现继续进行研究探讨的兴趣。	1. 有浓厚的阅读书本的兴趣。 2. 有主动分享阅读收获的兴趣。	有浓厚的阅读书本的兴趣。	有一定的阅读书本的兴趣。
方法值	1. 能够运用提取的策略了解文本内容。 2. 能够运用联结、对比等策略，读深入。 3. 能够自觉迁移策略运用到多角度的阅读研究中。	1. 能够运用提取的策略了解文本内容。 2. 能够运用联结、对比等策略，读深入。	能够运用提取的策略了解文本内容。	能够尝试运用提取的策略了解文本内容。
容量值	1. 能够借助信息提取创作阅读作品。 2. 能够借助关联发现创作阅读作品。 3. 能够借助生活实际与丰富阅读储备创作阅读作品。	1. 能够借助信息提取创作阅读作品。 2. 能够借助关联发现创作阅读作品。	能够借助信息提取创作阅读作品。	能够尝试借助信息提取完成阅读作品。

续表

	4★	3★	2★	1★
意义值	1. 能够借助自主解读感悟语言形式。 2. 能够通过交流共建构建语言系统。 3. 能够通过迁移运用内化语言技能与价值内涵。	1. 能够借助自主解读感悟语言形式。 2. 能够通过交流共建构建语言系统。	能够借助自主解读感悟语言形式。	能够借助自主解读感悟较浅显的语言形式。

3. 通过评价阅读发现推动个性化阅读

创意留言构建阅读交流场域。前期丰富的阅读积累和深入阅读，为学生打开了品读《西游记》的多重维度。以展示和完善推荐卡为契机，教师组织学生通过创意留言进行评价，引导学生在学伴互动和师生互动中，将对他人设计的理解外显化，同时将他人的创造性建议内化，在思辨感知中拓展理解的视角（图 6.5）。由此，学生在互评中积累了丰富的评价材料，为全过程阅读记录提供了宝贵的素材。

星级互评确保他评实效。结合留言板的使用，学生们还通过推荐卡点亮分值星来进行互评。这种互评方式让学生在真实的阅读推荐情境中运用自己的阅读经验，借助直观的评价方式，实现对阅读过程的自我审视和反思。

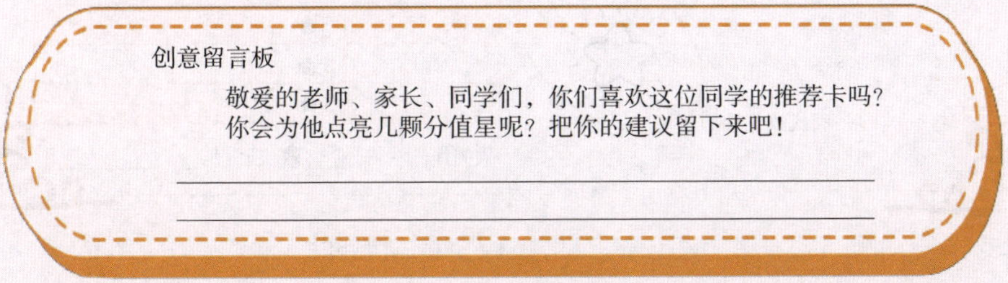

创意发现服务区

	1★	2★	3★	4★
能作一次口头分享				
能作一次高质量PPT+文稿演讲				
能将感兴趣的问题转化为小课题研究				

图 6.5 《西游记》阅读创意发现评价

激励机制引导深入研究。除了常规的互评加星机制，还可以引入“创意发现服务区”，用多种创意形式激励学生进行个性化深入阅读，推动学生的个性化发展。

4. 通过评价阅读态度推动成长进步

在整本书阅读的过程中，学生的阅读态度直接关系到阅读计划的落实、阅读发现的丰富与深入。因此，在阅读进程的中期，我们对学生的阅读态度进行包括同伴评、家长评和教师评三个维度的综合评定（图 6.6 和表 6.6），以此激励学生在反思中不断进步。

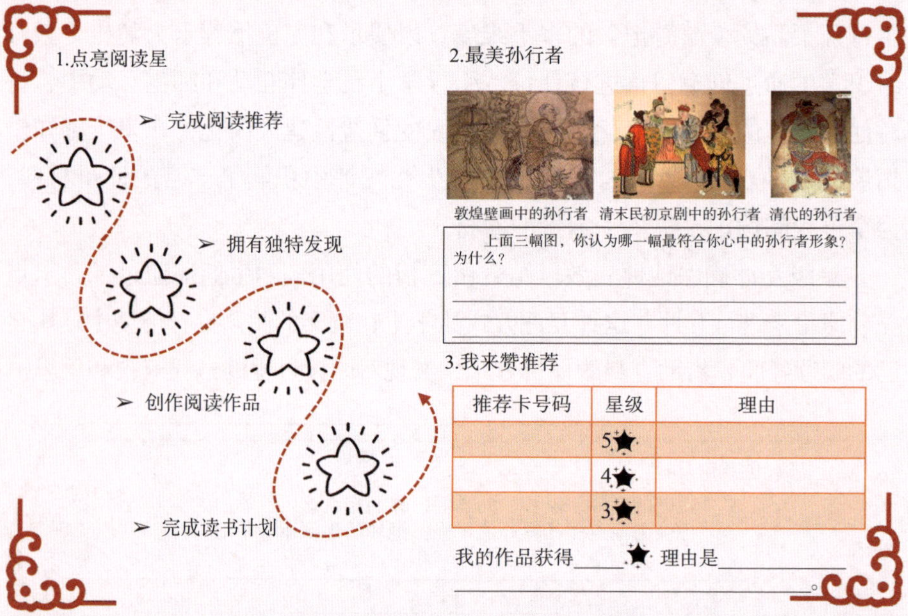

图 6.6 《西游记》阅读态度评价

表 6.6 《西游记》阅读态度评价

	同伴评	家长评	教师评
1. 能积极主动地按照阅读计划进行独立的文本阅读。			
2. 能积极主动地参与小组合作，探讨阅读体会、思考发现。			

续表

	同伴评	家长评	教师评
3. 能积极主动地进行阅读分享并回应同学们的问题。			
说明：以上标准完全符合得 5 ☆，非常符合得 4 ☆，比较符合得 3 ☆，不太符合得 2 ☆。			

三、化铁为金，学有所得：终结性评价见收获

借助推荐卡交流展示，结合自评、互评等多元评价形式，学生吸纳了有益的建议。他们经历了从小试牛刀到深入思辨、从自主研究到交流创意的过程，最终在制作推荐卡任务中取得了丰硕的成果。在此基础上，我们以整个阅读过程为评价对象，采用一张统整阅读过程的学习单进行终结性评价，全过程、多角度地观察和评价学生整本书阅读的情况（表 6.7）。

表 6.7 《西游记》整本书阅读评价单

要素	等级			
	1	2	3	4
兴趣的激发	没有明显的兴趣。	对单一方面表现出兴趣，有较少参与实施的积极性。	对多个方面表现出兴趣，有较多参与实施的积极性。	对整个阅读任务过程表现出浓厚的兴趣。
计划的明确	尝试作分阶段的计划。	能够作分阶段、有记录、较完整的计划。	能够作分阶段、有记录、有评价的完整计划。	能够作分阶段、有记录、有多重维度评价的完整计划。
策略的选择	尝试使用单一的阅读策略。	能够较熟练地运用单一的阅读策略。	能够较熟练地运用两种及以上的阅读策略。	能够较熟练地运用多种阅读策略。
交流的反思	能接纳他人的建议，但没有内容的完善。	能接纳他人的建议，并尝试在某个方面进行内容完善。	能接纳他人的建议，并尝试在多个方面进行内容完善。	能接纳他人的建议，能不限于建议进行内容完善。
转化的运用	能尝试进行口头或书面表达的转化运用。	能进行口头或书面表达的转化运用，体现某一方面的阅读收获。	能进行口头或书面表达的转化运用，体现多方面的阅读收获。	能进行口头或书面表达的转化运用，有创意地体现阅读收获。

不仅如此，《西游记》整本书内容也被纳入学校期末质量调研的考察范围，在情境化、真实化的阅读活动中经历过程性评价，最终在指向学生能力与运用的阅读情境中完成结果性诊断。

学习资源与支架

在《西游记》整本书阅读任务群中，我们采用双线并行的教学策略：一是阅读策略线，以“课上得法、课下用法”为原则，帮助学生学习并运用有效的阅读策略，完成阅读；二是学习单线，包括整本书通读学习单和匹配课时的任务推进学习单，指向完整阅读和任务完成。

一、《西游记》整本书阅读策略支撑

1. 激发兴趣的策略

（1）预测策略

对二年级学生，可通过目录猜测引发他们的阅读兴趣，对于这个方法学生掌握得很好。但到了五年级下学期，章回体小说的目录阅读难度增加了。教师需引导学生看目录，一方面回顾章回体小说的特点——目录往往概括了章回的内容；另一方面借助目录来预测故事情节的发展，从而激发他们的好奇心和阅读兴趣。

（2）图像转化策略

在阅读中，大多数学生能够通过读文字在脑海中形成相应的图画，然而也有一部分学生对文字的阅读和理解感到困难，自然难以产生阅读兴趣。为了解决这一问题，可运用图像转化策略，将文字与图像相联系。一是用图片建立联系。例如在导读课上，教师可以展示孙悟空的经典形象，帮助学生理解石猴的猴性特点。正如文中所写：“那猴在山中，却会行走跳跃，食草木，饮涧泉，采山花，觅树果；与狼虫为伴，虎豹为群，獐鹿为友，猕猿为亲。”二是用影像建立联系。教师可播放电视剧中石猴出世的片段，让学生感受石猴从石头中诞生的震撼场景。当他们对这个角色产生兴趣时，也会对这本书产生期待。

2. 深入阅读的策略

（1）共读推进策略

这包括进度监控和方法引领。在进度监控方面，针对《西游记》全书共一百回且文字半文半白的特点，教师以学校进行的“百天习惯培养计划”为契机，安排《西游记》阅读，鼓励学生借助进度表来相互激励和促进。

实践证明，在整本书阅读中，学生越是会读，越是喜欢阅读。在方法引领方面，教师鼓励学生采用多种阅读方法，比如跳读、猜读、联系上下文理解词语等，这样不仅能加深学生的阅读理解，也能提高其阅读成就感。在整本书阅读过程中，教师要根据学生的进度和遇到的困难，及时安排阅读推进课，帮助他们突破困难、发现阅读的乐趣。

（2）批注策略

“不动笔墨不读书”，批注是一种极为有效的阅读方法。在《西游记》阅读中运用批注策略，有助于捕捉和记录在阅读过程中的收获与感悟。一方面，学生在阅读中发现问题，可尝试运用方法解决；另一方面，可有目的地收集信息，并迅速确认，进一步建立信息间的关联。在课堂上可以看到，学生对文本圈点批画、统整信息，这正是批注策略成功运用的体现。

3. 思辨阅读的策略

（1）联结策略

借助问题，对已经阅读过的文本进行重读，是思辨阅读的开始。在《西游记》阅读初期，学生对孙悟空的认识往往比较单一。为了拓展学生的理解，教师在阅读推进课上将表格作为工具，引导学生利用联结策略，梳理孙悟空三次出走的不同表现。通过跨章节的内容梳理与整合，学生能够更全面地理解孙悟空这一角色的复杂性和发展变化。

（2）对比阅读策略

对比阅读策略通过纵向对比整理好的信息，观察角色和情节的变化。课堂上，学生发现孙悟空最初具有猴子的天性，桀骜不驯，但随着西行之路的展开，逐渐展现出更多的情感和人性的光辉。坎坷的西行之路，不仅是唐僧的渡劫之旅，也是孙悟空修行的历程。最后，教师借助表格，引导学生进行横向对比，探讨面对同一件事时猪八戒和沙僧的不同反应。通过这种方式，引发学生思考人物独特的个性以及情节的诙谐幽默。

二、《西游记》整本书阅读学习单

1.《西游记》整本书通读学习单

《西游记》整本书通读学习单旨在帮助学生制订阅读计划，明确阅读任务（图 6.7）。

《西游记》阅读计划及任务

总体规划：3 月 1 日—3 月 31 日
每日规划：每日至少阅读两三个回目
我的阅读时间：

任务一：阅读第 1—7 回

对照下表，梳理孙悟空的武器与技能。

	名称	来历	特点（或作用）
武器			
技能	1.		
	2.		
	3.		

前 7 回中，孙悟空有多个名号，其中有的是他自封的，有的是玉帝赐封的，请作个梳理。

名号	得名由来
石猴	
美猴王	
孙悟空	
齐天大圣	

图 6.7 《西游记》整本书通读学习单

2.《西游记》整本书任务推进学习单

• 任务准备单（图 6.8）。旨在以真实任务激发学生对《西游记》的阅读兴趣。通过访谈和调查，学生将了解自己的阅读起点和阅读期待，从而产生阅读《西游记》的内在动力。通过查找资料和小组合作，学生将了解推荐卡的制作形式及内容，并完成初步构思。

• 人物推荐卡制作单（图 6.9）。旨在引导学生迁移运用单元所学古典名著阅读方法，学习《猴王出世》，对石猴形成个性化认识。结合新的理解和认识，学生将完成人物推荐卡的初步制作。

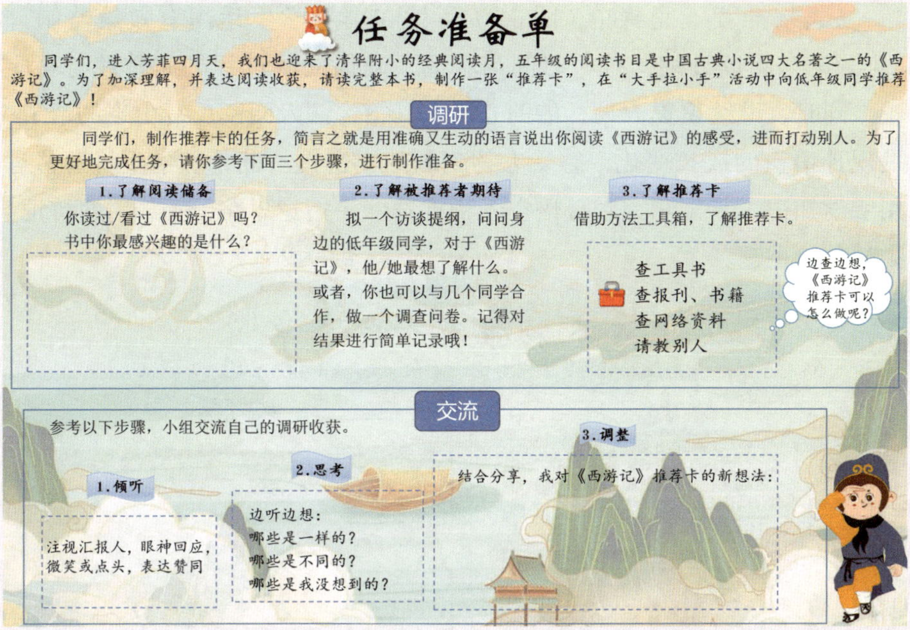
任务准备单

同学们，进入芳菲四月天，我们也迎来了清华附小的经典阅读月，五年级的阅读书目是中国古典小说四大名著之一的《西游记》。为了加深理解，并表达阅读收获，请读完整本书，制作一张“推荐卡”，在“大手拉小手”活动中向低年级同学推荐《西游记》！

调研

同学们，制作推荐卡的任务，简言之就是用准确又生动的语言说出你阅读《西游记》的感受，进而打动别人。为了更好地完成任务，请你参考下面三个步骤，进行制作准备。

1.了解阅读储备

你读过/看过《西游记》吗？书中你最感兴趣的是什么？

2.了解被推荐者期待

拟一个访谈提纲，问问身边的低年级同学，对于《西游记》，他/她最想了解什么。或者，你也可以与几个同学合作，做一个调查问卷。记得对结果进行简单记录哦！

3.了解推荐卡

借助方法工具箱，了解推荐卡。

查工具书
查报刊、书籍
查网络资料
请教别人

边查边想，《西游记》推荐卡可以怎么做呢？

交流

参考以下步骤，小组交流自己的调研收获。

1.倾听

注视汇报人，眼神回应，微笑或点头，表达赞同

2.思考

边听边想：
哪些是一样的？
哪些是不同的？
哪些是我没想到的？

3.调整

结合分享，我对《西游记》推荐卡的新想法：

图 6.8 《西游记》整本书阅读任务准备单

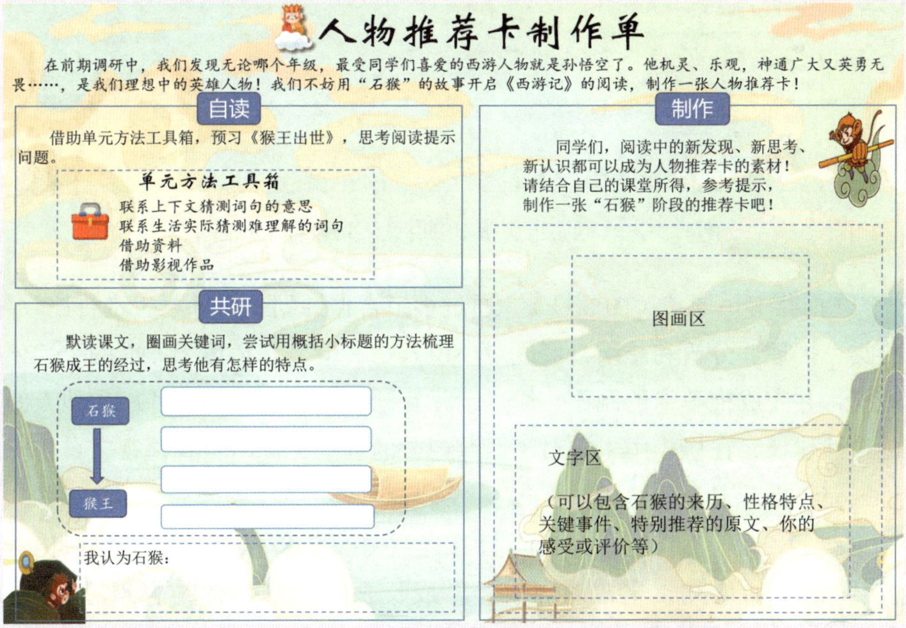
人物推荐卡制作单

在前期调研中，我们发现无论哪个年级，最受同学们喜爱的西游人物就是孙悟空了。他机灵、乐观，神通广大又英勇无畏……，是我们理想中的英雄人物！我们不妨用“石猴”的故事开启《西游记》的阅读，制作一张人物推荐卡！

自读

借助单元方法工具箱，预习《猴王出世》，思考阅读提示问题。

单元方法工具箱
联系上下文猜测词句的意思
联系生活实际猜测难理解的词句
借助资料
借助影视作品

共研

默读课文，圈画关键词，尝试用概括小标题的方法梳理石猴成王的经过，思考他有怎样的特点。

石猴 → 猴王

我认为石猴：

制作

同学们，阅读中的新发现、新思考、新认识都可以成为人物推荐卡的素材！请结合自己的课堂所得，参考提示，制作一张“石猴”阶段的推荐卡吧！

图画区

文字区
（可以包含石猴的来历、性格特点、关键事件、特别推荐的原文、你的感受或评价等）

图 6.9 《西游记》整本书阅读人物推荐卡制作单

• 人物推荐卡完善单（图 6.10）。旨在引导学生运用有效策略制订《西游记》阅读计划，统筹时间与空间，确保阅读过程的完整性与高质量。同时，继续聚焦人物，借助方法工具箱，深入阅读反复出现的情节，发现孙悟空的成长变化，感受人物刻画的丰富性。此外，学生将迁移运用所学知识，丰富和完善孙悟空人物推荐卡，拓宽思路，关注《西游记》中的其他主题。

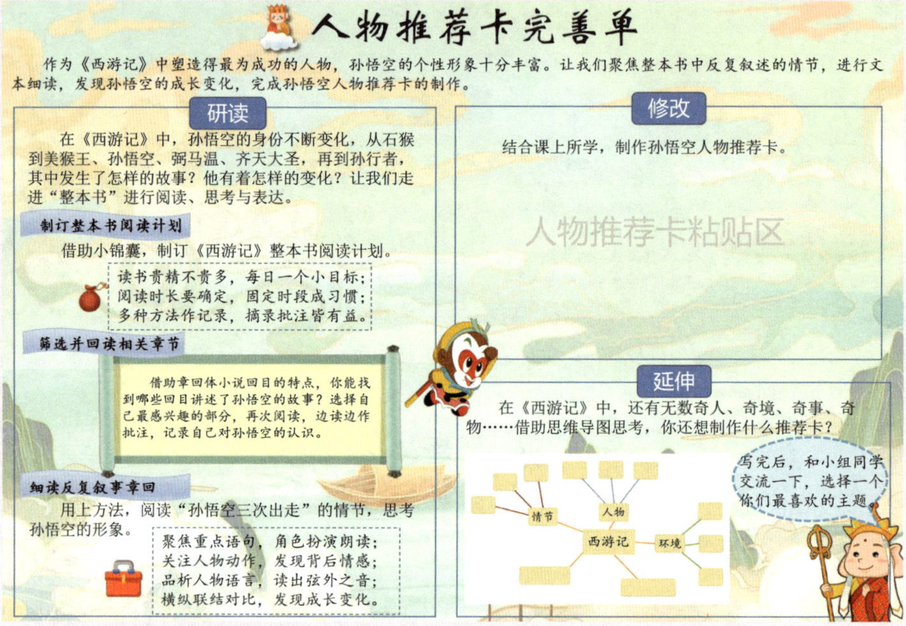

图 6.10 《西游记》整本书阅读人物推荐卡完善单

• 推荐卡拓展单（图 6.11）。通过小组合作计划，引导学生进行比较、分类、推理、分析和总结，形成对小说人物、情节、环境等方面的个性化理解，并完成推荐卡的制作。通过组际互动，引导学生倾听并内化他人的创造性建议，在思辨中丰富对《西游记》的理解，同时自我检视、自我反思，完善推荐卡。

• 推荐卡分享单（图 6.12）。旨在通过分享推荐卡，帮助学生深化对《西游记》的认知，丰富对“取经”成长含义的理解。结合组际互评，学生将反思阅读整本书的全过程，从阅读方法和阅读习惯等方面进行自我提升。

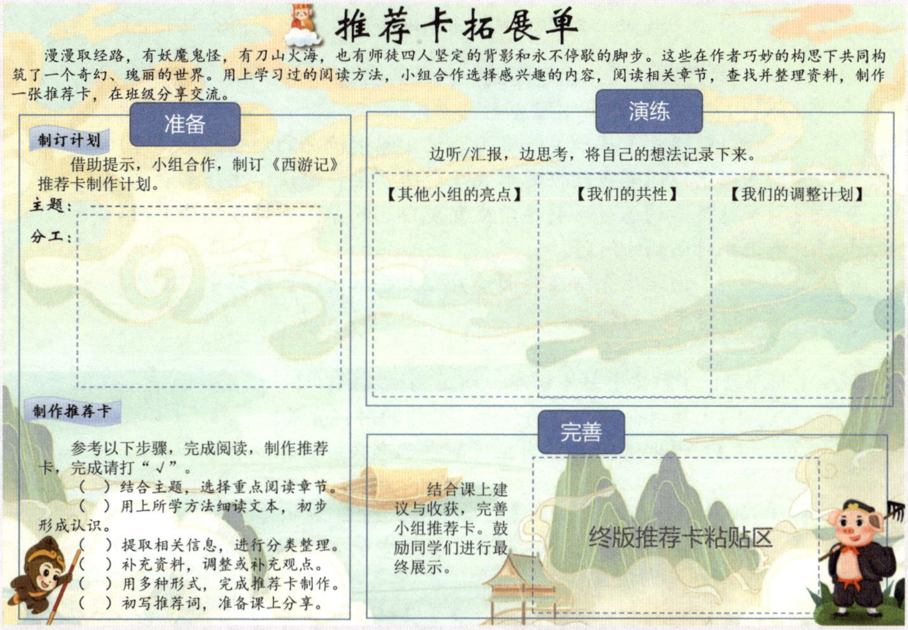
推荐卡拓展单

漫漫取经路，有妖魔鬼怪，有刀山火海，也有师徒四人坚定的背影和永不停歇的脚步。这些在作者巧妙的构思下共同构筑了一个奇幻、瑰丽的世界。用上学习过的阅读方法，小组合作选择感兴趣的内容，阅读相关章节，查找并整理资料，制作一张推荐卡，在班级分享交流。

准备

制订计划

借助提示，小组合作，制订《西游记》推荐卡制作计划。

主题：

分工：

制作推荐卡

参考以下步骤，完成阅读，制作推荐卡，完成请打“√”。

（　）结合主题，选择重点阅读章节。

（　）用上所学方法细读文本，初步形成认识。

（　）提取相关信息，进行分类整理。

（　）补充资料，调整或补充观点。

（　）用多种形式，完成推荐卡制作。

（　）初写推荐词，准备课上分享。

演练

边听/汇报，边思考，将自己的想法记录下来。

【其他小组的亮点】　【我们的共性】　【我们的调整计划】

完善

结合课上建议与收获，完善小组推荐卡。鼓励同学们进行最终展示。

终版推荐卡粘贴区

图 6.11　《西游记》整本书阅读推荐卡拓展单

推荐卡分享单

同学们，经过近一个月的阅读与准备，相信你们一定在制作推荐卡的过程中对《西游记》有了更多的理解。就让我们一起牵手低年级同学，讲解小组精心制作的推荐卡，向学弟学妹们推荐《西游记》吧！

分享

分享推荐卡

请你自信大方地向低年级同学讲解你的推荐卡，并邀请他们为你的作品点赞，或者提出建议！

如果喜欢我们的推荐卡，请你来点赞！

欢迎留下宝贵建议！

评价

回顾阅读《西游记》、制作推荐卡的过程，参考表格，在小组中进行自评与互评。

评价维度	具体内容	自评（5星）	互评（5星）
阅读兴趣	1. 课前准备认真 2. 课上用积极主动的态度汇报和倾听		
资料查找	1. 能够用自己的话解释查到的资料，并用来支撑自己的观点 2. 能将相关资料以适宜的形式呈现出来		
方法使用	1. 课前运用方法阅读和整理资料 2. 汇报中提到所运用的阅读方法		
善于分享	1. 汇报声音洪亮，仪态大方 2. 小组有明确汇报分工		

总结

同学们，《西游记》的阅读至此就告一段落了，在这期间，你有怎样的收获呢？对于阅读其他古典小说，有怎样的启发和计划？请简单进行总结。

图 6.12　《西游记》整本书阅读推荐卡分享单

<table>
<tr><th colspan="3">特定学习主题引领的学习任务课时教学设计</th></tr>
<tr><td>任务一：明确制作推荐卡任务，启动整本书阅读</td><td>学习活动一：任务启动
环节1：任务发布，引发思考。
（1）课堂上展示关于《西游记》阅读情况的调查问卷。将问卷结果以图表或数据的形式呈现给学生。邀请学生分享看到问卷结果后的感受，引导学生发现自己和学弟学妹在阅读《西游记》时遇到的问题。
（2）向学生介绍经典阅读月“大手拉小手”活动中“制作学长推荐卡”的任务。

环节2：了解全书基本信息，奠定阅读基础。
（1）简要介绍本书的作者、创作的时代背景。
（2）学生借助AI，自主了解自己感兴趣的其他话题。

环节3：聚焦核心人物，导读整本书。
（1）出示《西游记》中关于孙悟空的不同描述，激起学生的好奇心。
身穿金甲亮堂堂，头戴金冠光映映。手举金箍棒一根，足踏云鞋皆相称。
尖嘴缩腮，金睛火眼。头上堆苔藓，耳中生薜萝。
七高八低孤拐脸，两只黄眼睛，一个磕额头；獠牙往外生。
（2）请学生分享感受，引导学生发现《西游记》中的孙悟空有不同的形象。
（3）带领学生自主学习略读课文——《猴王出世》。围绕核心问题“石猴是怎么出世，又是怎么成为猴王的?”，学生进行自主阅读。
（4）学生结合“石猴出世”部分展开学习，思考把什么写在推荐卡上，才能吸引到那些已经非常熟悉石猴出生故事的学弟学妹们。
（5）学生结合“石猴成王”部分展开学习，联系上下文，朗读石猴背后的“勇”；品析语言，感受石猴招呼大家背后的“义”；在对比中感受石猴登上王位的“智”。
（6）总结提升，引导学生整体把握猴王“勇”“义”“智”的形象。

环节4：关注目录，引导自主阅读。
（1）从《西游记》第一回的节选故事《猴王出世》出发，引导学生关注到这本书一共有一百回，并快速、自主浏览目录，看看还有哪些是关于孙悟空的故事。
（2）根据章回体小说的特点，引导学生从回目上猜测与孙悟空有关的故事。</td><td>作业设计：
1. 制订阅读计划，自主阅读《西游记》。
2. 初步完成任务准备单。</td></tr>
</table>

续表

<table>
<tr><th colspan="3">特定学习主题引领的学习任务课时教学设计</th></tr>
<tr><td rowspan="2">任务一：明确制作推荐卡任务，启动整本书阅读</td><td>（3）迁移方法，学生带着制作“孙悟空推荐卡”的任务，制订阅读计划。
（4）布置课后自主阅读任务。

【设计意图】
任务启动课要在了解学情的基础上，明确任务目标，激发学生的参与热情和责任感，让他们明白自己作为“学长”的角色意义。同时以学生最感兴趣的人物孙悟空为支架，以教材中的课文《猴王出世》为起点，阅读《西游记》，重点关注与孙悟空有关的情节。</td><td>作业设计：
1. 制订阅读计划，自主阅读《西游记》。
2. 初步完成任务准备单。</td></tr>
<tr><td>学习活动二：规划推荐卡制作
环节1：问题引导，小组讨论。
（1）学生交流任务准备单完成情况。
（2）结合准备单，提出“怎样的学长推荐卡才能吸引人？”这一共学问题。
（3）学生分组进行讨论，在讨论过程中，学生可以结合自己见过的推荐卡，思考吸引人的推荐卡应具备的特点。每组安排一名记录员，将小组成员的想法记录下来。

环节2：交流汇报，梳理要点。
（1）每个小组选派一名代表进行汇报，分享小组讨论得出的吸引人的推荐卡的特点和设计思路。其他小组的同学可以进行提问、补充或发表不同意见，形成全班范围内的交流互动。
（2）教师在黑板上记录各小组汇报的要点，如推荐卡要图文并茂、内容要突出重点等，并进行总结归纳，引导学生在推荐卡的形式和内容方面达成初步共识。

环节3：聚焦人物，自主选择情节阅读。
（1）聚焦全班同学最感兴趣的人物——孙悟空。
（2）结合课文学习、自主阅读情况，讲述阅读中了解的与孙悟空有关的故事情节和孙悟空的性格特点。
（3）设想如何推荐这个人物。

环节4：完成卡片，尝试推荐。
（1）尝试结合现有阅读情况，初步完成“孙悟空推荐卡”。
（2）学生分享，提出关于孙悟空的研究问题、对推荐卡的建议。</td><td>作业设计：
1. 继续自主阅读《西游记》。
2. 制作“孙悟空推荐卡”。</td></tr>
</table>

续表

<table>
<tr><th colspan="3">特定学习主题引领的学习任务课时教学设计</th></tr>
<tr>
<td>任务一：明确制作推荐卡任务，启动整本书阅读</td>
<td>（3）结合问题和建议，布置持续阅读整本书的任务。

【设计意图】
以问题为导向，引导学生积极思考推荐卡的设计要素，培养学生的合作交流能力和创新思维。聚焦学生最感兴趣的人物形象，初步尝试制作推荐卡，并以推荐卡的制作引导学生深入阅读整本书。</td>
<td>作业设计：
1. 继续自主阅读《西游记》。
2. 制作“孙悟空推荐卡”。</td>
</tr>
<tr>
<td>任务二：阅读《西游记》，制作并完善推荐卡</td>
<td>学习活动三：修改人物推荐卡
环节1：阶段回顾，聚焦人物。
（1）感受分享，成果展示。学生展示初步设计的“孙悟空推荐卡”，分享阅读感受。
（2）回顾阅读方法。回顾在第二单元掌握的古典名著阅读方法。
（3）人物卡片排序。引导学生结合章回目录，通过不断变化的孙悟空名称，试着排序，整体说说《西游记》中孙悟空的成长变化，从中选择典型事例。

环节2：小组共学，聚焦变化。
（1）小组合作，结合学习单，聚焦孙悟空三次出走的经历，进行比较阅读。
<table>
<tr><th></th><th>第十四回</th><th>第二十七回至第三十一回</th><th>第五十六回至第五十九回</th></tr>
<tr><td>为什么出走</td><td></td><td></td><td></td></tr>
<tr><td>为什么回归</td><td></td><td></td><td></td></tr>
<tr><td>孙行者的特点</td><td></td><td></td><td></td></tr>
</table>
（2）纵向交流汇报，教师相机点拨。
•第一次“出走”汇报。聚焦第十四回两个片段，梳理孙行者的特点，教师捕捉学生发言要点进行总结。孙悟空虽桀骜不驯，但能及时调整自己，说明其善于反思、有灵性。
•第二次“出走”汇报。聚焦第二十七回至第三十一回两个片段，梳理孙行者的特点，教师捕捉学生发言要点并适时回应。此时的孙悟空慢慢学会改变，学会爱别人。</td>
<td>作业设计：
1. 修改“孙悟空推荐卡”。
2. 从师徒四人中选择感兴趣的人物，或者结合与师徒四人成长有关的话题，完成推荐卡。</td>
</tr>
</table>

续表

<table>
<tr><th colspan="3">特定学习主题引领的学习任务课时教学设计</th></tr>
<tr><td>任务二：阅读《西游记》，制作并完善推荐卡</td><td>•第三次“出走”汇报。聚焦第五十六回至第五十九回两个片段，梳理孙行者特点，教师捕捉学生发言要点并适时总结。此时的孙悟空开始认可取经这件事是他的使命，对取经这个目标有追求。
（3）总结《西游记》中反复叙事的写作魅力。

环节3：丰富人物，修改卡片。
（1）根据交流内容，修改“孙悟空推荐卡”，分享交流。
（2）根据孙悟空的成长变化，推想其他人物的成长变化。

环节4：分组自主阅读，总结策略。
（1）分组选择不同人物，根据章回目录自主阅读，探讨其他变化。
（2）交流人物形象变化原因。是成长、经历、困难、挫折，是路上点滴让《西游记》里的人物不断蜕变。
（3）总结方法，拓展研究。引导学生挑选自己感兴趣的人物，运用本课学习到的阅读方法，进行自主阅读，制作该人物的推荐卡。

【设计意图】
通过人物卡片排序，在任务驱动下完成《西游记》阅读，让学生有耐心、有乐趣地读完整本书。借助联结、对比等阅读策略，引导学生在多个章回对比阅读中发现孙行者的变化，品味人物在取经过程中克服重重困难、一路向善的精神，并由此撬动对于师徒四人的整体研究。</td><td>作业设计：
1. 修改“孙悟空推荐卡”。
2. 从师徒四人中选择感兴趣的人物，或者结合与师徒四人成长有关的话题，完成推荐卡。</td></tr>
<tr><td>任务三：交流阅读收获，分享推荐卡</td><td>学习活动四：丰富推荐卡
环节1：回顾任务，检验阅读情况。
（1）快问快答，检视阅读成效。进行一组关于《西游记》原著的快问快答，串联整个故事，检验学生阅读成效。
（2）回顾任务。学生结合阅读和研究过程中留下的照片和视频，简述完成任务的过程。

环节2：推选“最具影响学长推荐卡”。
（1）初步展示有代表性的推荐卡作品。听取唐僧角色研究组的研究汇报，通过唐僧的成长经历、取经历程等感受他坚定的取经决心及一路的成长变化，介绍由此制作的推荐卡。</td><td>作业设计：
结合推荐卡，开展推荐活动。</td></tr>
</table>

续表

<table>
<tr><th colspan="3">特定学习主题引领的学习任务课时教学设计</th></tr>
<tr><td rowspan="2">任务三：交流阅读收获，分享推荐卡</td><td>（2）形成评选标准。回顾第三单元研究报告的思路，形成学长推荐卡的评价标准。
（3）走组分享，评价集赞。
例如：
•猪八戒角色研究组分享对猪八戒的优缺点及其在取经团队中的贡献值的研究，介绍由此制作的推荐卡。
•沙僧角色研究组分享对沙僧的团队象征意义的研究，介绍由此制作的推荐卡。
•白龙马角色研究组分享对白龙马的不可或缺性的研究，介绍由此制作的推荐卡。
汇总集赞结果，展示最优推荐卡。

环节3：实践活动预设，做好分享准备。
（1）分组交流，吸纳其他小组优点。
（2）进行讲解演练，为任务完成做好准备。

【设计意图】
通过推选“最具影响学长推荐卡”活动，引导学生深入研究《西游记》，理解其在文学、哲学和人生层面的多重意义。通过集中汇报和走组分享，学生不仅能提升阅读分析能力，还能学会全面看待角色，理解写作手法和妙计的应用。最终，通过评选和展示最优推荐卡，学生不仅能深入理解师徒四人取经路上的成长，还会对古典名著产生持续阅读兴趣和深入探索的想法，为最终任务的完成做好准备。</td><td>作业设计：结合推荐卡，开展推荐活动。</td></tr>
<tr><td>学习活动五：分享推荐卡
环节1：牵手低年级，分享推荐卡。
五年级学生向低年级学生介绍自己制作的推荐卡，分享阅读心得和推荐理由。

环节2：引导同伴自主阅读与交流，深化理解。
（1）组织阅读小游戏，增加分享推荐卡的趣味性和互动性。鼓励低年级学生自主阅读与分享阅读体验。
（2）总结分享活动，强调阅读的重要和乐趣。鼓励低年级学生尝试阅读推荐卡中的书籍，并分享自己的阅读成果。

环节3：评选最喜欢的推荐卡。
（1）收集低年级学生的反馈意见，总结活动效果。
（2）五年级学生自评分享表现。</td><td>作业设计：1. 将任务完成全过程的体验与感受以文字形式进行记录，为后续的古典名著阅读提供经验与方法。</td></tr>
</table>

续表

特定学习主题引领的学习任务课时教学设计		
任务三：交流阅读收获，分享推荐卡	环节 4：活动总结，延伸阅读。 （1）学生自主总结活动的收获及反思。 （2）推荐阅读其他古典文学名著。 【设计意图】 本学习活动旨在激发低年级学生的阅读兴趣，提升他们的阅读理解能力和表达能力。同时激励五年级学生通过分享推荐卡，继续阅读经典名著，促进阅读文化的传播和学生之间的交流。学生用推荐卡介绍师徒四人成长经历的过程，也是他们自己在阅读中成长的过程。	2. 拓展阅读其他古典文学名著。

第七章 路径新形态：跨学科学习任务的实践探索

跨学科学习学程导航：基于真实问题解决的“六步法”变式

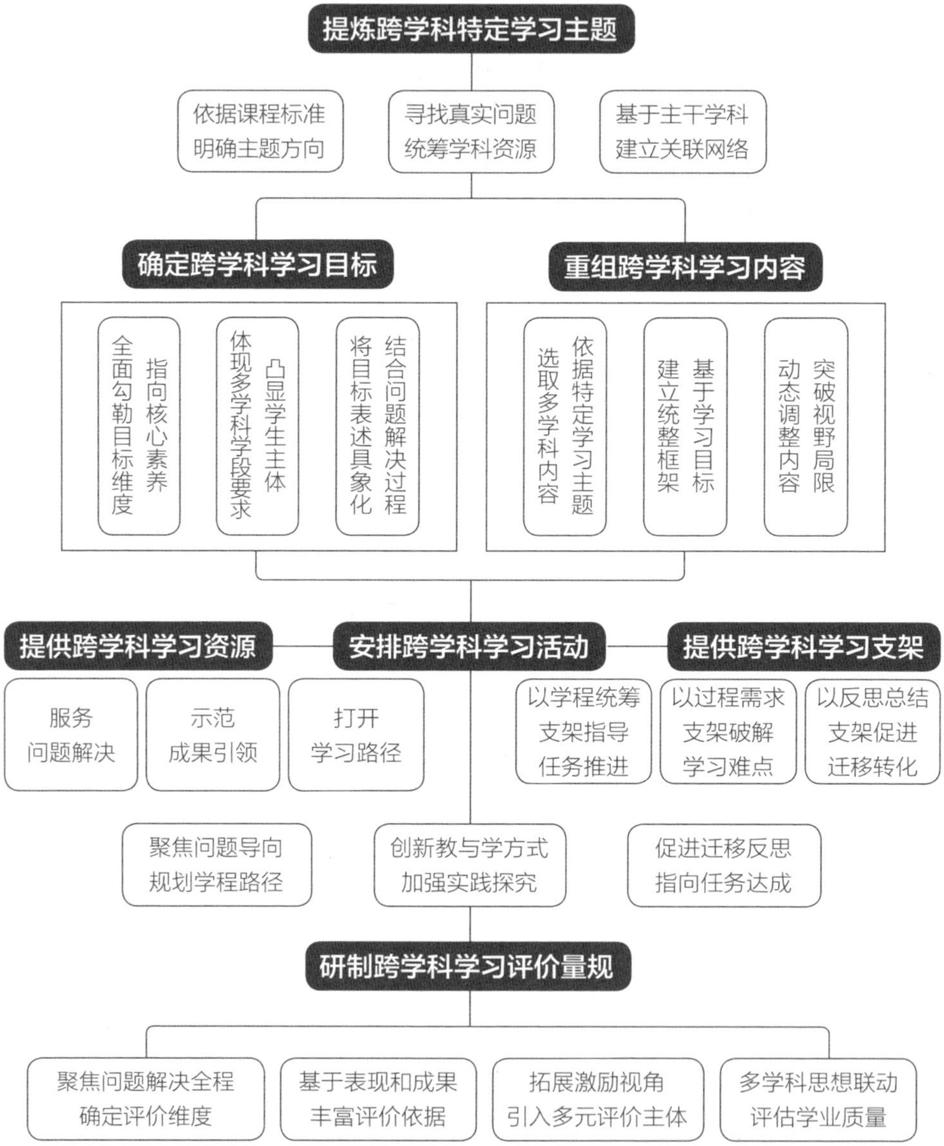

图 7.1　跨学科学习学程导航

跨学科学习学程点拨：路径重构型的学习任务设计

（一）基于跨学科学习的主题教学实践基础

如前文所述，基于主题自身的统整性，主题教学并不局限于语文学科，还涉及历史、地理、科学、哲学、艺术等跨学科学习内容，体现了语文课程的“综合性”。

多年来，笔者在推动主题教学由语文学科向学校课程体系拓展的过程中，在基础教育领域率先开展了跨学科学习的实践探索，并初步提炼出了学科内渗透式整合、跨学科融合式整合、超学科消弭式整合的课程重组路径。可以说，主题教学早先开展的跨学科实践研究，与当前新课标对跨学科学习的界定具有内在一致性。

2010 年，笔者担任校长后，将教育视野从单一学科扩展到全学科。《国家中长期教育改革和发展规划纲要（2010—2020 年）》提出了“坚持能力为重”的教育理念，强调优化知识结构、丰富社会实践、强化能力培养，着力提高学生的学习能力、实践能力、创新能力。这为主题教学的深化与拓展指明了方向。2011 年，学校成为“课程整合、自主排课”改革实验校，以此为契机，我们开始将主题教学的“主题 · 整合”思想迁移到校本课程建设中，探索全学科统整的“1+X”课程，包括课程结构优化、内容整合以及实施路径改进等。

2013 年，主题教学与国家课程改革同向同行，在变与不变之间寻求平衡，在课程标准“一致性”基础上体现“时代性”。清华附小“1+X”课程初期有三种结构化方式。一是学科内渗透式整合，强调学科本质，这是基础。在单一学科内，将主题教学的本质规律渗透到课程的各个方面，以提升学生的学科素养。二是跨学科融合式整合，跨越不同学科的界限，根据学科需要，通过主题教学将相关知识和技能融合。三是超学科消弭式整合，超越传统学科的边界，通过主题教学实现知识的深层次整合，探索学生解决复杂问题的可能性。[1]这三种整合方式并不是孤立的，而是基于素养目标各有侧重。它们提供了打破学科边界的方法和策略，实现了学科教育价值的互补和拓展。

---

[1] 窦桂梅 . 成志教育视野下的学生核心素养校本表达 [J]. 人民教育，2017（3/4）：96-101.

2014 年，主题教学的研究成果获得首届基础教育国家级教学成果一等奖，这一成果催生了学校“儿童站立学校正中央”的教育哲学。在成果推介会上，我们发布了未来十年《小学语文主题教学指导纲要》。笔者带领团队持续探索，推动“深度学习”，实现了从学科“知识本位”到人的“素养本位”的转变。主题整合思想成为推动教学变革的强劲动力，促进了学校育人“铸魂”与专业“深耕”的蓬勃发展。

跨学科主题学习是“跨科目”的主题综合学习，即立足科目 A，整合运用至少一门其他科目的概念、观念和方法，以解决真实情境中的问题。这里笔者认同崔允漷教授等的观点❶，中小学学科的“科目”性特点，其本身就有跨学科之意，尤其语文科目更是如此。申宣成教授认为，跨学科主题学习，表面上是学科（科目）与学科（科目）的联结，本质则是学科（科目）与生活的联结；表面上是不同学科知识的统整，本质则是不同学科思维方式和观点的融通；表面上是不同学科知识的学习，本质是问题解决和创意创造。❷

1. 基于支撑性学科整合的跨学科主题学习

在跨学科主题学习中，语文学科扮演着核心支撑的角色。它不仅是整个教学过程中贯穿始终的学科基本“经脉”，还与其他辅助学科交织融合，共同围绕主题构成教学的“纬脉”。下面以笔者 2015 年研究的《关注，就是改变》一课为例，展示如何在跨学科探索中发挥语文学科的支撑作用：

该课利用教材中的非连续性文本，如图表、数据以及文字说明等，引导六年级学生探究雾霾的概念、成因、影响以及应对措施。学生在阅读非连续性文本的过程中，从关注信息本身到理解信息间的联系，再到洞察信息背后的深层含义。这一连贯的学习过程不仅培养了学生运用科学视角审视社会现象的能力，也增强了他们的社会责任感。

虽然今天雾霾已经得到了有效的治理，但在 2015 年，公众对其认识尚浅。因此，课程设计着重引导学生关注社会生活，不是仅仅收听天气预报、知道因天气取消户外活动等浅层现象，而是要通过实际调查，对比家庭、学校与所在城市的天气状况，多角度地提取关键信息，并运用列数字、作比较的分析方法

---

❶ 崔允漷，郭洪瑞 . 跨学科主题学习：课程话语自主建构的一种尝试 [J]. 教育研究，2023，44（10）：44–53.

❷ 申宣成，朱哲娴 . 跨学科学习的缘起与内涵辨析 [J]. 语文建设，2024（6）：4–9.

以及辩论推理技巧，甚至运用数学学科的专业知识（如极值等）深入研究。在引导学生关注“信息背后”的过程中，我们还整合了科学中的疟疾病因、病状以及屠呦呦获得诺贝尔生理学或医学奖等材料。

在该课程中，语文作为主干学科贯穿整个教学过程，是构建完整情境的主线。教学目标主要集中在信息的提取、处理、整合等方面，鼓励学生在多种文本情境中灵活运用阅读策略，解决实际问题。因此，指导学生时的首要目标是确保学生能够领会文本的意思。如学生在学习“提取、联系、推论”的非连续性文本阅读方法时，也会用到辩论的策略以及文本朗读的策略等。此外，该课程基于六年级学生的特点，综合运用了多种材料，这其中也包括较为复杂的非连续性文本。

---

2. 基于多学科并行关联的跨学科主题学习

基于多学科并行关联的跨学科主题学习，是一种在保持各学科属性的基础上，通过教学目标的共通点，实现学科间相互补充的学习模式。其要点是倡导各学科间基于目标的相似性或相关性，构建起相辅相成的合作样态。如学生理解李白《早发白帝城》中的“千里江陵一日还”，就有学生自发运用数学学科的路程换算，得出古代千里约等于今天的415千米，又估算船的速度，基于路程、速度、时间关系得出返还时间，发现李白一日内确实可以返还。从语文出发，提出问题，再用数学方法验证，最后回到语文学科本身。

以“我是长征文物最美讲述人”特定学习主题为例，多个学科发挥了重要的辅助作用。如数学学科通过引入数据的分析与处理，帮助学生思考数据信息背后的科学逻辑和证据价值，并进行深度推理。这种跨学科主题学习方式，让学生在遇到难题时不再局限于单一学科思考问题，而是能自觉建立学科关联，运用各学科优势进行补充，形成一种链条式认识方法论。

在笔者执教的单篇经典诗词《七律·长征》基础上，我们开展了跨学科学习。以“我是长征文物最美讲述人”为特定学习主题，跨学科整合运用语文、数学、信息技术、艺术等学科知识与技能，通过“初识长征文物，明确讲述任务”“解密长征文物，制订讲述方案”“讲述长征文物，分享讲述成果”“评选最美讲述人，总结讲述收获”四个学习任务，引导学生“做长征文物最美讲述人”。

学生通过访谈调查、资料搜集、跨媒介阅读等方法，了解长征路线和长征文物的特征与类型；理解长征文物的造型特色、制作由来、功能价值、精神内涵，加深对长征精神的认同。他们借助表格、思维导图等工具，有目的地搜集资料，有分类地整理资料，并有针对性地运用资料；通过比较阅读说明文本，运用恰当的说明方法，从不同方面把“长征文物”的主要特点写清楚；通过分角色模拟演练等方式，流畅得体地介绍长征文物，提升资料收集、整理、分析的能力以及语言表达能力。学生还通过绘制长征文物的路线图，搭配合适的音乐进行录制，制作文物导览音视频和二维码，提升运用跨媒介和艺术语言进行表达与交流的能力。通过小组合作设计、策划、实施、调整方案，借助评价量表工具，提升合作意识和反思调控能力。

3. 基于多学科交叉融合的跨学科主题学习

基于多学科交叉融合的跨学科主题学习，鼓励学生围绕一个共同的主题，综合运用多种学科的知识和方法来探索与解决问题。在这种学习模式下，各学科之间没有固定的主次关系，而是根据解决问题的实际需要灵活融入，共同促进学生对问题的全面理解和深入探究。下面以《皇帝的新装》一课[1]为例，说明如何通过多学科交叉融合的方式实现跨学科主题学习：

笔者将语文与英语、美术、音乐、信息技术等学科整合，帮助学生建立起学科间的联系，架起学习与生活之间的桥梁。这种跨学科的教学方式抓住了“常人体”童话反映社会现实的特点，引导学生将文本内容与社会现实生活相对照，进而形成对文本和生活丰富而又深刻的认识。通过深入的学习和反思，学生警觉到自己生活中的“新装”，即那些可能误导我们的认知和价值观的假象；提升了价值判断能力，形成了一种基于事实和理性分析的思考方式，即“回到事情本身”。

（1）在语文与英语学科的融合中，通过比照体会培育学生的文化自信

“Oh! The cloth is charming,” said he, aloud, “ It has my complete approbation.”

英语本身没有固定声调，英语感叹词的发音通过语调变化（如升调、降调）传递情感。这里英文的感叹词“Oh”翻译成中文可以是“嗯、呀、哦、

[1] 窦桂梅．回到教育本身：整合思维下的《皇帝的新装》[J]. 人民教育，2014（2）：51-56.

哎呀、啊”等丰富的词语。而汉语有四个声调，表达极具丰富性。教学时，我们先让学生用汉语象声词翻译“Oh”，然后让学生回到翻译家叶君健选用的“哎呀”，用汉语拼音的四个不同声调读“哎呀”。用不同声调读出的“哎呀”里有大惊小怪、虚张声势、故弄玄虚及恍然大悟，学生从丰富的语气和创造性的朗读中体会到了母语文化所传递的不同韵味，感受到了皇帝装腔作势的生动形象，从而在对比中实现了文化自信的培养。

The emperor turned round and round before the mirror.

对于这句话，不同译者的翻译各有千秋：

皇帝转过来，在镜子前转着看。（林桦）

皇帝在镜子里从各个侧面把自己看来看去。（任溶溶）

皇上在镜子面前转了转身子，扭了扭腰。（叶君健）

在之前对感叹词的鉴赏和创造性朗读的基础上，笔者选择了几位作家的翻译文本，让学生在中英文对比中体会译者在语言运用上的相同与不同，进而体会国家通用语言文字的精妙之处。按照翻译“信达雅”的基本原则，这里应该翻译为皇帝在镜子面前转了转身子，如林桦、任溶溶的翻译版本，而叶君健先生翻译时多加了“扭了扭腰”，这突破翻译惯例平添的一笔，恰恰把皇帝的滑稽可笑（当然皇帝也许是在装疯卖傻）展现得淋漓尽致。

（2）在语文与信息技术和艺术学科的融合中，通过戏剧表演培养学生的审美创造素养

“游行大典”是《皇帝的新装》故事的高潮部分，教学时我们采用了配乐戏剧表演的方式，替代传统的分析式教学，请各小组通过角色扮演来体验和理解文本。

“‘他实在没穿什么衣服呀！’最后所有的百姓都说。皇帝有点儿发抖，因为他觉得百姓们所讲的话似乎是真的。不过他心里却这样想：‘我必须把这游行大典举行完毕。’因此他摆出一副更骄傲的神气。他的内臣们跟在他后面走，手中托着一条并不存在的后裙。”

课堂上，各小组首先从提供的三幅世界名画和三首世界名曲中选择，创建表演的背景环境，组员分别担任技术员、旁白、皇帝、大臣等角色，然后基于（也可以超越）上面这段文字进行表演。例如，其中一个小组选择了一首滑稽的音乐和一幅喜庆的图片作为表演背景，这不仅与故事中大家开心的情景相契合，也突出了皇帝的搞笑形象。表演前，教师采访了扮演皇帝的学

生，他最初认为皇帝是滑稽可笑的，甚至是不诚实的。可是，当他在音乐与绘画所创设的艺术情境下，扮演皇帝走完游行大典，并把台词都说完之后，再次接受教师采访时，他的看法发生了改变。他开始理解皇帝的不易——皇帝可能明明知道自己没有穿衣服，还非得硬着头皮走完游行大典，这种人不诚实、自欺欺人，内心必然充满了纠结与矛盾。这种语言表达与戏剧表演中的审美创造，让人性回到"本初"，进一步强化了"回到事情本身"的理念。

这些课例虽是笔者十多年前的探究成果，却已经从"文字、文学、文化"的多维角度出发，融合了多学科知识，遵循实践逻辑和学生逻辑开展教学，突破了单一学科的局限性。当这些教学经验与当前新课标中提倡的跨学科学习理念相遇时，我们便能够"乘势而上"，继续深化实践研究。

4. 基于问题解决、以跨学科特定学习主题引领的任务学习

如果说语文主题教学对"跨学科"的探索是个重要的开端，那么细读新课标，进一步探索主题教学的价值追求和思想指导，就成了摆在我们面前的一项重要实践任务。新课标将六大学习任务群划分为三个层次，各层次之间有着很强的关联性和进阶性。跨学科学习作为拓展型任务群，也应关注层次之间的相互联系。跨学科学习不仅要"反哺"基础型和发展型学习任务群，更要提升学生解决更综合、更复杂的真实生活问题的能力。

三个层次的学习任务群相互交叉，并不孤立。它们或多或少都包含了"跨学科"内容。这些内容通过"跨"的方式，解决复杂、综合、与生活实际密切相关的问题，有机融入其他学科元素以寻求破解方案。这不仅是一种进步，也反映了时代课程观和学习观从知识取向到活动取向再到经验取向的转变。相应地，学生由此获得的语言学习经验也超越了单一语文学科范畴。

从课程论的角度来看，区分广义的"跨学科主题学习"与狭义的"跨学科主题学习"至关重要，尤其是如何在教材中呈现和理解跨学科主题学习。不同学科之间，即使是在单一学科的 10% 跨学科主题学习上也存在着差异。在课程内容的指向上，语文学科涵盖了跨学科主题学习、综合实践活动以及课程统整（整合）的项目化学习。从学与教的指向来看，有基于更多学科、五育融合的"综合学习""跨学科学习""项目化学习"，还有（跨）学科的项目化学习。厘清这些概念，有助于我们在研究中识别不同类型及其优势，防止跨学科主题学习与综合实践活动相混淆，从而更精准地把握跨学科学习的

本质，确保其在实际教学中的有效性和针对性。

回顾“跨学科”探索进程，打个也许并不恰当的比方——烧菜，食材各自有独特的味道。从跨学科角度来看，跨一门学科，好比牛肉炖土豆，有了土豆的搭配，牛肉的味道更加醇香浓郁；跨两门或多门学科，好比宫保鸡丁，主料是鸡腿，辅料是葱、花生米以及其他看似次要却不能少的食材，辅料爆炒得好，整盘菜才鲜辣酥香。当然，语文这门学科借助跨学科实现问题的最终解决，有的时候，好比东北炖菜，品尝的是食材融合后的整体风味……

回味曾经的这些探索，就像品尝不同的菜肴，别有一番滋味在心头。问题的答案，并不总是显而易见，而提出问题本身就是一种突破。多年大步“跨”出的步子，竟跨越到新课标规定的一种学习任务上来，令我们既高兴，也感雄关漫道，而今必须迈步再跨越。

（二）基于新课标跨学科学习的主题教学再认识

过去十年，笔者带领团队持续丰富和深化跨学科实践研究，并与《义务教育课程方案（2022 年版）》和新课标中关于跨学科学习的要求[1]进行深度“对接”，使得主题教学的跨学科研究更加专业、科学，力求在理论层面“更上一层楼”。新课标中的“跨学科主题学习”是一个静态概念，而一旦进入操作层面，它就变成了一个动态的、不断发展的过程。

在这十年的大胆探索和谨慎实践中，笔者一直心怀警惕，避免陷入跨学科学习中几种常见的“为了跨而跨”的误区：第一种，主体上的“单向跨”，即某个学科单方面跨，导致该学科孤军奋战，其他学科则处于被动状态；第二种，方式上的“超前跨”，即过早地教授知识和技能，盲目地增加知识量，影响学生对某些学科的学习认知储备；第三种，时间上的“突击跨”，即在学期的最后阶段匆忙安排跨学科工作，草草“跨”完，不关注学生的实际获得；第四种，内容上的“浅表跨”，即学科间的知识叠加、内容拼凑，追求形式上“量”的增加而非“质”的转变。

---

[1]《义务教育课程方案（2022 年版）》提出：“加强课程内容与学生经验、社会生活的联系，强化学科内知识整合，统筹设计综合课程和跨学科主题学习。”新课标针对跨学科学习提出：“本学习任务群旨在引导学生在语文实践活动中，联结课堂内外、学校内外，拓宽语文学习和运用领域；围绕学科学习、社会生活中有意义的话题，开展阅读、梳理、探究、交流等活动，在综合运用多学科知识发现问题、分析问题、解决问题的过程中，提高语言文字运用能力。”

1. 跨学科学习的“跨”的内涵与目标

从目的论角度审视，无论是以单一学科为主实施跨学科学习，还是在不同学科间搭建跨学科学习桥梁，“跨学科”都只是一种路径手段、一种方法策略，其最终目标是帮助学习者从学科理解发展到迁移运用，从而解决生活中的问题。具体而言，在跨学科主题学习中，“跨学科”是前提，“主题学习”才是落脚点；跨学科主题学习中的问题解决，是学生真正投入学习、成为学习主体的关键。[1]在学习过程中，“跨学科”发挥着催化剂和杠杆的作用，激发学生超越传统学科界限，整合更广泛的知识和资源。在“主题学习”引领下，整个学习旅程的最终归宿是促进学生形成更深层次的语言理解与应用能力，以及问题解决的综合素养。

从本体论角度来看，在跨学科学习的构想中，选取某一学科为出发点，这种借力生力的“跨”的过程中可能并不存在所谓的主要学科与次要学科之分，最终以解决问题为准。实际上，围绕特定学习主题，每一门学科都具有同等的价值，并承担着相应的责任，既可作为主导力量，也可发挥辅助作用，共同致力于实现统一的教学目标。这里需要强调的是，“跨”的质量，关键在于语文教师是否具备引导学生综合运用多学科知识与技能解决复杂问题的能力。

从价值论角度探讨，跨学科学习是一种集多学科之力，引导学生深入探索并领悟主题本质的学习范式。其核心价值在于通过“特定学习主题”意义的建构，促进学生对知识的综合理解，形成真实而具体的学生个体价值体认。这一过程不仅强调学科间的相互协同，更揭示和强化了学习主题作为学习的价值导向的作用。

从方法论角度来讲，无论“跨”的方式如何变化，跨学科学习的设计与实施都应当遵循从学科真实问题到现实主题的逻辑链条，确保学习活动与学生面临的实际问题紧密相关，建立起问题与主题之间的意义纽带。这种联结，一方面源于教材内容中蕴含的学生可理解接受的学习主题，这些学习主题经过特定的设计，能够激发学生的求知欲与探索精神；另一方面则源自学生在日常生活与个体成长历程中遇到的问题与困惑，这些问题和困惑贴近学生的实际生活，能引发学生的学习方法掌握与经验形成，激发他们在未来学习中主动运用方法并能不断优化改进，使学习过程更具个性化与意义感。

---

[1] 郭华．跨学科主题学习：提升育人质量的一条新路径 [J]. 人民教育，2023（2）：25-27.

2. 跨学科学习的“跨点”与“跨度”辨析

无论如何，语文学习不应要求学生死记硬背，也不应仅仅逐篇讲解课文。将学生引到语文实践活动中去，才是跨学科学习任务群设计与实施的出发点。其最终目标是提高学生的语言文字运用能力，培养他们面对复杂问题时敢于挑战的勇气。

（1）找准跨学科学习“跨”的逻辑点

虽然跨学科可能会让教师不自觉地产生一种“无边界感”，但跨学科已经成为新时代教师必须具备的基本专业素养之一。教师应根据需要进行跨学科教学。如果需要跨，要明确跨的起点是什么，落脚点是什么。在常见的跨学科学习课例中，有一种是左脚“跨”在门槛内，右脚“跨”在门槛外，这需要加强学科间的“联结融合”；有一种是原来在这儿，现在跨到那儿的“迈进”；还有一种是超越学科概念的“跨界”——“语文的外延与生活的外延相等”。

无论怎么“跨”，都应聚焦学科学习任务，找准“跨”的价值共识。这里要特别强调，“跨”的内容不能“任性”，也不能“无厘头”，要“围绕学科学习、社会生活中有意义的话题”展开。也就是说，跨学科学习要对学生素养发展有意义，对这个时代、国家、社会有意义，这样的跨学科学习才具有真正的价值。教师切不可陷入前面提到的几种“跨”的误区，而应运用跨学科知识与方法，在发现问题、分析问题、解决问题的过程中，看到学生在“问题”氛围中眉头紧锁、积极探索、豁然开朗的学习状态。

（2）找准跨学科学习“跨”的裕度表现

新课标对不同学段的跨学科学习内容提出了具体要求。从“跨”的内容要求来看，第一学段主要侧重于养成良好的学习习惯、学习日常观察和记录、留意传统节日与风俗，这些内容涵盖了学习生活、日常生活、社会生活三个方面。四个学段的主要内容维度相似，但随着学段的升高，学习内容变得更加广泛，更凸显价值追求和社会担当等。

从“跨”的范畴来看，学习始于学生身边的日常生活，随着学段的升高，学习视野逐渐拓宽，与时代和社会的联系也日益紧密，体现了跨学科学习的深度和广度。

从“跨”的学段衔接来看，第一学段主要侧重于个体多感官协作，如看、听、说、跳、唱等；第二学段强调与同伴的分享和初步的交互；第三学段明确要求小组合作；而到了第四学段，更推崇社团形式的协作。社团和小组不同，小组是大家一起围绕某个学习任务去行动，而社团基于共同愿景，表现出更多的主动性、计划性和协作性。

从“跨”的问题解决来看，在解决问题的方式层面，第一学段以观察记录为主，强调基础的记录技能；第二学段开始涉及体验、探寻和调查，培养学生的探究能力；第三学段将研讨和调查相结合，培养学生的分析和综合能力；第四学段则要求进行全面设计和深入持久的研究，培养学生的高阶思维能力。在学习成果的呈现方式层面，第一学段以口头表述和图文结合为主；第二学段过渡到简单的书面报告；第三学段鼓励使用跨媒介方式展现；第四学段则强调利用多种媒介在多个平台上展示研究成果。

（3）找准跨学科学习“织锦”与“添花”的平衡

语文跨学科学习的宗旨不在于“多途”，而在于“立己又达人”，实现“文以载道、以文化人”的使命与追求。基于语文的跨学科学习无论怎么“跨”，依然以语文为基底，必须从语文出发，回到素养导向，追求“语文立人”。前文多次提到“跨学科”是语文学科的固有属性，语文学科是各学科学习的基础，也在用各学科的内容与形式“运用国家通用语言文字”。语文跨学科学习“学”的是语文，着力提升的是语文素养，在提升其他学科素养的同时，语文跨学科学习要形成“壮了自己的园，肥了别家的田”的共赢局面，而不能“荒了自己的园，肥了别家的田”。

有了这个“底层逻辑”，我们才能更好地兼顾语文的“花园”与“田地”，实现锦上添花的效果。否则，看似“跨马奔驰”的跨学科学习，可能会面临“盲人跨马临深池”的危险。由此，要实现“立己又达人”的跨学科学习，特定学习主题的选择至关重要。选择特定学习主题时，应从教材、个人需求、社会生活（如校园、家庭、社区）以及大自然等方面汲取灵感，同时要找准它们之间的“耦合点”——合时、合地、合人、合事。

3. 明确跨学科学习与综合性学习、项目化学习的联系与区别

综合性学习指向语文知识的综合运用、听说读写能力的整体发展、语文课程与其他课程的联通，以及书本学习与实践活动的紧密结合。而项目化学习则是一种贴近生活世界、超越分科教学局限、在真实的问题解决中培养学生实际应用能力的学习方式。项目化学习往往是完成整个大项目中的一个环节，有的也可看成完成一个项目后的产品化呈现。

显然，这两者与语文跨学科学习有着鲜明的共性：真实的活动引领、探究

的活动过程、合作的学习形式、多样的学习成果。但相比之下，目前教材中的综合性学习侧重于语文学科内部多个内容与多种形式的活动学习；新课标提出的跨学科学习强调用多个学科的元素更好地实现语文实践学习；项目化学习则是以项目为核心，具有工程思维，调集各学科以及自然界和社会生活中的元素来解决问题，完成可见作品。三者在涉及的内容与时空的内涵上不尽相同。

举例来说，同样聚焦城市污染问题，广泛搜集关涉城市污染的各类文本，写出调研报告，此类以语文为主范畴的学习活动属于综合性学习；运用各学科知识来研究城市污染问题，形成调研报告，有时还会进行演讲等宣传活动，此类融合各学科知识与技能提升的学习活动属于语文跨学科学习；围绕城市污染问题探寻根由，设计解决方案，采取解决行动，并拿出可行性实施方案，此类以解决问题为最终目的学习活动属于项目化学习。三种学习方式并不是孤立的，只是各有侧重而已。

（三）基于跨学科学习的任务设计与有机实施

特定学习主题引领的跨学科学习任务，最终指向运用多个学科的知识和方法解决现实问题，应对未来的复杂挑战。作为学科教师，我们应该基于各个学科的结构和特点来组织教学。无论是采取执行型、调试型还是创生型的设计思路，最终都要基于载道的主题学习，为学生赋能，让其在跨学科学习中不仅掌握知识和技能，更潜移默化地实现理想、信念以及价值观等方面的淬炼和进阶。

由于跨学科是策略、方法、路径，特定学习主题引领的学习任务设计与实施才是跨学科学习的“归宿”，因此在具体实施“六步法”时不必拘泥于固定的六个步骤。我们可结合杜威和陶行知的教育理念，按照选题、规划、实施、总结四个步骤设计跨学科主题学习，也可以根据实际灵活调整。[1]但为了全面展示跨学科设计的关键要素，笔者在下文中仍将按照“六步法”的具体操作步骤展开介绍，以期为跨学科学习提供清晰的指导和参考。

1. 提炼跨学科特定学习主题

跨学科学习任务的特定学习主题有其特殊性：一是聚焦真实情境中的问

---

[1] 申宣成 . 跨学科主题学习：意义、内涵与设计 [J]. 现代基础教育研究，2023，51（3）：17-24.

题解决，培养学生的探索精神、综合分析与创新能力，以应对现实世界中的多样化挑战；二是展现学科包容性，打破学科壁垒，促进知识的跨界融合与深度互补，构建全面、立体的知识体系，让学生自信从容地面对复杂问题并学会解决问题。

（1）依据课程标准，明确主题方向

课程标准不仅是课程管理、实施和评价的基石，也是跨学科特定学习主题确立的基础。新课标已经为跨学科学习任务群指明了方向，并在“学习内容”和“教学提示”中精选了一系列富有启发性的特定学习主题，建议从科学、艺术、信息科技、传统文化以及社会生活等多个维度出发，通过朗诵会、故事会、戏剧节、参观访问、调查研讨等多种形式开展学习。可见，语文课程并不仅限于语言文字，还应融合丰富的人文社会科学和自然科学知识。在此基础上，语文跨学科学习要求各学科立足自身特色，明确方向，主动跨界，设置和组织相应的学习主题和学习内容，以拓宽教学视野。

（2）寻找真实问题，统筹学科资源

真实问题源于现实生活，特定学习主题的学习任务设计应直面社会、融入社会，与时俱进、不断更新。教师可以关注当前社会的生态环境、科技发展、文化传承等问题，从中提炼出具有跨学科特征的特定学习主题。同时，鼓励学生多观察、多思考，勇于提出问题。通过实地调查和访谈，发现具有地域特色的真实问题，以增强学习的针对性和实用性。找到真实问题后，教师需要整合校内外资源，为学生提供多样化的学习体验，也可以利用网络资源，拓宽学习空间。

（3）基于主干学科，建立关联网络

在跨学科学习任务群中，要明确语文作为主干学科的核心地位，同时认识到其他学科与语文的紧密联系，打通学科间的壁垒，精准把握学科间的融通规律。首先，明确语文的核心知识点和能力要求，如阅读鉴赏、表达交流、批判性思维等。其次，寻找与其他学科的交汇点，这些交汇点是建立知识关联网络的关键。最后，建立一个语文跨学科知识框架，实现知识的互补和融合。

包头市钢铁大街第四小学的师生们结合当地文化特色，聚焦新课标“跨学科学习”部分第二学段“了解非物质文化遗产”的学习内容，确立了“设

计‘那达慕’盛会体验攻略”特定学习主题。学生们怀着对家乡的热爱与自豪，渴望向来自全国各地的朋友展示家乡的风俗文化。如何规划一次合理的行程，成为亟待解决的问题。由此，教师以语文为主干学科，通过文学作品的赏析，引领学生沉浸于草原文化的诗意世界；同时，建立与其他学科的关联网络，如联动艺术学科与体育学科，有效融入跨学科元素，引导学生绘制蒙古包图案，体验赛马、摔跤等传统体育项目。在跨学科学习中，学生全面而深刻地感受并传承草原文化的精髓。[1]

2. 确定跨学科学习目标

跨学科学习任务群的目标设定指向问题解决能力，致力于培养学生在多个学科领域的综合能力，促进学生全面发展。这需要师生通过层层关联和统筹联动，建立一个多学科交织的学习网络。在这个学习网络中，教师引导学生通过完成跨学科学习任务，不断探索、实践、反思，实现能力的全面提升，从而培养出既有深度知识储备又有广泛应用技能的“未来人”。

（1）指向核心素养，全面勾勒目标维度

在目标的达成性描述中，应当凸显跨学科学习任务群的核心理念，涵盖知识与能力、过程与方法、情感态度与价值观等多维度、多层次的内容。围绕文化自信、语言运用、思维能力和审美创造等核心素养，将目标层层分解，形成一个既融合教学内容又体现教学过程的跨学科学习目标体系。

（2）凸显学生主体，体现多学科学段要求

跨学科学习任务群应当始终以学生的发展需求为本，基于学生的真实起点和新课标对不同学段的要求，围绕共同的问题或者话题，借助多学科资源统整，确定素养导向的学习目标。

（3）结合问题解决过程，将目标表述具象化

基于问题解决的过程，明确学习内容的落实路径，考虑从育人角度创设情境任务，以结构化的活动串联学习过程，将目标表述具象化。跨学科学习任务群指向实际问题的解决，目标的表述应当体现从问题感知、了解、探索到解决的完整历程，在整体情境中体现问题解决的阶段性，增强教学内容的

[1] 案例选自笔者与郑国民教授主编的《跨学科主题学习实践指导 小学语文（3 ~ 4 年级）》（北京师范大学出版社 2023 年版）。

针对性和实效性，进而提升学生参与的积极性。

学校师生设计并开展了“垃圾分类小课题研究”的跨学科主题学习。该任务群根据不同阶段的学习目标，引导学生从身边的垃圾分类问题出发，在了解社区垃圾分类情况的真实情境中解决现实问题，培养提出问题和解决问题的能力。围绕“问题解决”，从“完成小课题探究任务”“养成环保生活的习惯”到“重视垃圾分类在现实生活中的实际意义”“优化垃圾分类实践做法”，再到“倡导健康、绿色、环保的生活方式”，体现了多学科的融合，形成了一个整体关联的学习任务目标体系。

---

3. 重组跨学科学习内容

跨学科学习任务群强调通过真实情境下的学习活动，促进学生的知识迁移与能力提升。跨学科学习任务群以问题解决为最终目标，其学习内容的选择与深入也应围绕这一目标展开。该任务群遵循“焦点问题—资源融通—认知突破”的路径，打破学科壁垒，融通课内外资源，聚焦语言实践，助推学生认知突破。学习内容从单篇扩展至单元，乃至课外资源，通过主题聚合、重组，开发出有价值的主题式教育素材，服务于学生的完整学习过程及认知发展。

（1）依据特定学习主题，选取多学科内容

跨学科学习引导学生在语文学科基础上，向其他学科的知识领域拓展。首先，教师可以依据特定学习主题，从学习内容、思维方式、关键能力等多个维度入手，选取适合特定学习主题的“跨点”，即准确定位学科联结点。然后，根据这些“跨点”的跨度，提供具体的学习资源，以丰富学习内容。

（2）基于学习目标，建立统整框架

要避免学习内容的散漫和零碎，关键在于建立一个统整框架。在找到“跨点”并选取各学科的学习内容后，教师需要依据各学科共同的学习目标，将所有“跨点”引向同一目标。同时，为确保跨学科学习不偏离语文教学的大方向，教师应选择有助于提升学生核心素养的跨学科知识点，并借鉴其他学科的思维方式，促进学生语文实践能力的提升。

（3）突破视野局限，动态调整内容

跨学科学习内容源于现实生活，往往存在于多维情境之中，具有复杂性

和综合性。重组这些内容的途径是多种多样的，不拘泥于固定流程和标准答案。当学生面临具体困难和需求时，教师要帮助学生打破单科学习、课内学习、校内学习、线下学习的局限，对内容进行必要的调整。特别是要引导学生走出校门、接触社会，同时借助家校社等丰富的资源拓展学习时空，及时补充解决新问题所需的内容。

学校四年级学生在深入学习苏轼的文学作品后，被苏轼的才华吸引，决定创作《苏轼行旅手账》。在任务驱动和需求导向下，师生整合跨学科内容。学生先查阅资料，感受苏轼的人格魅力，再利用数学、科学知识整理苏轼的行旅地点，研究地名变迁，追溯其历史足迹。结合美术、劳动学科的知识，学生学习手账制作，小组合作完成《苏轼行旅手账》。教师拓展苏轼诗文，提供《苏轼读本》等学习材料，并引入《苏东坡传》及苏轼相关影片，帮助学生深化理解。学生依据诗词中的地点，在数学、科学知识的辅助下定位苏轼足迹，串联出行旅人生地图。在这一过程中，学生虽遇到了地名变迁等挑战，但在教师指导下，补充了相关历史知识，最终完成了手账制作。

---

4. 安排跨学科学习活动

跨学科学习任务群的学习活动设计具有鲜明的整合性，主要体现在以下三个方面。一是学科知识的融合。学习活动设计往往围绕一个具有综合性与实践性的主题展开。二是学习情境的综合。跨学科学习活动所创设的情境，不仅包含语文学习的要素，还融入了其他学科的内容。三是学习方法的多样性与互补性。跨学科学习鼓励学生采用多样化的学习方法，这些方法构成一个有机整体，共同推动学习任务的完成。这些交叉性的特点使得跨学科学习成为一种高效的学习方式。

（1）聚焦问题导向，规划学程路径

在跨学科学习任务群的学习活动设计中，聚焦问题导向与规划学程路径是核心策略。首先，通过深入分析主题背景，提炼出具有跨学科价值的核心问题，并设定明确的学习目标，确保学习方向清晰。随后，基于问题导向，将大问题分解为若干子问题，借助多学科视角进行综合分析，寻找交叉点，以构建跨学科的知识框架。在规划学程路径时，应结合学生实际情况，设计一系列由浅入深、循序渐进的学习任务，采用多元化教学策略，引导学生在解决实际问题的过程中，综合应用多学科知识与技能，最终实现知识的整合与创新。同时，注重评价与反馈的及时性和有效性，为学生提供持续的学习动力和方向调整的依据，确保跨学科学习活动的深入与高效。

（2）创新教与学方式，加强实践探究

跨学科学习倡导采用灵活多样的教学方法，如探究式学习与合作学习，打破传统学科的界限，鼓励学生主动探索与合作交流。同时，引入信息技术手段，如虚拟现实、在线协作平台等，为学生提供沉浸式学习体验和即时互动的机会。在这一过程中，教师是学生学习的引导者和促进者，设计富有挑战性和启发性的问题，以激发学生的好奇心和创造力。这种创新的教学方式不仅促进了学生对跨学科知识的整合与应用，还培养了他们的批判性思维、团队协作能力和解决复杂问题的能力。

（3）促进迁移反思，指向任务达成

在跨学科主题学习活动中，促进迁移反思是达成任务目标的关键环节。教师应通过引导学生对所学知识、技能及解决问题过程进行深度反思，帮助他们理解不同学科间的内在联系，建立跨学科的知识网络。这种反思应贯穿学习活动的始终，使学生在面对新情境、新问题时能够灵活迁移所学，创造性地解决问题。同时，鼓励学生自主分析学习成效，识别自身优势和不足，从而调整学习策略，持续进步。通过这样的迁移反思过程，学生能够更加聚焦任务目标，深化对问题的理解，最终有效完成跨学科学习活动。

清华附中昌平悦府小学的师生们从学校真实的问题情境出发，共同确定了“编制一本《百草园使用手册》”的特定学习主题，为保护学校百草园生态环境提供行动指南。学生首先通过上网搜索、查阅工具书等途径，明确手册的性质和功能；接着搜集各种手册，了解手册的基本组成部分，并结合百草园的实际情况挑选适用元素，梳理出《百草园使用手册》的五大板块；然后确认手册编制需求，包括设计手册目录、小组分工等；最后完成手册编制、展示和互评。在手册编制过程中，教师鼓励学生进行持续的迁移反思。[1]

---

[1] 案例选自笔者与郑国民教授主编的《跨学科主题学习实践指导 小学语文（3～4年级）》（北京师范大学出版社 2023 年版）。

5. 提供跨学科学习资源与支架

在跨学科学习任务群中，学习资源与支架的重要性尤为突出。其作用不仅在于协助学生跨越学科边界，构建起不同学科间的桥梁，实现学科间的有效对接与深度融合，还在于促进学生的深层次探索与学习。因此，学习资源与支架的设计要体现前瞻性，以满足学习过程中可能遇到的各个学科领域的特定需求。特别是针对学生的知识空白和薄弱环节，应充分发挥跨学科教师团队的集体智慧，共同整合资源，提供精准有效的学习支持与示范，帮助学生突破难点，提高学习效率。

（1）如何提供学习资源

第一，服务问题解决。根据学习任务的深度和广度，为学生提供可有效识别、分析和解决实际问题的学习资源。例如，为学生提供来自不同学科领域的案例研究，引导学生分析和讨论特定问题的解决方案，培养跨学科思维；提供相关书籍和数据库等丰富的信息来源，支持学生的研究和分析工作；邀请相关领域的专家举办讲座或研讨会，分享专业知识和经验，为学生提供解决问题的多维视角和多种方法等。

第二，示范成果引领。在跨学科学习任务群中，提供示范性的资源可以帮助学生理解学习任务的要求，为知识的迁移运用提供方向指导与路径参照。教师可以根据学生的学习需要，灵活地选择和调整示范性资源。最常见的示范性资源是展示其他学生或教师创作的示例作品，如艺术作品、写作样本、科学实验报告等，以便让学生取得更好的学习成果。

第三，打开学习路径。打开学习路径意味着为学生提供多样化的学习机会，让学生能够根据自己的兴趣和能力有侧重地选择学习内容和方法。此类学习资源形式多样，最常见的是利用图书馆、互联网、社区生活场景、文化场馆等，为学生学习提供支持。此外，伴随着科技进步，一些互动式多媒体资源，如教育游戏、虚拟现实体验或增强现实应用等，能有效帮助学生在探索中学习。

（2）如何提供学习支架

第一，以学程统筹支架指导任务推进。学程统筹支架可以帮助学生更好地管理和推进学习任务。这类学习支架具有较强的建构性，往往根据教学的核心问题设计，能够起到统筹教学内容，促进学生开展自主、合作、探究学习的作用。

第二，以过程需求支架破解学习难点。面对学生在学习过程中遇到的难点，教师需要提供有针对性的学习支架。首先，教师要在学情调研的基础上，结合新课标的具体要求，准确预设学生可能遇到的难点，如知识点的跨学科整合、多学科研究方法的综合运用等。然后，设计过程性支架，将其贯穿于学习过程中，与学生的需求点、发展点进行链接。这类学习支架侧重于为学生提供适宜的学习路径和自主学习的机会，既可以是跨学科概念图、理论模型或思维导图等，也可以是数据分析软件、报告模板等。

第三，以反思总结支架促进迁移转化。反思总结对于学生的知识整合、思维发展、自我认知、学习策略调整以及教师的教学改进都具有重要作用，是提升学生学习效果和培养学生综合素养的关键环节。教师可以在任务完成后提供反思总结支架，帮助学生回顾整个学习过程，评估自己的学习成果，总结学到的知识和技能，并反思学习过程中用到的有效方法和需要改进的地方。这有助于学生提高自我认知，形成终身学习的习惯和能力。

以“举办我们班的‘线上春晚’”为例，在活动策划阶段，教师展示策划方案模板（图 7.2），为学生提供了一个具体、可操作的参考框架。在小组分工阶段，提供工作小组任务单（图 7.3），帮助学生明确小组的工作目标、关键问题和解决策略等。在任务执行阶段，一方面将中央电视台春节联欢晚会的视频作为示范性资源包提供给学生；另一方面借助比较阅读记录表（表 7.1）引导学生阅读不同文学作品，深入了解春节文化的丰富内涵。在活动结束后，提供活动总结提纲（图 7.4），鼓励学生从策划、组织、执行、效果等入手进行全面的反思和总结，梳理参与活动的收获。

“线上春晚”策划方案	
“春晚”主题	
“春晚”目的	
“春晚”时间	
技术平台	
节目安排	
活动分组（以小组为单位）	节目统筹：
	串词撰写：
	嘉宾邀请：
	技术保障：

图 7.2　策划方案模板

图 7.3　工作小组任务单

表 7.1　比较阅读记录表

作者	题目	独特年俗	对“线上春晚”的启发
老舍	北京的春节		
冰心	童年的春节		
刘绍棠	本命年的回想		
莫言	故乡过年		

活动总结提纲

一	活动概述 （对活动总体的概括）
二	活动流程 （回顾从前期准备到正式展示的全过程）
三	活动评价 （从个人和小组两个维度总结优点与不足）
四	活动的结果及意义 （介绍活动带来的影响、参与活动的收获）

图 7.4　活动总结提纲

6. 研制跨学科学习评价量规

跨学科学习具有鲜明的过程性和探究性，其学习评价量规的设计应关注学生核心素养的发展。如在识字与写字、阅读与鉴赏等语文实践活动中，应关注学生在查阅资料、开展问题探讨、凝练学习成果等学习环节中对方法的掌握和运用水平，侧重考查学生综合运用多学科知识思考和解决问题的能力，并在此基础上评估相关学科核心素养的发展情况。

（1）聚焦问题解决全程，确定评价维度

跨学科学习任务群作为拓展型学习任务群之一，打通了课程内容、学生生活和语文实践，聚焦于学生学习生活中现实问题的解决。由于这类学习任务通常时间跨度较长、涉及活动较多、涵盖学科知识较广，仅针对某一特定阶段或任务的评价难以全面反映学生在跨学科学习中的素养和能力发展，因此，进行全程评价尤为重要。教师可为每一名学生建立过程性学习档案袋，记录所有学生在学习过程中的重要表现。在研制评价量规时，适当拓宽评价的时间跨度，覆盖问题解决的全过程，针对跨学科学习任务群的主要学习环节和内容，规划评价维度，以评导学、以评促学。

（2）基于表现和成果，丰富评价依据

跨学科学习成果通常表现出实用性、创新性、综合性和可迁移性等关键特征，而传统的纸笔考试很难对此进行全面评估。因此，评价应主要基于学生问题解决过程中的表现，以及他们在活动中完成的方案、海报、调研报告、视频等多样化的学习成果。在模拟真实情境的任务中，教师需从多个维度出发，评估学生的学习情况，更全面地反映学生的学习水平；同时丰富评价依据，避免单一评价方式带来的偏差，提高评价的准确性和可信度。

（3）拓展激励视角，引入多元评价主体

评价应尊重学生的主体地位，开展学生自我评价和反思。同时，还要开展学生之间的互评，鼓励学生重视和参与评价过程。如通过在课堂上回顾所学知识和提出问题，学生能够更加主动地参与到评价过程中，从而深化对学习内容的思考，并对学习策略适时作出调整。此外，学生在学习过程中会涉足多个学科领域，进入不同的学习场景，教师可邀请相关学科教师、家长、社会人士等参与评价，从多个角度反馈学生的发展水平。

（4）多学科思想联动，评估学业质量

跨学科学习旨在解决复杂问题，在综合运用多学科知识发现问题、分析问题、解决问题的过程中，打破传统的学科壁垒，真正指向学生核心素养的发展。因此，学习评价不仅指向语文核心素养的四个方面，还要进行多学科思想的联动，评估学生在解决问题过程中各方面的综合表现，包括调用已有知识、发现新知识、产生情绪波动、增加反思频率、作出负责任的决策等方面，从整体上评估学生的学业质量。

广东省中山市实验小学围绕“为‘醒狮’文化代言”这一特定学习主题设计了四个学习任务，涵盖从选题到规划、实施、总结的问题解决全过程。为了确保学生在每个阶段都能获得有效的指导和反馈，教师针对跨学科学习任务群的主要学习环节和内容，规划评价维度，使评价内容与每一个任务的核心素养目标相匹配，以评导学、以评促学，同时利用评价信息发现跨学科学习的改进空间。针对各项子任务，教师整体规划评价内容，设计评价工具、评价方式，并对照目标对每一项评价内容进行了水平描述（表 7.2）。

表 7.2　跨学科学习评价量规示例

学习阶段	评价内容	评价工具	评价方式	评价量规
子任务一：明确讲解任务，初识醒狮文化	任务理解与问题解决过程设计的准确度	研究规划（填写情况）	根据表现性任务中展现的水平进行评价	水平一：能够理解任务，作简单规划，如时间分配、人员分工。联系生活实际，寻找醒狮元素。 水平二：能够清晰地理解任务，围绕问题解决设计研究过程，如对任务进行步骤分解。查阅资料，初步理解醒狮元素内涵。 水平三：能够清晰地理解任务，提出问题，主动思考，据此设计问题解决过程。在调查及阅读的基础上，小组成员交流对醒狮文化的理解。
子任务二：请教他人方法，规划代言方案	调研的完整性	代言调研表	根据表现性任务中展现的水平进行评价	水平一：能够完成课前调研，整理采访资料。 水平二：能够根据课前调研的结果，提出几条代言的策略和方法。 水平三：能够将课前调研结果与代言内容进行链接，体现醒狮文化特色，明确为代言开展哪些活动，以及注意事项。
	规划的可行性	研究规划（修订情况）	根据表现性任务中展现的水平进行评价	水平一：能够对研究规划进行完善。 水平二：能够完善研究规划，让规划合理可行。 水平三：能够运用跨学科的思想方法，完善研究规划，让规划合理可行。
子任务三：实施活动方案，多种形式感受内涵	学习投入持久度	课堂评价表	教师根据课堂观察评价；小组内学生互评	水平一：能够完成学习任务。 水平二：能够积极投入学习过程，并为任务完成作贡献。 水平三：能够积极投入学习过程，有自己独特的思考和建议，为任务完成作贡献。
	多学科能力提升度	“醒狮表演”采访稿撰写	根据表现性任务中展现的水平进行评价	水平一：能够完成撰写。 水平二：能搜集、筛选、整理资料，列出提纲，根据提纲有条理地介绍醒狮表演。 水平三：能有效地搜集、筛选、整理资料，列出提纲，根据提纲有条理地介绍醒狮表演，删除无关信息。

续表

学习阶段	评价内容	评价工具	评价方式	评价量规
子任务三：实施活动方案，多种形式感受内涵	多学科能力提升度	醒狮表演动作演绎	根据表现性任务中展现的水平进行评价	水平一：懂得如何欣赏醒狮比赛。 水平二：能欣赏醒狮比赛，了解醒狮表演步法、步形的基本特点，掌握“马步”的动作要领。 水平三：能欣赏醒狮比赛，了解醒狮表演基本特点，积极与小组成员共同完成表演，用文字记录学习活动的主要过程。
		醒狮脸谱动手制作	根据表现性任务中展现的水平进行评价	水平一：能完成一个创意醒狮脸谱。 水平二：能完成一个创意醒狮脸谱，大胆想象，构思巧妙，表现醒狮文化特点。 水平三：能完成一个创意醒狮脸谱，大胆想象，构思巧妙，表现醒狮文化特点。撰写完整、清晰、生动的醒狮脸谱讲解稿，让读者感受到醒狮文化。
		“醒狮酥”实际制作	根据表现性任务中展现的水平进行评价	水平一：能用流程图记录制作“醒狮酥”的主要步骤。 水平二：能用流程图记录制作“醒狮酥”的主要步骤。小组分工合作，在劳动中遵规守约，制作美食。 水平三：能用流程图记录制作“醒狮酥”的主要步骤。小组分工合作，在劳动中遵规守约，制作美食。用多种方式或媒介展示劳动成果，完成“美食代言”，呈现自己的观察与探究所得。

注：案例选自笔者与郑国民教授主编的《跨学科主题学习实践指导 小学语文（3～4年级）》（北京师范大学出版社2023年版）。

需要特别强调的是，在当今“人机交互＋跨界互联”的人工智能新时代，教育生态面临着数字化转型下的协同创新挑战。那么，我们的跨学科学习将面临怎样的机遇和挑战？特别是在智能时代，跨学科学习如何从海量信息中提炼出精华？教师如何进行教学选择？如果将AI视为一种新教材，这种超越纸质教材的知识供给看似有了现成答案，不需要预先进行解读和备课，我们还有必要实施跨学科学习吗？笔者认为，重构学习内容和路径的意义，不仅在于探讨学习者“如何学习”，更在于学会跨学科学习，做一个始终与学生一起探索新学习模式的同行者。在这一过程中，教师也将突破自己学科的界限，走上更丰富、更全面的专业发展之路。

总之，跨学科学习作为主题教学实践样态重构的一种可能，无论怎样“跨”，都应实事求是，不能为了“跨”而“跨”。要从儿童的需求、兴趣出发，考虑整合运用各个学科解决问题，寻找学科与生活的贯通点，激发学生的创意表现，实现多学科思维和个性化观点的融通。

跨学科学习学程案例：“用 AI 布展‘永远的少年梁启超’”课例解析

特定学习主题引领的学习任务设计

主题	自强不息[1]
学习主题	做永远的成志少年
特定学习主题	用 AI 布展“永远的少年梁启超”

特定学习主题

一、特定学习主题提炼的依据

1. 结合新课标“跨学科学习”的相关要求，明确特定学习主题方向

新课标在跨学科学习任务群的教学提示中提出：“要引导学生在广阔的学习和生活情境中学语文、用语文，提高交流沟通、团队协作和实践创新能力。注意引导学生掌握问题探究的基本步骤和方法，学会提炼、表达、呈现学习成果，着重培养学生综合运用多学科知识解决实际问题的能力。”这就要求教师基于儿童真实生活中的问题，引导学生运用多学科的知识和技能提炼、表达、呈现学习成果。

[1] 中华人民共和国教育部．义务教育语文课程标准（2022 年版）[S]. 北京：北京师范大学出版社，2022：18.

2. 源自儿童学习生活中的真实问题，统筹校内外资源

学生在课堂内学习了统编版教材五年级上册第四单元的《少年中国说（节选）》，并进行了《梁启超：永远的少年》整本书阅读。在课堂外，学生进行了丰富的研学实践，实地参观了梁启超纪念馆，寻访了清华大学里梁启超在“同方部”演讲的足迹，梁思成和林徽因的故居。通过联结课内外的学习经验，学生提出了“如何做永远的成志少年”的问题，想要进一步持续、立体、深入地探究梁启超“永远的少年”特质，分析“梁启超永远的少年特质是什么”“梁启超为什么能成为永远的少年”，进而联系自身形成对“如何做永远的成志少年”的认识。

为了走近“永远的少年”梁启超并获得启示，学生联系社会生活进行思考，AI 技术拥有涵盖广泛知识的训练数据库，能够进行高效信息检索与整合、开展多轮对话与角色模拟、生成与创作作品，从而跨越时空的边界。借助这些技术手段，学生以展览的形式呈现梁启超“永远的少年”特质的研学成果。

3. 基于语文学科，建立信息科技、艺术等学科的关联网络

学生在研究梁启超“永远的少年”特质的过程中，运用语文学科中搜集资料、有理有据地表达观点和讲解事物的知识和技能，通过小组研讨、集体策划、设计参观考察活动方案，分享研学成果。在此过程中，他们将语文学科与信息科技、艺术等学科的知识相结合，利用 AI 技术赋能学习成果的提炼、表达和呈现。

二、特定学习主题的提炼

综合新课标的相关要求，联系学生的真实生活，立足语文学科的核心知识与技能，我们将特定学习主题提炼为“用 AI 布展‘永远的少年梁启超’”，从多个学科的角度出发，对“如何做永远的成志少年”这一跨学科的真实问题进行综合分析、抽象概括、判断推理，形成完整认识。

通过这一特定学习主题，学生将获得的精神成长是从对“少年”的理解，逐步深入到对“永远的少年”的理解，最终实现对“做成志少年”的价值共创和行动转化。在这一过程中，学生将学习如何有针对性地搜集和

运用资料，梳理观点、事实和资料之间的关系，有理有据地表达观点，并运用讲解的知识和技能、视觉化和数字化等多种媒介形式，将观点生动地呈现出来。通过“用 AI 布展”，学生将走近“永远的少年”梁启超，从而更好地理解并践行“做永远的成志少年”。

学习目标

1. 运用 AI 高效信息检索功能，借助表格、思维导图等工具，通过阅读、比较、推论、质疑等方式，有目的地搜集资料，分类整理资料，并有针对性地运用资料提炼观点，进行有理有据的口头或书面表达。（思维能力、信息意识）

2. 运用 AI 生成与创作功能，借助 AI 教程、评价量表等工具，通过小组合作，制作“永远的少年梁启超”展览作品，提升运用跨媒介和艺术表达与交流等综合能力。（数字化学习与创新、艺术表现）

3. 综合利用语文、信息科技、艺术学科知识分析问题，设计方案，用 AI 布展“永远的少年梁启超”，体会梁启超“永远的少年”特质，感悟梁启超为民族和真理献身的志气，每日自新、不懈向上的元气，意志坚强、尽力付出的勇气，获得做永远的成志少年的启示。（实践创新、责任担当、文化自信）

学习任务设计

跨学科学习的结构化教学思路如图 7.5 所示：

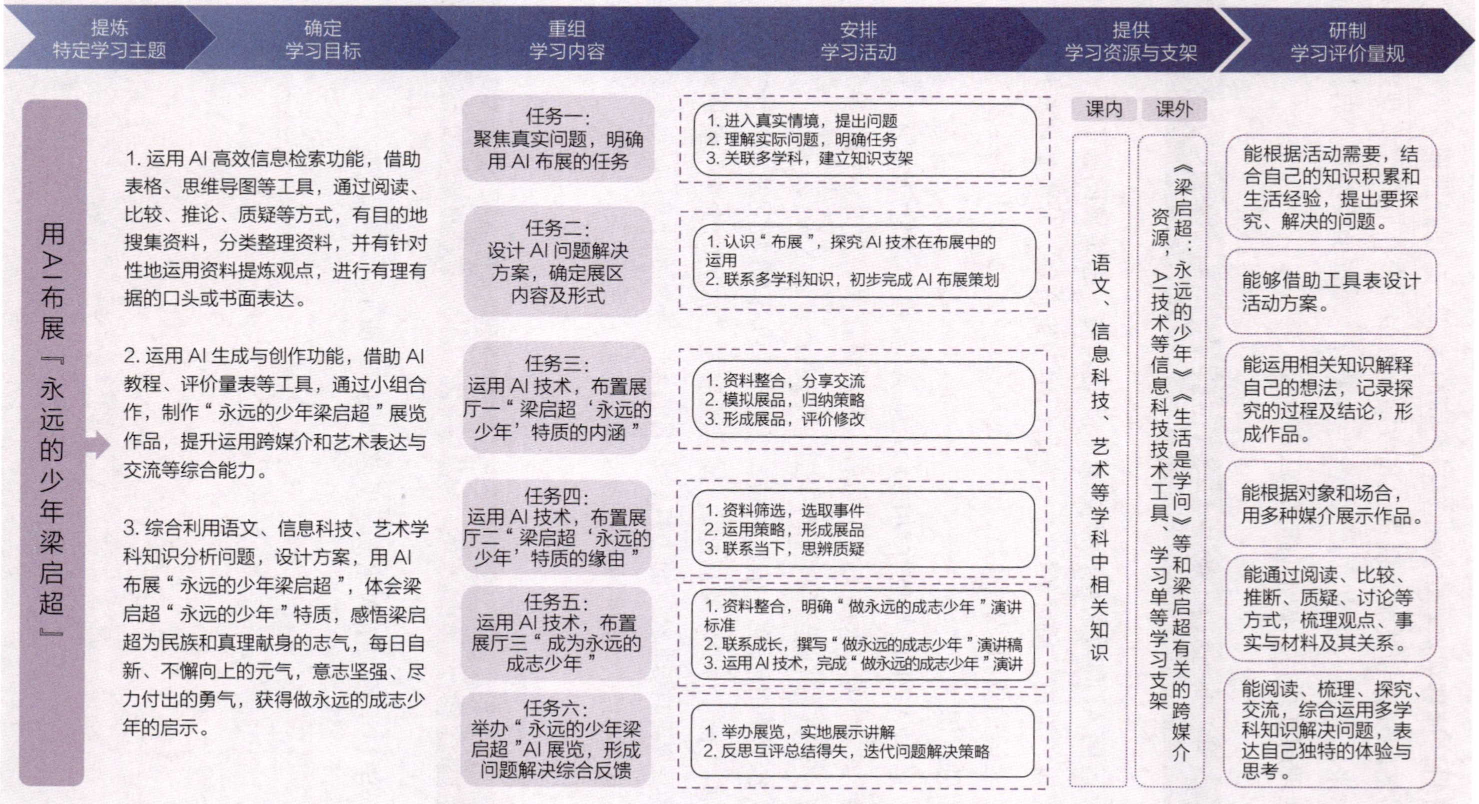

图 7.5　跨学科学习结构化教学思路

学习评价设计（含作业设计）

一、学习评价标准

依据新课程标准学业质量对第三学段的要求，围绕每一任务，从提出问题、分析问题、解决问题的角度设计了下列学习评价（表 7.3）：

表 7.3　单元学习评价量规

特定学习主题	学习内容	行为表现 / 学习成果（行为化动词）	水平描述（分层行为化动词目标）
用 AI 布展“永远的少年梁启超”	任务一：聚集真实问题，明确用 AI 布展的任务	能根据活动需要，结合自己的知识积累和生活经验提出要探究、解决的问题。	水平一：能根据活动需要提出问题。 水平二：能根据活动需要，结合自己的知识积累和生活经验提出问题。 水平三：能根据活动需要，结合自己的知识积累和生活经验提出具有探究和解决价值的问题。
	任务二：设计 AI 问题解决方案，确定展区内容及形式	能策划与组织活动，围绕学习活动搜集材料，借助工具表设计展览方案。	水平一：能根据展览主题，有分析解决问题的大致思路，初步学会通过小组合作确定展区的布局形式。 水平二：能根据展览主题，分析解决问题的思路，经过小组交流讨论确定本次展区布局形式的大致方向，初步设计出每个展区的内容和形式。 水平三：能根据展览主题，分析解决问题的思路，确定本次展区的布局形式，独立设计出展区的内容和形式。

续表

特定学习主题	学习内容	行为表现/学习成果（行为化动词）	水平描述（分层行为化动词目标）
用AI布展“永远的少年梁启超”	任务三：运用AI技术，布置展厅一“梁启超‘永远的少年’特质的内涵” 任务四：运用AI技术，布置展厅二“梁启超‘永远的少年’特质的缘由” 任务五：运用AI技术，布置展厅三“成为永远的成志少年”	完成任务三、四、五，运用AI技术制作展览作品，并进行作品讲解。	水平一：能运用AI技术制作体现特定事件的展览作品。 水平二：能运用AI技术制作体现特定事件、特定场景细节的展览作品。 水平三：能运用AI技术制作体现特定事件、特定场景、特定细节等多种元素的展览作品。
	任务六：举办“永远的少年梁启超”AI展览，形成问题解决综合反馈	能阅读、梳理、探究和交流，综合运用多学科知识解决问题，表达自己独特的体验与思考。	水平一：能与小组成员协作，表达自己的观点。 水平二：能与小组成员协作，综合运用多学科知识解决问题，表达自己的观点。 水平三：能与小组成员协作，综合运用多学科知识解决问题，表达自己独特的体验与思考。

二、单元作业设计

1. 小组合作学习，分工搜集资料

（1）梁启超人生不同阶段的相关资料

（2）AI技术运用的相关资料

（3）布展的典型案例

资　料　卡
我选择：________________________
我搜集到的资料有：________________________
____

2.小组合作完成学习单

学　习　单

一、请设计你心中能体现“永远的少年梁启超”的展区吧！

1. 展区内容：______

2. 展区形式：______

3. 展区布局：______

二、你会如何利用 AI 技术布置展区呢？试着写写你们小组的方案。

1. 总体理念：______

2. 具体设计：______

3. 需要改进的地方：______

3.小组选取一个“永远的少年”特质，梳理整合体现“永远的少年”特质的材料

“永远的少年”特质	趣味（　）活力（　）善变（　）
我们从书籍中搜集的资料	
我们运用 AI 搜集的资料	
我们实地参观考察搜集的资料	
______（其他资料来源）	
我们能用表格、思维导图等形式图文并茂地展现资料	

学习资源与支架

我们提供了搜集资源的类型清单、展览方案学习单、评价量表等支架帮助学生分析问题，制订解决问题的计划，细化将要完成的任务，为学生完成布展提供必要的支持。

学习资源与支架一：搜集资源的类型清单

选取你使用到的搜集资料方式，在括号里打上√。

序号	类型	括号
1	查阅图书馆图书	（　　）
2	网络搜索	（　　）
3	请教教师、家长或其他人	（　　）
4	实地参观考察	（　　）
5	其他	

学习资源与支架二：选取特定事件学习单

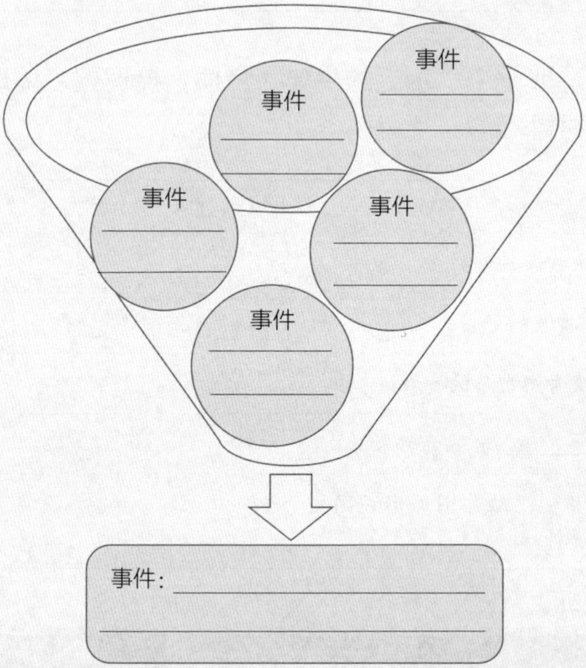

学习资源与支架三：AI技术知识卡片

AI 技术知识卡片

照片 / 手绘图	照片 / 手绘图	照片 / 手绘图	照片 / 手绘图
信息检索 ________ ________	文生图 ________ ________	文生视频 ________ ________	________ ________ ________

学习资源与支架四：运用AI技术搜集资料学习单

选择一个 AI 平台，在对话框中输入指令。

指令格式	• 角色设定：我是一名…… • 目标任务：我要查找、整理、撰写、生成…… • 需求说明：具体要求是……
指令示例	• 我是“永远的少年梁启超”展览的一名策展人，我想要查找体现梁启超善变的资料，资料包括具体的示例和各种作品。
我的指令	

小贴士

你还可以上传 Word/PDF/TXT/Excel/PPT 等格式的文件，或将链接粘贴到输入框中，让 AI 从相关的文件中检索资料。

学习资源与支架五：运用AI技术制作展览作品学习单

1. 用词语描述体现“永远的少年”特质的关键事件、重要场景、典型细节。

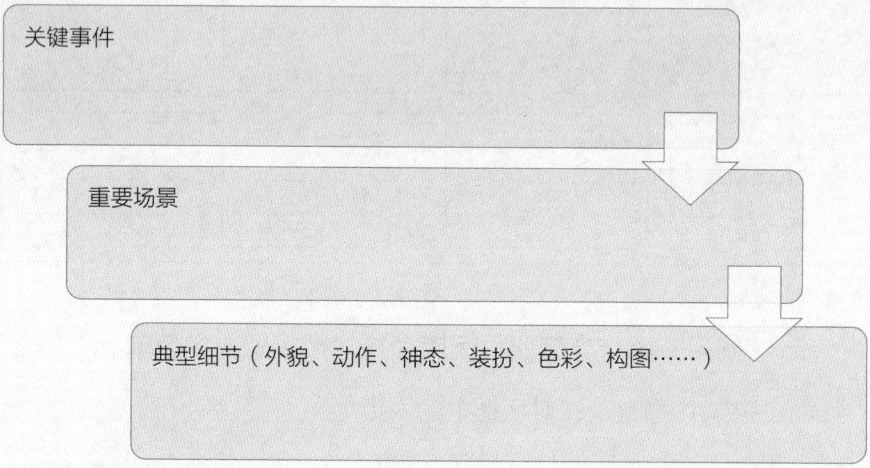

2. 将上述词语凝练成一段话输入 AI 网页对话框中。

句式范例：我想生成一张图片，包含人物、外形、时间、地点、画面等细节。

为了让图片更加贴合梁启超的形象，你还可以添加梁启超的真实照片作为参考图片。

特定学习主题引领的学习任务课时教学设计		
任务一：聚焦真实问题，明确用AI布展的任务	学习活动一：进入真实情境，提出问题 环节 1：联系年度主题课程群，进入真实情境。 亲爱的同学们，今年的主题课程致敬的成志榜样人物是梁启超先生，主题是“做永远的成志少年”。我们学习了《少年中国说》，阅读了整本书《梁启超：永远的少年》，提取了梁启超“永远的少年”特质。 环节 2：从单篇课文的学习到整本书的阅读，产生解决问题的意识和需求。 引导学生交流学习收获，讲述“与各地同学共同做成志少年”的需求。学生意识到，为了让各地的同学一同了解	作业设计：学生以小组为单位，分工合作，实地参观展览，完成展览资料单。

续表

<table>
<tr><th colspan="3">特定学习主题引领的学习任务课时教学设计</th></tr>
<tr><td rowspan="3">任务一：聚焦真实问题，明确用AI布展的任务</td><td>梁启超、致敬梁启超，他们自己就是“永远的少年梁启超”最好的“代言人”。因此，学生萌发了向各地同学介绍梁启超的想法，希望与大家共同成为“永远的成志少年”。

【设计意图】
结合主题课程群的背景和课内外研学经历，引导学生深入思考梁启超先生的榜样力量，激发他们的分享欲望，进而产生介绍梁启超的想法和需求，为后续的学习探索奠定基础。</td><td rowspan="3">作业设计：学生以小组为单位，分工合作，实地参观展览，完成展览资料单。</td></tr>
<tr><td>学习活动二：理解实际问题，明确任务
小组讨论如何向不同地区的同学介绍梁启超，使他们能够跨越时空的距离，身临其境地受到“永远的少年梁启超”的感染。
预设：结合假期的研学活动，可以采用展览的形式，全方位、立体地展现永远的少年梁启超的特质。同时，针对史料和文物的不足，可以利用当下的信息技术，特别是AI技术，来还原那个时代的人物和场景，布置展览。

【设计意图】
通过学生之间的讨论与交流，引导他们将实际问题进一步细化，结合生活经验与已学知识，明确运用AI布置展览这一具体任务，培养学生分析实际问题的思维和团队协作能力。</td></tr>
<tr><td>学习活动三：关联多学科，建立知识支架
根据教师讲解，了解任务完成中需要用到的核心知识与技能。
（1）说一说用AI布展“永远的少年梁启超”所需要用到的语文学科知识与技能。
预设1：梁启超“永远的少年”特质是什么？他是怎么成为“永远的少年”的？对我们做永远的成志少年有什么启示？
预设2：如何运用多种方法展现人物的品质？
预设3：如何搜集、整理和运用资料？
（2）说一说用AI布展“永远的少年梁启超”还需要用到哪些学科的知识及基本技能。
预设：艺术、信息数字化知识的运用及呈现的能力。

【设计意图】
促使学生将不同学科的知识与技能进行整合，思考运用AI布展过程中的多方面要求，培养学生的跨学科思维能力和分析问题的能力。</td></tr>
</table>

续表

<table>
<tr><th colspan="3">特定学习主题引领的学习任务课时教学设计</th></tr>
<tr><td rowspan="2">任务二：设计 AI 问题解决方案，确定展区内容及形式</td><td>学习活动一：认识“布展”，探究 AI 技术在布展中的运用
环节 1：交流参观考察展览的收获。
学生借助展览资料单，汇报实地参观考察的收获。教师提供模板作为支架，明确一个完整的展览应包含哪些核心要素，组织学生将答案汇总成“展览考察”项目表。
预设：一个完整的展览通常由围绕一个主题的几个展厅组成。展厅中有各种形式的展品：有的展品是图片加上文字，有的展品是具体的文物，有的展品是音频、视频，有的展品是雕塑制作的场景。这些不同的形式展现了展品的特点。

环节 2：探究 AI 技术在布展中的运用。
学生联系信息技术知识和对 AI 的了解，讨论在本次布展中可以运用哪些 AI 技术。
预设：可以使用 AI 进行对话，输入文字检索信息、输入文字生成图片、输入文字生成视频，还可以让老照片“开口说话”。

【设计意图】
学生通过实地参观展览，系统梳理和总结常见的展览形式，理解展览的构成要素以及如何进行布展，同时积极探索如何将 AI 技术融入展览设计中，以培养信息筛选能力和概括总结能力。</td><td rowspan="2">作业设计：
1. 依据评价标准，学生对每个小组的策划进行投票，完善展览策划。
2. 确定展厅一的展区，小组围绕一个展区从书籍、网络、AI 等多个渠道搜集跨媒介材料。</td></tr>
<tr><td>学习活动二：联系多学科知识，初步完成 AI 布展策划
环节 1：联系整本书《梁启超：永远的少年》，初步建立 AI 布展框架。
学生围绕布展的任务目标，结合整本书《梁启超：永远的少年》，梳理书中对“永远的少年”特质的分析，讨论形成初步的展览展厅框架。
预设：从“梁启超‘永远的少年’特质的内涵”“梁启超‘永远的少年’特质的缘由”“成为永远的成志少年”三个方面布置展厅。

环节 2：打通多学科思维，初步确定 AI 布展形式。
（1）引导学生思考：依据梳理的多学科知识，人物展览的展品应该具备什么形式？通过讨论，学生整理出初步的展品形式。
（2）引导学生通过对课内描写人物单元的复习，回顾通过场景、事件、细节等要素来展现人物特点的知识。</td></tr>
</table>

续表

特定学习主题引领的学习任务课时教学设计		
任务二：设计AI问题解决方案，确定展区内容及形式	（3）小组再次讨论，进一步聚焦不同展厅中的展品以什么形式来呈现，补充丰富展厅的框架。 预设：第一、第二个展厅主要以AI图片加文字介绍的形式呈现展品，体现人物品质、梁启超“永远的少年”特质的内涵和缘由。第三个展厅以AI视频的形式呈现展品，体现对如何做永远的成志少年的理解。 环节3：小组合作完成展览初策划。 引导学生完善展览策划方案，设计展览各项内容，预设可能会出现的困难和解决的办法。 【设计意图】 通过整合多学科思维与方法，结合整本书《梁启超：永远的少年》，引导学生思考并交流，哪些关于梁启超“永远的少年”特质的内容是展览中不可或缺、需要系统呈现的，每个展厅以什么形式呈现，进而确定展览框架，培养学生设计问题解决方案的能力以及团队合作的能力。	作业设计： 1. 依据评价标准，学生对每个小组的策划进行投票，完善展览策划。 2. 确定展厅一的展区，小组围绕一个展区从书籍、网络、AI等多个渠道搜集跨媒介材料。
任务三：运用AI技术，布置展厅一“梁启超‘永远的少年’特质的内涵”	学习活动一：资料整合，分享交流 环节1：回顾布展选题和规划阶段的研究历程。 2024年恰逢梁启超先生在清华发表演讲110周年，为深入了解梁启超先生，我们读了《少年中国说》《梁启超：永远的少年》。还记得我们提炼了“永远的少年”哪三个特质吗？你们想通过用AI布展“永远的少年梁启超”，向各地的同学介绍、致敬梁启超，共同做永远的成志少年。围绕这个选题，你们作了哪些规划？ 环节2：交流汇报展厅一的实施情况。 前期我们已经开始实施展厅一的布展，初步布置了“趣味”、“活力”和“善变”三个栏目九个方面。每个组都围绕选择的展区进行了研究，哪一组来分享？ 小结：每个小组围绕特定的少年特质，通过学习的课文、阅读的书籍以及实地参观的研学实践等途径找到了丰富的材料。我们发现，尽管研学方式各异，但其中都包含了相同的研究要素，那就是对“永远的少年”特质的研究离不开事件、场景、细节等。 【设计意图】 在本环节中，学生通过跨媒介的资源搜集和整理材料，并梳理观点、事实与材料之间的关系，有条理、重证据地	作业设计： 1. 完善展厅一的布置。 2. 各小组依据“永远的少年”特质选择一个影响要素，搜集相关材料，为布置展厅二做准备。

续表

<table>
<tr><th colspan="3">特定学习主题引领的学习任务课时教学设计</th></tr>
<tr>
<td rowspan="3">任务三：运用AI技术，布置展厅一“梁启超‘永远的少年’特质的内涵”</td>
<td>表达对梁启超“永远的少年”特质主题的理解。学生不仅对研究之后的观点进行了印证和表达，还梳理了设计展品的要素，为下一环节制作展品做准备。</td>
<td rowspan="3">作业设计：
1. 完善展厅一的布置。
2. 各小组依据“永远的少年”特质选择一个影响要素，搜集相关材料，为布置展厅二做准备。</td>
</tr>
<tr>
<td>学习活动二：模拟展品，归纳策略
出示范例作品，梳理展品的设计要素。
（1）为了展现梁启超的“永远的少年”特质，我们用AI制作展品的时候是否也需要包含同学们在研学中发现的这些要素呢？
（2）今天老师带来一幅学姐设计好的展品，请大家仔细观察，看看它是否已经涵盖了这些要素。如果需要补充，还有哪些要素？展示模拟展品，小组讨论。
小结：用AI创作展品来生动地展现梁启超“永远的少年”特质，同样必须包含以下要素：梁启超的关键事件、重要场景、典型细节、醒目标题。

【设计意图】
学生借助跨学科的知识和相关材料，合作探索解决问题的具体方法，并运用相关知识解释自己的想法，提升了问题解决的能力。</td>
</tr>
<tr>
<td>学习活动三：形成展品，评价修改
环节1：回顾微课视频，了解运用AI技术制作展品的方法。
教师播放用AI进行文生图的微课视频。

环节2：学生根据设计要素，运用AI技术制作展品。
请各个小组根据选定的“永远的少年”特质，利用AI技术和之前梳理的设计要素来创作作品。

环节3：小组展示设计思路，互相评价。
小组分享生成的作品和设计思路。

【设计意图】
在AI赋能的跨学科学习实践中，学生通过与计算机进行多轮对话，生成富有创造性的作品，提升了跨学科创新思维，促进了对梁启超“永远的少年”特质主题的深化理解。</td>
</tr>
</table>

续表

<table>
<tr><th colspan="3">特定学习主题引领的学习任务课时教学设计</th></tr>
<tr><td rowspan="2">任务四：运用 AI 技术，布置展厅二“梁启超‘永远的少年’特质的缘由”</td><td>学习活动一：资料筛选，选取事件
环节 1：借助排列筛选工具，选取事件。
小组讨论，合作完成学习单，选取对梁启超最有影响的事件，并在海报上展示学习过程。

环节 2：学生现场投票选出最感兴趣的小组，该组进行分享展示。

【设计意图】
本环节旨在让学生在搜集和整理资料之后，对梁启超“永远的少年”特质的成因进行深入理解。学生通过阅读、比较、推断、质疑、讨论等方式，梳理观点、事实与材料之间的关系，并以负责任、有中心、有条理、重证据的方式进行表达。</td><td rowspan="2">作业设计：各小组搜集与梁启超演讲和教育相关的材料，并思考：如果梁启超先生 110 年后再次来到清华，他会对附小的学生提出怎样的寄语？他可能会怎样指导学生们成为“永远的成志少年”？为布置展厅三做准备。</td></tr>
<tr><td>学习活动二：运用策略，形成展品
环节 1：出示展厅一的作品，明确制作的要求。
学生回顾展品的设计策略，依据关键事件选择重要场景、典型细节。

环节 2：学生根据 AI 使用教程，运用 AI 技术制作展品并分享评价。
小组合作，根据设计要素，运用 AI 技术制作展品。小组展示设计思路，互相评价。
小结：通过同学们对主要人物、特定事件、特定细节、特定场景的图片介绍和清晰生动的讲解，我们了解了梁启超能成为“永远的少年”的原因。正是家乡风俗的滋养、家庭亲人的教育、动荡时代的召唤、师友的相互欣赏，以及他个人本身具有的好学探索欲望，共同造就了“永远的少年”梁启超。

【设计意图】
在 AI 赋能的跨学科主题学习实践中，学生的信息检索与整合能力得到了提升，通过与计算机进行多轮对话，生成并创作出更具创造性的作品，促进了对梁启超“永远的少年”特质成因的理解，进一步培养了解决实际问题的能力和创意创造的能力。</td></tr>
</table>

续表

特定学习主题引领的学习任务课时教学设计		
任务四：运用 AI 技术，布置展厅二“梁启超‘永远的少年’特质的缘由”	学习活动三：联系当下，思辨质疑 **环节 1：引导学生思考如今的生活与梁启超时代的生活背景有哪些方面的不同。** 如今的时代背景、成长环境、家庭环境、朋友圈文化和梁启超时代相比，有哪些变化？ 预设： 时代背景不同：梁启超所处的时代正逢国家内外交困、列强割据，急需变革以求自强；而如今，我们生活在一个更加进步和富强的国家，国家的发展需求也随之转变，更注重创新和可持续发展。 成长环境不同：梁启超在充满苦难和亡国记忆的广东新会成长，受到当地文化的熏陶；我们则在各自的学校、社区等多元环境中成长，接收着不同的文化滋养和教育影响。 家庭环境不同：梁启超的教育主要来自祖父母，他们教导他如何做人和为学；而我们这一代人大多由父母来教育和引导，家庭教育的方式和内容也更加多样化。 朋友圈文化不同：梁启超的朋友圈由康有为、严复、黄遵宪等志同道合的革新者组成，他们相互激励，共同致力于社会变革；而我们的朋友圈则处于一个科技发达、物质丰富的时代，面临着多媒体等新兴事物的冲击和影响。 **环节 2：小组分享交流，内化梁启超“永远的少年”特质内涵。** 教师提问：如今的时代和梁启超先生的时代相比，发生了这么多的变化，今天的你还能成为像梁启超一样永远的少年吗？ 学生小组交流，有理有据地表达观点。 【设计意图】 通过对梁启超“永远的少年”特质背后缘由的思辨，学生联系当下的生活，思考“如何能成为永远的成志少年”，从而提升分析、推断的思维能力。	作业设计：各小组搜集与梁启超演讲和教育相关的材料，并思考：如果梁启超先生 110 年后再次来到清华，他会对附小的学生提出怎样的寄语？他可能会怎样指导学生们成为“永远的成志少年”？为布置展厅三做准备。

续表

<table>
<tr><th colspan="3">特定学习主题引领的学习任务课时教学设计</th></tr>
<tr><td rowspan="2">任务五：运用AI技术，布置展厅三“成为永远的成志少年”</td><td>学习活动一：资料整合，明确“做永远的成志少年”演讲标准
环节1：明确本次任务目标，交流对相关演讲稿、书信的批注。
基于所学，思考在经历了100多年的巨变之后，我们是否还能成为“永远的少年”。在110年后梁启超来到清华附小演讲的情景创设中，学生搜集并批注梁启超的演讲稿与书信，基于对梁启超的认识和理解，从内容深度、表达特点等角度挖掘演讲稿的标准。

环节2：梳理总结演讲稿特点，明确“做永远的成志少年”演讲标准。
小组讨论，学生交流分享梁启超演讲稿的特点，如具有针对性、趣味性，善于引经据典、举例论证，观点明确且表达层层深入等，最终形成演讲稿评价标准表。

【设计意图】
以终为始，勾连任务，提高学生的思辨能力与在真实情景中解决问题的能力，同时了解演讲稿的特点、结构、标准，为小组创作“做永远的成志少年”演讲稿做准备。</td><td rowspan="2">作业设计：
1. 丰富梁启超演讲的形式，如生成未来的成志少年模样，在展厅中展示。
2. 完善展厅三的布置。</td></tr>
<tr><td>学习活动二：联系成长，撰写“做永远的成志少年”演讲稿
环节1：分工合作，交流展示演讲稿初提纲。
基于梁启超“永远的少年”特质缘由的探究，学生分成四组探究“今天如何成为永远的成志少年”。时代组梳理这个时代的时政影响条件并展开探究；校园组梳理自己在学校的关键事件，探讨如何在学校浸润下成为永远的成志少年；个人志趣组梳理如何将个人兴趣发展为志趣，成为永远的成志少年；家乡组梳理影响个人成为永远的少年的家乡资源优势。学生根据学习单的提示，以梁启超的口吻形成初步的演讲提纲与演讲稿初稿。

环节2：评价修改，统整最终演讲稿。
各小组进行展示汇报，模拟梁启超的演讲过程。全班根据演讲稿评价标准表进行讨论，提出修改建议。最终，将各小组的最佳演讲稿进行整合，形成一份完整的演讲稿。

【设计意图】
从时代、校园、个人志趣和家乡四个维度展开辨析，拓宽学生思维的广度。通过资料整合丰富演讲稿素材，培养</td></tr>
</table>

续表

特定学习主题引领的学习任务课时教学设计		
	学生处理信息、归纳概括与小组协作的能力，同时对“如何做永远的成志少年”的主题有更深入的思考。	
任务五：运用AI技术，布置展厅三“成为永远的成志少年”	学习活动三：运用AI技术，完成“做永远的成志少年”演讲 环节1：实践运用，AI演绎生成“做永远的成志少年”演讲视频。 学生根据信息科技课所学知识，将整理完善的最佳演讲稿用AI技术制作成“梁启超演讲”视频。各小组进行现场演绎，在自评和互评的基础上，对视频进行二次优化修改，形成最佳“梁启超演讲”视频演绎，并生成相应的二维码。 环节2：延学拓展，完善展厅三布置。 通过多学科知识的运用，结合本课时所学，学生进一步对展厅三的布展进行完善。学生们可以选择不同的展览形式来体现主题。例如：学生为成为永远的成志少年，生成自己的AI作品并附上讲解词与AI生成方法，在展厅中展示。 【设计意图】 在这一活动中，学生们将多学科的核心知识与技能付诸实践，以AI的形式来呈现学习成果。在以梁启超口吻演讲的过程中，学生能够锻炼语言表达能力，培养反思和修改的意识。	作业设计： 1. 丰富梁启超演讲的形式，如生成未来的成志少年模样，在展厅中展示。 2. 完善展厅三的布置。
任务六：举办“永远的少年梁启超”AI展览，形成问题解决综合反馈	学习活动一：举办展览，实地展示讲解 学生导览展品，进行展区介绍。观展学生互动留言，发表有关梁启超展览的感想，评选印象最深刻的展品。 【设计意图】 通过向同学介绍展品，培养学生的责任担当意识，以实际行动来传达对梁启超“永远的少年”特质的理解，分享“做永远的成志少年”的启示，在完成任务的过程中加深对梁启超“永远的少年”特质的主题理解，获得人生观、价值观的教育。	作业设计：继续完善反思报告。
	学习活动二：反思互评总结得失，迭代问题解决策略 环节1：各小组亮点展示。 各小组就本组亮点进行限时宣讲，并进行拉票。学生分小组介绍设计亮点。	

续表

<table>
<tr><th colspan="3">特定学习主题引领的学习任务课时教学设计</th></tr>
<tr><td>任务六：举办“永远的少年梁启超”AI展览，形成问题解决综合反馈</td><td>环节2：依据评价量表进行自评和互评。
各小组依据评价量表，展开自评和互评。

环节3：借助日志反思个体与小组合作过程中存在的问题。
（1）个人进行日志反思，写一写自己还有哪些方面做得不够，如何改进。
（2）小组全面总结项目过程，反思小组合作过程中需要改进提升的方面，并提出改进策略。
预设：①我们要善于发现身边的问题，并且学会运用多学科知识来解决问题。②应该在小组内给更多成员表达的机会，让小组同学共同合作来解决问题。③对于AI提供的信息应该选择性地运用，甄别信息的可靠性和真实性，让AI更有针对性地帮助我们解决问题。④我们还可以用跨媒介的形式呈现问题解决后的研究成果。

【设计意图】
依据评价量表，进行组内自评和互评，提升学生的评价能力，使他们能够看到别人身上的优点。借助个人反思日志，反思自己和小组在合作过程中存在的不足，对问题的提出、分析和解决策略进行迭代升级，从而提升反思总结意识和问题解决能力。</td><td>作业设计：继续完善反思报告。</td></tr>
</table>

第八章 课程新形态：校本年度主题课程群的实践探索

校本年度主题课程群学程导航：基于儿童成长需求的“六步法”变式

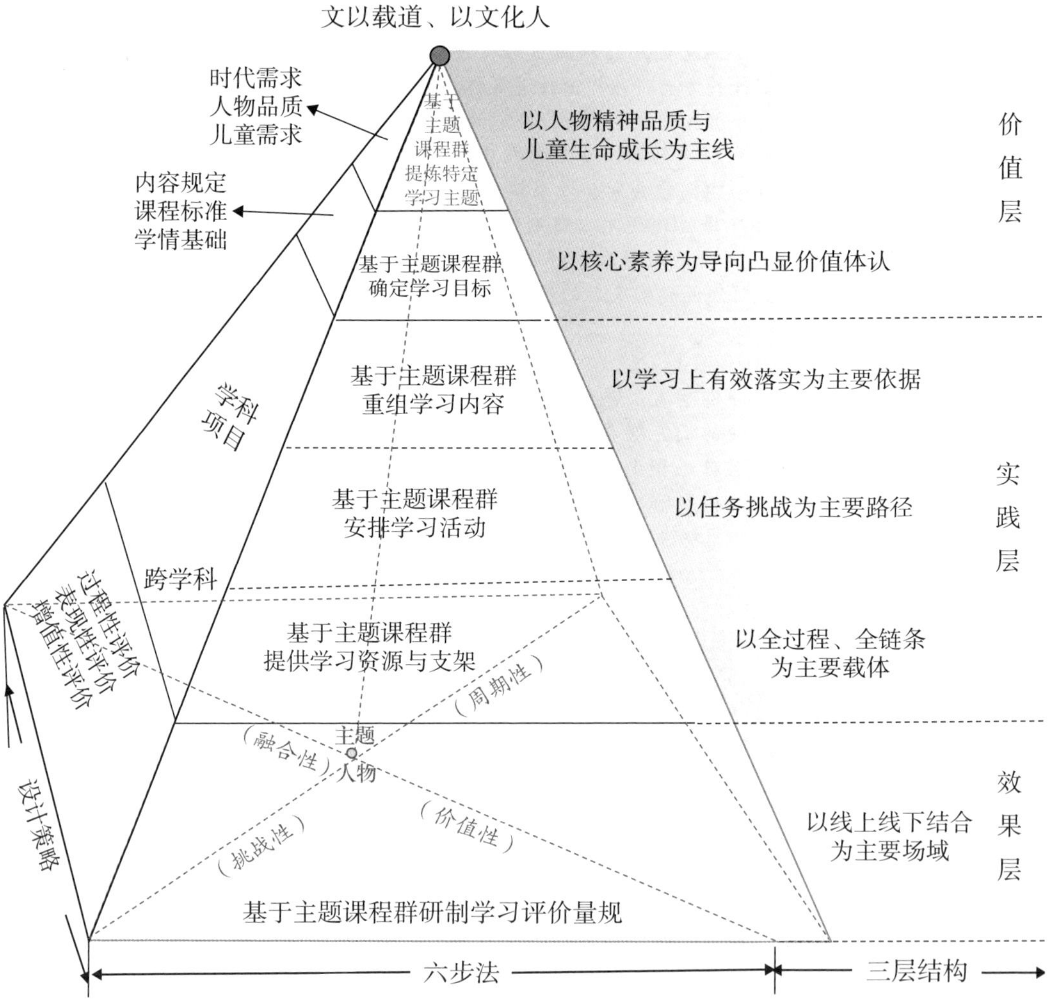

图 8.1　校本年度主题课程群学程导航

校本年度主题课程群学程点拨：课程重塑型的学习任务设计

（一）基于校本年度主题课程群的主题教学课程探索基础

十年来，笔者一直致力于探索小学语文主题教学的迁移价值。基于语文学科的综合性与实践性，秉承学校百年成志教育的理念，立足“立人为本、成志于学”的校训，将“文以载道、以文化人”所聚合的知识、能力、素养、品格迁移到其他学科领域，寻找学科育人与学校育人之间的“最大公约数”，着重培养学生的问题解决能力、审辩式思维和创新精神，最终指向创新人才的基础培养。为此，笔者带领各学科教师团队从语文教学出发，跨越学科界限，探索校本年度主题课程群的建设。

学校主题课程群以年度或学期为周期，以成志榜样、伟大人物或榜样群像为轴线，设计并实施了全学科参与、贯通古今、融合中西、校家社共享的动态育人课程。特别是在每年的“走近年度榜样人物”活动中，我们以古代和近现代的杰出人物为精神脊梁，弘扬文化自信，凝练学习主题及特定学习主题，引导学生靠近伟大灵魂，发现自我成志方向。通过年度规划，我们采取阅读、实践活动、课堂教学等多种形式，整合国家课程、跨学科课程，以及养成教育、家校共育等教育要素，开展年度主题大任务的学习与实践。（图 8.2）

例如，2024 年是梁启超先生诞辰 151 周年，也是他在清华同方部作《君子》演讲 100 周年。我们从新课标提出的“中华文化”出发，从 1915 年建立的“成志学校”（清华附小前身）溯源，广泛征求学生和家长的意见，聚焦“致敬思想启蒙家梁启超”主题。梁启超身上那种敢为人先、积极昂扬的生命状态，与新时代儿童生命紧密相连；他的理想抱负、意志品质、实践精神，正是新时代肩负中华民族伟大复兴使命的青少年所应具备的。基于统编版教材五年级上册第四单元“家国情怀”中的梁启超文章《少年中国说》，教学紧扣题眼“少年”，在品读“红日”“伏流”“乳虎”等意象的过程中，指导学生理解“少年”昂扬挺拔、意气风发的内涵，并在思辨中深度理解“少年智则国智，少年富则国富……”，建立“中国少年”与“少年中国”的关联，生成了特定学习主题“做永远的成志少年”。由此，促进学科间有机融

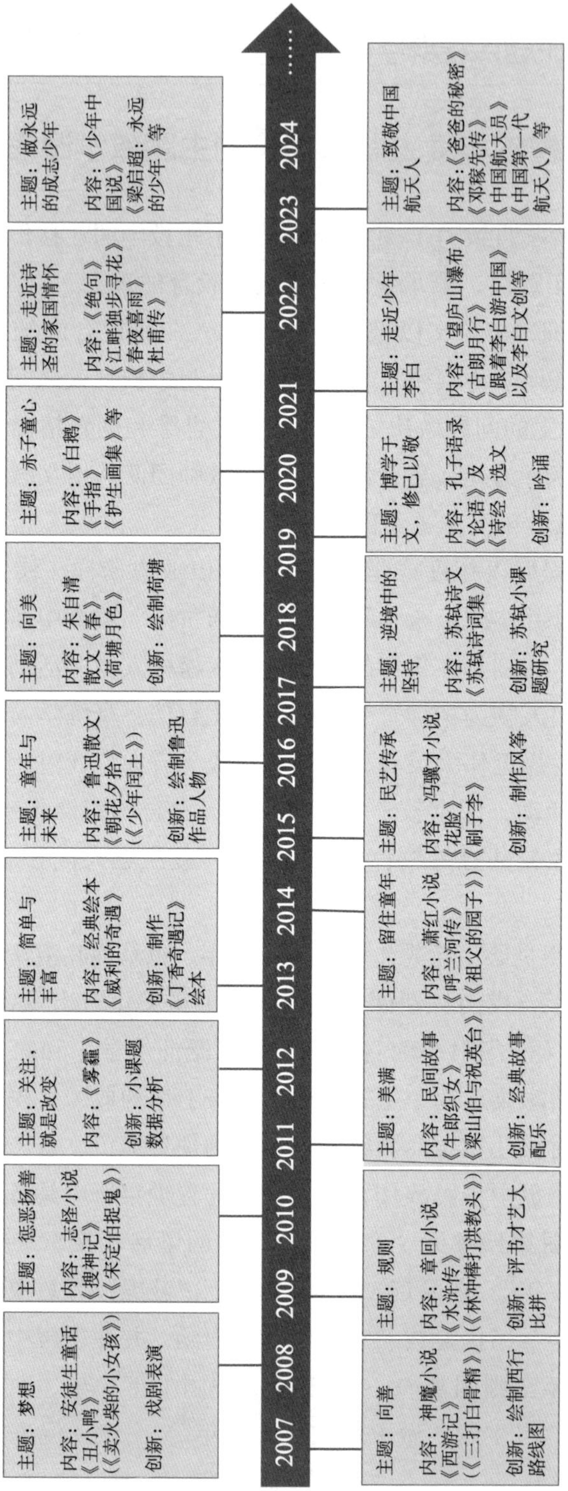

图 8.2 年度主题课程群实践探索时间轴

合，带动教材单元、整本书阅读、跨学科学习设计与实施等学习任务（在第七章有详细案例）、小课题研究，链接儿童生活与精神成长，为儿童的成志基因奠定基础。

在以核心素养为导向的语文教学改革中，学校年度主题课程群展现出的独特价值主要体现在以下三个方面：

• 主题课程群的关联点：立足语文学科的本质属性，优化语文内容的组织与呈现方式。第一，充分发挥语文学科内基础型、发展型、拓展型学习任务群的育人作用。教师和学生可以围绕识字与写字、阅读与鉴赏、表达与交流、梳理与探究四大语文实践活动，挖掘年度人物的独特育人功能与价值。第二，在语文学科基础上，结合多学科教材涉及的作者、文章、人物等，有机统整其他 10% 跨学科主题学习、综合实践活动等课程内容，围绕年度人物进行内容整合与时空重构。这样做不仅有助于巩固语文学科的基础，而且将以主题为统领的语文实践活动作为"主轴"，避免简单的学科拼盘，促进各学科有机融合，确保学习的深度与广度。

• 主题课程群的进阶点：基于学生的认知特点和学习连续性，实现学段间的有序进阶和任务主题的螺旋式上升。第一，基于学校的独特背景以及学生真实的学习需求，探寻目标进阶点。例如，低学段以兴趣为导向，侧重阅读积累，引导学生了解故事情节，初步感知人物品质，学习人物精神；中学段以乐趣为指向，侧重积累与表达，引导学生在体验式阅读中提取关键语句、概括故事内容、表演故事情节，以此促进理解、发展思维、增强审美体验，并实现语言经验重构，形成主题价值；高学段以志趣为取向，侧重深入探究，鼓励学生对人物进行梳理与总结。第二，基于时代价值内核与个体生命自驱的内在逻辑，找准课内外的联通点。围绕中外历史上品德高尚、贡献突出的伟大人物，以诞辰和重要事件的纪念日为契机，结合新时代的价值观，广泛征求学生和家长的意见，提前确定年度主题人物。通过"前期家校共识—中期过程深入—后期序列完整"的全过程闭环渗透，利用榜样教育、故事分享、实践活动等课内外不同联动方式，拉近与榜样人物的时空距离，冲破隔膜，促进理解，赓续人物精神，实现以文化人。例如，组织学生参观名人故居、阅读人物故事，周末进行"亲子阅读"、早晨开展"图书馆志工"阅读，以及参与社区的阅读实践活动，建立连接课内外学习的有效桥梁。

• 主题课程群的生长点：指向深度学习与全面育人，对课程内容进行整体设计，体现“单元任务”设计的内在关联，突破传统课程的局限。以全面发展和个性发展为目标，打破时空边界，重组内容，多维协同，促进教与学方式变革。年度主题课程群引领学生畅游知识的海洋，首先看到有志气、有勇气、有韧性、有温度的“大写的人”；其次紧密联系自身，通过发现问题、探讨问题、解决问题，激发内生动力，立下“我要成为这样的人”的志向。在这一过程中，学生不仅能够运用所学知识解决问题，还能在与教师、同伴、文本及社会的互动中，深化对自我、他人与社会的认识，逐步形成正确的价值观和积极的人生态度。课程群提供了一种连续而完整的学习体验，帮助学生感受和涵养成长的精神内核，助力他们成长为人格健全、勇于担当、不断创新的新时代人才。

（二）基于校本年度主题课程群的任务设计与有机实施

在校本年度主题课程群的实施中，我们采用特定学习主题引领的学习任务操作“六步法”，并基于校本年度主题课程群的独特价值设计变式，将其统整为价值层、实践层和效果层三层结构。

1. 学习主题引领学习目标，确定主题课程群的价值层

价值层内涵解读：

价值层以“精神价值”为主题引领，致力于通过特定学习主题的牵引，引导学生从表层知识学习，逐渐深入到深层价值体认。通过提炼教材中的人物品质，深入挖掘其背后的理想信念、价值追求，提升教材的教学价值。同时，紧密关注时代脉搏，确保课程内容与当下社会的需求紧密相连。鼓励学生积极参与社会生活，培养社会责任感和使命感。

主题课程群不仅遵循学生发展核心素养的目标指引，还融入了“三个一”校本表达素养目标的具体内容。在促进学生全面发展的同时，也注重塑造他们独特的个性和品质，以实现全面的个性发展和个性的全面发展，促进二者有机统一。

价值层实操载体：

“主题课程群操作企划书”是针对主题课程群价值层的配套材料，包括主题人物的选择、主题的挖掘以及学习目标的确定。每年的主题人物均由学

生、教师、家长三方共同推选，以确保价值取向的一致性。基于主题人物的精神价值内涵，学习目标应具体、明确，紧贴学生生命成长，符合新时代的教育要求，同时要细化为核心素养和校本目标。

价值层实操策略：

• 立足时代要求，将人物精神品质和学生生命成长需求紧密结合，提炼年度学习主题的精神内涵。

• 彰显文化自信，强化主题的价值引领，确定学习目标。

策略一：立足时代要求，将人物精神品质和学生生命成长需求紧密结合，提炼年度学习主题的精神内涵。

首先，深入研究选定的年度主题人物，全面分析其历史背景、人生历程和思想成就，尤其要立足新时代，凝练人物的精神特征并挖掘其社会价值。其次，遵循儿童心理发展的规律，寻找人物的精神内涵与学生当前的学习生活、情感体验及成长经历之间的内在联系。

在“致敬中国航天人”年度主题课程群中，我们聚焦于中国航天人坚持不懈、勇于探索、敢于创新的精神品质，将其与学生的生命成长紧密相连——这些正是未来时代大格局下，学生面对各种挑战所必需的。基于此，我们设计了一系列以“探索与发现”为主题的探究学习活动。

策略二：彰显文化自信，强化主题的价值引领，确定学习目标。

在确立特定学习主题后，应明确教育目标导向。首先，深入挖掘主题中蕴含的中华优秀传统文化、革命文化和社会主义先进文化元素，如诚信、爱国、奋斗等核心价值观。其次，根据提炼出的特定学习主题，确定一系列具体、可衡量的学习目标，并确保这些目标既能反映文化传承与创新的要求，又能促进学生的全面发展。

例如，以“致敬中国航天人”为主题，我们将中国航天精神与文化自信相结合，设定具体的学习目标，重点引导学生了解中国航天的历史与成就，弘扬探索创新的精神，激发他们对中国航天事业和航天人的自豪感。通过多样化的学习方式，如邀请航天专家举办讲座、组织学生观看火箭发射的现场直播、鼓励学生创作航天主题作品等，全方位培养学生的科学素养、爱国情怀以及创新能力。

教师在进行教研活动时可以参照以下建议，进行特定学习主题的提炼与学习目标的确定。

教研焦点：如何提炼特定学习主题

焦点突破： 特定学习主题的溯源与提炼。

过程描述： 首先，依据课程标准，基于儿童发展需求，精心甄选年度主题人物；其次，充分挖掘年度主题人物对学生成长的价值；最后，基于儿童身心发展特点，提取核心知识、方法、思维、策略等要素，从而精准确定特定学习主题。

方法举例： 可采用问卷调研、热点分析、家长推荐、阅读人物传记、观看人物节目、聆听专家讲座、参观名人故居、经验分享、主题演讲等多种方式。

教研焦点：如何确定学习目标

焦点突破： 学习目标的整合与确定。

依据课标： 紧扣课程标准，充分研读语文学科各学段学习目标，聚焦拓展型学习任务群，汇总跨学科主题学习任务群及主题引领的相关学科课标要求，以此为基点确定学习目标。

联系内容： 充分考虑内容载体的独特规定性（如诗歌的抒情性、小说的叙事性、散文的自由性、戏剧的对话性、说明文的客观性等）和各科教材中相关单元的规定性（如学科知识、学科观念等），以此来关联学习内容。

基于学情： 立足学生学习的真实起点和发展需求，并观照学生的状态，深入分析学情，从而确保学习目标的科学性与适切性。

2. 统整学习内容与资源，建立主题课程群的实践层

实践层内涵解读：

实践层的设计强调挑战性和融合性，旨在通过具有挑战性的学习任务推动学生的自主、合作与创新性学习，以实现知识的深度掌握；同时，通过

融合学科边界，推动课内外学习一体化，整合多样化的育人要素，以发挥系统育人的整体效应。我们以贯通融合为主要策略重组学习内容，根据年度学习主题，横向打通学科壁垒，以教材单元、整本书阅读、跨学科学习等为主要依托，以学科教学和实践活动作为两大基石，同时促进环境育人和协同育人，为学生提供多样化的学习方式和丰富的学习体验；纵向打通学段学习，启程学段（低学段）侧重呵护兴趣，知行学段（中学段）侧重培养乐趣，修远学段（高学段）侧重砥砺志趣，以任务挑战为主要方式安排各类学习活动，使学生在不同成长阶段逐层跃升。此外，我们以全学程、全链条为主要载体，为学生提供丰富的学习资源和学习工具。

实践层实操载体：

“主题课程群操作推进书”是实践层的实操载体，详细规划了主题课程群的实践路径，针对不同年级的学生设计了一系列清晰且具有挑战性的学习任务，并紧扣核心价值，精心安排了系列活动，确保学习活动的深度与广度，形成了连贯的学习任务链。推进书还特别重视学习过程中的反馈与调整，鼓励教师依据学生学情和具体困难，灵活优化教学策略和资源配置。

实践层实操策略：

• 主题引领语文学科内容结构重组，奠定主题课程群的学科育人基石。

• 以语文学科统整其他 10% 跨学科主题学习，集成学科育人效应。

• 打通学科教学与综合实践活动之间的壁垒，在丰富的具身体验中提升价值体认。

• 开展基于项目化学习的小课题研究，关注学习成果综合反馈与持续改进。

策略一：主题引领语文学科内容结构重组，奠定主题课程群的学科育人基石。

主题课程群主要立足语文学科内容，挖掘并提炼人物精神品质与文化价值内涵，即以语文学科属性和阅读人物特点为基本依据提炼特定学习主题。围绕主题课程群的特定学习主题，采用“人物精神品质文化溯源—挖掘链接教材单元要素—关注人物典型事件和儿童学习需要”的方法，确定特定学习主题。

根据不同特定学习主题的需要，有机统整基础型、发展型、拓展型学习任务，可单一呈现某种任务类型，也可交叉融合多种任务类型，甚至可集中整体设计六种任务类型，以形成特定学习主题引领的完整、关联的学习任务链条。在分解不同类型学习任务的过程中，采用“理解不同学段的要求—分析学生实际需求—设计不同学段的学习任务—调整优化学习任务”的方法，确保学习任务能够全面有效地提高学生的能力。

策略二：以语文学科统整其他 10% 跨学科主题学习，集成学科育人效应。

主题课程群基于语文学科，带动各学科落实 10% 跨学科主题学习，发挥多学科的协同育人价值。跨学科主题学习重视培养学生在真实情境中综合运用相关学科知识解决问题的能力，培养学生整体的世界观，促进完整的人的发展。[1]

以主题为统整核心，以语文学科为基底，采用“挖掘语文学科价值—整合跨学科核心知识—聚焦综合问题解决”的方法，整合跨学科内容，连接课堂内外、学校内外，提高学生综合运用多学科知识发现问题、分析问题、解决问题的能力。

策略三：打通学科教学与综合实践活动之间的壁垒，在丰富的具身体验中提升价值体认。

《中小学综合实践活动课程指导纲要》指出，综合实践活动是从学生的真实生活和发展需要出发，从生活情境中发现问题，转化为活动主题，通过探究、服务、制作、体验等方式，培养学生综合素质的跨学科实践性课程。主题课程群有机整合综合实践活动，打通了阅读世界与生活世界，实现了阅读与生活实践的深度融合，让学生在真实的场域中学习体验，为学生成长提供动力。

基于学生的个性化需求，设置多样化的综合实践活动，在推进活动进程时，遵循“选定具体活动类型—充分调动学生多种体验—静态学习与动态体验相结合”的方法，既让学生亲身参与、乐在其中，同时又便于学校和教师组织实施。

---

[1] 吴刚平 . 跨学科主题学习的意义与设计思路 [J]. 课程 · 教材 · 教法，2022，42（9）：53–55.

策略四：开展基于项目化学习的小课题研究，关注学习成果综合反馈与持续改进。

学校多年来开展的学生小课题研究，立足儿童认知特点和学习需求，为学生提供了自主发现问题、合作探究的广阔空间，鼓励他们以创造性的方式解决问题并形成创新成果。小课题研究作为综合性学习载体，其核心在于运用多学科知识培养学生的问题解决能力，并完成特定的学习成果，研究流程见图 8.3。

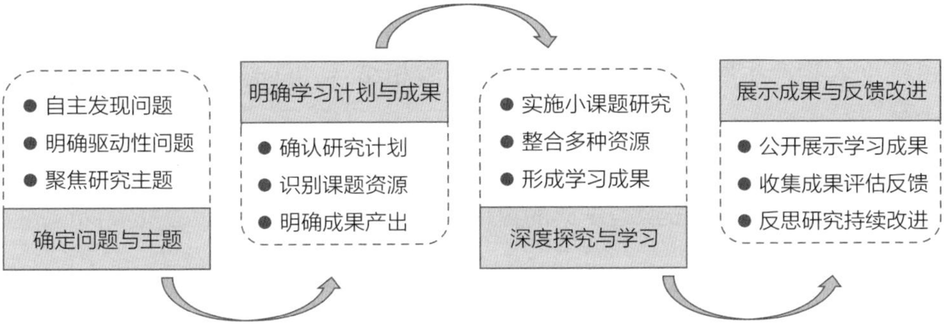

图 8.3　项目化学习的小课题研究流程

在小课题研究全过程中，我们注重学段共研，营造合作氛围，实时记录学生的活动表现，并在关键节点给予针对性的支持和引导。在筹备之初，引导学生基于共同的兴趣，如阅读感悟、参观体验和时事新闻等，自愿结组，分工合作。鼓励学生实时记录问题，并提供表格、思维导图和学习单等学习支架，指导学生对提出的问题进行分类归纳和总结梳理。一方面记录研究的方法步骤和阶段性进展，另一方面描绘研究过程中遇到的挑战和困难。

例如，为了解决六年级学生举办校园长廊毕业展的真实问题，我们与学生一起确定了“策展：‘心系家邦’杜甫笔下的人物”这一特定学习主题，引导学生在真实的策展场景中借助策展思维，综合运用信息整理、设计绘画、动手制作、创意表现等跨学科知识，以“杜甫笔下的人物”为切入点，将诗歌转化为更加丰富的展品，让全校师生在观展过程中深刻感受杜甫的家国情怀。笔者带领各科教师和学生设计了以下四个学习任务：“发布布展任务”“设计‘故园情’展区”“设计‘忧黎元’展区”“设计展览结语以及留言”。这四个任务立足语文学科，围绕“杜甫笔下的人物”进行文学赏析与人物形象品读。在“故园情”展区，设计展览作品，如《月夜》《闻官军收河南河北》《江畔独步寻花》等，通过故园的亲人、邻人等，展现浓浓的“故园情”；在“忧黎元”展区，展出杜甫代表作品《客至》《石壕吏》《茅屋为秋风所破歌》《咏怀五百字》等，展现杜甫对百姓的怜悯之情。在完成布展的过程中，从联动诗歌整体感知、赏析品鉴，到综合运用美术、信息技术等多学科知识设计展品，再到撰写结语，最后张贴长廊策展作品（图 8.4）。初步完成之后，结合全校师生在评论区的留言，进一步优化展品。小切口，大收获，学生在体悟诗圣杜甫忧国忧民的家国情怀过程中，跨越时空与杜甫笔下人物产生联结，与自身的生命体验相结合，立志成为心系家邦的好少年。

教师在进行教研活动时可以参照以下建议，进行学习内容的重组、学习活动的安排以及学习资源与支架的提供。

教研焦点：如何重组学习内容

主题内化：组织跨学科团队研讨会，每位教师根据学科特性深入解读核心主题，明确其与本学科的关联点。

教材整合：梳理各学科教材，标记与主题紧密相关的单元章节，设计整合点，制订融合各学科的综合性教学计划。

任务设计：依据语文核心素养框架，设计跨学科任务，分学段设定具体且可操作的学习任务，确保任务既能激发学生的兴趣又有挑战性。

教研焦点：如何安排学习活动

活动清单编制：汇总本学期计划开展的学校活动，筛选出与主题课程群匹配度高的活动。

主题对接：针对选定的活动，设计主题方案，明确活动的目标、流程及预期成果，确保活动与特定学习主题紧密结合。

系列活动关联：依据主题，创建一系列实践活动，如主题演讲、项目研究、角色扮演等，形成连贯的学习路径。

图 8.4　杜甫策展学生作品例举

教研焦点：如何提供学习资源与支架

组建协作圈：广邀关联方，如学科教师、组织人员、家长代表、校外专家等，组成主题课程群推进小组。

价值共创：共同设计多维度评价方案，全方位涵盖过程评价、成果展示、自我反思等环节，确保评价全面、公平。

资源整合：建立资源共享平台，搜集、分类并整理各种可用资源，如线上课程、专家讲座、图书资料、社区资源、社会平台等，实现资源的便捷取用。

3. 前置评价量规，评估主题课程群的效果层

效果层内涵解读：

效果层基于儿童学习逻辑，强调周期性，通过不同阶段具有关联意义的主题学习实践活动，形成对学生阶段性表现的评估，并建立长周期的跟踪评价机制，以促进学生的可持续发展。在评价方式上，有机结合综合性评价、阶段性评价和总结性评价三种方式；在评价主体方面，涵盖学生、教师、同伴、父母及社区等多方；在评价维度上，对学生参与学习的态度、兴趣、积极性以及完成任务的质量与成果等进行过程性反馈。此外，创新评价量规，综合运用行为观察和纸笔测试等评价形式，努力实现“教—学—评”一致性，确保评价的可视化和可操作性。

效果层实操载体：

“主题课程群操作报告书”是效果层的实操载体，着眼于周期性的学习成效评估与学生的长期发展跟踪，旨在通过系统化的评价机制，确保学生不仅能够在学习中积累知识，更能在能力、素质上实现持续提升，树立正确的价值观。报告书采用了包括关键事件描述在内的多种评价方式，体现了多元主体参与，追求“教—学—评”一致性。

效果层实操策略：

- 前置评价任务，明晰学习靶向。
- 关注学习表现，优化学习进程。

• 主体互动反馈，形成持续循环。

策略一：前置评价任务，明晰学习靶向

以终为始，将评价任务前置，使学生在行动之前就有清晰的目标指向。教师使用学生可以理解的语言，清晰地传达学习任务的完成标准，并与学生就评价标准达成共识。这种共识不仅包括对具体学习目标的深入理解，还体现了对“三个一”目标具体要求的精准把握。以“一副好口才”为例，教师可以按照学段特点，从介绍与说明、应对与调整、创造与表现三个维度对指标进行细化。

策略二：关注学习表现，优化学习进程

学生在执行学习任务的过程中，应持续运用评价标准进行自我反馈与监控；同时，需要有效管理时间，优化资源利用，选择合适的合作学习模式，以应对学习中遇到的挑战。以 2023 年“致敬中国航天人”主题课程群为例，基于由教材生发的跨学科主题学习任务群的迁移，该课程群更侧重于在真实情境中进行沟通。在“致敬中国航天人”年度主题下，我们提炼出“介绍一种航天事物”的特定学习主题，注重对信息提取、阅读技巧、批判性思维及合作交流等方面的表现进行刻画。具体评价量规如表 8.1 所示。

表 8.1 “介绍一种航天事物”学习评价量规

水平层级	文本载体	关键行为表现	写作评价维度	表现标准
三	科技说明文	记笔记 列大纲 画思维导图	航天事物选取（选材）	能根据已有的阅读，选择自己感兴趣、有初步了解的航天事物。
			相关资料搜集（资料）	能基于选择的事物进行相关资料的搜集，增加对事物的知识积累。
			抓住事物特点（组材）	能基于对事物的了解，想好介绍哪些不同方面，突出事物特点。
			用上恰当方法（写法）	能用上恰当的说明方法介绍事物主要特点，实现“抽象—具体”“陌生—熟悉”的转变。

策略三：主体互动反馈，形成持续循环

学生应从不同角度和渠道获取即时学习反馈，包括教师的专业点评、同伴间的互助互评、家长的家庭观察以及与相关领域专家的动态交流。基于收集到的评价反馈，学生进行深度自我反思，重新选择判断，并通过个人学习日志、反思笔记等形式，对问题进行再思考、对认知进行再加工、对思维进行再提升。

学校致力于构建一个长效评价体系，对主题课程群全周期的学习作用机制进行拆解和观察，对其中的关键要素进行改进，包括小周期反馈循环和六年长期跟踪调研。每学期末，学校围绕年度主题人物的相关活动，收集学生反馈和学习成效数据。例如，低年级围绕年度主题人物举办“乐考嘉年华”，中、高年级则将年度主题人物的相关内容融入测评。这些小周期的反馈机制，不仅能帮助学生及时了解自己的进步，也能为教师提供调整教学策略的依据，确保学习与评价的紧密联动。学校还持续跟踪调研六年来年度主题人物课程的整体演变，关注学生从低年级至高年级在参与年度主题人物学习项目后的发展进步。这种长期跟踪关注的不仅是知识的积累，还包括阅读动机的激发和阅读效果的提升，更重要的是价值取向、思维方式、社会情感技能等方面深层次的成长，最终形成对每个学生个性化成长路径的综合评价。

教师在进行教研时可以参照以下建议，进行学习评价量规的研制。

教研焦点：如何研制学习评价量规

关键表现：教师指导学生选择他们最满意的作品或成果，如书法、美术作品、内容摘抄、解读点评等，并在报告书中填写相应的信息。对于高年级学生，教师可鼓励他们撰写较为系统的研究报告，以更深入地探索主题人物及其相关领域，从而形成更加全面、可视化的学生表现评价依据。

多元评价：教师可引导学生进行互评，让他们在评价表中打分并写下评语；也可以参与到评价过程中，给出意见和建议，帮助学生更好地提升。

过程记录：教师可利用报告书中的表格，对学生的“一手好汉字、一副好口才、一篇好文章”等能力进行评估和记录。教师从中全面了解学生的学习水平和成长情况，以便有针对性地制订教学计划和辅导方案。

反思改进：教师可指导学生定期写反思日志，记录他们在学习过程中的感受。教师从中了解学生的学习态度和效果，从而更好地调整教学内容和方法。

综上所述，主题课程群标志着主题教学从语文学科视角转向了以儿童发展为中心的课程视角。若将学科比作一棵树，那么主题课程群就是学校精心培育的一片儿童生命成长的生态之林。主题课程群可视为一所学校自主探索的、原创型的综合课程形态。既然是原创，或多或少还存在不足，但是探索本身就是超越经验、超越自我，不断向完整儿童的全面发展靠近的过程。

校本年度主题课程群学程案例："致敬中国航天人"课例解析

特定学习主题引领的学习任务设计

主题	科技进步[1]
学习主题	致敬中国航天人
特定学习主题	开展关于探索与发现的系列探究活动

一、以"致敬中国航天人"为主题引领，确定年度主题课程群的价值层

"致敬中国航天人"校本年度主题课程群基于语文学科本质属性与儿童完整成长规律，紧密结合时代发展趋势，对航天人物品质进行提炼，深度剖析其背后蕴含的理想信念并突出科技创新元素。在主题引领下，设计了涵盖基础型、发展型、拓展型的系列学习任务，重构了内容的组

[1] 中华人民共和国教育部．义务教育语文课程标准（2022 年版）．[S]. 北京：北京师范大学出版社，2022：19.

织与呈现方式，统整其他 10% 跨学科主题学习，同时融入项目式学习、综合实践活动，以增强学生对“航天精神价值”的认知，从而提升学生的核心素养。

1. 特定学习主题的提炼

在确定特定学习主题之前，需要先确定主题和学习主题。2023 年，我们应确定什么样的年度主题呢？通过查阅资料、链接时事发现，2023 年恰逢“我们也要搞人造卫星”提出 65 周年、“航天梦”提出 10 周年，同时也是中国首次载人航天飞行成功 20 周年。我们要将国家“航天梦”的理想种子播种到新时代的少年心中，培养他们从小立下科技报国的志向。新课标的课程内容中明确提出，应选择反映科技进步的主题来体现社会主义先进文化，因此，我们确定了“科技进步”为 2023 年校本年度主题课程群的主题。

有了主题，接下来就是确定学习主题。学校对学生、教师、家长进行了广泛调研，共有 175 位教师、930 位学生、813 位家长参与了问卷调查。调查结果显示，与航天事业紧密相关的人物杨利伟、邓清明和邓稼先获得了较多推荐（图 8.5）。在采访中，有教师基于语文教材谈道：“各个学科都有航天相关的内容，并且呈现出学段进阶的特点，激发着学生的好奇心和航天梦。多学科、多任务的应用可以帮助学生深入、系统地了解航天知识，感悟航天人的‘中国式浪漫’，从而激发出他们对科学

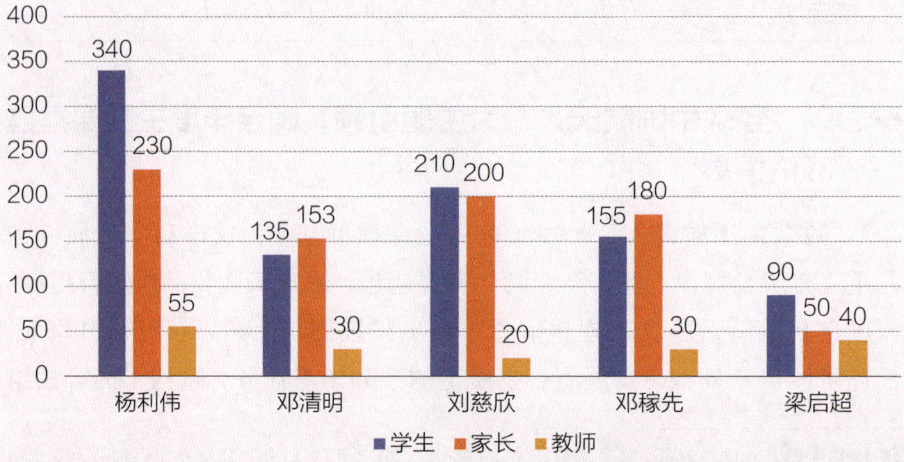

图 8.5　2023 年度成志榜样人物推荐情况统计

的热爱，继续开拓中国科学的未来。”也有家长结合自身科研工作谈道：“清华大学在中国航天事业发展中做出了卓越的贡献，如飞行器设计团队在国产大型客机 C919 的超临界机翼设计中作出了突出的贡献，提供了‘性能卓越’的设计方案。”

问卷调查结果显示，学生作出这些选择的主要依据包括：

• 激发好奇心：航天员叔叔阿姨是怎么“一飞冲天”的？他们去太空做什么？王亚平阿姨的太空授课让我对宇宙有了很多新的认识，宇宙真是充满神秘。

• 培养兴趣：我对航天模型十分感兴趣，探月工程叫“嫦娥”，载人空间站叫“天宫”，行星探测任务叫“天问”，全球定位系统叫“北斗”，火星任务车叫“祝融”，每个航天器都有自己演变的过程和不同的功能，名字也各有深意。

• 塑造意志品质：航天员叔叔阿姨怎么有勇气飞到那么远、那么高的地方去？航天员的故事让我相信梦想和坚毅的力量，我以后也想像他们一样为祖国作贡献！

基于充分的调研，我们将“致敬中国航天人”确定为学习主题。在此基础上，进一步确定特定学习主题（表 8.2）。在过去的十年间，清华附小与航天员多次结缘。2013 年，清华附小师生代表来到北京航天飞行控制中心，观看王亚平、聂海胜和张晓光三位航天员的太空授课。2014 年，在第 27 届太空探索者协会年会期间，学校邀请了中外航天员与学生进行现场互动。2021 年，毕业生给神舟十二号发射团队写信送祝福，收到了发射团队的视频回复。中国航天人的集体群像，已经成为清华附小成志少年追寻的榜样。我们遵循儿童身心发展规律，链接儿童生命成长需要，以发展核心素养为目标，积极回应儿童个体发展的情感需求，引领儿童靠近榜样人物的灵魂。各学科教师根据课程不同的实施方式，提炼出“开展关于探索与发现的系列探究活动”等丰富的、具体的特定学习主题。例如：语文学科根据学习任务的不同，将特定学习主题具体化为儿童认知规律的典型实践表达，并按照学段特点进一步细化：低学段为“讲述有关兴趣与问题的故事”，中学段为“开展一场有关探究与奥秘的演讲”，高学段为“召开一场关于好奇与事实的思辨”。通过这些活动，鼓励学生积极参与，在具身体验过程中激发好奇心与想象力，从而促进学生创新思维和创新能力的提升，同时引导学生深刻体认“两弹一星”精神、探月精神、北斗精神和载人航天精神等的价值内涵。

表 8.2 “致敬中国航天人”校本年度主题课程群特定学习主题的确定依据

时代脉搏	领略航天精神，体悟航空航天技术在建设科技强国中的重大意义。
课程标准	突出社会主义先进文化的同时，选择反映科技进步的主题。
儿童视角	遵循儿童身心发展规律，链接儿童成长。
人物品质	了解中国“航天梦”发展史和重要人物事迹，体悟航天人伟大成就背后的精神力量。

基于此，通过“科技进步（主题）——致敬中国航天人（学习主题）——开展关于探索与发现的系列探究活动（特定学习主题）”三个层次的转化，确定学习目标。

2. 学习目标的确定

首先，以课标为指导，实现目标的高阶发展。依据课程标准，以素养导向下的语文实践活动的四个方面目标为准则，在儿童体验系列航天活动的过程中，提升其语言运用的能力，同时达成中国航天精神文化认同、思维发展、审美创造等高阶素养目标。

其次，以教材为依托，进行内容的创造性重组。古诗、神话、成语等文本中蕴含着丰富的航天知识。在展示单元语文要素、开展语言运用活动的过程中，引导学生感受古人对天空的向往与探索，系统了解航天科技的发展历程，深入挖掘航天事业的民族精神，理解航天事业在实现民族复兴中的重大意义以及在新时代的巨大价值。

最后，以学情为起点，驱动真实问题的解决。小学阶段的儿童具有强烈的好奇心和探索欲，他们的思考多依赖形象思维，逻辑思维、结构化思维和系统性思维还在逐步发展之中。因此，教学需要创造真实的任务情境，驱动儿童主动查找与航天相关的资料进行学习，合作解决问题。

“致敬中国航天人”校本年度主题课程群学习目标如表 8.3 所示：

表 8.3 “致敬中国航天人”校本年度主题课程群学习目标

<table>
<tr><th>目标来源</th><th>目标确定</th></tr>
<tr><td>依据课标</td><td rowspan="3">1. 走近航天员人物事迹，初步了解航空航天事业及其伟大成就，传承航天文化，弘扬航天精神。
2. 在讲述航天故事、了解航天器等系列语文实践活动中，主动进行积累、梳理和整合，感受与航天有关汉字的文化内涵，并在不同的情境中和同伴沟通交流，建构丰富的语言经验。
3. 在学习和实践的过程中主动发挥想象，感受古人“飞天梦”的美好和宇宙的神奇；唤醒并激发好奇心和求知欲，主动发现并尝试自主解决问题，勇于探索创新，养成积极思考的习惯，实现思维高阶发展。
4. 在语文学习过程中获得审美经验，能够初步感受美、发现美，用语言文字表现自己的感受和想象，并将对美的创造迁移至其他学科，用更加丰富多样的形式表现美。</td></tr>
<tr><td>紧扣教材</td></tr>
<tr><td>学情分析</td></tr>
</table>

二、以航天人物相关内容为依托，统整活动与资源，建立年度主题课程群的实践层

在学习之前，协同语文、数学、科学、艺术、体育等各学科教师，根据教育目标，为学生精心挑选相关书籍，制定必读和选读的阅读书单（表 8.4）。这份书单旨在引导学生在阅读中实现精读与略读的有效结合，立足教材，整合相关学科资源，深切体悟航天人的精神品质。在阅读中引导学生学习中华民族“航天梦”的发展历史和相关科学知识，了解中国航天人在航空航天事业中取得的重大突破，体悟这些伟大成就背后的精神动力，深切感受航天人的精神品质，激发他们的想象力和探索精神，在知识学习外找到成长发展的价值榜样。

表 8.4 “致敬中国航天人”校本年度主题课程群阅读书单

低段 6 册			
	书名	作者	出版社
1	*爸爸的秘密	邓满琪　赵墨染著 / 赵墨染绘	中国少年儿童出版社
2	*中国航天员——太空追梦人	葛竞	党建读物出版社
3	*太空日记——景海鹏、陈冬太空全纪实	刘思扬	四川科学技术出版社

续表

低段 6 册			
4	飞船升空了	张智慧著 / 郭丽娟　酒亚光　王雅娴绘	北京科学技术出版社
5	我想去太空	张智慧著 / 郭丽娟　酒亚光　王雅娴绘	北京科学技术出版社
6	你好！空间站	张智慧　郭丽娟著 / 酒亚光　王雅娴绘	北京科学技术出版社
中段 12 册			
7	* 钱学森——月亮上的环形山	徐鲁	党建读物出版社 接力出版社
8	*“嫦娥”团队——月球探宝	葛竞	党建读物出版社 接力出版社
9	* 不可思议的大国重器：太空勇士	少年宝藏团	中信出版集团
10	登陆火星	徐蒙著 / 金星绘	北京科学技术出版社
11	飞奔去月球	徐蒙著 / 金星绘	北京科学技术出版社
12	下一站，小行星	徐蒙著 / 金星绘	北京科学技术出版社
13	我们中国了不起：上天入地的高科技	中国青年报社，学而思网校编著 / 高星、张娴绘	中信出版社集团
14	我们中国了不起：超厉害的科学力量	中国青年报社，学而思网校编著 / 高星、张娴绘	中信出版社集团
15	我们中国了不起：这就是中国精神	中国青年报社，学而思网校编著 / 高星、张娴绘	中信出版社集团
16	给孩子讲中国航天：天宫空间站	夏光著 / 孙超绘	电子工业出版社
17	给孩子讲中国航天：嫦娥月球探测器	夏光著 / 孙超绘	电子工业出版社
18	给孩子讲中国航天：北斗导航卫星	夏光著 / 孙超绘	电子工业出版社

续表

高段4册			
19	*孙家栋——卫星之父的太空梦	吴尔芬	党建读物出版社 接力出版社
20	*北斗团队——点亮太空的灯塔	张菱儿	党建读物出版社 接力出版社
21	*数理化通俗演义	梁衡	北京联合出版社
22	叶永烈讲述科学家故事100个	叶永烈	长江少年儿童出版社

注：带“*”的图书为精读图书。

1. 语文学科学习任务的内容结构化重组

围绕“开展关于探索与发现的系列探究活动”这一特定学习主题和课程群的总体目标，沿着“理解不同学段要求—分析学生实际需求—确定不同学段的学习目标—调整优化学习任务”的路径，设定可体现学段进阶的多样化学习任务框架（表8.5）。

表8.5　“致敬中国航天人”校本年度主题课程群语文学科学习任务框架

低学段“天之问”侧重基础型学习任务群（语言文字积累与梳理）	特定学习主题：讲述有关兴趣与问题的故事				
	子任务一：发现象形字“天”的秘密	子任务二：感受绘本中有趣的太空生活	子任务三：制作“我的太空一日生活”手册	子任务四：讲述“我的太空一日生活”故事	成果展示：“我的太空一日生活”手册；“我的太空一日生活”故事墙；太空种子生长观察记录；优秀个人视频
中学段“天之理”侧重发展型学习任务群（实用性阅读与交流）	特定学习主题：开展一场有关探究与奥秘的演讲				
	子任务一：借助资料，了解不同类型的航天器	子任务二：运用推测、想象等方法，研究航天技术原理，整理演讲提纲	子任务三：完善提纲，撰写演讲稿	子任务四：小组推选代表，班级演讲展示	成果展示：航天器模型图说明；航天技术发展流程图；小组优秀演讲视频；小组优秀演讲稿

续表

高学段“天之辨”侧重拓展型学习任务群（跨学科学习）和发展型学习任务群（文学阅读与创意表达、实用性阅读与交流）	特定学习主题：召开一场关于好奇与事实的思辨				
	子任务一：了解辩论，聚焦辩题明任务	子任务二：学习方法，论证观点有依据	子任务三：班级辩论，写下梦想促行动		成果展示：辩论素材册；辩论事例收集卡；辩论金句合集；观点论证思维导图；团队战略计划书

低学段以“讲述有关兴趣与问题的故事”为特定学习主题，开展了四个学习子任务。例如，在子任务一“发现象形字‘天’的秘密”中，我们借助一年级上册的古诗《夜宿山寺》，将其与学生的实际生活相链接，激发学生对天空的好奇和想象，引导他们跨越时空与古人进行交流。在制作手册的过程中，引导学生理解汉字的表意和构形特点，帮助他们建立起汉字与宇宙之间的联系。在“问天”这一学习场景下，学生对汉字的认知更加具象化和结构化，从而丰富了对中华文化的认识。

中学段以“开展一场有关探究与奥秘的演讲”为特定学习主题，设计了四个学习子任务。例如，子任务二特别强调对“想象”的理解和运用。在四年级上册的神话故事《盘古开天地》教学中，我们通过阅读与鉴赏、表达与交流等活动，引导学生感受神话中那些神奇的想象和鲜明的人物形象，从而理解中华民族延续至今的敢于创造、无私奉献的精神。

高学段以“召开一场关于好奇与事实的思辨”为特定学习主题，开展了三个学习子任务。例如，子任务二特别强调对“方法”的理解和运用。为了完成“带你游太空航天事物介绍展”活动，我们围绕精读课文《太阳》，运用多种说明方法从不同方面介绍太阳的特点。同时，以单元习作为导向，引导学生迁移表达练习介绍月球等事物。当然，要运用科学、准确、严谨的语言介绍是一项很大的挑战，需要具备一定的数学、科学知识储备，这也是科普文章很多都是由数学家、科学家写成的原因，而这恰恰体现出这一文体在培养学生超越学科核心素养方面的独特价值。

通过跨学科备课，我们在《太阳》的教学中以单元习作为导向，发挥数学、科学知识方法的关键作用，重点解决“为什么这么写”“怎样才能写出来”的问题，让学生不仅知其然，还知其所以然，更知如何使然。例如，“太阳离我们约有一亿五千万千米远”虽然有具体数据，但并不像一千五百米那样容易感知。因此，需要进一步“说明”，找到具体可感的熟悉事物，并借助科学、数学知识进行表达，从而引导学生理解作者要用到“年、月、日、时”“路程 ÷ 速度 = 时间”“估算”“近似数”“倍”等知识才能写出这样的内容。再让学生续写“文章写于 20 世纪 50 年代，70 年来，新事物不断出现，今天让你来写，你又会怎么写呢?”，于是就有了具体可感的表达，如“如果坐高铁，大约要五十年”“即使坐火箭，也得约两百二十天”。学生在这一过程中已经超越方法，初步掌握了上位的思想，并将其转化为自己的实际输出。

跨学科备课的关键在于回归以学习者为中心的学习逻辑，实现跨学科主题学习“教—学—评”一致性。在目标驱动下，将数学和科学的知识方法聚焦于学生思维能力与语言运用素养的提升，在语文教学的难点且又是学生思维与表达的关键点上精准发力，突破学生从读到写的转化，建立起从输入到输出的桥梁。这不仅激发了学生的写作兴趣，还激活了跨学科知识的应用。在真实情境中，学生能够创造性地综合运用各学科的知识与方法，提升核心素养，为后续推动“航天事物”介绍展奠定了坚实的基础。

2. 其他 10% 跨学科主题学习的整体设计

各学科基于自身特点，以学科核心素养为纲，立足学科实践，提炼出特定学习主题，使学生在“致敬中国航天人”学习主题牵引下经历问题解决过程（表 8.6）。

表 8.6 “致敬中国航天人”校本年度主题课程群跨学科主题学习内容重组

特定学习主题	重组学习内容
数学：探索航天数据背后的大数奥秘	任务一：阅读《大国重器》，完成阅读记录单和预学单，了解航天数据背后的奥秘。 任务二：预学回顾，读书分享；寻找众多数据的统一标准，总结方法，认识单位；应用方法，发展量感。 任务三：阅读资料，解释大数；完成习题，在数轴上找大数位置，继续研究感兴趣的问题。
美术：航天主题拼贴画“奇妙的组合”	任务一：阅读航天绘本，了解拼贴艺术的创意之处。 任务二：师生共同欣赏艺术家关于航天主题的美术作品，分组探究拼贴画的创作方法。 任务三：运用多种材料创作航天主题拼贴画并进行评价。
音乐：在综合表演中唱游红歌	任务一：观看山谷自然景观，欣赏《山谷回音真好听》，音画结合探索大自然奥秘，自由创编舞蹈。 任务二：聆听国歌，联系语文课《升国旗》，学习歌曲《国旗国旗真美丽》。 任务三：讲述航天剧场故事，结合杨利伟出舱视频进行太空漫步表演。
体育：探秘太空体操技巧滚翻动作组合	任务一：基础动作学习，学习滚翻类动作，包括后滚翻与连续前滚翻。 任务二：组合动作学习，包括跪跳起动作，发展学生的爆发力和协调性，以及在不同动作组合中身体控制的能力。 任务三：拓展动作学习，进行前滚翻交叉转体 180° ＋后滚翻成跪撑＋跪跳起，勇于展示，自由创编。
道德与法治：寻觅科技探索里的家国情怀	任务一：正确理解汉字对世界文化的影响，懂得珍视祖国的传统文化。 任务二：靠近榜样人物，了解中国古代科技的辉煌成就及其对人类社会发展的影响。 任务三：靠近榜样人物，深刻理解“天下兴亡，匹夫有责”的爱国情怀。

各个学科围绕特定学习主题，形成协同育人的整体效应。数学学科借助有关航天内容的整本书阅读探索大数奥秘，通过信息提取、比较排序和描述大数的实践活动，提升了学生的数感与量感，助力学生理解航天数据的意义。美术学科运用图画拼贴与光影创意，引导学生赏析航天作品视频，创作组合式故事，实现了从审美体验到创造性表达的跨越，展现了航

天主题的艺术魅力。音乐学科以“爱国之情”为核心开展航天主题唱游课，融合多学科知识创设情境，通过戏剧表演，深化学生对航天精神与爱国情怀的感悟与表达。体育学科将载人航天的探索精神与运动精神结合，借“玉兔号”的科学原理，引导学生模仿航天器升空动作进行跪跳练习，让学生在体育运动中体悟航天精神内涵。道德与法治学科通过“寻找爱国者”、朗诵、创作仿写等活动，加深学生的爱国热情，激励学生在生活中践行爱国主义，彰显航天活动的爱国价值与责任担当。

3. 综合实践活动的连续性安排

学校营造探究性学习环境，通过激活、激发、激励三个阶段实施综合实践活动，以实现四类主题的综合实践活动整体贯通于课程群的整个过程（表 8.7）。

表 8.7 “致敬中国航天人”校本年度主题课程群综合实践活动主题分类

学段	考察探究活动	社区服务活动	设计制作活动	职业体验及其他活动	数量
低段（一、二年级）	1. 航天绘本趣读 2. 航天问题小问号大探索 3. 航天博物馆奇妙行	1. 航天故事社区小广播 2. 爱心图书小义卖员	1. 创意航天器手工乐园 2. 小小航天英雄画像绘 3. 航天童心乐园	1. 三分钟演讲之航天小英雄故事我来讲 2. 晨启时光航天成志读本朗诵 3. 亲子航天绘本乐读会 4. 航天人物形象模仿 5. 观看《天宫课堂》直播	13
中高段（三至六年级）	1. 航天名著深度研读会 2. 航天科技项目挑战 3. 航天博物馆小调研	1. 航天知识社区科普行 2. 图书义卖小策划师	1. 航天器设计制作大赛 2. 航天人物写实绘画创 3. 航天主题博物馆设计	1. 三分钟演讲之航天精神我之见演讲会 2. 晨启时光航天成志读本朗诵 3. 航天读物亲子阅读 4. 航天人物模仿情景剧 5. 天宫课堂深度探究学习	13

激活阶段，启航梦想，全身心沉浸阅读之旅，侧重考察探究活动和社区服务活动。如在“航天故事社区小广播”和“航天知识社区科普行”活动中将阅读活动拓展到社区，大力推广《爸爸的秘密》这本讲述航天

人邓清明故事的绘本。通过阅读活动，成功带动了家庭和社区的广泛参与，实现了“一本书带动一个家庭，一个家庭推动一个社区”的愿景。

激发阶段，多维体验，生动展现中国航天精神，侧重职业体验及其他活动。如在“航天人物形象模仿”和“航天人物模仿情景剧”活动中，学校精心组织了主题阅读人物模仿秀，鼓励学生发挥创意，在每年举办的全校性图书义卖活动中精彩亮相。通过角色扮演的形式，学生加深了对航天英雄的理解。学校还组织学生观看《天宫课堂》直播，让他们亲身感受太空实验的魅力，激发他们对航天科技的好奇心与探索欲。此外，组织学生参观航天博物馆、科技馆、展览馆等，实践课堂所学，近距离感受航天科技的成就（图 8.6）。

（a）班级图书义卖海报　　（b）学生“书中人物大游行”

图 8.6 “致敬中国航天人”校本年度主题课程群学生活动

激励阶段，自主探究，实现航天精神的创意表达，侧重设计制作活动。在经历了深度体验与学习之后，鼓励学生迈向创意表达的新阶段，尤其是用艺术的形式将对航天人精神的理解再现出来。如在“小小航天英雄画像绘”和“航天人物写实绘画创”活动中，学校组织了航天人画像临摹活动，学生可以从 109 位航天人中选择一位，临摹其肖像，通过艺术创作等实践活动表达对航天英雄的崇高敬意。我们还鼓励学生发挥想象力与创造力，设计并制作个人专属航天器模型，展开对未来航天探索的畅想。同时，引导学生设计“我的航天博物馆”，在班级或学校范围内，学生团队合作，搜集资料、设计展览，建立小型航天博物馆，展示学习成果，分享航天知识与文化，实现从知识接收者到文化传播者的转变。

4. 基于项目式学习的小课题研究

围绕“开展关于探索与发现的系列探究活动”特定学习主题，学生们基于自主需求，开展了项目式学习的小课题研究。高学段学生聚焦“天之辨：召开一场关于好奇与事实的思辨”这一特定学习主题，组织了一系列活动。学生在阅读相关书籍后提出疑问，并结合个人兴趣开展小课题研究，在持续的探究后形成学习成果，解答自身困惑。在这个过程中，学生们展现出了强烈的探究精神，提出了一系列富有深度和创造性的问题，例如：

- 我们国家研发了哪些上天入地的高科技？
- 航天系列丛书的作者是航天领域的专家吗？
- 中国空间站的各种舱是怎么组成的？分别有什么功能？
- 火箭残骸是怎么处理的？会对人类造成危害吗？
- 火星能被改造成适合人类居住的星球吗？
- 航天发射升空为什么要曲线飞行？不能直线飞行吗？
- 中国航天追梦的历史都经历了什么？重要里程碑事件有哪些？
- 如何判断一个星球是否有可能存在生命？
- 我们现在的武器可以保卫地球吗？

例如，在阅读《北斗团队——点亮太空的灯塔》后，学生们以“导航软件之间的较量”为题进行了深入研究；在了解到“嫦娥五号”带回的月壤矿物中存在高含量的水之后，又以“月球的‘水’知多少？”为题展开了探究（图 8.7）。

成果展示阶段，在“致敬中国航天人”现场会的“创·客”环节中，学生分享了各自开展的有关航天的项目小课题研究，并与现场的航天专家、教育家、家长代表等对话交流。面对专家提出的“清华附小号”能否真正实现的问题时，学生展现出了丰富的思考，也表达了对中国航天精神的理解与体悟（参见二维码）。

专家：学生的汇报很精彩，可以看到学生课上所学和课后的迁移运用。

学生：我们的课题和研究，既有点天马行空的想象，也有点出其不意的惊喜。我想纠正您的是，我们是一起分享、一起交流，不是汇报。

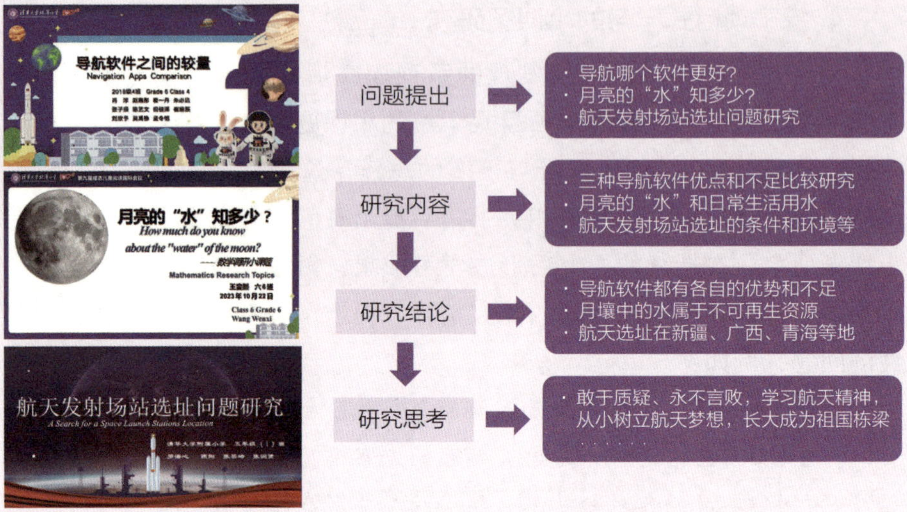

图 8.7 “致敬中国航天人”校本年度主题课程群的小课题研究

专家：这三个报告是真正属于学生自己的课题研究。我在听的时候脑海中浮现出几个字——“叩问苍穹，致敬中国航天人”。我在听的时候还有一个想象——在辽阔无垠的蓝天上，多了几艘新的宇宙飞船，不仅有长征号、神舟号，还有一艘宇宙飞船，它的名字叫“清华附小号”。这是中国少年号，这是我的梦想。同学们，你们觉得可以实现吗？

学生：肯定能实现，在以后的学习过程中，争取早日完成您的梦想，也是我们的梦想。

专家：这不仅是我的梦想，还是你们的梦想，更是中华民族的梦想。

学生：我觉得肯定能实现，因为现在有你们，以后还有我们，永远会有一批新人来实现未来的梦想。

专家：我们的课堂，永远要培养比我们更优秀的人。永远有新人，永远有新儿童帮助我们建设新中国。

“致敬中国航天人”
主题课程群
小课题研究

三、以体悟航天精神为旨归评价学习效能，赋能年度主题课程群的效果层

围绕“三个一”素养目标以及学生其他关键素养的发展，我们精心设

计评价形式、评价活动和评价机制，力求真实、全面地反映学生的学习效能，努力实现“教—学—评”的一致性。考虑到主题课程群评价的复杂性与丰富性，我们从方式、主体、维度、原则四个方面提供了评价要点。经历了一学年的长周期学习与体验，学生在文化自信、语言运用、思维能力、审美创造四个方面获得了显著且整体性的提升（图 8.8）。

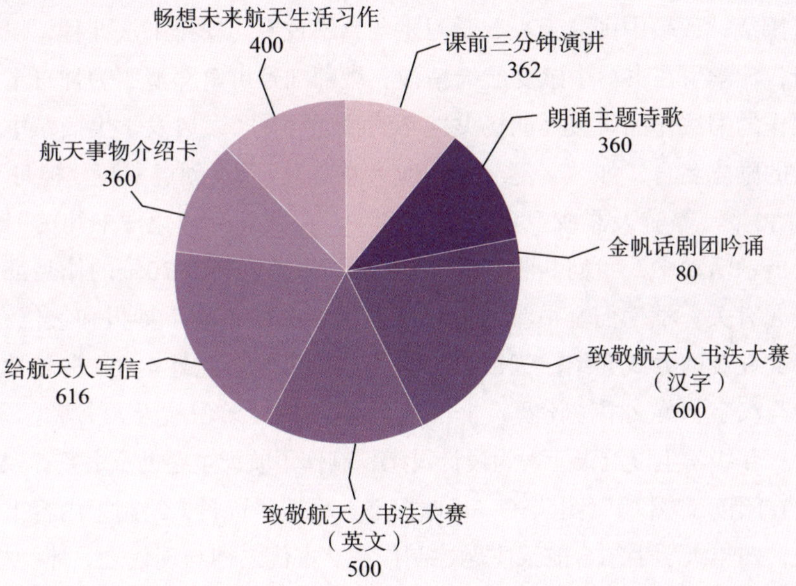

图 8.8　“致敬中国航天人”校本年度主题课程群“三个一”素养目标完成情况

1. 一个好故事演讲

结合主题阅读书目，学生以饱满的热情参与演讲活动，共有 362 人次参与演讲，讲述了 70 余个航天故事。六年级 360 多名学生共同创作并朗诵航天主题诗歌《成志航天梦》，在诗歌的韵律中传递航天精神的内涵。学校金帆话剧团 80 多名学生吟诵古诗词里的航天梦，讲述神话故事里的航天梦，学习航天史里的航天梦，并精心排演了相关节目。

结合语文课前三分钟演讲，各班以“致敬中国航天人”为学习主题开展了精彩纷呈的演讲活动。一年级学生以“我的太空生活”为主题，描绘了太空的奇妙景象；二年级学生化身“小小科学家”，讲解航天科学技术；三年级学生结合童话创作，编织了“我”与星辰大海的童话故事；四年级学生将古代神话人物与现代航天精神相结合，举办了“我是神话传讲人”故事分享会；五年级学生深入介绍了火星探测器“天问一号”、人造卫星和空间站等航天科技成果；六年级学生结合课文《宇宙生命之谜》和单元习作《______让生活更美好》，巧妙融合语文和信息科技学科知识，探讨了航天发展对现代生活的积极影响。

2. 一手好汉字展示

围绕“致敬中国航天人”学习主题，学校专门安排书法课程，以笔墨传情，让学生在书写中感受航天精神。教师细致讲解邓清明为神舟十三号所创作的书法作品《骏马胡杨戈壁 英雄披甲出征》，启发学生摘录中国航天员的励志名言，如“一笔一划，航天意志”，以及创意书写“神舟”“天宫”“北斗”等航天器或卫星系统的名字。在四校一体化“未知美”书画展览展示活动中，我们共收录了 2000 余幅作品，其中 70% 的作品都与航天主题有关。学生们全员参与设计了航天主题的科技手抄报和宣传海报，以图文并茂的方式介绍航天成就、航天员故事等。此外，500 多名学生积极参与汉字、英文书法比赛，全校共制作了 2000 多份航天人书签。

一年级学生以航天元素为设计灵感，制作了航天主题创意书签；三年级学生在阅读《“嫦娥”团队——月球探宝》后搜集资料，绘制了内容丰富的小报；四年级学生结合航天主题，制作了“古代之神与现代之‘神’相遇”的墙书，将书法、绘画、习作等技能巧妙融合，形成了独具特色的艺术作品。

3. 一篇主题习作展示

在 2023 年一年中，学生们对航天主题图书的阅读量累计达到了千余本。他们不仅参与了 1320 节主题阅读课，完成了 400 篇主题习作，还撰写了 1800 篇读后感，制作了 2000 张阅读小报，记录了 200 余份读书记录单。数据显示，在阅读与积累成果中，阅读小报占比最大，显示出学生应用所学知识的能力；读后感占比排在第二位，反映出学生对阅读内容有深刻的理解和感悟。尽管读书记录单和主题习作的占比相对较小，但它们对学生综合能力的发展至关重要，从中也体现出学生的阅读积累和表达能力。

各学段的学生还通过制作航天事物介绍卡片、给航天员写信等活动，锻炼了信息提取和赏析评赏的能力。

除了落实“三个一”素养目标方面的侧重展示，学校还鼓励学生创作航天书画作品，尽书宇宙之广、精绘星空之奇、探索未来之美，表达自己对宇宙的无限畅想。100 多名学生共绘制了 109 位中国航天人的形象，包括航天英雄以及那些默默奉献的工程师、检修员和设计师（图 8.9）。这些书画作品加深了学生对航天人物的认识，也使他们对航天领域有了更深刻、立体的了解，实现了与未知世界和航天人的跨时空对话。

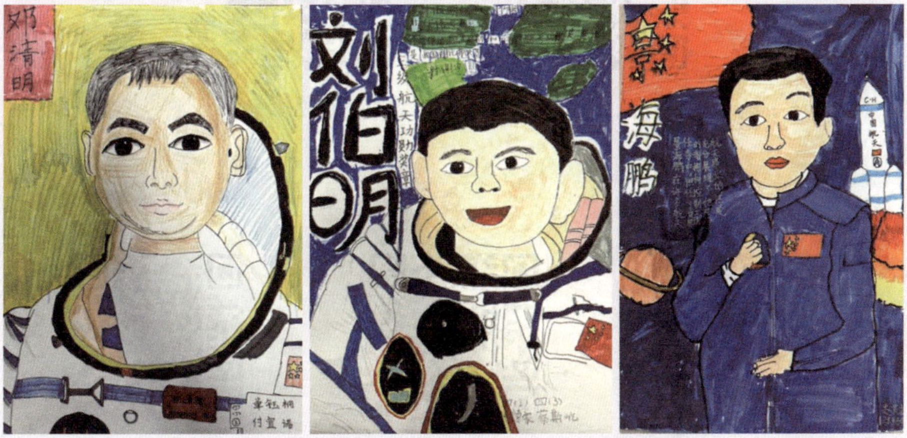

图 8.9　学生绘画的中国航天人人物形象

学生们还通过手绘英文绘本、创建自己的航天博物馆等创新方式，探寻航天人背后的故事，在童心与航天精神的碰撞中追寻航天人的奋进足迹。

附录 主题教学拓展资源汇览

行走的玫瑰（1）

行走的玫瑰（2）

单篇经典课例《黄继光》说课片段

教材单元课例“发布社区环保倡议”说课实录（含教学设计）

整本书阅读课例《孔门十弟子》课堂实录（含教学设计）

单篇经典课例《牛郎织女》课堂实录（含教学设计、专家点评

主题课程群课例“致敬中国航天人”小课题研究

后记 关于“小学语文主题教学”研究之研究

我首次接触窦桂梅老师的小学语文主题教学理论与实践，是在 2018 年的一次“国培计划”中小学名校长领航工程研讨会上。窦老师以现场公开课的方式演示主题教学，课上她以主题整合和拓展教学内容的做法，给我留下了深刻的印象。语文课还能这么讲！基于教材但不局限于教材，以主题为牵引，融入一切有益的育人要素；充分激发学生的内在动力，从“要我学”转变为“我要学”；将课堂从教室扩展到儿童的整个生活，重置指向完整的人的发展的育人生态系统。虽然这样的教学理论在整个教育发展史中并非独有，但将其完全应用到教学实践中，并形成系统化、制度化的教学设计，却也非易事。

作为一名教育研究者，我时常运用科学计量学方法，关注并追踪某一类教育思想的历时演化轨迹。这样的研究不仅有助于把握学术思想的发展脉络，而且可以从时间维度上，更加充分地认识到学术思想的价值和意义。鉴于此，我对窦老师的主题教学产生了浓厚的研究兴趣：它是何时确立的？经历了怎样的历史变化？学术界是否给予了足够的关注？不仅如此，我所翻译的著作《超越文献计量学——利用多维度指标评估学术影响力》，也特别关注理论与实践的互动。因此，深入探索窦老师主题教学理论与实践之间的互动，成为我研究的重点。

一、主题教学理论及其发展阶段

科学计量学是一门专注于分析科学研究成果载体的学科，其研究对象主要包括研究论文和著作。为了深入研究窦老师及其合作者在教育教学领域的研究成果，我在中国知网（CNKI）数据库和读秀学术搜索数据库中进行了系统的文献检索和数据采集工作。截至 2024 年 5 月 21 日，收集到 297 篇窦老师及其合作者发表的教学实录、课例点评、教材分析、教学探究、课程研发等研究论文，以及 318 部由窦老师独立撰写或合作编写、参与编撰、署名推荐的图书。基于这些丰富的原始数据，我运用科学计量学方法进行了系统分析，发现了一些颇为有意义的结果，为理解窦老师的研究发展轨迹和研究贡献值提供了一个有价值的视角。

窦老师的研究生涯起步于 1996 年，这一年她在《小学语文教学》杂志上发表了首篇论文。此后，每年均有 10—15 篇文章发表。图 1 展示了她从 1996 年到 2024 年的研究文献发表情况。自 2003 年起，研究文献发表数量显著增加。截至 2024 年 5 月 21 日，窦老师及其合作者已累计在 91 种期刊上发表了 297 篇不同类型的文章。其中，在教育领域的重要期刊《教育研究》上发表 1 篇，在《课程 · 教材 · 教法》上发表 6 篇，在《中国教育学刊》上发表 2 篇。按照发文数量排序，在《人民教育》上发文的数量最多，主要聚焦关于学校教育的理性思考与实践总结，包括“双减”背景下学校的实践经验、高质量发展教育实践、主题教学实践体系以及学校管理和教师队伍建设等，共 39 篇，占总发文数的 13.1%。紧随其后的是《语文教学通讯》和《小学教学（语文版）》，分别以 22 篇和 19 篇的发文数位列第二和第三，分别占总发文数的 7.4% 和 6.4%。

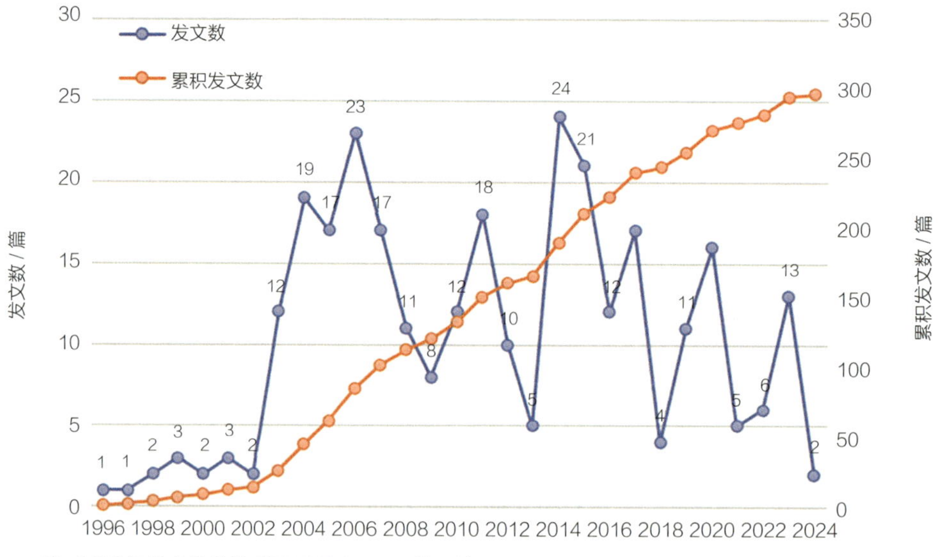

注：2024 年发文数统计截至 5 月 21 日，共 2 篇。

图 1　窦桂梅等发文数年度趋势

窦老师及其合作者在著作出版领域同样成果丰硕。自 1997 年出版首部图书《同步作文讲评练 小学三年级 上》以来，窦老师累计出版独著、合著、编著及参编等不同类型图书318部（图2）。其中，窦老师担任主编并组织编著的作品有170部，与他人合作编著的作品有24部。这些作品涵盖了课程建设、学校管理、教师培养、教学研究、教育心得、专业成长等多个领域，不仅深入研究和阐释了主题教学理论，而且依据该理论设计了教材或教学参考书，全面展现了窦老师将教学理论研究成果转化为教学实践创新举措的积极探索。

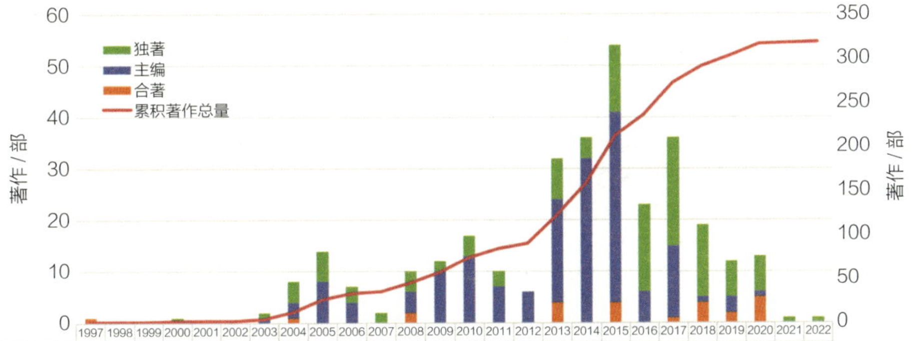

	1997	1998	1999	2000	2001	2002	2003	2004	2005	2006	2007	2008	2009
独著	0	0	0	1	0	0	1	4	6	3	2	4	2
主编	0	0	0	0	0	0	1	3	8	4	0	4	10
合著	1	0	0	0	0	0	0	1	0	0	0	2	0
累积著作总量	1	1	1	2	2	2	4	12	26	33	35	45	57

	2010	2011	2012	2013	2014	2015	2016	2017	2018	2019	2020	2021	2022
独著	4	3	0	8	4	13	17	21	14	7	7	1	1
主编	13	7	6	20	32	37	6	14	1	3	1	0	0
合著	0	0	0	4	0	4	0	1	4	2	5	0	0
累积著作总量	74	84	90	122	158	212	236	272	291	303	316	317	318

图2　1997—2022年图书出版数量统计

基于上述研究成果，我采用了社会网络分析（Social Network Analysis，SNA）的方法，对论文中的关键词进行共现分析和聚类分析，形成一个主题聚类图（图3）。在该图中，不同的研究主题通过不同颜色来呈现，每个主题群集由多个关键词构成，代表了围绕主题教学的每一个具体的研究领域。如“教学改革”作为网络中的核心节点，位于研究热点网络的中心，这表明教学改革在主题教学的研究中占据了核心地位。特别是，“人文性”和“教学实录”两个主题群集与“教学改革”联系紧密，表明主题教学的人文性根植于教学实践，其主要理论成果源自日常的教学实录。

例如，窦老师及其团队基于现有教材进行创新性改进，强调图文结合的教学方法，旨在提高学生的形象思维能力和文学素养。通过将科学常识、历史知识与文学和谐融合，创生出体现中华优秀传统文化等“三化主题”以及世界文明优秀成果的时代价值的经典教学案例。窦老师向同行展示了如何丰富课程内容，创作引人入胜的教学故事，以及如何有效地调整教材内容和教学情境。

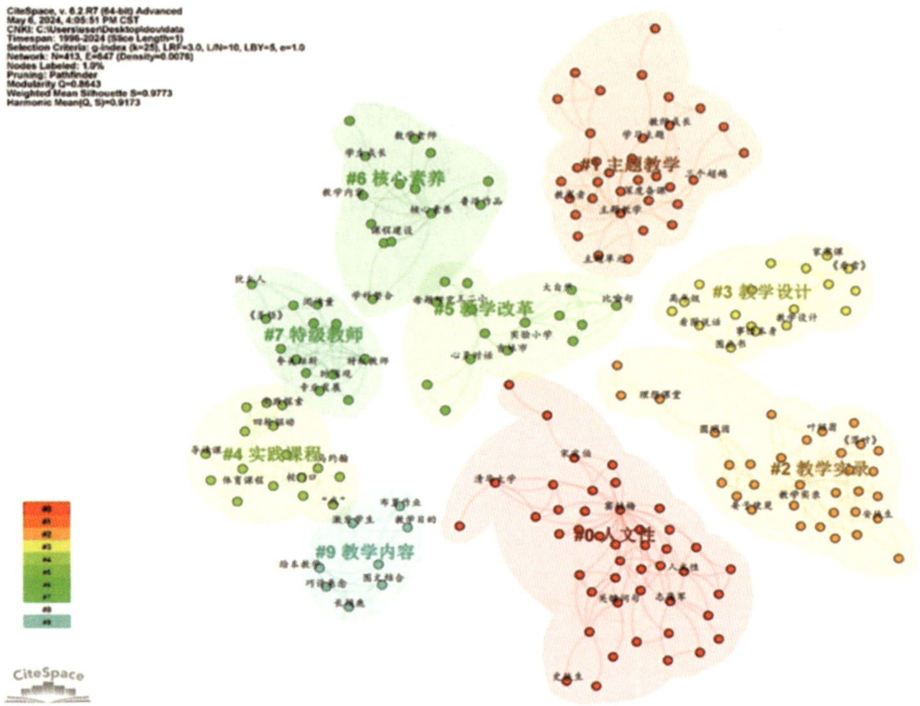

图 3　发表论文的研究热点分布

此外，在主题教学的热点主题聚类中，“特级教师”“教学设计”“核心素养”“实践课程”“教学内容”等关键词，代表了从不同维度和视角对主题的关注。这表明窦老师的研究不仅聚焦于教学领域，而且以教学改革为切入点，深入思考“什么知识最有价值”，致力于培养具备核心素养的学生。

二、主题教学的发展阶段

基于热点主题聚类结果，我将高频关键词映射到以时间为横轴的二维坐标系中，形成了一个知识演进图（图 4）。该图展示了 1996—2024 年窦老师及其团队在教学研究领域的动态发展过程。

根据时间轴上主题分布的密集度、窦老师教学生涯中的关键事件以及相关论文著作的主题分布，其研究历程大致可以划分为三个时期：第一个时期是立足课堂的探索期（1996—2012），以 1996 年首篇文章的发表为起点，标

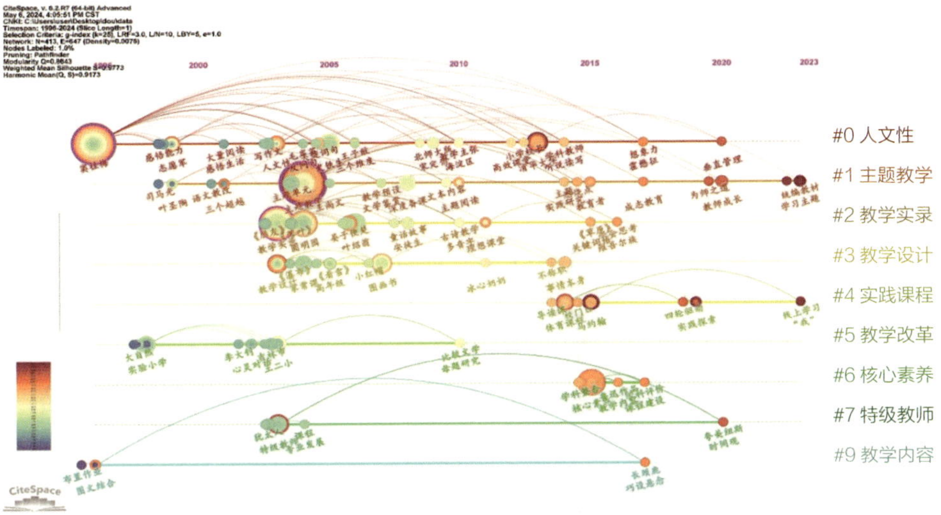

图 4　基于时间序列的研究主题演进

志性成果是窦老师作为教育部第八次课改更新教育观念报告团的主讲人之一，在人民大会堂发表的演讲《为生命奠基——语文教改的“三个超越”》；第二个时期是立足课程的发展期（2013—2018），这一时期窦老师的研究重点转向主题教学理论与实践，标志性成果为获得首届基础教育国家级教学成果一等奖的《小学语文主题教学实践研究》；第三个时期是全面育人深化期（2019 年至今），这一时期窦校长主要立足于新课标迭代优化主题教学理论，强化主题教学实施模式研究，并向学校各学科辐射，以主题为切入点，牵一发而动全身，激活最关键、最核心的育人合力，实现整体育人。

1. 立足课堂的探索期（1996—2012）

1996—2012 年，是窦老师立足课堂探索主题教学的重要时期。早在 2004 年，她就提出了“主题”及“特定主题”。这一时期，她还提出了“三个超越”理念，即“基于教材，超越教材；立足课堂，超越课堂；尊重教师，超越教师”，构建了超越时空的大语文观，主题教学的雏形由此逐渐清晰，获得了教育界的广泛认可。

2001 年 10 月 24 日，窦老师作为教育部第八次课改更新教育观念报告团的主讲人，在人民大会堂发表了题为《为生命奠基——语文教改的“三个超越”》的专题报告，并跟随报告团进行全国巡回演讲。该报告同年在《人民教育》全文刊发。2003 年，窦老师出版专著《窦桂梅与语文教改的三个超越》，同时《中国教育报》连载7篇报道，进一步详细阐述她的“三个超越”理念。

具体来看，“三个超越”的核心内容如下：“基于教材，超越教材”强调在教好教材的基础上用教材教；“立足课堂，超越课堂”强调教科书是学生的“小世界”，世界才是学生的“大教科书”；“尊重教师，超越教师”强调教师要自我超越，成为不断学习、不断创新的人，和学生一起成长，引导学生学会质疑与批判，最终超越教师，师生成为友人和伙伴，朝着陶行知说的“学生先生合作而创造出值得彼此崇拜之活人”的理想境界进发。此后，窦老师出版了《听窦桂梅老师讲新课》《玫瑰与教育》《做有专业尊严的教师》《听窦桂梅老师评课》等一系列著作。

在“三个超越”理念的基础上，窦老师从构建提升儿童语文素养和塑造儿童核心价值观的语文课程体系角度，进一步提出了“主题教学”：立足语文教材，从文本的语言内容和语言形式中，提炼出对儿童生命成长具有重要价值的核心“语词”，即“学习主题”。主题教学旨在实现人文性与工具性的有机融合。为了将主题教学由理念变为现实，窦老师带领团队构建了原则、目标、内容、实施和评价五位一体的主题教学课程体系。这一体系强调个体经验的重要性，倡导通过不同文本之间的交流与融合，构建一个开放性的教学环境，以促进学生对课程主题的深入理解和内化迁移。这些理论观点集中体现在《回到教育原点》和《窦桂梅与主题教学》两本著作中。

特别是在《窦桂梅与主题教学》一书中，窦老师提出以主题教学实现课程的整合，让教与学的过程成为关注和丰富儿童情感世界的过程，成为儿童智慧与思想生成以及人生态度、生活品质提升的过程。她的这一主张，使教师和学生以整体的生命而不是生命的某一方面投入课堂活动中，让课堂充满生命的活力，从而更好地为学生生命奠基。这源于她在1999年提出的“文道统一”理念，也为她在2015年进一步提出“以文化人”奠定了基础，凸显了“文以载道、以文化人”的文道观。

2. 立足课程的发展期（2013—2018）

2013年，《超越·主题·整合——窦桂梅教学思想探索》一书出版。这是海淀区委教育工委和教委联合主办的窦桂梅教育教学实践研讨会的成果，标志着主题教学理论在教育实践中的深入应用与推广。该书不仅是对窦老师教学理论的系统总结，也是对主题教学基于“整合”思维的实践经验的梳理。书中通过具体的课例，生动地展示了主题教学在实际课堂中的运用方法。这些课例不仅展示了如何在单一学科内进行主题的渗透式整合，还展示了如何在不同学科之间进行融合式整合，构建了一个课堂教学的“样板间”。这种“样板间”为教师提供了直观的参考和借鉴，有助于他们理解和掌握主题教学的精髓，进而在自己的教学实践中进行创新和应用，为推动主题教学理论在更大范围内的传播和应用发挥了重要作用。

在此阶段，窦老师对主题教学的研究兴趣进一步扩展。结合课程改革背景，她在《学校育人主体的价值、路径与机制——小学阶段高质量育人的实践反思》一文中，运用主题教学中的“主题·整合”思想方法，创新性地构建了“1+X 课程”。其中，“1”代表优质落实国家基础课程，“X”则是由“1”创生出来的儿童个性发展特色校本课程。“1+X 课程”使课堂回归本质，教师专注教学，儿童重拾本真，构建了适合儿童多元发展的课程模式，引导他们走向整体意义上的世界，从而培养学生适应未来社会的核心素养。

2014 年 9 月 9 日，《小学语文主题教学实践研究》荣获首届基础教育国家级教学成果一等奖。这项荣誉不仅是对窦老师几十年研究成果的高度认可，也体现了其教学实践的创新性和影响力。教育部对这一研究成果给予了高度重视，并将其作为首个在全国推广的教学成果奖项目。这一举措意味着窦老师的教学理念和实践方法将得到更广泛的传播和应用，对提升基础教育教学质量具有重要意义。

在教学设计方面，2016 年出版的《听窦桂梅老师讲新课》收录了 3 节群文阅读和 4 节整本书阅读的教学课例。每个课例包括教学实录和专家点评，通过课堂教学示范，引导教师和学生从课内阅读走向课外阅读，从单篇阅读走向整本书阅读。该书截至 2023 年 4 月已加印 15 次，显示了其深远的影响力和广泛的辐射力。清华附小百年华诞后，窦老师提出从主题教学向主题教育（成志教育）拓展，进一步优化课程整合模式，细化核心素养的具体要求，结合学生发展核心素养的三个方面、六大要素、十八个基本点，为确定教育的目标和实施路径提供明确的指导。基于核心素养的课程整合模式获得第四届全国教育改革创新典型案例大奖，对全国基础教育课程改革具有示范意义。

2017 年，窦老师修订出版《窦桂梅与主题教学》一书，通过“我的人生主题——激情与反思”“我的教育主题——为生命奠基”“我的课堂主题——温度·广度·深度”“我的回望反思”等章节，全景式呈现了其在教育理念、教育智慧、专业精神和专业人格方面的持续探索和修炼。该书不仅记录了她的教学实践历程，更为清华附小实施的“1+X 课程”改革提供了理论支持和实践指导。书中所构建的基于核心素养的课程整合模式，将主题教学提升至更高的教育层次，为全国范围内的同类课程改革提供了宝贵经验和重要参考。

2018 年，窦老师出版《小学语文主题教学研究（修订版）》一书，针对当前我国小学语文教学存在的问题，结合统编版语文教材，对小学语文主题教学的目标、主题选择原则、教学内容和实施策略进行了进一步梳理和修订。该书秉持“文以载道”的传统语文教育理念，全面论述了主题教学理论与操作范式，完善了主题教学实践的五种基本样态，补充了覆盖五种样态的主题课程群，并通过大数据和关键事件的特色评价予以激励保障。书中运用了大量生动的课堂教学案例，读来生动活泼、深入浅出。窦老师的这些探索，旨在更好地面向全体儿童，全面提高儿童的语文素养，落实立德树人根本任务。

在不断变化的教育环境中，窦老师深刻认识到儿童需求的多样性和动态性。为了更好地满足这些需求，她在《为聪慧与高尚的人生奠基——清华大学附属小学办学行动纲领》一书的序言中提出了新的教育理念。她强调：从主题教学到“立志、弘志、成志”的成志教育，不仅要关注学生当前的学习，更要着眼于学生的长远发展。这种教育模式旨在激发学生的内在动力，引导他们树立远大的志向。窦老师希望能够通过成志教育，为儿童聪慧与高尚的人生奠定坚实的基础。她认为，教育的最终目的是帮助学生实现自我价值，成为有智慧、有道德、有责任感的人。

2018 年，《成志教育：小学立德树人的校本实践》荣获第二届基础教育国家级教学成果一等奖。

3. 全面育人深化期（2019 年至今）

2020 年，国务院印发《深化新时代教育评价改革总体方案》。窦老师认为，教育评价改革的核心目标是促进学生的全面发展，要全面系统地理解评价方案的核心指向。她在《基于过程数据的评价显身手》一文中总结了主题教学评价的创新探索，包括多维度评价方式、评价基本载体以及“过程数据+关键事件+榜样引领”的创新评价模式，旨在促进学生全面而有个性的发展。这些探索性实践进一步完善了主题教学理论体系，为学生营造了一个目标明确、内容丰富、方法科学、资源充足、评价合理的学习生态，促进了学生知识体系、语文能力、思维品质与情感精神的构建和提升。（关于质量评价，可以对照第三章中促进学习表现增值的主题教学质量评价部分进行关联阅读。）

在全面深化育人阶段，窦老师持续关注“主题教学”“实践课程”等方面的研究。她在《构建儿童学校阅读生活新生态》一文中提出以“语文立人”为核心的教学模式：通过科学设定教学目标、确定“立体”主题的原则，整合多种教学资源，以主题方式促进学生语言素养发展和价值观培育。

2021年，窦老师的论文《让儿童站立在学校正中央——从“三个超越”到“成志教育”的升华之路》获得第六届全国教育科学研究优秀成果二等奖。在主题教学的目标设计上，窦老师提出“三个一”素养目标，即“一手好汉字”“一副好口才”“一篇好文章”，有序组织“乐学善思”主题教学，并制订了《小学语文质量目标指南》以贯彻落实素养目标。（关于“三个一”素养目标从“双基”“三维”到“核心素养”的进阶式发展脉络，可以对照第三章中的主题教学“三个一”素养目标部分进行关联阅读。）在主题选择上，她强调遵循生命性、基础性、生长性和开放性原则，以适应主题教学的特征和学生发展的规律。在主题教学实施方面，她提出了动态教学的三流程——预学、共学和延学，以及“四动力”系统——问题驱动、情境调动、工具撬动、平台互动，并提倡先固化再优化然后去模式化的教学组织形式。这些研究进一步丰富了主题教学理论。

窦老师在语文教学领域倡导主题教学理念。2023年，她在《学习主题引领下的学习任务设计与实施——依据新课程标准，用好现行统编小学语文教材》一文中，依据新课标，构建了学习主题引领下的学习任务设计与实施模型，包括学习主题、学习目标、学习内容、学习活动、学习资源与支架、学习评价六个关键要素，并提出了基于教材单元内容的学习任务实施“六步法”：提炼学习主题—确定学习目标—重组学习内容—安排学习活动—提供学习资源与支架—研制学习评价量规，为以主题教学落实新课标提供了操作指南。

三、主题教学的研究影响

在科学计量学中，引文分析是评估研究影响力的关键指标之一。文章的总引用频次和下载频次，能够在一定程度上反映出该研究的受关注程度和学术影响力。据统计，在中国知网数据库中，主题教学的 297 篇文献的总下载频次为 200788 次，总引用频次为 2447 次。表 1 和表 2 统计了引用频次和下载频次排名前十的文献。

如表 1 所示，基于中国知网数据库的引用频次统计，窦老师的高引用频次文献主要集中在“主题教学”与“课程整合”领域，尤其是 2004 年发表的《“主题教学”的思考与实践》以 388 次的引用频次，成为高被引论文，位列同领域前茅。

表 1　排名前十的高引用频次文献

序号	题名	作者	发表时间	引用频次
1	《“主题教学”的思考与实践》	窦桂梅	2004 年	388
2	《小学语文主题教学实践研究》	窦桂梅	2014 年	310
3	《基于学生核心素养发展的“1+X 课程”建构与实施》	窦桂梅　胡兰	2015 年	265
4	《朝向“伟大事物”——“主题教学”的新思考》	窦桂梅	2010 年	130
5	《激情与思想：我永远的追求——特级教师专业成长研究》	窦桂梅	2004 年	103
6	《新课改背景下课程整合的实践探索——清华大学附属小学“1+X 课程”育人体系建构的案例研究》	窦桂梅	2014 年	94
7	《“1+X 课程”与学生发展核心素养》	窦桂梅　胡兰	2015 年	86
8	《从主题教学到课程整合——清华附小“1+X 课程”体系的建构与实施》	窦桂梅　柳海民	2014 年	76
9	《主题教学的思考与实践》	窦桂梅	2004 年	59
10	《聚焦完整人的核心素养——清华附小“1+X 课程”亮点》	窦桂梅	2014 年	48

如表 2 所示，以主题教学为题的论文具有广泛吸引力和实用性。《基于学生核心素养发展的“1+X 课程”建构与实施》以 16335 次的下载量位居榜首，反映了广大教育工作者对学生核心素养发展和课程改革的高度关注。紧随其

后的是《小学语文主题教学实践研究》，下载量达到10005次，这表明小学语文教学领域的主题教学方法是学界关注的热点问题。2004年发表的《“主题教学”的思考与实践》不仅引用频次很高，其5213次的下载量也证明了这篇文献受到教育工作者的广泛关注。值得注意的是，一些文献如《〈秋天的怀念〉课堂实录及点评》《童话与人生——〈丑小鸭〉教学实录》等课堂实录类文献，虽然从引用频次来看未进入前十，但它们的下载量也超过了3000次，这表明这些文献在教学实践和教师培训中具有较高的应用价值。

表2　排名前十的高下载频次文献

序号	题名	作者	发表时间	下载频次
1	《基于学生核心素养发展的“1+X课程”建构与实施》	窦桂梅　胡兰	2015年	16335
2	《小学语文主题教学实践研究》	窦桂梅	2014年	10005
3	《新课改背景下课程整合的实践探索——清华大学附属小学“1+X课程”育人体系建构的案例研究》	窦桂梅	2014年	7471
4	《“主题教学”的思考与实践》	窦桂梅	2004年	5213
5	《〈秋天的怀念〉课堂实录及点评》	窦桂梅　吴群　严霞	2005年	4434
6	《从主题教学到课程整合——清华附小“1+X课程”体系的建构与实施》	窦桂梅　柳海民	2014年	4364
7	《“1+X课程”与学生发展核心素养》	窦桂梅　胡兰	2015年	3769
8	《激情与思想：我永远的追求——特级教师专业成长研究》	窦桂梅	2004年	3302
9	《童话与人生——〈丑小鸭〉教学实录》	窦桂梅	2008年	3261
10	《回到教育本身——整合思维下的〈皇帝的新装〉》	窦桂梅	2014年	3095

除了引用主题教学相关论文，我在中国知网数据库的检索结果中还发现，有1236位研究者对窦桂梅的教育教学理论，特别是主题教学理论进行了深入研究。其中共有37位研究者对窦桂梅的教学理论进行了持续研究，他们的发文量达到了3篇及以上。不难看出，主题教学理论和实践的研究成果，在同行中受到了积极的关注，也带动了相关问题的讨论和实践，为主题教学理论与实践之间的互促互进提供了重要支撑。

四、主题教学的辐射影响

主题教学的影响并不限于文献统计所展示的学术层面，其在教育教学改革实践中的辐射引领作用同样显著，覆盖区域广泛。三十多年来，主题教学凭借优质课程资源及其应用推广的共生模式，在北京市以一体化教育集团的形式整体推进，现已扩展至海淀、昌平、朝阳三个区，形成了“一校八址两园”（两所幼儿园）的规模。此外，主题教学还形成了理念、价值、路径与机制“四推”一体化效应，在所属区域均建立了良好的口碑。主题教学的推广并不限于北京，还助力山东、河北、河南、新疆、西藏等29个省（自治区、直辖市）及港澳台地区的基础教育（图5）。通过“手拉手”友好学校项目，主题教学促进了优质教育资源共享，为基础教育高质量均衡发展提供了有力支撑。

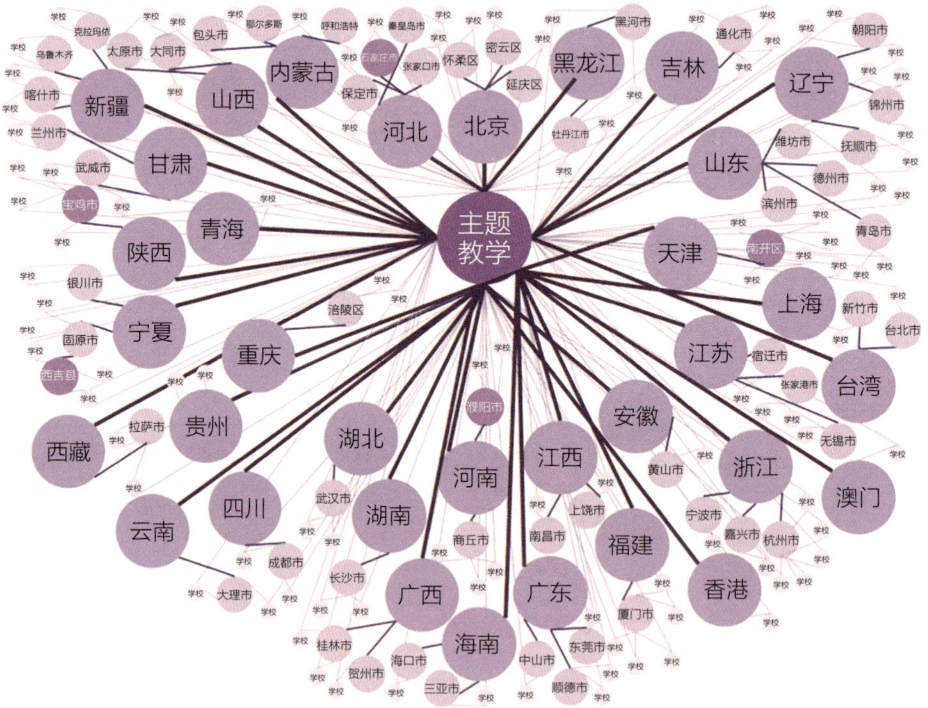

图5　主题教学辐射推广影响区域

在不同区域的辐射推广中，主题教学形成了多种支持形式。河北石家庄、河南濮阳、陕西宝鸡、天津南开区、宁夏西吉、广西贺州、西藏拉萨、陕西延安、云南红河等地的手拉手学校，开展了“国培计划”项目、名师名校长工程项目、体验式项目等（表3）。同时窦老师也以担任实践导师的方式，支持师范专业的本科生、研究生培养。窦老师作为全国名师和名校长，其经典课例实录也成为语文教育课程与教法的重要资源。部分高校将窦老师的经典课例作为语文教学的范例，如在“小学语文课程与教学研究”课程中，授课教师引导学生分析各语文名师的教学，窦老师的经典课例实录被用于课堂观摩分析，并且在实践教学环节，学生可以选择参考其课例进行自己的微课展示。

表3　主题教学辐射推广支持形式及学校数量

维度	支持形式	省	市	学校数量
中国教育学会国家级教学成果推广应用等（天津南开区、宁夏西吉、河北石家庄、河南濮阳、陕西宝鸡等）	教学成果推广地区或学校	8	8	137
教育部国家级培训计划	“国培计划”教师项目	2	2	6
	名师名校长工程	3	3	9
	名校工程	3	3	7
	名校长领航工程	2	4	4
全国高校本科生、硕士研究生、博士研究生培养（清华大学、北师大、东北师大、中央民族大学、首都师大等）	实践导师	8	9	16
北京市实体办学	朝阳、昌平、海淀实体办学	0	1	3
北京地区手拉手（延庆、通州、密云、怀柔）	城乡手拉手	5	8	41
北京市体验式项目	体验式项目	0	1	230
清华大学继续教育学院	继续教育学院项目	4	4	8
海淀区名校长工作室	专业培养		1	18

据调查统计，清华附小主题教学的辐射范围覆盖了29个省份的300余所学校。其中，影响最为广泛的是国家级教学成果推广应用，辐射8个省份的137所学校；教育部国家级培训计划辐射10个省份的26所学校；北京市体验式项目辐射230所学校；此外，窦老师还以实践导师身份参与全国5所高校本科生、硕士研究生、博士研究生的培养（图6）。

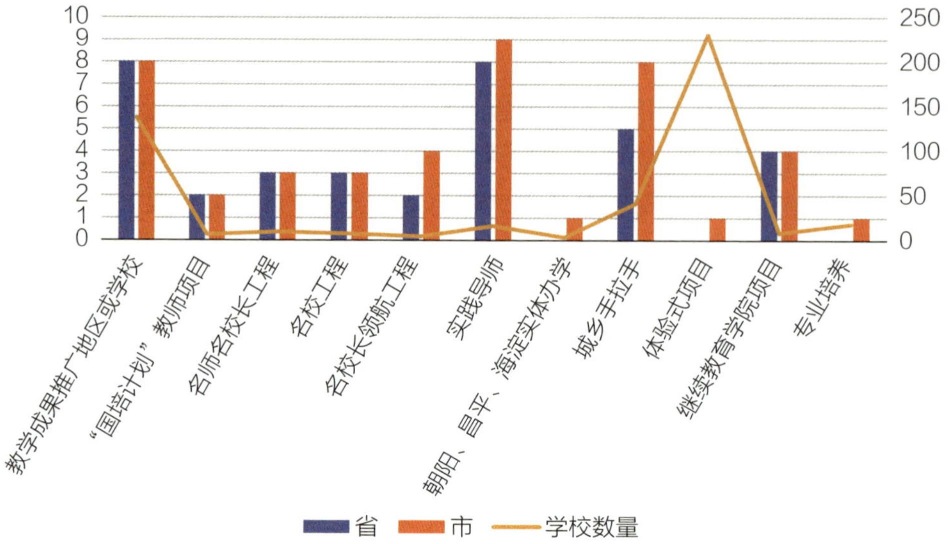

图 6　主题教学辐射推广的支持形式及辐射范围

学习清华附小的教育教学模式后，辐射推广学校的办学质量得到提升，相关课程改革、学业成绩、科研成果等在区域内获得高度赞誉，地区影响力显著增强。其中，一些学校已经获得省级及以上奖项，超过 60% 的学校认为本校已经成为区域优质学校，超过 30% 的学校认为自身办学水平正在快速提升。这表明主题教学理论在教学过程优化和教学质量提升方面具有重要推动作用，典型学校成效示例见表 4。

表 4　主题教学辐射推广典型学校成效示例

类别	辐射学校数量	典型学校	荣誉称号
学校课程	113 所	石家庄市盛世长安小学	全国真语文实验校、全国校园足球特色学校
		天津市南开区中心小学	天津市语文课程基地、思政基地
		包头市钢铁大街第四小学校	内蒙古全学科阅读实验校
		吉林市丰满区第一实验小学	语文学科先进实验学校、市体验教育示范校
		赤峰市喀喇沁旗南台子乡南台子小学	经典素读特色课程

续表

类别	辐射学校数量	典型学校	荣誉称号
教学	99 所	厦门市鹭江新城小学	厦门市思明区教学优质奖
		成都市娇子小学	四川省教学成果奖二等奖
		宝鸡市麟游县西街小学	宝鸡市高效课堂示范校
		武汉市光谷第四小学	教育部科技司教育信息化教学应用实践共同体成员单位
科研	90 所	石家庄市高邑县西南关小学	“基于新课标理念下的小学语文整本书阅读策略的研究”作为石家庄市教育科学“十四五”规划专项课题立项
		石家庄市维明路小学西校	石家庄市基础教育应用先进单位，学校“成志教育”课题申报石家庄市课题获得立项
		宝鸡市滨河中学	陕西省第十二次优秀教科研论文和成果交流评选活动优秀组织单位
		吉林市松江东路小学校	吉林市学校生涯教育科研基地、劳动教育实践基地
教师队伍	97 所	秦皇岛市海港区在水一方小学	河北省名师工作室基地校
		东莞市长安镇中心小学校	教育部师德师风建设基地实验校，多位教师在全国、全省课堂教学评比、技能大赛活动中获一等奖
		宝鸡市金台区石油小学	陕西省名师专业成长基地学校、宝鸡市首批“成志教育”示范校
		昭通市彝良县发界街道中心小学	云南省“先进关工委”

注：部分学校在课程、教学、科研和教师队伍方面略有重叠。

窦老师在全国小语界产生了广泛且持续的影响，其开创的小学语文主题教学被专家学者及同行誉为我国小学语文教学的重要流派之一。它并非停留在静态的显性研究层面，更有三十多年紧贴地面的教育实践。窦老师扎根三尺讲台、专注一间教室、立足一所学校，站在时代变革前沿，通过现场课堂展示、现场培训、现场听评课等，走向全国各地，包括深入边远山区送课。

迄今为止，她行走在祖国大地，为不同区域的一线教师上课或作专题报告、培训近千场，产生了深远影响。

窦老师这种源于内在生命的教育追求、始终保持自我超越的行动自觉，影响着一代又一代一线教师，助力他们更新教育观念，革新教育方式。几十年来，受主题教学启发，全国2000多名教师成为市、区师德标兵，“四有”教师，以及特级教师，形成了一支扎根课堂、辐射引领的特级教师、骨干教师梯队。

主题教学实践研究也持续推动着清华附小教师的专业发展。教师们努力转变为全学科教师，由思考“怎么教”变为思考“怎么学”，由学科本位转向全面育人。

主题教学最终指向儿童站立语文教育正中央。通过每年六年级学生的毕业成长报告会，我们可以看到六年来成志少年们理想信念坚定，学业负担低且学业质量高，具备“一手好汉字、一副好口才、一篇好文章”的素养。仅从主题教学对儿童阅读的影响来看，学生们创作小说、有自己的作品集，登上央视《开学第一课》《中国诗词大会》以及北京卫视等平台演讲或展示……主题阅读浸润实现学生人均阅读超千万字，他们在意志力、责任担当、积极情绪以及身体素质等方面表现优良。他们进入中学后，得到中学教师、家长的一致好评。特别是2023年，清华附小林玥辰同学和窦老师参加了中宣部、教育部等八部委联合发起的“书香中国·全国青少年读书行动”，作为北京代表，发表倡仪演讲《在阅读中，长成祖国期待的模样》。窦老师作为基础教育代表，向学生、教师及家长发出了“做终身阅读者，做阅读指导者，做阅读推动者”的倡仪，在全国引起广泛影响，清华附小也成为书香校园建设的全国典范。

结语

本研究采用科学计量学方法，对“小学语文主题教学”进行了系统性的深入分析。主题教学既是理念、方法，同时也是内容。因此，要结合研究者的多重角色（课标修订者、教材审定者、教学实践者等）和研究的纵深程度（历时三十余年持续研究、提出了核心理论主张、积累了丰富的实践成果、产生了广泛深远的影响），全面审视小学语文主题教学的力量与实践。

从历史视角看，可以把小学语文主题教学置于中国教育思想的历史长河中加以考察。三十余年的小学语文主题教学历时性研究，始终与国家课程改革与语文教育的发展同步。从主题教学到主题教学论，这一具有中国本土原创性的理论，经过深度实践探索，已成为中国教育思想历史长河中不可或缺的重要组成部分。也可以把主题教学论放到中国语文教育改革发展史中考量。从 1992 年语文教学大纲的颁布到 2000 年《义务教育语文课程标准》的试用，再到 2011 年课标修订以及 2022 年的再次修订，在整个语文课程改革历程中，窦老师的主题教学一直在回应中国语文教育改革和发展的基本要求，致力于构建具有中国特色的语文教育自主知识体系。

从整体视角看，窦老师的小学语文主题教学研究不仅涉及语文学科，还迁移拓展到其他学科的 10% 跨学科主题学习，进而带动学校“1+X 课程”和成志教育整体育人；不仅立足于小学六年成长周期，还形成了人的纵向培养视域。窦老师既是小学校长，又是幼儿园园长，同时也是硕士生导师和博士生导师，建立起了“幼小初高大”一体化贯通的育人研究体系。主题教学研究不仅涵盖学科教学的理论与实践双向交流过程，也是自我研究与引领教师团队发展、通过示范推广辐射全国的过程。

从文化视角看，主题教学的主题一直践行新课标强调的中华优秀传统文化、革命文化、社会主义先进文化等内容要求。主题教学不仅是一种教学方法，也是一种文化传承和价值传播的方式。主题教学构建了先进的课堂教学文化，通过研究推动教师队伍专业化发展，强化学校整体育人文化，形成了具有中国特色、自主创新的学科教学知识体系与行动范式。

文中科学计量分析得到了南京大学吴佳纯博士的大力支持，特此致谢！

王传毅

清华大学长聘副教授、博士生导师，入选国家级青年人才计划

教育部－清华大学教育战略决策与国家规划研究中心副主任

中国教育发展战略学会教育政策与规划专业委员会副理事长

参考文献

安桂清．基于核心素养的课程整合：特征、形态与维度 [J]. 课程·教材·教法，2018，38（9）：48-54.
陈如平．关于新样态学校的理性思考 [J]. 中国教育学刊，2017（3）：35-39.
成尚荣．学会改变：使用新教材的根本准备 [J]. 中小学管理，2024（9）：64.
程翔．试论语文教师课堂教学能力 [J]. 课程·教材·教法，2005，25（5）：40-42.
褚宏启．如何看待拔尖创新人才培养及路径 [J]. 教育科学研究，2023（9）：1.
崔峦．小学语文教育的理想境界：加强语文教育、提高教学效率的建议 [J]. 课程·教材·教法，2007，27（12）：22-27，44.
崔允漷，郭洪瑞．跨学科主题学习：课程话语自主建构的一种尝试 [J]. 教育研究，2023（10）：44-53.
崔允漷，郭华，吕立杰，等．义务教育课程改革的目标、标准与实践向度（笔谈）：《义务教育课程方案和课程标准（2022 年版）》解读 [J]. 现代教育管理，2022（9）：6-19.
邓友超．论教师实践知识管理 [J]. 教育科学，2006，22（3）：58-61.
董一菲．语文课应该有强烈的语言意识 [J]. 中学语文教学，2017（5）：63-64.
窦桂梅，黄国才．“具身”课堂　引领价值认同：《神笔马良》教学实录及点评 [J]. 小学教学设计，2019（7）：12-15.
窦桂梅，李怀源．拾起一片最美的落叶：特级教师窦桂梅《落叶》教学实录及点评 [J]. 语文教学通讯，2004（13）：7-9.
窦桂梅，柳海民．从主题教学到课程整合：清华附小“1+X 课程”体系的建构与实施 [J]. 东北师大学报（哲学社会科学版），2014（4）：163-167.
窦桂梅，潘新和．写法切入，主题立人：《阿长与〈山海经〉》教学与评析 [J]. 小学语文教学，2017（1/2）：66-71.
窦桂梅，商友敬．突破，突破，再突破：小学语文《圆明园的毁灭》教后谈 [J]. 教师之友，2004（12）：42.
窦桂梅．朝向“伟大事物”：“主题教学”的新思考 [J]. 人民教育，2010（5）：42-47.
窦桂梅．清华大学附属小学：成志教育：儿童成长的指南针 [J]. 人民教育，2019（3/4）：44-48.
窦桂梅．为生命奠基：谈语文教学改革的“三个超越”[J]. 人民教育，2002（1）：27-29.
窦桂梅．学习主题引领下的学习任务设计与实施：依据新课程标准，用好现行统编小学语文教材 [J]. 课程·教材·教法，2023，43（10）：74-81.
窦桂梅．语文教学要着眼于人的发展 [J]. 人民教育，1999（3）：34-36.

窦桂梅．成志教育视野下的学生核心素养校本表达 [J]. 人民教育，2017（3/4）：96-101.
窦桂梅．窦桂梅与主题教学 [M]. 北京：北京师范大学出版社，2006.
窦桂梅．高贵是最美的童话：《丑小鸭》名著导读课设计 [J]. 语文教学通讯，2008（7/8）：58-63.
窦桂梅．回到教育本身：整合思维下的《皇帝的新装》[J]. 人民教育，2014（2）：51-56.
窦桂梅．激情与思想：我永远的追求：特级教师专业成长研究 [J]. 课程·教材·教法，2004，24（5）：3-13.
窦桂梅．朗读就是理解，朗读更是发现：以《林冲棒打洪教头》教学为例 [J]. 语文教学通讯，2010（5）：9-17.
窦桂梅．让儿童在自我发现中获得价值观：以图画书《大脚丫跳芭蕾》为例 [J]. 人民教育，2014（19）：51-54.
窦桂梅．让儿童站立在学校正中央：从“三个超越”到“成志教育”的升华之路 [J]. 中国教育学刊，2017（4）：77-80.
窦桂梅．童话与人生：《丑小鸭》教学实录 [J]. 人民教育，2008（23）：40-46.
窦桂梅．小学语文主题教学实践研究 [J]. 课程·教材·教法，2014，34（8）：44-50.
窦桂梅．小学语文主题教学体系的建构 [J]. 中国教育科学，2019，2（1）：60-73，140.
窦桂梅．小学语文主题教学研究（修订版）[M]. 2 版．北京：人民教育出版社，2018.
窦桂梅．新课改背景下课程整合的实践探索：清华大学附属小学“1+X 课程”育人体系建构的案例研究 [J]. 教育研究，2014，35（2）：154-159.
窦桂梅．学习主题引领下的学习任务设计与实施：依据新课程标准，用好现行统编小学语文教材 [J]. 课程·教材·教法，2023，43（10）：74-81.
窦桂梅．学校育人主体的价值、路径与机制：小学阶段高质量育人的实践反思 [J]. 中国教育学刊，2021（11）：93-98.
窦桂梅．用好统编小学语文教材，落实新课程标准：再谈学习主题引领下的教材单元任务设计 [J]. 小学语文，2024（1）：10-15.
窦桂梅．“主题教学”的思考与实践 [J]. 人民教育，2004（12）：32-34.
杜威．民主主义与教育 [M]. 北京：人民教育出版社，2001.
冯建军．主体道德教育与生活 [J]. 教育研究，2002（5）：36-40.
顾明远．从教学计划、教学大纲到课程标准 [J]. 课程·教材·教法，2021，41（10）：20-21.
顾明远．中国教育路在何方：顾明远教育漫谈 [M]. 北京：人民教育出版社，2016.
管建刚．回归“语文”的本义 [J]. 小学教学研究，2024（34）：1.
郭华．跨学科主题学习：提升育人质量的一条新路径 [J]. 人民教育，2023（2）：25-27.
郭华．跨学科主题学习的课程论意义 [J]. 四川师范大学学报（社会科学版），2024，51（3）：112-119，205.

韩军."新语文教育"论纲：兼论五四后中国语文教育的三重误区 [J]. 语文教学通讯，2000（17）：4-7.
郝志军.教材建设作为国家事权的政策意蕴 [J]. 教育研究，2020，41（3）：22-25.
何捷.关于"单元统整教学"的十问十答 [J]. 小学语文教学，2024（31）：16-17.
胡定荣.全球化背景下课程改革的话语转向 [J]. 教育研究，2024，45（7）：82-91.
怀特海.教育的目的 [M]. 徐汝舟，译.北京：生活·读书·新知三联书店，2002.
黄厚江，汤岚.把课程内容主题和学习任务群要求融入具体语言活动中：六年级上册《桥》教学实录与评析 [J]. 语文建设，2024（24）：40-46.
黄济.教育哲学通论 [M]. 太原：山西教育出版社，1998.
霍懋征.小学语文教学经验谈 [M]. 上海：上海教育出版社，1985.
加涅.学习的条件和教学论 [M]. 皮连生，王映学，郑葳，等译.上海：华东师范大学出版社，1999.
贾志敏.小学作文怎么教 [J]. 语文建设，2012（7）：11-13.
蒋军晶.群文阅读：阅读教学的跨越式变革 [J]. 语文教学通讯，2014（9）：41-42.
靳家彦，李卫东.一堂独具特色的语文课：《陶罐和铁罐》教学与赏析 [J]. 小学语文教学，2010（31）：21-23.
范梅里恩伯尔，基尔希纳.综合学习设计：四元素十步骤系统方法（第三版）[M]. 盛群力，钟丽佳，陈丽，等译.福州：福建教育出版社，2022.
夸美纽斯.大教学论 [M]. 傅任敢，译.北京：教育科学出版社，1995.
李秉德.教学论 [M]. 北京：人民教育出版社，1991.
李方.深化精准培训改革：教师培训提质增效的专业化之路 [J]. 中国教育学刊，2022（9）：7-12.
李广，等.教师教育：国际经验与本土实践 [M]. 长春：东北师范大学出版社，2019.
李吉林.为儿童快乐学习的情境教学 [J]. 课程·教材·教法，2013，33（2）：3-8，28.
李明新.激发教师的活力才是最根本的 [J]. 中小学管理，2021（6）：62.
李卫东.大概念：重构语文教学内容的支点 [J]. 课程·教材·教法，2022，42（7）：96-101，109.
李希贵.学校如何运转 [M]. 北京：教育科学出版社，2019.
李奕.面向建设教育强国的基础教育高质量发展 [J]. 中国教育学刊，2023（10）：1-4.
李永智.智慧教育是数字时代的教育新形态 [J]. 中国高等教育，2023（15/16）：24-26.
李宇明.语文现代化与语文教育 [J]. 语言文字应用，2002（1）：34-40.
李煜晖.实事求是：语文课程改革中的教师立场 [J]. 语文建设，2023（19）：77-80.
李镇西.共享：课堂师生关系新境界 [J]. 课程·教材·教法，2002（11）：18-22.
李政涛.活在课堂里 [M]. 上海：华东师范大学出版社，2023.
林崇德.弘扬教育家精神有感 [J]. 课程·教材·教法，2023，43（12）：6-7.

刘贵华 . 教育科研的时代使命与担当 [J]. 教育研究，2018，39（9）：11-14.
刘月霞，郭华 . 深度学习：走向核心素养：理论普及读本 [M]. 北京：教育科学出版社，2018.
柳海民 . 教育学原理 [M].2 版 . 北京：高等教育出版社，2019.
柳夕浪 . 实践型课程：基础教育课程新形态 [J]. 课程・教材・教法，2022，42（6）：14-19，34.
柳夕浪 . 综合素质评价改革的“三个转向”[J]. 中国教育学刊，2021（4）：28-33，74.
陆志平 . 语文学习任务群的五个关键词 [J]. 语文建设，2022（11）：13-15.
罗滨，陈颖 . 一体化教学与教研：“深度学习”教学改进的区域实践 [J]. 中小学管理，2021（7）：10-13.
吕叔湘 . 吕叔湘全集 [M]. 沈阳：辽宁教育出版社，2002.
孟繁华 . 树立拔尖创新人才培养“三观”[J]. 教育家，2024（32）：1.
潘新和 . 语文课程“语感中心说”之浅见 [J]. 课程・教材・教法，2002（8）：28-33.
裴娣娜 . 现代教学论（3 卷本）[M]. 北京：人民教育出版社，2005.
钱梦龙 . 语文导读法的理论设计和结构模式（上）[J]. 课程 · 教材 · 教法，1989（11）：12-17.
荣维东，于泽元 . 语文教学要坚持素养导向整合取向实践路向：《义务教育语文课程标准（2022 年版）》“教学建议”解读 [J]. 语文建设，2022（9）：9-13.
商友敬 . 商友敬语文教育漫谈 [M]. 沈阳：长春出版社，2009.
申继亮，姚计海 . 心理学视野中的教师专业化发展 [J]. 北京师范大学学报（社会科学版），2004（1）：33-39.
申宣成，朱哲娴 . 跨学科学习的缘起与内涵辨析 [J]. 语文建设，2024（6）：4-9.
申宣成 . 跨学科主题学习：意义、内涵与设计 [J]. 现代基础教育研究，2023，51（3）：17-24.
施良方 . 课程理论：课程的基础、原理与问题 [M]. 北京：教育科学出版社，1996.
石中英 . 穿越教育概念的丛林 [M]. 北京：教育科学出版社，2019.
苏霍姆林斯基 . 我把心给了孩子们 [M]. 唐其慈，毕淑芝，赵玮，译 . 北京：教育科学出版社，2022.
孙杰远 . 教育的文化范式及其选择 [J]. 教育研究，2009，30（9）：52-56.
孙杰远 . 中国教育学“三大体系”构建的文化根脉 [J]. 山西大学学报（哲学社会科学版），2024，47（1）：97-109.
孙绍振 .《游园不值》教学评点 [J]. 福建论坛（社科教育版），2006（6）：19-21.
孙双金 . 跟着“大家”教语文：兼及几点感想 [J]. 教育研究与评论，2025（4）：66-70.
泰勒 . 课程与教学的基本原理 [M]. 施良方 , 译 . 北京：人民教育出版社，1994.
檀传宝 . 德育美学观 [M]. 太原：山西教育出版社，1996.
田慧生，李如密 . 教学论 [M]. 石家庄：河北教育出版社，1996.

王本陆 . 小学教育学 [M]. 北京：北京师范大学出版社，2022.

王策三 . 教育论集 [M]. 北京：人民教育出版社，2002.

王传毅，严会芬，吕晓泓 . 跨学科研究生培养：加拿大大学的实践与特色 [J]. 研究生教育研究，2016（5）：84-89.

王君，周忠玉 . 用教材教，到底是怎样一种美妙的感觉？：读黄友芹《周亚夫军细柳》教学实录 [J]. 语文建设，2025（5）：44-45.

王凯，郭蒙蒙 . 学科课程群：概念辨析、类别梳理与系统设计 [J]. 课程・教材・教法，2020，40（11）：4-12.

王凯 . 课程的超越：学校课程系统设计 [M]. 上海：华东师范大学出版社，2022.

王荣生 ."语文学习任务"的含义：语文课程标准文本中的关键词 [J]. 课程・教材・教法，2022，42（11）：4-13.

王荣生 . 语文课程"学习主题"辨析：语文课程标准文本中的关键词 [J]. 课程・教材・教法，2023，43（3）：71-80.

王荣生 . 语文课程标准所预示的范型转换 [J]. 教育研究，2003（2）：84-89.

王尚文 . 论语文课程的复合性 [J]. 课程・教材・教法，2006，26（12）：32-36.

王崧舟 . 王崧舟教学思想与经典课堂 [M]. 太原：山西教育出版社，2005.

王文丽 . 在语言文字的梳理与探究中触摸诗情诗理：《江南春》教学实录 [J]. 小学教学（语文版），2024（11）：40-44.

王云峰，王学成 . 教学改革视角下体育运动开展的理论与实践指导 [M]. 北京：中国商务出版社，2018.

威金斯，麦克泰格 . 追求理解的教学设计（第二版）[M]. 闫寒冰，宋雪莲，赖平，译 . 上海：华东师范大学出版社，2017.

魏书生 . 魏书生：教育的最高境界是让学生自育自学 [J]. 考试，2015（14）：21.

吴刚平 . 跨学科主题学习的意义与设计思路 [J]. 课程・教材・教法，2022，42（9）：53-55.

吴刚平 . 有理想、有本领、有担当：义务教育培养目标解读 [J]. 全球教育展望，2022，51（5）：3-13.

吴康宁 . 指向综合育人：跨学科教学的"树人"实践 [J]. 江苏教育，2024（26）：18-20.

吴欣歆 . 语文课标（2022 年版）：彰显以文化人的价值导向 [J]. 中小学管理，2022（6）：16-19.

夏雪梅 . 跨学科项目化学习：内涵、设计逻辑与实践原型 [J]. 课程・教材・教法，2022，42（10）：78-84.

夏雪梅 . 指向核心素养的项目化学习评价 [J]. 中国教育学刊，2022（9）：50-57.

谢维和 . 知识价值观的演变与创新 [J]. 教育研究，2023，44（6）：47-58.

徐冬梅 . 一群人的"电灯行动"："亲近母语"十年研究与探索之路 [J]. 人民教育，2011（19）：32-36.

徐鹏，王彤彦 . 学科实践：义务教育语文课程的育人路径 [J]. 课程 · 教材 · 教法，2022，42（11）：14-20.

徐鹏 . 基于语文学科大概念的教学转化 [J]. 中学语文教学，2020（3）：4-10.

杨斌 . 践行“三位一体”教育理念　全面建设一流人才培养模式 [J]. 清华大学教育研究，2018，39（3）：1-6.

杨德军，江峰 . 课程整体育人的价值取向与实践路径 [J]. 课程 · 教材 · 教法，2021，41（6）：21-28.

杨银付 .“互联网 + 教育”带来的教育变迁与政策响应 [J]. 教育研究，2016（6）：4-8.

杨志成 . 面向未来：课程与教学的挑战与变革 [J]. 课程 · 教材 · 教法，2021，41（2）：19-25.

叶澜 .“新基础教育”论：关于当代中国学校变革的探究与认识 [M]. 北京：教育科学出版社，2006.

叶圣陶 . 叶圣陶儿童文学全集 [M]. 北京：中国少年儿童出版社，2005.

于发友 . 全面深化高等教育综合改革的十大着力点 [J]. 中国高等教育，2024（15/16）：21-27.

于漪 . 渗透与滋润 [J]. 语文学习，1985（2）：27-31.

于永正 . 学校的名片 [J]. 语文教学通讯，2016（9）：1.

余清臣 . 何谓教育实践 [J]. 教育研究，2014，35（3）：11-18.

余胜泉 . 教育数字化转型的关键路径 [J]. 华东师范大学学报（教育科学版），2023，41（3）：62-71.

余文森 . 体现新时代要求的课程教学新体系，新在哪里？[J]. 基础教育课程，2024（6）：41-42.

余映潮 . 向“课型”的运用与创新迈出一步 [J]. 中学语文教学参考，2024（42）：30-31.

袁行霈，严文明，张传玺，等 . 中华文明史（4 卷本）[M]. 北京：北京大学出版社，2006.

袁振国 . 教育数字化转型：转什么，怎么转 [J]. 华东师范大学学报（教育科学版），2023，41（3）：1-11.

赞科夫 . 教学与发展 [M]. 杜殿坤，张世臣，俞翔辉，等译 . 北京：文化教育出版社，1980.

翟博 . 中华优秀传统文化是涵养社会主义核心价值观的重要源泉 [J]. 中国教育学刊，2022（4）：92-95.

张彩云 . 我国中小学教师退出政策评析 [J]. 教育研究，2014，35（3）：132-137.

张华 . 课程与教学论 [M]. 上海：上海教育出版社，2000.

张冀健 . 素质教育实践的可贵探索：吉林市第一实验小学教改评析 [J]. 中国教育学刊，1993（6）：44-46.

张立军 . 义教新课标理念下的语文学习方式变革与学习路径优化：由《少年闰土》一课展开的思考 [J]. 语文建设，2023（22）：55-58.

张诗亚．“位育”之道：全球化中的华人教育路向 [J]. 西南师范大学学报（人文社会科学版），2006，32（6）：53-55.
张铁道．为学生创设自主学习的课程环境：芬兰、瑞典两国高中课程改革考察报告 [J]. 课程·教材·教法，2002（5）：75-78.
张熙．着力改造学校空间：兼谈学校改进的方向与转化 [J]. 教育科学研究，2015（10）：5-14.
张羽，刘惠琴，石中英．指向教育实践改进的系统范式：主流教育研究范式的危机与重构 [J]. 清华大学教育研究，2021，42（4）：78-90.
张玉新，马双．以语言为本促进思维发展 [J]. 中学语文教学，2024（7）：23-30.
张志公．张志公自选集 [M]. 北京：北京大学出版社，1998.
张志勇．立德树人是党的教育方针的重大理论创新 [J]. 教育研究，2019，40（3）：19-22.
张祖庆，梁筱暄，郭青松．基于“教—学—评”一致性，提高习作教学质量：特级教师张祖庆《神奇的探险之旅》教学片段赏析 [J].2024（38）：43-46.
郑国民，陈晓波．新世纪语文教科书编排方式的探索 [J]. 课程·教材·教法，2009，29（5）：37-41.
郑国民．强化语文课程的育人价值取向：《义务教育语文课程标准（2022 年版）》的四个重要变化 [J]. 人民教育，2022（13/14）：21-23.
支玉恒．我对两篇教材选文的教学实践与思考 [J]. 语文教学通讯，2021（27）：74-75.
中华人民共和国教育部．义务教育语文课程标准（2022 年版）[S]. 北京：北京师范大学出版社，2022.
钟秉林．关于基础教育集团化办学的若干思考 [J]. 中国教育学刊，2017（12）：3.
钟启泉，安桂清．综合实践活动课程：实质、潜力与问题 [J]. 北京大学教育评论，2003，1（3）：66-69.
周文叶．促进深度学习的表现性评价研究与实践 [J]. 全球教育展望，2019，48（10）：85-95.
周益民．“大地上阅读”：书卷与天地的互文 [J]. 人民教育，2023（Z2）：60-61.
朱小蔓．将学生核心素养的发展作为小学教育的使命 [J]. 人民教育，2015（13）：19-21.
朱小蔓．情感教育论纲 [M]. 3 版．南京：南京师范大学出版社，2019.
朱旭东．教育家精神：教师行走在教育家之路上的明灯 [J]. 教育家，2023（41）：1-2.
朱永新．以进一步深化教育改革助推新质生产力发展 [J]. 中国远程教育，2024，44（8）：3-22.
Bloom B S，Engelhart M D，Furst E J，et al.Taxonomy of educational objectives：the classification of educational goals：handbook 1 cognitive domain [M].New York：David McKay，1956.